직업재활시설론

나운환 · 이창희 · 김춘만 · 김동주 · 이운식 · 이혜경

집문당

머리말

인간에게 직업은 삶에 있어 중요한 의미를 가진다. 그동안의 많은 학자들의 경험을 이야기하지 않더라도 직업생활은 경제적 측면만이 아니라 자아실현이나 사회참여라는 측면에서 가치가 있다. 우리의 오랜 역사적 배경에서 복지는 기본적인 욕구를 충족시키기 위한 중요한 수단으로 사용되어 왔다. 그러나 이 수단도 세월이 지나고 복지에 대한 부작용들이 등장하면서 어느 시점에서부터 복지는 일을 통한 복지, 생산적 복지 등의 다양한 용어로 변화되었고 복지에 있어 직업의 의미가 새롭게 강조되기 시작하였다.

장애는 인간완전체라는 의료적 관점에서 출발하여 오늘날은 인간 완전체개념은 사라지고 사회, 환경, 문화적 수준이 다양한 인간의 활동이나 참여 기능을 보장하고 있느냐가 중요한 개념으로 등장하였다. 이러한 장애개념의 변화는 장애를 가진 사람들에게 있어 직업의 가치를 더욱 중요하게 인지시키고 있다.

인간의 직업생활이 만족스럽기 위해서는 여러 가지 필요, 충분조건이 갖추어져야 한다. 가장 우선적으로는 개인의 인성에 부합하는 직업 환경이며, 개인이 기대하는 직업에 대한 욕구, 기대, 역할만족이 충족되느냐에 달려 있을 것이다.

장애인의 경우 직업을 얻고 만족스러운 직업생활을 영위하기 위해 그동안 많은 연구와 경험들이 축적되었으며 그중의 한 방법이 보호고용, 즉, 직업재활시설이다.

보호고용은 지금 당장 통합된 환경에서 일자리를 얻기에는 활동이나 참여 기능에 제한이 있는 장애인들에게 이들의 여건에 맞는 작업환경을 구축하여 직업생활이나 훈련의 기회를 제공하는 형태를 의미하는 것으로 이에 대하여는 그동안 국제노동기구의 1955년 장애인직업재활에 관한 권고, 1983년 장애인 직업재활과 고용에 관한 협약, 2006년 장애인권리협약에서도 권고하고 있다.

재활의 궁극적인 목적이 사회통합을 지향하면서 직업재활시설은 분리를 대표하는 개념으로 통합을 주장하는 학자들에 의해 비판을 받아 왔으며 미국, 영국, 독일, 스웨덴 등 보호고용이 발전된 나라에서 통합고용으로의 전환을 위한 노력을 시도하고 있다. 그러나 이런 노력에도 불구하고 이들 국가와 세계 많은 국가에서 보호고용 형태의 직업은 줄어들지 않고 현 상황을 유지하고 있으며 아직까지 보호고용은 장애인들의 직업에서 중요한 의미를 차지하고 있다.

이 책은 이와 같은 점을 충분히 고려하고 우리나라에서 직업재활시설이 갖는 의미와 가치를 주지하면서 직업재활시설을 운영하는 법인이나 직원, 앞으로 직업재활시설을 운영하려고 준비하는 자, 그리고 직업재활을 연구하는 많은 연구자와 학생들에게 직업재활시설의 기본적인 학문적 틀을 제공하고자 집필하게 되었다.

이 책은 전체적으로 6장으로 구성하였다. 제1장은 직업재활시설과 장애인복지시설의 이해 부분으로 직업재활시설이 장애인복지시설에 포함되어 분류되고 있음으로 직업재활에서 직업재활시설의 의미, 직업재활시설의 이념적 가치, 직업재활시설의 발전과정, 직업재활시설의 역할과 기능, 직업재활시설과 장애인복지시설로 구성하였으며, 제2장은 직업재활시설의 유형과 서비스로 직업재활시설의 유형구분과 기준, 직업재활시설의 서비스, 직업재활시설과 사회적 기업, 직업재활시설과 중증장애인다수고용사업장으로 구성하였다.

제3장은 직업재활시설의 설치로 법인설립과 과정, 직업재활시설 설치와 과정, 직업재활시설의 지원과 지도감독, 한국장애인직업재활시설협회와 한국장애인개발원의 역할로 구성하여 직업재활시설의 설치와 관련된 부분으로 집필

하였으며, 제4장은 직업재활시설의 운영으로 직업재활시설 평가와 인증, 직업재활시설의 제품개발, 직업재활시설의 생산 및 품질관리, 직업재활시설의 근로자 및 훈련생 선발 및 관리, 직업재활시설의 회계관리와 세무관리로 구성하였고 제5장은 직업재활시설의 마케팅과 우선구매제도로 직업재활시설의 마케팅 개념, 직업재활시설의 마케팅 특성과 전략, 직업재활시설 생산품의 가격결정, 직업재활시설의 유통관리, 직업재활시설의 판매촉진, 직업재활시설 마케팅 전략으로서 우선구매제도로 집필하였다.

마지막 제6장에서는 우리나라를 비롯해 미국, 독일, 일본, 영국, 스웨덴 등의 세계 각국 직업재활시설 현황과 우리나라 직업재활시설의 과제를 다룸으로 앞으로 직업재활시설이 나아가야 할 방향을 제시하였다.

이 책의 집필은 제1장은 대표저자인 나운환, 제2장은 나운환과 이창희, 제3장은 김춘만과 이혜경, 제4장은 이운식, 이혜경, 김동주, 제5장은 김동주와 나운환, 제6장은 나운환, 이혜경이 맡아서 집필하였다.

이 책을 마무리하면서 아쉬운 점은 지난 30여 년 동안 재활분야의 현장 경험과 학문적인 연구를 기초로 심혈을 기울였지만 많은 부분 현장이나 직업재활시설 일선의 목소리를 충분히 담아내지 못한 부분이다. 그러나 이 작은 노력이 직업재활시설에 대해 공부하는 학생들이나 현장의 전문가들에게 직업재활시설 설립과 운영에 있어 좋은 참고자료가 될 것이라 확신한다.

끝으로 이 책이 출판되기까지 공동 집필한 이창희 교수, 김춘만 국장, 김동주 교수, 이운식 원장, 이혜경 박사, 편집과 교정을 맡아 준 이수용, 박세진, 송창근, 이임규, 최선아 석·박사과정 학생들에게 감사의 마음을 전하며 이 책을 출판해준 집문당 임동규 사장과 관계자 여러분에게도 감사를 표하는 바이다.

2014년 8월

연구실에서 대표저자 雲巖 나 운 환

차 례

제2장 직업재활시설의 유형과 서비스

제3장 직업재활시설의 설치

제4장 직업재활시설의 운영

제5장 직업재활시설의 마케팅과 우선구매제도

제6장 각국의 직업재활시설 현황과 과제

제1장 직업재활과 직업재활시설의 이해

1. 직업재활에서 직업재활시설의 의미

한국사회에서 인간이 일을 한다는 것은 인간적인 삶을 살아가기 위한 한 가지 수단이다. 직업을 가짐으로서 비로소 사회화, 사회적 역할인지, 교육, 신체적 건강과 지역사회 삶의 수준 등의 부가적인 가치들이 강화될 수 있다. 그러나 가끔씩 장애인들에게 직업을 가진다는 것은 매우 조심스러운 일일 수도 있다. 국가의 사회보장시스템에 영향을 줄 수 있는 고용과 임금은 장애인들의 생계급여나 건강급여를 위협할 수 있기 때문이다. 그럼에도 장애인들에게 직업이 중요한 의미를 가지는 것은 아마도 다음의 이유가 분명히 있기 때문일 것이다.

첫째, 직업이란 빈곤과 장애라는 낙인을 벗어나게 하며 나아가 소득활동을 통해 자연스러운 지역사회 통합과 독립생활을 가능하게 하는 기회를 증진시킨다.

둘째, 장애인에게 있어 직업획득은 자아존중감과 자부심에 중요한 의미부여를 함으로 일상생활에서 사회생활에 이르기까지 스스로가 생산적인 결실을 얻을 수 있도록 존재감을 증대시킨다.

셋째, 장애인이 직업 활동을 함으로써 가족중심의 자원에서 사회적 자원을 위한 지역사회 관계망과 새로운 동료를 만들 수 있는 계기를 마련한다.

그러나 장애인들이 직업을 얻는다는 것은 쉬운 문제가 아니다. 지난 수십 년간 세계 각국의 노력에도 불구하고 장애인의 실업률은 비장애인의 실업률과 큰 차이를 보이고 있다. 2011년 미국의 경우 장애인 실업률은 15.0%로 비장애인 실업률 8.7%의 2배 수준이고(U.S. Bureau, of Statistics, 2012), 영국은 11%로 비장애인 실업률 7.5%(Office for Disability Issues, 2011)보다 높으며, 한국도 7.76%로 비장애인 실업률 3.4%보다 2배 이상 높은 수치를 보여주고 있다(한국보건사회연구원, 2011). 실제 2010년 OECD국가의 2000년대 중반기준의 장애인 실업률 통계를 보면 미국, 멕시코, 아이슬란드를 제외한 26개국은 비장애인에 비해 2배에서 최고 3.5배 높은 것으로 보고하고 있다(OECD, 2010).

장애인들이 직업을 갖지 못한다면 국가적으로는 경제활동을 해야 할 인적자원의 낭비이고 장애인들에게는 그들 스스로 역량을 키우고 성취감을 고취시킬 수 있는 기회를 잃게 되며 이를 만회하기 위해서는 엄청난 사회적 자원이 동원되어야 하는 상황이 연출된다. 따라서 장애인들이 직업을 획득하기 위해서는 장애인 스스로 노력해야 하지만 사회의 다차원적인 상황들이 조화가 이루어져야 한다. 즉, 우선적으로는 장애인 스스로가 직업을 갖겠다는 욕구와 동기가 분명해야 하며, 둘째, 기업이 장애인들을 고용하려는 의지가 있어야 하며, 셋째, 정부의 장애인 고용을 위한 다양한 정책들이 만들어지고 시행되어야 하며, 넷째, 혁신적인 장애인보조기구를 포함한 직업재활서비스들이 준비되고 제공되어야 한다.

직업재활(Vocational Rehabilitation)은 장애인들이 신체적·정신적 손상으로 인해 실제로 안정된 고용을 확보하고 유지할 가능성이 어렵기 때문에 이들이 안정된 고용을 확보하고 유지하기 위한 서비스로 이해된다.

국제노동기구(ILO)는 장애인 직업재활에 관한 권고(제99호)에서 직업재활을 직무지도와 훈련, 취업알선 등의 직업적 서비스를 포함한 연속적이고 협력적인 재활과정의 일부로 장애인이 적절한 고용을 확보하고 유지할 수 있도록 돕는 것이라고 하였고 미국의 재활법은 장애인이 보수를 받는 직업에 종사하도록 할 때 필요한 모든 서비스를 총칭하는 것이라고 하였다. Antony & Liberman (1986)은 장애로 인해 비장애인 등이 수행하는 사회적 역할을 수행할 수 없는 사회적 불리(Handicap)를 지닌 자에게 구체적이고 체계적인 직업을 유지하게 함으로써 사회적 역할을 지속적으로 수행할 수 있도록 하는 과정이라고 하였고, Parker & Szymanski(1998)는 장애인이 경제적으로 고용될 수 있도록 특별한 욕구와 적격대상의 고용잠재력을 개발하고 계획하는 조직적인 과정이라고 했으며, 주요 목적은 정신적·심리적 손상을 가진 사람에게 필요한 고용문제를 해결하는 것이라고 하였다.

영국의 직업재활협회(Vocational Rehabilitation Association: VRA, 2007)는 장애인을 지역사회에 통합시키거나 완전한 고용이 가능하도록 지원하는 서비스로 정의하였고 Waddell 등(2008)은 장애를 가지고 있는 사람들이 직업을 가질 수 있도록 지원하는 서비스로 정의하고 있다.

> **"상기의 국제노동기구나 관련단체 학자들의 의견을 종합해 보면 직업재활은 장애를 가진 사람들이 직업을 갖거나 그 직업을 유지할 수 있도록 필요한 다양한 지원서비스로 정의된다."**

따라서 직업재활의 목적은 장애인이 자신의 능력과 적성에 맞는 직업을 찾아서 취업하고, 그 직무에 만족하여 적응하며 시민으로서의 역할을 수행할 수 있도록 하는 것이다. 이것은 직업활동을 통해 사회에서 기대되는 시민으로서의 역할을 수행함으로써 자신의 장애를 극복할 기회를 갖고(Botterbusch, 1995), 직업기술의 습득, 동료나 고용주와의 관계를 원만하게 유지하는 능력, 전일제 노동능력 등을 점진적으로 갖게 되어 만족스러운 직업안정을 통해 지역사회에서 그들이 완전한 역할을 수행할 수 있도록 하는 과정이다.

미국의 주-연방 직업재활 프로그램(the State-Federal Vocational Rehabilitation Program)은 직업재활의 목적을 ① 장애인이 동등한 고용보장을 통해 사회에 통합될 수 있도록 하고 ② 연방정부가 장애인의 고용증진을 위해 주도적인 활동을 할 수 있도록 보장하는 것이라고 하였다. 우리나라의 장애인 고용촉진 및 직업재활법에서는 직업재활을 직업지도, 직업적응 훈련, 직업능력개발훈련, 취업알선, 취업, 취업 후 적응지도 등을 통하여 장애인이 직업생활을 통해 자립할 수 있도록 하는 것이라고 하였다.

직업재활정책의 궁극적인 목표에 대해 많은 연구들은 장애인의 자연스러운 사회통합과 독립생활을 지원하기 위한 경쟁고용을 성공적으로 획득하고 유지하는 것을 돕는 것이라 정의하고 있다(Bolton, Bellini, & Brookings, 2000; Bruyere & Brown, 2003; Hagglund & Heinemann, 2006; Roessler & Rubin, 2006). 따라서 최근의 직업재활정책들은 이 목표를 위한 고용서비스의 재구성에 초점을 둔 정책을 포함하고 있는데, 즉 보호고용보다는 중증장애인들의 지역사회 중심의 경쟁적 고용결과를 강조하는 방향으로 정책수단들의 초점이 맞추어져 있다(Menz, 1997).

그러나 직업재활의 궁극적인 목표가 경쟁고용이나 통합고용을 획득하고 유지하는 것이지만 현실적으로 많은 장애인들은 단기간에 이를 달성하기 어렵기 때문에 이를 달성하기 위한 수단 중의 하나이거나 장애인 이용자의 자기결정에 의해 경쟁고용이나 통합고용보다는 보호고용 시스템에서 직업재활 서비스를 받는 경우도 무시할 수 없다.

보호고용 제도는 18세기 말 서구사회에서 주로 특정한 시설과 환경을 꾸미는 단순한 형태에서 시작하여 최근에는 통합고용 현장에서 필요한 서비스를 지속적으로 제공하는 지원고용(Supported Employment) 서비스로 발전해 왔다.

보호고용이란 용어가 장애인복지 정책에 처음 사용된 것은 1955년 국제노동기구의 제99호 장애인 직업재활에 관한 권고로 보이지만, 몇몇 선진국에서는 보호고용이란 용어는 아니지만 비슷한 형태로 이미 시행되어 왔다. 예를 들면, 영국은 1944년 장애인고용법을 통해 보호작업장인 램플로이(Remploy Ltd.)와 유보고용 제도(Designated Employment Scheme)를 규정하였고, 미국은 1838년 퍼킨스맹아협회에서 보호작업장을 운영하였으며, 1943년과 1954년 직업재활법에 보호작업장 지원에 관한 사항이 포함되어 있었다.

그러나 실제로 보호고용이란 용어가 정책과정에 처음 등장하게 된 것은 국제노동기구의 제99호 권고이다. 이 권고에서는 보호고용을 통상적인 고용이 될 수 없는 장애인을 위해 보호적인 조건에서 행해지는 훈련과 고용으로 정의하고, 보호고용이 이루어지는 장소와 보호고용 시설에서 일하는 종사자와 관련하여 다음과 같은 몇 가지 기본원칙을 정해놓고 있다.

첫째, 국가는 관련 민간기구와 협력하여 일반 경쟁고용이 어려운 장애인들을 위해 보호적인 조건하에서 훈련과 고용방안을 개발하도록 모든 조치를 취해야 하고(32조 1항), 이러한 조치에는 보호작업장 설립과 신체적, 심리적, 또는 지리적 이유로 규칙적으로 작업장에 오고 갈 수 없는 장애인을 위한 특별한 대책이 포함되어야 한다(32조 2항).

둘째, 보호작업장은 효과적인 의료와 직업지도하에 유용하고 수익성 있는 작업을 제공해야 하고, 직업적응 기회와 경쟁고용으로 나아갈 수 있도록 해야 한다(33조).

셋째, 장애인이 자신의 가정에서 적절한 의료와 직업지도하에 유용하고 수익성이 있는 작업을 할 수 있도록 특별한 재가장애인 프로그램을 마련하고 개발해야 한다(34조).

넷째, 보호작업장에 취업된 장애인도 일반 근로자들에게 적용되는 법적임금 규정과 고용조건이 적용되어야 한다(35조).

이러한 보호고용의 원칙은 그 후 몇 번의 세미나(1959년 네덜란드, 1966년 스웨덴, 1975년 영국)를 통해 새롭게 정리되었고, 1966년 스웨덴 스톡홀름에서 열린 국제세미나를 통해 보호고용의 이념, 대상, 원칙, 국가의 책임, 보호고용의 유형이 구체적으로 정리되었다. 여기서 보호고용의 이념은 장애인이 사회의 다른 구성원과 동일하게 되고, 그 사람의 능력에 따라 동등한 권리를 가지며 고용기회를 갖도록 준비시키는 데 있다. 또한 경쟁적인 노동시장에서 정상적인 조건으로 적절한 임무를 부여하지 못할 경우에는 보호고용을 통해서라도 고용기회를 제공하는 데 두었으며 보호고용에 대한 책임은 국가에 둠을 명시하고 만약 국가가 주도하지 못한다면 국가는 책임을 대행할 수 있는 전담기관을 지정하여 돕도록 해야 함을 규정하였다.

따라서 "보호고용은 일반고용이 될 수 없는 장애인을 위해 보호적인 조건하에서 행해지는 훈련 및 고용으로 중증장애인을 수용시설에서 그 생애를 마치게 하는 것보다 사회활동을 통해 그들이 사회에 통합되도록 하는 것을 말하며 우리나라의 직업재활시설도 이 범주에 반드시 포함될 때 의미를 가질 수 있을 것이다"(강위영 · 나운환, 2001).

우리나라에서 보호고용은 1960년대부터 간헐적이고 자생적인 형태의 보호작업장이 시설에서 실시되었지만 보호작업장이라는 형식의 시설과 장비를 갖추고 시작된 것은 아마도 1979년 삼육아동재활원(현 삼육재활센터)의 수산시설이 최초라고 볼 수 있을 것이다. 그 이후 1981년 심신장애자복지법의 제정과 동법 제15조에서 심신장애자로서 취업이 곤란하거나 생활이 곤란한 자를 입소 또는 통원하게 하여 필요한 훈련을 행하고 직업을 주어 자활시키는 시설인 근로시설을 규정하였고 보건복지부는 동 규정에 의거 1986년 심신장애자복지시설 자립작업장 설치운영 계획을 수립, 발표하였다. 동 계획은 자립작업장의 설치 목적은 적성직종의 직업훈련 및 생산적 기능 습득이 가능하나 장애의 특성 때문에 일반기업체의 취업이 곤란한 심신장애인에게 생산적인 직업에 종사할 장소와 기회를 제공하여 자립생활을 하도록 하는 데 두고 있으며, 운영주체는 기존의 수용시설에 자립작업장을 설치하는 것으로 하며, 선정기준은 ① 관련

생산종목 직업훈련 실시 후 제품생산이 가능한 시설, ② 기존 재활시설 중 활용면적이 있어 증축이 필요치 않은 시설, ③ 시설소재지에 공업단지나 대량소비처가 있어 판매가 용이한 지역의 시설 등으로 규정함으로써 본격적으로 직업재활시설이 설립되게 되었다.

직업재활시설이라는 용어는 1981년 심신장애자복지법 제15조(심신장애자복지시설)의 심신장애자 근로시설이 1989년 12월 30일 이 법률이 전면 개정되면서 제37조(장애인복지시설)에서 장애인 직업재활시설로 변경되어 오늘날까지 사용되고 있다.

2014년 현재 약 500여 개의 직업재활시설에 약 1만 3천여 명의 장애인들이 직업능력개발 및 고용의 기회를 제공받고 있으나 보호고용에 대한 비판이 끊임없이 제기되고 있는 것이 현실이다.

이러한 비판에도 불구하고 직업재활에서 직업재활시설이 갖는 의미는 직업재활의 주요한 서비스 중의 하나이며 특히, 직업재활의 핵심과정이라 할 수 있는 직무배치과정에서 경쟁고용이나 통합고용이 어려운 장애인들을 위한 유일한 대안이라는 것이다.

이런 의미에서 직업재활시설은 이 서비스를 받는 장애인들에게 있어서는 직업재활 그 자체이며 더욱이 직업재활시설의 개념이 보호고용에서 현장평가, 직업능력개발 기능을 포함하는 개념으로 확장되면서 직업재활에서 직업재활시설이 갖는 의미는 직업재활과 동일시되는 의미를 가지는 것으로 정의할 수 있다.

2. 직업재활시설의 이념적 가치

1970년대부터 미국을 중심으로 경쟁노동시장에서 중증장애인의 고용촉진운동이 시작되면서 직업재활시설의 확대는 주춤하기 시작하였으며 직업재활시설의 개혁과 재정, 철학적인 딜레마에 관한 논쟁들이 등장하기 시작되었고(Schuster, 1990; McLoughlin, Garner & Challahan, 1987; White head, 1986), 우리나라도 물론 예외는 아니었다. 그러나 빠른 속도로 줄어들 것이라는 예상을 뒤엎고 직업재활시설은 경쟁고용과 함께 고용체계로서 지속적으로 운영되었고, 특히 지원고용으로의 전환이 어려운 실제상황에서는 그들을 위한 확고한 고용체계로서의 역할을 수행하면서 직업재활시설의 개념과 의미, 이념적 가치에 대한 새로운 조명이 필요하다는 견해들이 제기되고 있는 시점이다.

미국은 직업재활시설을 초기에는 보호작업장(sheltered workshop)이라는 용어로 사용하였다. 1968년 전국보호작업장연합회(National Association of Sheltered Workshops and Homebound Programs)는 보호작업장의 개념을 "직업적 장애를 지닌 사람들이 근로자로서의 최대의 잠재력을 유지하거나 성취하도록 원조하는 통제된 직업환경, 지원서비스, 임금, 그리고 개별 목표들을 활용하는 비영리 재활시설"로 규정하였다. 또한 실제 운영에 관해서는 미국 공정노동기준법(the Fair Labor Standards Act: FLSA)에서 규정하고 있는데 동 법률 14조에서 최저임금적용 면제인가와 관련된 작업장으로써, 노동부의 근로시간 및 임금(the Wage and Hour Division of the Department of Labor)에 의해 인가된 비영리 조직으로 규정하고 작업장에 고용된 일부 장애인들에게는 특수한 최소임금이 적용된다. 여기에 해당하는 작업장은 ① 자선조직 혹은 시설로 연령, 신체적 혹은 정신적 결함이나 손상으로 인해 소득 혹은 생산 능력이 손상된 사람들을 최저임금보다 낮은 임금에 고용하도록 특별한 인증을 받은 자선조직 혹은 시설, ② 작업활동센터로 구분하였다. 즉, 공정노동기준법(FLSA) 제14조는 작업장(workshop)의 개념을 이윤이 목적이 아니라 장애를 지닌 근로자의 재활프로그램을 수행하기 위한 목적으로, 혹은 그들에게 교육적이거나 치료적인 기타 직업적 재활활동과 보상적인 고용을 제공하기 위한 자선적 기구 혹은 시설로 규정하고 있다.

그러나 보호작업장이라는 용어는 1973년 재활법(Rehabilitation Act, 1973)에서 재활시설(Rehabilitation Facility)이라는 용어로 통합되고 1992년 개정 재활법에서 다시 지역사회재활프로그램(Community Rehabilitation Programs: CRPs)으로 바뀌면서 동법 제7조는 CRPs를 진로진도를 비롯한 다양한 장애인의 고용 기회를 극대화시킬 수 있는 직업재활서비스를 제공하는 시설 혹은 직접적으로 제공하는 서비스로 정의하였다(Parker & Szymanski, 1998).

직업재활시설에 대해 영국도 1944년 장애인고용법 제15조에서 중증장애인에게 생산적이고 의미 있는 보호고용을 제공하고 훈련하기 위해 시설을 설립해야 한다는 규정에 따라 1946년 램플로이(Remploy)가 설립됨으로써 직업재활시설을 보호고용이라는 개념으로 사용하였다. 독일은 1974년 중증장애인법에서 보호작업장을 일반적 작업환경에서 일할 수 없는 장애인을 위한 보호고용시설로 규정하였고, 일본도 1947년 신체장애인 직업안정요강에서 의료재활이 끝난 장애인의 직업훈련과 고용을 위한 시설로 규정하였다. 우리나라는 1981년 심신장애자복지법의 제정과 동법 제15조에서 심신장애자로서 취업이 곤란하거나 생활이 곤란한 자를 입소 또는 통원하게 하여 필요한 훈련을 행하고 직업을 주어 자활시키는 시설로 규정하였다.

따라서 직업재활시설은 상기의 결과를 토대로 볼 때, 당장 경쟁고용이 어려운 장애인들에게 유상적인 임금을 제공하거나 훈련하는 시설로 정의할 수 있으며 영리적 기능을 가지는 기업과는 다른 가치와 역할, 기능을 가지고 있는 것으로 이해된다.

기업과 다른 가치를 가지고 장애인들에게 직업능력개발이나 고용의 기회를 제공하는 것은 직업재활시설이 가지는 특별한 가치로 이해할 수 있는데 이 가치는 무엇보다도 직업재활시설을 통해 장애인들이 직업적 역량과 일자리를 갖게 됨으로써 갖게 되는 사회적 역할(Social Role) 인지개선이 가장 큰 가치이고 이를 통해 얻게 되는 자연스러운 사회통합(Social Inclusion)과 장애인들도 국민으로서 당연하게

누려야 하는 노동기본권일 것이다.

가. 사회적 역할인지 개선

인간은 사회적 동물이며 사회적 관계망에서 생활하기 때문에 사회에서 어떤 역할인지를 가지고 있느냐는 곧 그 사람의 모든 것을 결정하는 중요한 수단이 된다. 그러나 사회적 역할인지는 한 순간에 결정되는 것이 아니라 오랜 세월 동안의 경험과 체험 속에서 자연스럽게 그 사회의 문화로 정립되는 경우가 많다. 한국에서 장애인 재활의 가장 큰 문제점을 지적하는 여러 가지 인식조사에서 인식개선이 가장 문제로 지적되는데 이 인식문제라는 것이 바로 사회적 역할인지이다. 이 인식을 개선하기 위해 1981년 심신장애자복지법제정 이후 정부와 많은 장애인단체들이 노력하였지만 변화의 속도는 장애인들이 체감하지 못하는데 그 이유는 바로 인식, 즉, 사회적 역할인지는 그 사회의 문화가 바뀌지 않으면 변화되기 어렵기 때문이다.

어떤 사람이 그 사회에서 가치 이하로 평가된다는 것은 우리 사회에서 다음 세 가지 중요한 사실을 나타낸다.

첫째, 가치 이하로 평가된 사람은 형편없이 취급될 가능성이 있다.

이들은 사회로부터 배척되고 학대받기도 하며, 그들의 존엄성, 적응력, 성장, 능력, 건강, 부, 수명 등이 감소되는 방향으로 취급될 것이고, 이는 시간이 흐를수록 그 사회에 적응을 어렵게 만들어 서서히 사회로부터 격리 또는 분리되게 한다.

둘째, 가치 이하로 평가된 사람을 형편없이 취급하는 것은 이러한 개인, 집단에 대한 사회적 역할지각(Social Role Perception)을 나타내는 것이다.

그러므로 이들은 사회로부터 격리된 환경 속에서 살 수밖에 없을 것이며, 점점 개인보다는 집단으로 취급되고 개인의 인권은 사회나 다른 집단으로부터 쉽게 공격 받거나 가치이하로 취급될 가능성이 커진다.

셋째, 어떤 사람이 다른 사람들에 의해 어떻게 인식되고 취급되느냐 하는 것은 그 사람이 다음에 어떻게 행동할 것인가를 결정하게 될 것이다.

따라서 사회적 역할인지가 낮은 집단은 개인이 아무리 노력해도 성과를 나타내기 어렵고 자연스럽게 사회의 가치이하 집단으로 문제집단 혹은 분리집단으로 취급되게 된다.

한국 사회에서 장애인들의 사회적 역할인지는 이미 여러 차례 조사에서 가치이하(Devaluated)로 평가되고 있으며 이로 인해 역량강화나 사회통합은 점점 더 어려워지고 있다. 이를 개선하기 위해서는 장애인들이 사회에서 가치 있는 역할을 수행할 수 있도록 지원해 주는 것이 가장 중요하다. 사회에서 가치 있는 일(work)을 통해 사회와 개인, 가족에게 기여하게 된다면 자연스럽게 그 사람의 사회적 역할인지는 개선될 것이며, 이로 인해 사회 안에서 다른 모든 것들은 자동적으로 가치 있는 역할인지를 갖게 될 것이다.

장애인 재활에 있어 직업재활이 강조될 수밖에 없는 이유가 여기에 있다. 그러나 장애인은 기능의 제한을 가지기 때문에 기능제한이 없는 사람들에 비해 직업을 얻기나 다른 사람들과 원만한 인간관계, 사회관계망을 형성하기가 어렵다. 더욱 오랜 세월 동안 이들의 역할인지는 가치이하로 평가되었고 이로 인해 이들에 대한 역할기대가 낮고 직업적 역량을 갖추기 위한 기회나 경험들이 차단되거나 제한되었다. 따라서 장애인들이 직업적 역량을 가지고 정상적인 사회적 역할을 수행하기 위해서는 오랜 시간이 필요하며 이를 위한 국가나 사회의 지원이 필요하다. 또한 단기적으로는 이들이 직업적 능력을 발휘하기 위해서 다른 집단들이 보기에는 다소 차별적 소지가 있다 하더라도 적극적 우대정책(Affirmative Action)을 통해 사회적 역할인지로 인해 그동안 받아 왔던 차별을 해소할 수 있도록 하는 정책으로 장애인들이 일자리를 찾고 정당한 직업생활을 할 필요가 있다. 직업재활시설은 이런 의미에서 일반고용시장에서 일자리를 찾기 어려운 장애인들에게는 사회적 역할인지를 개선할 수 있는 대안이며 결국 이를 통해 장애인의 역량강화와 인식개선이 동시에 이루어질 수 있다. 따라서 직업재활시설의 가치는 사회적 역할인지 개선에 가장 중요한 수단이라 볼 수 있다.

나. 자연스러운 사회통합

사회통합은 장애인 재활의 궁극적인 목표이다. 그러나 통합에 대한 관점은 대상이나 주어진 환경에 따라 그 의미가 달라진다. 종래에 보호작업장은 분리의 대표적인 시설로 보고 통합고용을 주지하고 있다. 그러나 오늘날의 직업재활시설은 지역사회에서 장애가 없는 사람과 통합된 환경에서 운영되고 있는 상황으로, 통합에 반대되는 대표적인 시설로 볼 수 있는가의 문제가 대두되며, 또한 통합이라는 것이 누구를 위한 통합인가라는 것이다. 마찬가지로 통합에 있어서도 대상자의 자기결정에 의한 통합은 존중되어야 한다. 즉, 직업재활전문가에 의한 혹은 재활전문가들에 의한 통합(Integration)보다는 이용자인 장애인 스스로의 자율적 통합(Inclusion)이 중요하다.

사회통합에 대한 재활에 있어서 학문적 개념은 장애인들이 사회의 기본적인 기능의 참여와 기회 평등에 대한 목표로 정의되며 사회적 배제(Social Exclusion)의 반대되는 개념으로 정리된다. 즉 장애인이 사회적 자본으로 인식되는 상황을 의미하는 것이다(Rimmerman, 2013).

사회적 자본(Social Capital)은 사회관계 네트워크로 장애인들이 사회에서 더불어 살게 해주고 개인으로서 할 수 있는 것보다 더 효과적으로 행동할 수 있게 해 주는 용어로 사용된다. 사회적 자본에 접근하는 방식은 세 가지 측면이 있다. 첫째는 자원으로서 정의되는 것이다. 이는 사람들이 서로 관계하고 인연을 맺음으로써 축적되는 자원을 의미하는 것으로 살아 있는 자원으로서 네트워크의 중요성을 강조한다. 네트워크를 넓히고 효과적으로 이용할 수 있는 사람들은 사회적 자본을 가지고 있다고 이해되는 것이다.

둘째는 상호 친분이나 상호 인식이 다소 일상적인 관계로서 지속적인 네트워크를 소유하는 잠정적 차원의 자원으로 정의되는 것이다.

셋째는 사회적 자본을 집단적 관계로 접근하는 것이다. 사회관계 자본은 그 집단의 재산이며 경제적 가치를 통해 일하는 사람들로서 상호 간의 네트워크와 그들이 함께 일할 수 있는가에 의해 달성되는 것이다.

장애인들이 이런 관점에서 사회적 자본과 통합되기 위해서는 통합고용이냐 보호고용이냐를 떠나 일자리를 갖는 것이 중요하다. 인간에게 있어 직업은 경제적 의미나 심리적 의미를 나타내기도 하지만 사회적 의미에 중요한 가치를 가진다. 즉, 장애인들이 자원으로서 사회적 자본으로 인식되고 이런 관계망을 통해 자연스럽게 사회통합을 이루어내기 위해서는 고용이 중요하며 직업재활시설은 이런 의미에서 중요한 가치를 가지는 것이다.

다. 노동기본권

노동기본권이란 노동에 있어 국민의 기본적 권리로 이해된다. 따라서 노동기본권이념은 장애인이 사회의 다른 구성원과 동일하게 되고, 그 사람의 능력에 따라 동등한 고용기회를 갖도록 준비시키는 데 있다. 따라서 국제사회와 세계 각국은 장애인의 노동기본권 확보를 위한 다양한 조치를 규정하고 있다.

1948년 UN 세계인권선언(Universal Declaration of Human Rights) 제23조와 제24조는 모든 인간은 자유로운 직업의 선택, 공정하고 유리한 노동조건, 실업에 대한 보호 등의 권리와 어떤 차별도 받지 않고 동일 노동에 대해서 동일한 보수를 받을 권리를 가지며, 합리적인 노동시간의 제한과 정기적인 유급휴가를 포함한 휴식과 여가의 권리가 있음을 선포함으로써 인간의 노동기본권을 명시하였다. 이후 1966년 시민·정치적 권리에 관한 국제규약(International Covenant on Civil and Political Rights), 1976년의 경제·사회적 및 시민적 권리에 관한 국제규약(International Covenant on Economic, Social and Cultural Rights)과 1993년의 장애인의 기회균등에 관한 표준규칙(Standard Rules on the Equalization of Opportunities for Persons with Disabilities)에서 명시적이고 선언적이지만 장애인의 노동기본권을 명시하였고 2007년 UN의 장애인 권리협약(Convention on the Rights of Persons with Disabilities) 제27조 근로 및 고용에서는 포괄적인 노동의 권리를 명시하면서 각국은 여러 가지 방법으로 이를 실현할 것을 구체적으로 제안하였다(나운환, 2008).

실천적으로 1955년 국제노동기구는 장애인의 직업재활에 관한 권고, 1958년 고용과 직업에 있어 차별에 관한 협약(Convention 111 Concerning Discrimination in Respect of Employment and Occupation), 1975년 인적자원개발에 있어 직업지도와 훈련에 관한 협약(Convention 142 Concerning Vocational Guidance and Vocational Training in the Development of Human Resorces)과 1983년 장애인 직업재활과 고용에 관한 협약에서는 장애인의 노동기본권, 특히 신체적 또는 정신적 손상의 결과 안정된 고용을 확보하고 유지할 가능성이 실질적으로 감소된 사람들의 직업재활과 적극적 우대조치 등 중증장애인의 노동의 권리와 이를 뒷받침하기 위한 여러 가지 제도와 서비스들을 규정하였다(Cooper & Vernon, 1996).

이러한 국제적인 장애인 노동 기본권의 명시와 실현 움직임과 함께 1973년 미국재활법과 1990년 미국장애인법, 1982년 캐나다의 자유와 권리장전(The Canadian Charter of Rights and Freedoms), 1992년 호주장애차별법(Disability Discrimination Act), 1995년 영국장애차별법 등에서 장애인의 가장 기본적 권리로 노동권을 명시하였다.

한국의 경우 장애인의 노동기본권 확보를 위한 일련의 사회입법은 그 헌법상

이념적 근거를 인간다운 생활권에 두고 있고 나아가 생존권을 구체적으로 보장하기 위한 소득보장수급권과 근로권의 상호 연대적 보장을 통하여 인간다운 생활을 실현한다는 것이 일반적 견해이다. 소득보장수급권은 장애인의 인간다운 생활 내지 생존을 위한 물질적 기초를 제공받는 권리로서 노동능력이 있는 장애인은 일정한 범위에서 근로권이 구체적 권리로 전환되어 고용보장을 받게 되고 노동능력이 결여되어 있는 장애인은 일정한 요건하에서 보충적 근로권의 변환물로 경제적 수당을 받게 되는데 여기에서 수급권의 포괄적인 보장을 위하여 도입되는 것이 적극적 우대조치이다. 한국은 장애인복지법과 장애인고용촉진 및 직업재활법, 중증장애인생산품우선구매법 등에서 매점, 자판기, 장애인 생산품 판매, 장애인 고용에 있어 노동기본권과 적극적 우대조치들을 규정하고 있다.

그러나 각국의 법률들은 적용 대상을 적절한 배려의 유, 무에 관계없이 장애 근로자가 희망하는 직책의 필요한 본질적인 직무를 수행할 수 있는 장애인(Qualified Individual with a Disability)으로만 한정하므로 본질적인 직무를 수행하는 데 제한이 있는 중증장애인의 노동기본권은 제한이 있다. 예를 들어, 시각장애인의 안마직 유보직종(Designate Job)이 5차례 이상 헌법소원 절차가 진행되는 등 헌법에서 정애인의 적극적 우대조치를 규정하지 않으므로 실제 중증장애인의 노동기본권은 아직 미흡하다.

세계 각국이 중증장애인들의 일자리 창출을 위해 의무고용, 보호고용, 지원고용, 사회고용 등의 다양한 서비스를 실시하고 있지만 고용기회와 적정 근로조건과 임금 수준 등에서 아직 많은 문제가 있다. 한국의 경우도 지난 1980년 장애인복지법 제정과 함께 보호고용서비스를 시작하고 있지만 아직은 수요에 비해 공급기회가 제한되어 있고(비장애인 실업률의 3배 이상 높음) 근로조건이나 인간다운 생활을 위한 적정임금수준이라는 측면에서는 기준조차 마련되지 않는 등 많은 문제를 가지고 있다.

그러나 이러한 제한점에도 불구하고 직업재활시설은 중증장애인의 노동기본권 확보를 위한 대안적 의미를 가지며 가치를 가진다. 특히, 한국과 같이 사회적 장벽이 많은 경우 직업재활시설은 중증장애인의 노동기본권이라는 측면에서 더욱 의미를 가지게 된다.

3. 직업재활시설의 발전과정

직업재활시설 제도는 18세기 말 서구사회에서 주로 특정한 시설과 환경을 꾸미는 단순한 형태로 시작하여 최근에는 통합고용 현장에서 필요한 서비스를 지속적으로 제공하는 지원고용(Supported Employment) 서비스 형태로 발전해 왔다. 이 용어가 장애인복지 정책에 처음 사용된 것은 1955년 국제노동기구의 제99호 장애인 직업재활에 관한 권고로 보인다. 그러나 몇몇 선진국에서는 보호고용이란 용어를 사용하지는 않았지만 비슷한 형태로 이미 시행해 왔다. 따라서 직업재활시설의 발전과정은 미국, 영국, 독일, 한국의 발전과정을 살펴봄으로써 전체적인 발전과정을 이해할 수 있을 것이다.

가. 미국 보호작업장의 발전과정

미국 최초의 직업재활시설인 보호작업장은 1838년에 매사추세츠에 있는 퍼킨스맹인협회가 설립한 워타타운이다. 초기의 보호작업장은 ST. Vincent DE Paul Society, Volunteers of America, Goodwill Industries of America(감리교회에서 설립)와 같은 종교단체나 유사 종교단체 등에서 신체장애인이나 노인, 알코올중독자의 고용에 중점을 두고 민간기금으로 설립하여 운영한 것이다.

그러나 신체장애인들의 재활을 위해 만들어진 1921년의 직업재활법은 그 후

30년간 보호작업장과 실질적인 연계를 맺지 못하였다. 연방정부가 보호작업장과 최초로 관계를 맺게 된 것은 루즈벨트 대통령의 재임 당시로 가격안정을 기하기 위해 전국산업보호법(the National Industrial Recovery Act: NIRA)에 의해 공산품 공정거래법이 시행될 때였다. 보호작업장은 공정거래법을 표시하는 "푸른 독수리(Blue Eagle)"가 없는 그들의 상품을 판촉 하는 데 어려움이 많아짐에 따라 보호작업장을 위한 별도의 법령을 제정해 주도록 연방정부에 요청하였다.

이에 따라 보호작업장을 위한 공정거래법이 제정되었고, NRA(the National Recovery Administration)의 행정 관료들을 지원하기 위해 보호작업장 분야의 지도급 인사들로 자문위원회가 구성되었다. 그러나 그 직후 연방최고 재판소에서 NRA법이 위헌이라고 판정함으로 실효를 거두지 못했다. 이후 1938년 10월 최저임금과 정규노동수당 및 미성년 노동자 보호를 근간으로 하는 공정노동기준법(the Fair Labor Standards Act: FLSA)이 시행되면서 정상적인 생산성을 발휘할 수 없는 장애인들을 위해 최저임금제에 대한 예외 조항이 제정되었으나 이 조항에는 생산성이 낮은 장애인들에 대한 최저임금 수준을 정해 놓지 않아 보호작업장은 법의 적용을 받지 못하게 되었다.

그러나 1938년 11월, 장애인들은 일반 근로자들에 상응하는 최저비율로 임금을 받아야 한다는 조건으로 보호작업장에 고용된 장애인들에게 임시 예외확인서가 발급되었고, 1939년 3월에는 보호작업장 조직 및 노사의 대표자들로 구성된 보호작업장에 관한 자문위원회가 임금국 관리들에 의해 설립되었으며, 1940년 2월에는 보호작업장 내의 장애인의 고용에 관한 최초의 규정이 만들어지게 되었다.

1938년에는 와그너-오데이법(Wagner-O'Day Act)이 발효되어 보호작업장에서 시각장애인들이 만든 상품을 연방정부에 판매하는 데 우선권을 갖게 되었고, 이런 움직임은 시각장애인의 보호작업장 성장에 중요한 시발점이 되어 그들을 돕기 위한 분배 및 기술지원 조직으로 전국 시각장애인 산업체(National Industries for Blind)를 발족하게 하였다. 그리고 1940년대 중반에는 정부 재활기관에서 지적장애인이나 발달장애인들을 위해 직업재활법을 개정하였으나 보호작업장 활동에는 큰 영향을 주지 못했고, 1960년대 초반에는 지적장애인들을 위한 일상생활 및 활동 프로그램의 개발이 시작되어 이후 수년간 많은 활동기구들이 점차 보호작업장으로 확산 발전되었다. 1963년에는 지적장애인 복지시설과 지역사회 정신보건센터 건립법(The Mental Retardation Welfare Facilities and Community Mental Health Centers Construction Act)이 제정되어 건물의 신축이나 증축, 직원채용, 장비구입이 허용되었고, 지적장애인을 위한 보호작업장을 설립할 때 연방정부의 지원을 받게 되었다.

이런 새로운 프로그램은 지적장애인이나 발달장애인의 부모와 전문기관의 노력으로 1965년 직업재활법을 개정시켰고, 이 개정법은 보호작업장을 포함한 재활시설들에 대한 연방정부의 종합적인 재정지원 계획을 정상화하였으며, 보호작업장의 개선을 위해 기술지원 계획을 수립하였다. 그로 인해 보호작업장과 여타 재활시설들이 연방 재활기관에 의해 범국가적인 계획사업이 되었고 연방기금을 늘릴 수 있게 되었다. 이런 움직임으로 보호작업장은 전례 없는 발전을 하게 되었고 발달장애인을 위한 폭넓은 작업활동센터와 정규프로그램 작업장이 개발되게 되었다.

1966년에는 공정노동기준법(FLSA)을 수정하여 장애인의 임금하한을 법정 최저임금의 50%로 정했고, 일반 근로자와 동질의 작업량에 비례하는 임금을 지불하도록 하는 조항을 설정하였다. 또한 이 조정안은 50%의 임금하한에 대해 다음과 같은 예외조항을 두도록 새로운 특별조항을 마련하였다. 즉, 평가나 훈련계획을 수반하는 작업에 종사하는 장애인과 작업활동 센터에 고용된 자로 신체적·정신적 장애가 심해 생산 활동이 부적당한 자에 대한 임금하한선을 정해 놓았으며 중증장애인이 재활훈련을 받으며 보호작업장에서 일할 수 있도록 하였다.

이렇게 보호작업장이 새롭게 성장하자 연방정부와 주 정부를 포함한 여러 단체에서 보호작업장의 질적 지원에 대한 관심이 일어났다. 또한 재활시설인증위원회(the Commission on Accreditation of Rehabilitation Facilities: CARF)나 시각장애인을 위한 국가인증위원회(the National Accreditation Council: NAC), 굿윌 인더스트리(Goodwill Industries of America)와 지적장애인 시설인증위원회(the Accreditation Council for Facilities for the Mentally Retarded: ACFMR) 등의 국가기관을 통해 시설과 지원기준인정에 대한 관심이 커졌다.

1970년 주 직업재활행정가협회(the Council of State Adminstrators for Vocational Rehabilitation: CSAVR)는 이러한 기준의 필요성을 보증하는 해결안을 통과시켰는데 이는 보호작업장과 여타 재활시설의 기준에 중요한 변화를 가져왔다. 그리고 1968년 장애인을 위한 서비스 개발과 시설개조법(the Developmental Disabilities Services and Facilities Construction Act: DDSFCA)의 제정과 함께 여러 주에 산재해 있는 보호작업장에서는 장애인들이 경제적 자립과 고용을 증진하도록 지원기금을 마련하기 위해 장기적인 모금사업이 추진되었으며 중증장애인, 특히 우선적으로 주립보호시설에서 돌아오는 정신장애, 정신질환자에 대한 재활의 필요성이 급격히 대두되었다.

1971년에는 와그너-오데이법(Wagner-O'Day Act)에 대한 수정안(Javits-Wagner-O'Day Act: JWOD)이 나와 이전에는 연방정부가 시각장애인들의 상품만을 우선 구매하도록 했던 것이 다른 중증장애인들에게 확대되었고, 1974년에는 국립시각장애산업단(National Industries for the Blind: NIB)에 대응하여 국립중증장애인산업단(National Industries for the Severly Handicapped: NISH)이 보건성, 문부성, 사회복지성의 재활사업국의 도움으로 설립되어 상품 및 용도에 대한 연구기술, 생산기술을 개발하게 되었고, 가장 최근에는 중증장애인에 대한 추가지원을 제공하는 1973년의 재활법에 크게 고무되어 보호작업장에서 장애인 고용과 지원이 확대되었다. 또한 재활법의 74, 86, 93, 98년 계속적인 개정과 와그너-오데이법의 98년 개정을 통해 일반노동 경쟁시장에서의 취업이 어려운 중증장애인에게 보다 나은 서비스가 제공될 수 있도록 지원책이 마련되었다.

JWOD 의사결정기구인 시각 및 중증장애인 구매위원회(Committee for Purchase From People Who Are Blind or Severely)는 1971년의 JWOD프로그램을 2006년 11월 27일 강력하고 보다 통일된 정체성을 제공하며 프로그램 이름과 시각장애인 또는 중증장애인의 능력 사이의 관계성을 보여주기 위해 동 법률하에 운영되는 프로그램에 대한 포괄적인 명칭을 "JWOD 프로그램"에서 "AbilityOne 프로그램"으로 수정하면서 2007년에서 2009년까지의 새로운 전략목표를 다음과 같이 제시하고 있다.

첫째, 시각장애 또는 중증장애인을 위한 고용기회를 최대한 확대한다. AbilityOne 프로그램하에 임금 향상, 이익, 이동성 향상, 및 개인적 직무만족을 포함하여 시각장애 또는 중증장애인들을 위한 고용 기회 확대를 계속해 나아가며 이를 위한 획기적인 방안들을 마련한다.

둘째, 우선구매제도의 소비자 만족을 극대화하는 전략을 추진한다. AbilityOne 프로그램이 소비자가 원하는 상품과 서비스의 선호 자원이 되기 위해서는 우선구매제도의 소비자인 정부기관의 만족도를 높이는 것만이 유일한 대안이라는 전략으로 이에 대한 적극적인 만족방안을 마련하여 추진할 것을 제시하고 있다.

셋째, 과정 및 절차가 효과성과 효율성을 담보할 수 있는 전략을 추진한다. 절차와 과정의 합리화 및 자동화, 그리고 프로그램의 완전성을 위한 노력과 함께 의사소통을 향상시킴으로써 AbilityOne의 효율성과 효과성을 높일 수 있도록 한다.

넷째, 효율적인 의사소통 및 정보 공유 전략을 추진한다. 효과적인 의사소통과

정보 공유를 통해 민간, 의회, 연방 기관, 장애 사회, 그리고 다른 AbilityOne Program 관련자들 사이에 AbilityOne 프로그램에 대한 인식과 이해 및 선호를 증진시킬 수 있는 방안들을 마련하여 추진한다.

마지막으로 적극적인 시장 개발전략을 추진한다. AbilityOne 프로그램이 시각장애 또는 다른 중증장애인들의 욕구를 충족시키는 고용 기회를 확대하기 위하여 연방 소비자들에게 최고 가치의 상품과 서비스를 제공할 수 있는 기존 시장을 확대하고 새로운 시장을 전략적으로 개발한다.

2013년 7월 1일 NISH는 중증장애인을 위한 옹호에 대한 기관의 미션과 초점을 보다 더 명확히 설명하기 위해 SourceAmerica로 명칭을 바꾸게 된다. 즉, 중증장애인은 단순히 고객기반을 확장하기 위한 중요한 질적 자원을 생산하는 노동인력으로서뿐만 아니라 SourceAmerica가 하는 모든 사업의 영감의 자원이며 중요한 포커스라는 것이다.

SourceAmerica는 1,200여 개의 지역사회중심 비영리기관 네트워크 및 중증장애인들이 생산하는 상품과 서비스가 필요한 연방정부 및 민간영역 사이의 중요한 연결고리가 되고 있다.

SourceAmerica의 미션과 기능은 보호작업장의 사업개발, 계약관리, 법령 및 규정 지원, 의사소통 및 공공 관련 자료들, 정보기술지원, 엔지니어링 및 기술지원, 성공적인 비영리 기관 관리를 위해 필요한 확장된 전문 훈련들을 제공한다. AbilityOne 프로그램에 더하여 SourceAmerica는 중증장애인을 위한 고용기회를 확장하기 위해 다음과 같은 노력도 함께하고 있다(www.nish.org).

㉠ 국방부 계약자들 및 상업적 회사들과의 파트너십

㉡ 고용, 품질, 리더십 및 개발에서의 세계적 수준의 훈련

㉢ 서민 옹호

㉣ 경제적 지원

㉤ 경제적 역량강화를 위한 교육

㉥ Quality Work Environment(이하 QWE) Initiative: 비영리 기관들과 함께 중증장애인들이 자신의 고용 잠재력을 극대화하도록 역량을 강화하는 것

㉦ 진로를 찾아가는 경로: 지적 및 발달장애를 가진 청소년과 성인들을 그들의 기술, 흥미 및 능력에 맞는 직업과 그들의 지역사회에 있는 직업들에 연결시킬 수 있도록 역량을 강화하는 고용 프로그램

㉧ 상이군인 노동인구 계획 및 연구

㉨ AbilityOne 디자인 첼린지

나. 영국의 보호고용 발전과정

영국의 직업재활시설은 1941년 노동성이 장애인 고용을 위한 위원회를 설치하고 동 위원회가 장애인 고용을 위한 종합적인 계획을 마련하면서 경증장애인은 할당고용제도를 통해 경쟁고용정책을, 중증장애인은 보호고용을 하는 국영기업체를 설립할 것을 제안하고 동 계획을 추진하기 위하여 1944년 장애인 고용법이 제정되었다. 동법 제15조는 중증장애인에게 생산적이고 의미 있는 보호고용을 제공하고 훈련시키기 위해 보호고용을 위한 시설의 설립을 규정하고 동 규정에 의해 1945년 장애인 고용공사(Disabled Persons Employment Corporation Limited)를 설립하는 것으로 되어 있었으나 1946년 램플로이 공사(Remploy Ltd.)로 변경되어 설립되었고 이것이 최초의 직업재활시설이었다.

1953년에는 장애인에 관한 제도의 전반적인 것을 재검토하기 위하여 피어슨 위원회가 설치되고 동 위원회에서는 1956년 보고서에서 보호고용을 취미적 작업 내지는 치료적 작업과 명확히 구분하여 취업하는 자에게 생계의 수단을 마련해 주기 위한 고용으로 정의함과 아울러 종래의 보호고용에 대한 책임이 지방자치단체의 권한 및 의무로 규정된 것을 노동성으로 이관하여야 한다고 보고하면서 보호고용에 대한 국가책임을 명확히 규정하고 활성화하기에 이른다. 이

보고서의 영향으로 장애인고용법은 1958년 개정되어 국가에 대하여 장애인 고용을 의무화하기에 이르고, 장애인 보호고용을 하는 램플로이에 대한 전문적인 지원과 중증장애인의 생산성 향상을 위해 국가는 다양한 방법으로 지원할 것을 규정하여 램플로이가 전국적으로 직업재활시설을 설치, 확대하는 데 영향을 주었다.

1980년과 1986년 개정에서는 장애인고용위원회를 설치하고 동 위원회는 장애인에 대한 지역사회의 직업재활 서비스를 조사하기 위하여 지역사회의 전문지식과 기술을 활용하고 지역 고용주들이 장애인에 대한 고용정책을 긍정적으로 채택하도록 격려하고 용기를 불어넣어 주는 역할을 하면서 지역사회와 지역의 공공기관이나 민간 고용주들이 램플로이에서 생산품들을 구매할 수 있도록 지원하고 조언하도록 하고 있다. 이 위원회는 독립된 회장과 고용주, 근로자, 장애인고용에 관심을 가지고 있는 기타단체들의 대표를 포함하여 구성되었다.

그러나 1944년 제정된 장애인고용법에 의해 20인 이상의 종업원을 고용한 고용주는 종업원의 3% 이상을 의무적으로 고용하도록 한 법률과 동 법률에 의해 엘리베이터 조작요원, 주차장 관리요원 등의 직종에는 장애인 이외의 자의 고용을 유보하는 유보직종제도를 시행해 왔다. 그러나 동 법률의 고용효과는 1994년 당시 일반기업체의 경우 80% 기업이 의무고용률을 달성하지 못했으며, 보건성도 1.4%인 68명의 장애인을 고용하였고 램플로이도 늘어나는 중증장애인을 고용하는 데 한계를 가지는 등 장애인 고용에 있어 많은 문제점이 노출되자 장애인 고용의 있어 근본적인 문제를 해결하기 위하여 1995년 장애차별법이 제정되게 된다.

이의 영향으로 중증장애인의 보호고용을 위한 직업재활시설인 램플로이에서도 장애인이라고 해서 보호고용상태에서 반복적인 작업만 해야 된다는 인식은 변화해야 하며 매주 3,000명 이상의 사람들이 장기간의 요양을 필요로 하는 질병으로 인해 직장을 떠나고 있으며 이들 중 90%가 결코 이전 작업장으로 돌아오지 못하고 있기 때문에 장애인들에게 보다 폭넓게 고용의 기회가 제공되어야 한다는 인식이 확대되었다. 따라서 1999년 초 램플로이 이사회는 Bourton Group에 컨설팅을 의뢰하여 주요 문제점을 도출하게 되는데 이 보고서는 램플로이의 문제점으로 판매·마케팅 업무 중복, 세계적인 경쟁 격화 및 압력 증대, 현대적인 업무수행기법 미도입, 장애인근로자 결근율 상승, 고객중심주의 부재, 경영사업부의 생산목표 달성과 직업훈련부의 장애인직업능력개발 간의 마찰, 관리 중복, 램플로이 경영사업부별 사업계획 및 추진일정 상호조정 부재, 고객중심의 가격전략 부재를 지적하였고 외생요인으로 첫째, 보호고용 대상 장애인의 수요증가, 즉 1999년 노동성의 노동력 조사결과 경제활동이 가능한 630만 명의 장애인 중 34만 7천 명이 실업상태에 있으며 300만 명이 경제 비활동으로 분류되고 있음을 지적하였다.

둘째, 제조업 중심에서 서비스업 중심으로 산업구조가 변화되고 있으며, 셋째, 학습장애인 및 정신(건강) 장애인이 급격히 증대되며 특히 이들은 지속적인 지원 없이는 경쟁고용시장에 진입할 수 없는 장애인이라는 점을 지적하였다(www.remploy.co.uk).

따라서 램플로이는 이 보고서를 근거로 2000년 새로운 목표와 추진전략을 발표하였다. 제시된 램플로이의 새로운 목적은 장애인에 대해 좀 더 많은 고용기회를 제공하고 램플로이 내외에서 장애인 개인의 직업능력개발·발전을 도모하는 데 지원하고, 램플로이와 연계고용(Interwork)참여 사업주의 장애인 고용능력을 확대하며 램플로이의 현대화와 직업재활시설의 확대를 통해 궁극적으로 장애인의 실업을 해소하겠다는 것이다. 추진전략은 새로운 마케팅에 의한 이익·매출을 증대시키고, 장애인의 인적자원개발을 통해 직업능력을 극대화시키며, 새로운 판로(매출처) 개발 및 합리적인 생산관리를 통한 미사용 생산능력 활용을 극대화하며 신규투자에 의한 직업재활시설의 신설 및 기존 네트워크를 현대화하고, 생산적인 기능과 직업능력개발훈련을 각기 독립적으로 운영하여 탄력적인 조직운영과 관리비용 절감, 관리조직을 극소화하겠다는 것이다.

그리고 이 추진전략은 램플로이의 운영원칙에서도 반영되고 있는데 2007년 램플로이의 운영원칙은 다음과 같다(www.remploy.co.uk).

첫째, 램플로이는 노동시장에서 완전통합을 통해 장애인의 독립성을 최대한 확보한다.

둘째, 램플로이의 목표는 장애인들의 주류화 고용을 최대한 확대하는 것이다.

셋째, 램플로이는 지역사회와 관련 장애인 기관 간의 적절한 파트너십을 통해 함께 성장해 나간다.

넷째, 램플로이는 장애인의 고용결정은 전문적인 과정과 토론을 기반으로 한 본질적인 참여를 중요시한다.

다섯째, 램플로이는 장애인의 고용기회를 확대하는 것을 가장 중요한 목표로 인식하고 있다.

여섯째, 램플로이는 노동시장이나 산업의 변화와 지역사회의 지속적인 요구에 따라 역동적으로 변화한다.

일곱째, 램플로이는 장애인의 고용기회를 확대하기 위해 설계된 프로그램과 정부 정책을 기반으로 하여 현실적인 노동시장과 장애인들의 욕구를 최대한 조화시킨다.

여덟째, 장애인들이 현실적인 직무수행과정에서 효과적으로 직무를 유지하도록 최대한의 지원을 한다.

마지막으로 램플로이는 성공적인 직무수행이 가능하도록 필요한 장비와 맞춤식 지원을 통해 그들의 잠재능력을 완전하게 발휘할 수 있도록 지원한다.

즉, 2007년 이후 영국의 보호고용은 보호고용 현대화계획에 기초하여 램플로이에 들어가는 예산비중을 축소하고 개별장애인 중심의 통합고용을 지향하고 있어 2013년 램플로이가 발간한 지사 보고서(Branching Out)에 따르면 지난 4년간 성과를 보았을 때 램플로이 고용서비스를 통해 약 5만여 개 이상의 통합고용 환경 일자리를 찾았으며, 2012년 한 해 동안 영국 내 많은 대기업들과 협력하여 장애인과 소외계층 사람들이 17,835개의 직업을 찾도록 도와주는 등 점차 보호고용 사업장은 현저하게 축소하는 경향을 보이고 있다.

다. 독일 보호작업장의 발전과정

독일은 제2차 세계대전 후 급속한 경제성장과 더불어 심각한 노동력 부족사태에 직면하게 되면서 장애인의 노동력에 관심을 가지게 되었고, 당시 연방노동부는 이를 위해 기존 직업재활시설의 개축과 증설에 많은 지원을 하게 되었다. 본래 보호작업장은 일반적 작업환경하에서 일할 수 없는 장애인을 취업시키는 것으로, 수용시설이 아닌 통근시설이며, 특정의 장애인만을 취업시키는 것이 아니라 원칙적으로 통근 가능한 지역 내의 모든 장애인들에게 개방된 시설이었다. 이러한 보호작업장은 먼저 민간차원에서 설립되었으므로 설립목적이나 운영방식 등이 상당히 다양하다. 많은 보호작업장이 작업치료적 차원에서 설립되었으며, 장기고용을 목적으로 설립된 생산중심의 기업형 보호작업장은 소수에 불과했다. 이렇게 생겨난 보호작업장은 그 후 각 보호작업장의 목적이나 형태에 따라서 다양하게 발전하게 되었다.

이러한 과정 속에서 1974년 4월 29일 중증부상자의 노동, 직업 및 사회통합을 위한 법률인 「중증장애인법(Schwerbehindertengesetz)」이 제정되고 ① 장애의 종류나 원인에 관계없이 모든 중증장애인을 대상으로 하고, ② 의무고용률은 16인 이상 公私기업의 6%로 상향조정하며, 대상금(독일은 장애인 고용 대신에 납부(Alternative der Beschaeftigung)하는 금액으로 우리나라의 부담금에 해당됨)을 100DM로 인상하며, ③ 해고로부터 보호하고(중앙복지사무소-Hauptfuersorgestelle의 승인이 필요함), ④ 장애인수권 대표의 청문권을 부여하며, ⑤ 장애인의 근로와 관련된 도움을 제공하고, ⑥ 장애인 보호작업장(Werkstatt fuer Behinderte: WfB) 설치를 규정하면서 보호작업장은 장애인 보호고용제도 가운데 중추적인 역할을 담당하게 되었다. 동법에 따라 보호작업장의 성격과 시설기준 등이 명료해졌고, 일정한 기준을 충족하는 보호작업장에 대한 보호의 내용도 보다 정비되고 충실해졌다. 1974년 중증장애인법에는 구체적인 시설요건 등에 관해 언급하였고, 1980년에는 보호작업장령(Werkstättemnverordnung Schwerbehindertengesetz)이 공포되어 세부적인 내용이 규정되었다.

1974년 법률은 1986년 7월 24일 개정을 통해 먼저 개념상 많은 혼란을 야기한 직업수행 능력의 저하(Die Minderung der Erwerbsfaehigkeit)라는 개념을 장애의 정도(Grad der Behinderung)라는 개념으로 변경시켰고, 해고의 위험을 줄이기 위해 그 규정을 강화하였으며, 고용주의 부담을 덜어주기 위해 6개월의 별도휴가를 5일로 줄였고, 대상금을 150DM로 인상하였으며(현재는 월 200DM를 납부함) 장애인 수권대표의 법적 지위를 향상시키고 보호작업장의 지원확대의 필요성을 규정하였다.

또한 동 법률은 2001년 7월 1일 사회법전 9편 2부로 개정되어 다음과 같은 사항을 새로이 규정하게 된다.

> 첫째, 적어도 20개 이상의 직무를 가진 공공 및 민간 고용주들은 상시근로자 수 중 5% 이상의 중증장애인을 고용하여야 하며(일부 연방기관은 6%) 그렇지 않으면 미고용 수만큼의 조정금을 납부. 조정금액은 달성된 고용률에 따라 차등적으로 적용
>
> 둘째, 중증장애인들을 위한 특별한 해고보호
>
> 셋째, 기업에 있어서 중증장애인들의 이해를 대변할 중증장애인 대표의 대리
>
> 넷째, 개별적으로 필요한 경우 직업생활 진입을 위한 중증장애인들을 위한 기타 지원들

그리고 중증장애인법 혹은 사회법전 9편에 따르면 모든 고용주들은 비어있는 일자리를 충원할 때 중증장애인 혹은 준중증장애인이[1] 고용될 수 있는가에 대해 검토해야 한다. 뿐만 아니라 다음과 같은 조치를 통해서 일이 장애에 맞도록 개조할 것을 명시하고 있다.

첫째, 필요한 기술적 작업보조도구를 통한 작업장의 장치

둘째, 작업 공간, 시설, 기계 및 작업공구를 장애에 적합하도록 개조 및 유지

셋째, 취업을 통해 중증장애인들이 그들의 지식, 능력을 완전하게 발휘할 수 있도록 해야 함

넷째, 취업을 통해 중증장애인들이 직업적 발전을 촉진하고 지속적인 직업교육에의 참여가 가능할 수 있게 해야 함

다섯째, 중증장애인은 장애에 맞도록 파트타임 근무를 요구할 권리를 가짐

여섯째, 상기의 지원에도 불구하고 일반 경쟁고용에 참여할 수 없는 장애인들을 위해 보호작업장에서의 고용기회를 확대하고 다른 근로자들과 마찬가지로 최저임금이나 보험 등의 차별을 없앨 것을 규정하고 있음

라. 일본 직업재활시설의 발전과정

일본에서 초기 직업재활시설은 빈곤자에 대한 풍속퇴폐방지, 치안유지의 목적으로 명치 초기부터 대도시를 중심으로 실시되었다. 예를 들면 1870년에 경도의 국민수산장이 설립되었고, 1871년에 대판부에 대빈원, 1872년에 동경부에 양육원이 설립되었으며 이 수산시설에서는 주로 양돈, 성냥상자제조, 종이봉투제조 등의 작업이 이루어졌다. 양육원은 당초 일할 수 없는 장애인의 보호

1 독일은 장애정도가 30% 이상 50% 미만인 경우 곧바로 중증장애인 판정을 받을 수 없지만 이 사람이 장애로 인하여 노동시장에서 고용이 어려울 경우 중증장애인의 지위를 부여해준다. 독일어로는 Gleichgestellte.

가 목적이었으나 장애인에 대한 보호비용의 보충을 위해 수용장애인 중 일할 수 있는 장애인들이 일을 시작한 것이 계기가 되었으며 초기 수산내용은 기계조립, 양재, 편물, 제차(製茶), 목공, 질세공 등이었다. 또한 급격한 산업혁명으로 많은 노재자(勞災者)가 발생하고 많은 장애인이 발생되자 민간사회사업 분야에서 철도노재장애인에 대한 수산사업이 출현되어 최조 민간분야 수산시설이 1904년(명치 37년)에 진전구차랑(津田龜次郎)이 창설한 철도보양원이 설치되었다. 동 철도보양원은 철도종업원으로 공무수행 중에 불구폐질자(장애인)가 된 장애인의 생활안정과 정신위안을 위해 개설되어 대정 6년 3월에 법인허가를 받았다. 당시 종업원은 20명으로 수산과목은 미싱재봉, 제화, 양말제조 등으로 일일평균 강습자는 48명이었다.

제2차 대전 후 1946년에 연합군 의해 칙령 제27호가 발표되면서 군사원호원이 폐지되고 그 업무 중 직업보도에 관한 것은 노동성 직업안정국으로, 의료에 관한 것은 후생성 의무국으로, 그 외의 원호는 후생성 사회국으로 각각 이관되었다.

1947년에 노동성은 신체장애인 직업안정요강을 입안하는 한편 후생성은 약 5,000만 엔의 예산으로 신체장애인 수용 수산시설을 9개의 도도부현(都道府縣)에 12개소를 설치했다. 그리고 그 다음해인 1948년 2월에 후생성은 상이자 생활원호에 관한 건을 발표하여 의료재할이 끝났으나 특수보호가 필요한 상이자의 원호로서 수산시설이 병설된 수용시설을 국고보조로 설치 운영하기로 결정했다.

한편 후생성은 농아인과 신체장애인을 포함한 법안을 구상하여 신체장해자복지법 제정 촉진위원회를 결성하여 법안작성에 들어가 1949년 12월에 신체장해자복지법이 성립되었고 동법에서 정부는 신체장애인 갱생(재활) 원호시설을 설치하도록 규정하고 있으며 수산시설로 갱생(재활)시설의 하나로 규정하였다.

1951년 신체장해자복지법이 시행될 당시 수산시설은 일본 전국에 21개소로 정원은 10명부터 100명이었으며 종목은 양재, 인쇄, 수리, 목공, 축산 등이 주종을 이루었다.

신체장해자복지법에는 정신지체인이 제외되어 있었기 때문에 정신지체인에 대한 정부시책은 1960년 정신박약자복지법이 나올 때까지 아동복지법을 근거로 정신지체아 시설을 운영했으며 재가가 어려운 성인정신지체인은 생활보호법을 근거로 구호시설 등에 입소되었다. 정신지체아 시설에서는 직업지도가 학습지도, 생활지도와 병행해서 실시되었으나 1953년부터 1954년에 걸쳐 노동과학연구소가 정신박약아의 직업 적정(適正)과 작업능력에 관한 연구를 실시하여 정신지체인의 작업범위와 작업의 전제조건에 대한 연구보고서를 내놓았다. 이 연구보고서를 근거로 후생성은 1956년에 일정 직업보도 과목에 대해서는 그 설비비용의 50%를 국고 부담으로 할 것을 결정한 정신박약자 시설 내 직업보도 실시요강을 통달했으며 이를 근거로 직업보도를 실시한 시설은 1959년에 81개 시설에서 255종 이상의 직종을 실시했다. 그러나 직업훈련을 받은 정신지체아의 취업은 어려웠으며 매년 시설 내 연령초과자가 증가함에 따라 정신지체인 종합입법제정에 관한 요구가 점점 확대되어 1959년 「정신박약자 복지대책 요강작성위원회」가 후생성과 민간단체의 합동으로 조직되었다. 또한 본 위원회는 다음과 같은 정신박약자 복지법 제정방향을 제시하였고, 이를 근거로 1960년 정신박약자복지법이 제정되고 1964년에 정신박약자 수산시설 설치 및 운영요강이 결정됨에 따라 수용시설 내 수산시설 설치가 가능하게 되었다.

1967년 신체장해자복지법을 개정하면서 신체장해자복지심의회에 개정을 위한 의견을 조회한 결과 다음과 같은 이유로 복지공장의 필요성이 제기되어 규정되고 동 법률에 의해 1972년에 복지공장 운영지침이 제정되었다.

첫째, 노동능력이 있는 신체장애인은 될 수 있는 한 일반기업에 고용시켜 사회복귀 시키는 것이 바람직하지만 장애가 중증이라 고용과 함께 건강관리, 일상생활의 도움이 필요하다. 그러나 기업체는 공장설비, 그 외 부대시설을 신체장애인에게 맞게 정비하기 위해서는 많은 투자가 필요하므로 고용을 기피하게 된다.

둘째, 현재 중증의 신체장애인에게 직업을 주어 재활시키는 것을 목적으로 설립한 수산시설이 있으나 이곳은 장애인이 한 사람의 독립된 노동인으로서 사회생활을 영위할 수 있다고 기대할 수 없다.

셋째, 따라서 노동능력은 있지만 신체장애의 상황, 통근사정 등에 있어 일반기업에 고용되는 것이 곤란한 신체장애인들에게 노동기회를 주어 생산활동에 종사케 해 한 인간으로서 생활할 수 있도록 원조하는 것이 필요하다.

넷째, 복지공장은 이와 같은 문제를 해결하여 중증장애인의 사회복귀를 위한 유일한 수단이라 규정한다.

이와 같은 규정을 근거로 복지공장이 설립되기 시작하였으며, 1972년 제정한 복지공장 운영지침 제1조는 설치목적을 신체장애자로서 직업능력은 있으나 직장의 설비, 구조, 통근시의 교통사정 등으로 일반기업에 고용이 어려운 자에게 직장을 제공하고 생활지도와 건강관리하에 건전한 사회생활을 하도록 함을 규정하고 있다.

복지공장 설치주체는 도도부현 또는 사회복지법인으로 하며, 경영주체는 사회복지법인을 원칙으로 하고, 종업원은 20명 이상을 기준으로 하며, 직원은 시설장과 직원, 간호사(수용인 경우), 촉탁의사를 두고 있으며, 연 2회 이상 건강진단을 하고, 비상재해대책을 갖추도록 하고 있다.

이와 같은 수산시설과 복지공장에 대한 사항들은 2006년 4월 1일 개정된 신체장해자복지법에서 장애인복지센터 B형으로 통합되어 운영되고 있다.

마. 한국 직업재활시설의 발전과정

우리나라 직업재활시설의 시작은 지난 1979년 삼육아동불구원(현 삼육재활센터)에 수산장을 개설한 것이 최초이고 그 이후 1981년 심신장애자복지법과 동 법률에 근거하여 1986년 자립작업장 설치운영계획에 의하여 22개의 보호작업장이 설치되면서부터 본격화되었다.

1981년 제정 당시 심신장애자복지법은 제15조에서 심신장애자 근로시설을 규정하고 보호작업장을 설립할 수 있는 기본적인 법적 근거를 마련하였고 동 법률은 1989년 장애인복지법으로 개정되면서 동법 37조에서 장애인근로시설과 보호작업장을 규정하고 제31조(제작품의 판매)에서는 장애인복지시설 등에서 장애인이 제작한 물품의 구매요구가 있을 때에는 최대한 그 요구에 응하도록 노력해야 한다고 규정하고 장애인복지시설은 제37조(장애인복지시설)에서 장애인재활시설, 장애인요양시설, 장애인유료복지시설, 장애인이용시설, 장애인직업재활시설, 점자도서관, 점서 및 녹음서 출판시설까지를 포함하였다. 그러나 동 법률은 구체적인 구매에 대한 시행령이나 시행규칙이 없었기 때문에 법 적용의 효과는 없었다.

1986년 4월 보건복지부에 의해 수립된 심신장애자복지시설 자립작업장 설치 운영 계획은 장애인의 자립능력배양 및 중증장애인의 고용 기회확대를 위하여 수립한 계획으로 자립작업장의 설치 목적은 적성직종의 직업훈련 및 생산적 기능 습득이 가능하나 장애의 특성 때문에 일반기업체의 취업이 곤란한 심신장애인에게 생산적인 직업에 종사할 장소와 기회를 제공하여 자립생활을 하도록 하는 데 두고 있으며, 운영주체는 기존의 수용시설에 자립작업장을 설치하는 것으로 하였다. 선정기준은 ① 관련 생산종목 직업훈련 실시 후 제품생산이 가능한 시설, ② 기존 재활시설 중 활용면적이 있어 증축이 필요치 않은 시설, ③ 시설소재지에 공업단지나 대량소비처가 있어 판매가 용이한 지역의 시설 등이다.

선정 경위는 ① 위 선정기준에 해당하는 시설 32개소에 대한 실태조사 실시, ② 실태조사 결과 적격대상시설 중 시·도 분포 및 자립전망들을 고려하여 결정하고 직원의 경우도 기존의 직업훈련교사 혹은 작업지도원을 활용해서 전담

직원을 지정토록 하고 있고, 종업원의 경우는 당해시설 수용자나 타시설 수용자 중 전원희망자, 재가장애인으로서 입소희망자 등을 감안하여 20-50명 수준을 연계토록 하고 있고 장비투입, 작업대 등의 국고보조를 하도록 하고 있다.

1989년 개정장애인복지법에 근거하여 보호작업장 설치 및 운영에 관한 관리지침을 제정하였으며 동 규정은 시설의 설치, 요원확보 및 배치, 대상 장애근로자 선정기준, 직업훈련 및 근로조건, 지도, 회계 및 임금, 관리체계 등에 대하여 규정하고 있다.

또한 장애인복지법은 1999년 개정되어 제48조에서 직업재활시설을 작업활동시설, 보호작업시설, 근로작업시설, 직업훈련시설, 생산품판매시설로 구분하고 제40조(생산품의 구매)는 국가 및 지방자치단체, 기타 공공단체는 그 소요물품 중 보건복지부 장관이 정한 품목 및 물량의 범위 내에서 매년 그 품목과 물량을 정하여 장애인복지시설, 장애인복지단체에 생산을 의뢰하거나, 동 물품의 구매요구가 있을 경우에는 이를 우선적으로 구매할 것을 규정하고 제40조 2항은 국가와 지방자치단체 기타 공공단체는 장애인복지시설, 장애인복지단체에서 생산한 물품에 대하여 수의계약할 수 있도록 규정하고 동 조의 구매의 물량과 내용에 대해서는 장애인복지법시행령 제23조(생산품의 구매중)에서 행정봉투: 2/100 이상, 복사용지(전산복사용지 및 보존복사용지): 2/100 이상, 재생화장지: 10/100 이상, 칫솔: 20/100 이상, 면장갑: 20/100 이상, 쓰레기 분리수거용 합성수지: 20/100 이상으로 고시하였다.

2004년 12월 3일 동 시행령은 개정되어 상기 품목은 사무용양식(봉투, 진행문서화일, 책표지): 100분의 5 이상, 사무용지류(복사용지, 신문용지, 중질지, 감열지): 100분의 5 이상, 화장용 종이류(화장지, 종이수건, 기저귀): 100분의 10 이상, 칫솔: 20/100 이상, 장갑 및 피복부속물(장갑, 넥타이, 손수건): 100분의 20 이상, 포대(폴리에틸렌포대, 폴리프로필렌포대): 100분의 20 이상, 피복류(모자, 작업복, 잠바, 조끼): 100분의 5 이상, 가구류: 100분의 5 이상, 전자・정보장비(휴대용플레시메모리저장장치 및 유선전화기): 100분의 5 이상, 가정용설비물(담요, 수건, 이불, 베개, 방석): 100분의 5 이상, 사무용소모품(결재판, 재생토너・카트리지): 100분의 5 이상, 서적 그 밖의 잡종인쇄물: 100분의 5 이상, 현수막: 100분의 5 이상, 종이컵: 100분의 5 이상, 상자(마분지상자 및 골판지 상자): 100분의 5 이상, 신발류: 100분의 5 이상, 식료품(빵 및 떡류, 땅콩, 견과류 가공품): 100분의 5 이상 등 17개 품목으로 확대되고 동 제도의 실효성을 확보하기 위하여 보건복지부장관은 국가 등의 우선구매대상물품 구매실적을 파악하여 그 구매실적이 제23조 제1항의 규정에 의한 우선구매물량에 미달하는 경우에는 해당 기관 또는 단체의 장에게 구매증대를 요청하고 필요한 조치를 하여 줄 것을 요청할 수 있도록 하였다. 뿐만 아니라, 동 규정에 의하여 구매증대의 요청을 받은 국가 등은 특별한 사유가 없는 한 이에 응하여야 하고 또한 필요하다고 인정하는 경우에는 보건복지부령이 정하는 바에 따라 국가 등의 우선구매실적을 공표할 수 있도록 규정하였다.

그러나 1999년 장애인복지법 개정 시 직업재활시설을 다섯 가지 유형으로 구분하여 운영하는 것은, 유형에 따라 구분하는 기준과 시설에 대한 인증, 지원 시스템 등의 미비로 인해 많은 문제점이 존재한다고 직업재활시설평가와 직업재활기금사업 평가에서 제기되었다.

2007년 대구대학교 직업재활 및 보조공학연구소(연구책임자: 나운환 교수)에 의해 개선방향에 대한 연구가 수행되었고, 그 결과 2008년 장애인복지법을 개정하여 직업재활시설 유형은 장애인 보호작업장과 장애인 근로사업장으로 단순화하였다.

장애인 보호작업장은 직업능력이 낮은 장애인에게 직업적응능력 및 직무기능 향상훈련 등 직업재활훈련 프로그램을 제공하고, 보호가 가능한 조건에서 근로의 기회를 제공하며, 이에 상응하는 노동의 대가로 임금을 지급하며, 장애인 근로사업장이나 그 밖의 경쟁적인 고용시장으로 옮겨갈 수 있도록 돕는 역할을 하는 시설을 의미한다.

장애인 근로사업장은 직업능력은 있으나 이동 및 접근성이나 사회적 제약 등으로 취업이 어려운 장애인에게 근로의 기회를 제공하고, 최저임금 이상의 임금을 지급하며, 경쟁적인 고용시장으로 옮겨갈 수 있도록 돕는 역할을 하는 시설을 의미한다.

장애인 근로사업장 내에서는 보호작업장 프로그램을 운영할 수 있는데 이는 보호된 환경에서 작업능력을 향상시키기 위한 직업훈련 및 보호작업 등을 통해 장애인 근로사업장이나 경쟁고용으로 전이될 수 있도록 하기 위함이다. 그리고 장애인 보호작업장이나 근로사업장 내에서는 작업활동 프로그램도 운영될 수 있는데 이는 작업능력이 매우 부족한 장애인들이 일정기간 일상생활 및 가사생활훈련, 사회적응훈련, 직업적응훈련, 여가활동 교육 등을 통해 보호작업장이나 근로사업장으로 전이되어 유상적 임금을 받을 수 있도록 하기 위함이다.

또한 장애인복지법에 규정된 우선구매 제도가 실효성이 미비하다는 문제가 지속적으로 제기되고 직업재활시설 생산품이나 서비스의 마케팅이 주요한 문제로 지적됨에 따라 2005년 대구대학교 직업재활 및 보조공학연구소(연구책임자: 나운환 교수)가 특별법제정에 대한 연구를 수행하고 이 결과를 바탕으로 2008년 2월 19일 당시 한나라당 정화원 의원 발의에 의해 중증장애인생산품우선구매특별법이 제정되어 2008년 9월 22일부터 시행되었다.

이 법률의 제정배경은 첫째, 장애인의 실업률은 비장애인에 비해 높으며 중증장애인은 더욱 심각하다. 둘째, 중증장애인의 고용지원을 위한 정책적 지원이 현저히 부족하다. 셋째, 장애인생산품 우선구매제도는 가장 저비용의 일을 통한 복지를 추구하는 수단이다. 넷째, 중증장애인 생산품 우선구매는 중소기업이나 여성기업 우선구매보다는 우선되어야 한다는 것이며 제정목적은 중증장애인들을 고용하는 직업재활시설 등의 생산품에 대한 우선구매를 지원함으로써 중증장애인의 직업재활을 돕고 국민경제발전에 기여함이었다.

4. 직업재활시설의 역할과 기능

직업재활시설의 역할과 기능은 유형에 따라 조금씩 다르게 나타나고 시대흐름 속에서 조금씩 변화하고 있기 때문에 단정적으로 규정하기는 어렵다. 미국의 경우도 시대적 흐름에 따라 변화해 왔다. 초기 보호작업장의 역할과 기능에 대해서는 1976년 미국 노동부에 의해 조사된 보호작업장 실태조사보고서인 그린레이협회(Greenleigh Association, 1976) 보고서에서 다음의 세 가지로 지적하고 있다.

> 첫째, 보호작업장은 재활기관으로서의 역할을 수행해야 한다. 즉, 장애와 관련된 문제나 재활기관의 수를 감소시키는 중요한 역할을 수행하여야 한다.
>
> 둘째, 보호작업장은 경쟁노동시장에서의 완전고용과 직무배치를 위해 준비하는 역할을 수행하여야 한다.
>
> 셋째, 보호작업장은 보수가 지급되고 보호고용을 하는 것이어야 한다. 즉 보호작업장은 중증장애인들이 적절한 수입을 보장받을 수 있도록 하는 직무기능과 작업습관을 익히는 것이라고 지적한다.

Wallin(1975)도 보호작업장의 기능을 다음과 같이 지적하고 있다.

> 첫째, 보호작업장은 직업개발이나 직업능력을 향상시키고 직업훈련을 통해 생산적인 상품을 창조하여 고용기회를 제공하고 임금을 지불하는 역할을 수행하여야 하며 지역사회 내의 가정이나 시설, 산업현장 내에서 조직되어야 한다.
>
> 둘째, 보호작업장은 가능한 많은 중증장애인 훈련을 통해 일반 산업현장에서 완전한 직업을 가질 수 있도록 하는 역할을 수행하여야 한다.
>
> 셋째, 보호작업장은 장애인들이 사회통합을 하기 위해 노력하고 애쓰는 자로서의 역할을 수행하여야 한다. 따라서 보호작업장은 레크리에이션센터는 아

니지만 심리적 즐거움이나 안정, 개선을 위한 모임, 파티, 게임, 오락, 주말모임, 영화, 노래모임 등을 통한 사회적 접촉의 기회를 마련하여야 한다.

넷째, 보호작업장은 지적장애인들이 의사소통을 원활히 할 수 있도록 언어기술을 개발하는 역할을 수행하여야 한다.

다섯째, 보호작업장은 문명사회의 가장 기초적인 의사소통의 도구인 3R's (Reading, Writing, Number skill)의 기능을 발달시키는 역할을 수행하여야 한다. 따라서 작업장은 그들에게 거리표시, 교통표지판, 공장의 경고나 지시표시, 버스번호판과 전화번호 그리고 우표, 계산서 보는 법 등을 가르쳐야 한다.

여섯째, 보호작업장은 지적장애인의 성공적인 생활적응을 방해하는 여러 가지 성격부적응을 최대한 극복할 수 있도록 훈련시키는 역할을 담당하여야 한다.

일곱째, 보호작업장은 위에서 열거한 모든 역할의 의미로서 훈련 시작부터 개인적, 교육적, 사회적, 직업적인 모든 안내와 상담을 제공하는 역할을 수행하여야 한다.

여덟째, 보호작업장은 궁극적으로 개인적으로 차별 있는 직업안내와 사후지도를 제공하여 그들이 지역사회 내에서 발생할 수 있는 많은 직업적인 문제점을 사전에 예방할 수 있는 역할을 수행하여야 한다.

그러나 1998년 개정재활법에 나타난 직업재활시설의 역할과 기능은 진로진도를 비롯한 다음 사항을 포함하는 장애인의 고용의 기회를 극대화시킬 수 있는 직업재활서비스를 직접적으로 제공하는 것을 의미한다.

① 통합된 체계 내에서 제공되는 의료적 · 정신적 · 심리적 · 사회적 및 직업적 서비스
② 재활보조기기의 사용을 위한 훈련이나 검사, 제작
③ 레크리에이션 치료(Recreational Therapy)
④ 물리 및 작업치료
⑤ 음성 · 언어 및 청각 치료

⑥ 긍정적인 행동강화를 포함한 정신적 · 심리적 · 사회적 서비스
⑦ 직업재활욕구와 적격성 결정을 위한 사정
⑧ 재활공학(Rehabilitation Technology)
⑨ 직무개발 · 배치 및 사후지도서비스(Retention Service)
⑩ 특수장애(Specific Disabilities)의 평가
⑪ 시각장애인을 위한 적응 및 이동서비스
⑫ 확대 고용(Expanded Employment)
⑬ 심리 · 사회재활 서비스
⑭ 지원고용서비스 및 확대 서비스
⑮ 직업재활을 위해 필요시 가족을 위한 서비스
⑯ 대인지원서비스(Personal Assistance Service) 및 기타 서비스

최근에는 직업재활시설 운영에 대한 개선의 목소리가 커지면서 직업재활시설의 비용/효과, 영리추구, 중증장애인의 직업준비도 향상, 임금의 향상을 위한 역할과 기능에서 ① 경영마인드의 이용과 개발, ② 분석과 계획에 기초한 마케팅의 강조, ③ 가격경쟁, 조달확대, 생산 및 계약에 있어 정보기술의 활용, ④ 자동화의 증설, ⑤ 업무혁신 및 지속적인 개혁, ⑥ 비장애인 근로자와의 통합, ⑦ 근로시간의 확대, ⑧ 실천적인 관리기술의 활용과 직원들의 적절한 Feed-back과 같은 역할들이 강조되고 있다(Gary & Dan, 1998). 또한 많은 중증장애인들에게 고용의 기회를 제공하고 장애인들의 직업준비도를 향상시키기 위하여 ① 이동집단모델이나 서비스직종의 확대 및 활용, ② 틈새시장공략 방법의 개발, ③ 전환업무의 강조, ④ 지역사회 기반 공용 프로그램의 활성화, ⑤ 직무나 생산품목의 다양화 추구, ⑥ 동료근로자와의 관계향상, ⑦ 작업셋팅에서의 관리자와 동료근로자와의 상호작용 촉진, ⑧작업장에서의 여가활동 프로그램의 개발 및 활성화, ⑨ 생산성향상과 임금향상방안 지속적 연구, ⑩ 직원들의 장애인 훈련 및 지원활동의 강화, ⑪ 작업의 질을 개선하기 위한 지속적인

활동 등의 기능들로 확대되고 있다. 즉, 미국 초기의 보호작업장 역할과 기능은 중증장애인들에게 고용과 훈련 기타 재활편의를 부여하고 그들이 자력으로 일을 해서 적절한 임금을 받고 개개인에 대한 직업목표를 설정, 적응력을 키우도록 하는 것이었다면 최근에는 생산성을 갖춘 고용의 기회를 제공하는 작업장으로서 생산성과 임금상승, 자연스러운 지역사회통합에 대한 역할과 기능이 점차 강조되고 있는 추세라고 볼 수 있다.

영국은 1944년에 제정된 장애인고용법과 1995년의 장애차별법에서 보호고용인 램플로이공사(Remploy Ltd.)에 대한 역할과 기능을 적절한 적응(Adjustment)을 함에도 불구하고 일반고용시장에 당장 고용이 어려운 장애인들을 위해 기술이나 잠재능력 향상을 위한 훈련이나 보호고용의 제공이라 명시함으로 일반적인 보호고용의 역할과 기능을 정립하고 있다. 독일은 중증장애인법에서 보호작업장의 기능을 장기적인 보호고용과 훈련이라고 명시하였고, 일본도 장애인기본법에서 수산시설은 장애인이 현재의 조건으로는 고용이 힘들다고 판단되는 자의 잠재능력을 개발해 일반 사회에 취업시키기 위한 목적으로 지원하는 재활훈련시설이고, 복지공장은 중증장애인에게 취업의 기회를 주어 건전한 사회생활을 영위하도록 하는 것을 목적으로 하는 시설로, 이는 주로 중증신체장애인으로서 작업능력은 있으나 직장의 설비, 구조, 통근시의 교통문제 때문에 일반기업체에 고용이 곤란한 자에게 고용계약을 맺어 장애인에게 직장을 주고 생활지도나 건강관리를 시켜 건전한 사회생활을 영위하도록 하는 것이라 규정하여 잠재능력의 개발과 보호고용이 주요한 역할과 기능임을 규정하고 있다.

우리나라는 장애인복지법 제58조에서 직업재활시설의 역할과 기능을 ① 교육·훈련사업, ② 일상생활 및 가사생활훈련, 사회적응훈련, 직업훈련, 통합훈련, 취미 및 여가활동 등의 재활서비스, ③ 보호고용, ④ 직업평가 및 직업 전훈련, ⑤ 취업알선 등으로 규정하여 독일, 일본과 같이 일반적인 보호고용의 기능과 역할을 규정하였다. 그러나 최근 중증장애인직업재활지원사업과 직업재활시설 평가에서 직업재활시설의 역할과 기능이 재조명되어야 할 필요성이 있음을 제안하면서 직업재활시설은 유형에 따라 차이가 있지만 장애인의 잠재능력을 개발하고 고용의 기회를 제공하는 역할을 수행해야 하며 이것을 위해 장애인의 직업준비도 기능의 향상과 생산성, 임금향상을 위한 기능들이 확대되어야 할 것으로 지적되고 있다(한국보건사회연구원, 2002, 2003, 2004, 2005, 2006).

결론적으로 직업재활시설의 역할과 기능은 초기에는 보호고용의 기능보다는 장애인의 잠재능력을 개발하는 기능에 초점이 맞추어졌으나 최근에는 이 기능뿐만 아니라 생산성 향상과 장애인 근로자의 임금확대가 전제된 유상적인 임금을 제공하는 보호고용 기능이 강조되고 있는 추세이다. 따라서 직업재활시설의 역할과 기능은 장애인의 잠재능력을 개발하기 위한 직업준비도 향상과 고용의 기회를 제공하기 위한 생산성과 적절한 임금제공으로 정의할 수 있다.

5. 직업재활시설과 장애인복지시설

가. 장애인복지시설의 개념

현대 장애인복지는 1, 2차 세계대전을 계기로 큰 전환점을 맞게 되었다. 세계대전에 참전함으로 인해 신체의 장애나 질환을 얻게 된 군인 및 일반 시민들에 대한 보호, 치료, 보상의 대책으로 각종 장애인복지 제도의 발달이 시작되었다. 미국, 영국, 스웨덴 등 선진국에서는 의료적, 교육적, 직업적 재활을 중심으로 장애인제도를 갖추게 되었다. 1960년대에는 정상화 원리를 선진국들이 급속하게 받아들임으로써 장애인의 사회통합이 현대 장애인복지의 이념으로 정착되었다. 1970년대에는 종래의 수용보호 중심의 복지에 대한 반성으로 탈시설화와 지역사회보호 경향으로 변화되었고 1980년대에는 장애인의 사회통합을 지향하는 복지 형태로서 오늘날 장애인복지의 틀을 갖추게 될 변혁을 가져오기 시작하였다. 장애인 이동권을 비롯한 접근권의 확보에 대한 강조, 장애인의 가치 있는 사회적 역할이 중요한 개념으로 등장하게 되었다. 또한 장애인의 자립생활 이념이 장애인복지현장에 커다란 이슈가 되었다. 이런 일련의 노력들은 장애인복지가 뿌리를 내리는 시기로서 재활분야에서는 전문가뿐만 아니라 장애인 당사자, 가족, 지역주민 및 정부의 정책적 참여에 따른 장애인의 사회통합을 위한 전인적 능력개발과 사회적 접근성 보장, 사회 심리적 주민의식 개선 등 사회 환경의 변화가 병행되는 형태로 장애인복지가 형태를 갖추기 시작하였다.

우리나라 장애인복지시설은 단순 수용보호를 목적으로 한 민간주도의 요보호장애인생활시설로부터 시작되었다. 이후 1991년 심신장애자복지법이 제정·공포되면서 '심신장애자복지시설'의 종류와 설치 및 운영에 관해 법으로 규정하게 되고, 1989년에는 장애인들의 복지욕구와 급변하는 환경 변화를 반영해 장애인복지법을 개정하면서 장애인복지시설에 대한 내용을 전반적으로 개편하였는데, 대규모 시설보다는 주로 지역사회 내의 작은 시설들을 설치하는 방향으로 지원하여 장애인복지시설의 수가 급격하게 증가하는 결과를 가져왔다. 1999년 장애인복지법 전면개정을 통해 지금과 유사한 시설 분류가 이루어졌으며 2012년 장애인복지법 일부개정으로 장애인복지시설의 개념과 기능을 재정립하여 이용자 중심의 서비스체계 구축을 위해 노력하고 있다.

장애인복지시설은 사회적 보호의 한 체계로서 장애인의 인간다운 생활과 자연스러운 사회통합을 위한 총체적 재활서비스를 제공하기 위한 시설을 의미하는데 우리나라 장애인복지법은 장애인의 기능회복과 사회적 향상을 도모할 수 있도록 필요한 서비스를 제공하는 시설로 정의하고 있다.

장애인복지시설의 기능은 시설유형에 따라 각기 다른 기능을 가질 수밖에 없는데 이에 대하여는 시설유형에서 설명하였다.

나. 장애인복지시설의 유형과 기능

장애인복지법 제58조(장애인복지시설)는 장애인복지시설의 유형을 장애인 거주시설, 장애인 지역사회재활시설, 장애인 직업재활시설, 장애인 의료재활시설, 그 밖의 기타시설로 분류하면서 기타시설은 장애인 생산품판매시설을 규정하고 있다. 즉 장애인복지시설을 기능별로 분류한 전형적인 시설유형구분이다.

1) 장애인 거주시설

장애인거주시설은 거주공간을 활용하여 일반가정에서 생활하기 어려운 장애인에게 일정기간 동안 거주・요양・지원 등의 서비스를 제공하는 동시에 지역사회생활을 지원하는 시설로 그 성격 및 대상 등에 따라 장애유형별 거주시설, 중증장애인 거주시설, 장애영유아 거주시설, 장애인 공동생활가정으로 분류할 수 있다. 2012년 1월 장애인복지법 일부 개정에 따라 기존의 장애인 생활시설에서 거주기능을 별도로 분리하고, 거주시설의 정원은 30명을 초과할 수 없도록 하며 거주시설의 이용 절차 및 시설이 제공하는 서비스의 최저기준을 규정함으로써 이용자 중심의 서비스 지원체계를 마련하였다.

장애유형별 거주시설은 장애유형이 같거나 유사한 장애를 가진 사람들을 입소 또는 통원하게 하여 그들의 장애유형에 적합한 주거지원・일상생활지원・지역사회생활지원 등의 서비스를 제공하는 시설을 말한다. 그 종류에는 지체장애인 및 뇌병변장애인을 위한 시설, 시각장애인을 위한 시설, 청각・언어장애인을 위한 시설, 지적장애인 및 자폐성장애인을 위한 시설 등이 있는데 각각 해당 장애유형의 특성에 맞는 설비와 인력을 갖추고, 해당되는 기준에 따라 입소한 장애인들을 위한 사업을 시행한다.

중증장애인거주시설은 장애의 정도가 심하여 항상 도움이 필요한 장애인에게 주거지원・일상생활지원・지역사회생활지원・요양서비스를 제공하는 시설을 말한다. 보호조치, 의학적 진단 및 재활, 생활지도, 특수교육, 다른 시설로의 이동 등에 대한 재활사업을 수행한다. 원칙적으로 1, 2급의 중증장애인이 입소 대상이다.

장애영유아거주시설은 6세 미만의 장애영유아를 보호하고 재활에 필요한 주거지원・일상생활지원・지역사회생활지원・요양서비스를 제공하는 시설이다. 부모의 보호아래서 지역사회의 관련 서비스를 받으며 성장하기가 어려운 상황의 중증장애영유아들을 주된 이용 대상으로 하는데, 응급상황에 적절히 대처할 수 있고 신체적 손상과 감염을 예방하면서도 개인별 장애상태와 특성을 고려한 프로그램을 실시하는 등의 보호조치, 중증장애인 요양시설에 준하는 의료재활 및 생활지도, 조기 특수교육, 그리고 재활 가능성이 있거나 유아기가 지나 7세 이상이 된 아동의 그에 알맞은 다른 거주시설로의 이동 등의 사업을 수행한다.

장애인주간・단기보호시설은 보호자의 일시적 부재 등으로 도움이 필요한 장애인에게 단기간 주거서비스, 일상생활지원서비스, 지역사회생활서비스를 제공하는 시설을 말한다. 다른 사람의 도움 없이는 일상생활을 영위하기 어려운 장애인을 보호하여 장애인가족의 항시 보호부담을 경감시켜 줌으로써 가족구성원이 안심하고 사회・경제활동을 영위할 수 있도록 하는 데 그 운영 목적이 있고, 차량운행, 재활치료사업, 여행, 견학 및 취미생활 지원, 교육지도, 자원봉사자들을 통한 목욕 및 이・미용 서비스 제공 등의 사업을 수행한다.

장애인공동생활가정은 장애인들이 스스로 사회에 적응하기 위하여 전문인력의 지도를 받으며 공동으로 생활하는 지역사회 내의 소규모 주거시설을 말한다. 시설 및 재가장애인으로서 그룹홈에 생활하는 것이 재활 및 자립에 더 효과적으로 인정되거나 낮 시간 동안 근로, 고용훈련, 교육 및 재활훈련 등에 참여하고 있는 자, 사회재활교사의 도움을 받아 공동생활을 하는 데 큰 지장이 없는 자가 입주할 수 있으며 입주정원은 4인이다. 일반주택, 아파트, 연립주택 등과 같은 일반 주거지 형태로 하여 신규시설을 설치하더라도 지역사회의 일반 주거지역 내에 설치하는 것을 원칙으로 한다.

2014년 현재 우리나라는 약 560여 개의 거주시설이 운영 중에 있다.

2) 장애인지역사회재활시설

장애인지역사회재활시설은 장애인을 전문적으로 상담・치료・훈련하거나 장애인의 일상생활, 여가활동 및 사회참여활동 등을 지원하는 시설로 장애인복지관, 장애인 주간보호시설, 장애인 체육시설, 장애인 수련시설, 장애인 심부름센터, 수화통역센터, 점자도서관, 점자도서 및 녹음서 출판시설이 이에 속한다.

장애인복지관은 장애인에 대한 각종 상담 및 사회심리・교육・직업・의료재활 등 장애인의 지역사회생활에 필요한 종합적인 재활서비스를 제공하고 장애에 대한 사회적 인식 개선사업을 수행하는 시설을 말한다. 장애인복지관에서 제공하는 서비스는 상담지도, 의료재활, 교육재활, 직업재활, 사회심리재활사업, 재가복지서비스, 스포츠 및 여가활동, 정보제공, 수화서비스, 여성장애인 복지증진, 지역사회 자원개발, 홍보・계몽, 조사연구사업, 활동보조서비스 등의 다양한 서비스가 제공되고 있으며 2014년 현재 약 200여 개의 복지관이 운영 중이다.

장애인주간보호시설은 장애인을 주간에 일시 보호하여 장애인에게 필요한 재활서비스를 제공하는 시설로 장애인주간・단기보호시설로 분류되었으나 2012년 장애인복지법 개정 후 장애인단기보호시설이 거주시설로 분류되었다. 일상생활 및 사회생활을 영위하는 데 지원이 필요한 장애인에게 낮 시간동안 재활프로그램 및 교육 등의 기회를 제공하고, 장애인 가족구성원이 안심하고 사회・경제활동을 영위할 수 있도록 하는 데 운영 목적이 있으며 2014년 현재 600여 개가 운영 중이다.

장애인체육시설은 장애인의 체력증진 또는 신체기능 회복활동을 지원하고 이와 관련된 편의를 제공하는 시설을 말한다. 지역 내 시설 장애인 및 재가장애인의 이용을 우선으로 하되, 지역실정을 감안하여 지역 주민이 함께 이용하도록 하여 사회통합에 기여하게 할 수 있다.

장애인수련시설은 장애인의 문화·취미·오락 활동 등을 통한 심신수련을 조장·지원하고 이와 관련된 편의를 제공하는 시설을 말하며 2014년 현재 30여 개가 운영 중이다.

장애인심부름센터는 이동에 상당한 제약이 있는 장애인에게 차량운행을 통한 직장 출·퇴근 및 외출 보조나 그 밖의 이동서비스를 제공하는 시설이다. 이를 통해 이동에 제약이 있는 장애인들이 직장 출퇴근 및 외출, 그 밖의 이동서비스를 받아 사회활동의 기회를 확대하는 것을 목적으로 하고 있다. 차량운행을 통하여 민원업무 보조, 직장 출·퇴근, 시장보기, 외출보조 및 병원 이용보조 등 각종 이동서비스 및 안내 보조 등의 업무를 수행하는데 2014년 현재 160여 개가 운영 중이다.

수화통역센터는 의사소통에 지장이 있는 청각·언어장애인에게 수화통역 및 상담서비스를 제공하는 시설이다. 사단법인 한국농아인협회가 사업주체로 중앙회에 '수화통역센터 중앙지원본부'를, 시·도협회에 '수화통역센터 지역지원본부'를 두며, 시·군·구 지회에 '수화통역센터'를 둔다. 주요 사업으로 청각·언어장애인 상담지도, 출장 수화통역 서비스, 수화교육 및 보급사업, 청각·언어장애인의 복지증진을 위한 사업 등이며 2014년 현재 200여 개가 운영 중이다.

점자도서관은 시각장애인에게 점자간행물 및 녹음서를 열람하게 하는 시설을 말한다. 점자도서관의 시설 및 자료 기준은 도서관법의 기준을 따르며 2014년 현재 30여 개가 운영 중이다.

점자도서 및 녹음서 출판시설은 시각장애인을 위한 점자간행물 및 녹음서를 출판하는 시설을 말하며 2014년 현재 4개가 운영 중이다.

3) 장애인의료재활시설

의료재활시설이란 장애인을 입원 또는 통원하게 하여 상담, 진단·판정, 치료 등 의료재활서비스를 제공하는 시설이다. 지역사회재활시설의 하위시설 중 하나로 분류되었으나, 2012년 장애인복지법 개정에 따라 장애인복지시설의 개념 및 기능의 재정립을 위해 별도의 시설로 분류되었다. 장애인을 위한 의료재활사업을 효율적으로 수행하기 위하여 사회복지법인 등 비영리법인 부설 시설로 장애인 의료재활을 위하여 아래의 사업을 수행할 수 있다.

- 입원 및 통원, 낮 병원을 통한 장애인 진료
- 장애의 진단 및 포괄적이고 전문적인 재활치료
- 장애인에 대한 의료재활상담
- 장애인의 기타 질환에 대한 진단 및 치료
- 장애인보조기구의 제작, 판매, 검수 및 수리
- 장애인 재활 및 재발 방지에 관한 교육
- 장애인 등록을 위한 진단

4) 장애인직업재활시설

장애인직업재활시설은 장애인이 자신의 능력과 적성에 맞는 직업생활을 통하여 인간다운 생활을 할 수 있도록 장애인직업재활과 관련된 제반서비스를 제공하고 취업기회를 제공하는 시설로 직업을 통한 장애인의 자활·자립을 도모하는 데 목적이 있다. 제공하는 서비스로는 보호고용, 직업상담, 직업능력평가, 직업적응훈련, 직업훈련, 작업활동, 취업알선, 취업 후 적응지도, 장애인생산품 판매 및 판로 확대 등이 있다.

장애인직업재활시설은 작업활동시설, 보호작업시설, 근로작업시설, 직업훈련시설, 생산품판매시설 등 5개 유형으로 분류되어 운영해오다가 2008년 장애인복지법 개정으로 장애인보호작업장과 장애인근로사업장 등 2개 시설로 개편되었다. 장애인생산품판매시설은 직업재활시설에서 분리되어 별도의 장애인복지시설이 되었다.

5) 기타시설(장애인생산품판매시설)

기타시설인 장애인생산품판매시설은 2008년 장애인복지법 개정 전에는 직업재활시설로 분류되었으나 직업재활시설 유형 재편으로 기타시설로 분류된 시설로 장애인 생산품의 판매활동 및 유통을 대행하고 장애인 생산품이나 서비스·용역에 관한 상담, 홍보, 판로개척 및 정보제공 등 마케팅을 지원하는 시설이다. 장애인생산품판매시설은 생산품판매장을 갖추고 국가·지자체·공공단체로의 납품을 활성화하기 위해 보건복지부장관이 우선구매제도와 관련하여 별도로 고시하는 장애인복지단체와 협의하여 우선구매제도 관련품목의 물량조정, 배분 등 필요한 업무를 수행한다. 2014년 현재 전국적으로 17개 시설이 운영 중이다.

제2장 직업재활시설의 유형과 서비스

1. 직업재활시설의 유형구분

직업재활시설의 유형구분은 시설의 기능이 고용의 기회를 제공하기 위한 시설(Business)인지 직업능력 향상을 위한 재활서비스 제공을 위한 시설(Human Service Agency)인지에 따라 분류(Wright, 1980)하는 방법과 장애유형과 정도, 지역사회에서 활용할 수 있는 작업의 성격과 유형에 따라 분류하는 방법이 있다(Parker & Szymanski, 1998).

직업재활시설 설립초기 미국은 제공하는 서비스 기간, 직원들의 유형과 질, 내담자의 유형, 후원주체, 기금의 원칙과 적절성, 작업유형, 장애정도와 최저임금 등을 기준으로 다양한 형태로 구분해 왔다.

가. 성격에 의한 분류

보호작업장의 성격에 따른 분류는 전이작업장과 보호작업장으로 구분된다. 여기서 전이작업장(the Transitional Workshop)의 성격은 경쟁고용에의 재고용을 목적으로 하는 직업적 재적응과 전이고용에 강조를 두고 있는 작업장이다. **따라서 전이작업장은 장애인의 직업탐색과 작업기능의 제한, 직업준비훈련에 초점을 두며 장애인의 개인별 직업재활계획에 의해 진행이 되며 전이작업장의 기간은 개인에 따라 다르다.** 전이작업장의 대표적인 예는 한국 특수학교에서 운영되는 전공과나 기업형 직업훈련실, 장애인복지법 제58조의 장애인 보호작업장에서 운영하는 작업활동프로그램, 장애인복지관의 직업적응훈련 등이 여기에 포함된다.

보호작업장(Sheltered Workshop)은 경쟁고용에 쉽게 참여하기 어려운 장애인들의 고용에 강조를 두는 시설을 말한다. 이 유형에서의 시설유형의 기준은 기능이지만 실제적으로 직업적인 잠재능력이 경쟁고용이냐 보호고용이냐이기 때문에 실제적으로는 장애정도가 기준이 된다고 볼 수 있다. 보호작업장은 유상적인 임금을 제공하는 작업장이기 때문에 생산성과 서비스 활동이 주요기능이나 대상장애인이 직업적 제한점을 가지고 있기 때문에 이를 극복하기 위한 훈련이나 보조공학서비스들이 함께 이루어지게 된다. 보호작업장의 대표적인 예는 장애인복지법 58조의 직업재활시설 중 장애인 보호작업장이며 미국, 독일, 일본 등 세계 각국도 이와 유사한 형태의 보호작업장이 여기에 해당된다.

나. 기간에 의한 분류

보호작업장의 기간에 따라 분류하는 방법은 단기재활작업장과 장기고용작업장으로 분류된다. 단기재활작업장(Short-Term Workshop)은 장애인을 단기간 내에 작업장으로부터 외부의 생산 활동에 적응할 수 있도록 하는 작업장이다. 성격에 의한 유형구분의 전이작업장이 대부분 여기에 해당된다.

장기고용작업장(Long-Term Workshop)은 취업경쟁에 뛰어들 준비가 되어 있지 않다고 여겨지는 장애인들에게 영속적 혹은 장기적으로 고용의 기회를 제공하는 작업장으로 여기서는 장애인의 건강유지, 개인적 의존성의 감소를 포함하여 개인의 직업적 잠재력 평가에 초점을 둔다. 장기고용작업장에 해당하는 대표적인 사례는 장애인복지법 58조 직업재활시설의 장애인 근로사업장이다.

이 기간에 의한 유형구분의 기준도 기능에 따른 분류이나 실제적으로는 직업적 잠재능력이 기준이 되는 분류라고 볼 수 있다.

다. 역할에 의한 분류

미국 전국 보호작업장 및 재활프로그램연합회(the National Association of Sheltered Workshops and Homebound Programs Inc.)는 작업장을 역할에 따라 산업보호작업장, 재활보호작업장, 시설내 재활보호작업장으로 분류하고 있다. 여기서 산업보호작업장(Industrial Workshop)은 경쟁고용에 흡수될 수 없는 장애인 및 노인을 대상으로 상담 등을 통해 치료적 고용과 사회적, 개인적 적응에 필요한 서비스들을 제공하는 시설이다. 그러나 시설이 산업체 내에 설치되어 역할이 이루어지며 우리나라의 경우 대표적인 것이 삼성전자가 설립한 무궁화전자나 장애인고용촉진 및 직업재활법에 의한 표준사업장이 이 유형에 해당된다.

재활보호작업장(Rehabilitation Workshop)은 의료, 사회, 직업상담, 직업배치 등의 서비스를 통해 치료, OJT훈련, 혹은 고용을 제공하는 시설로서 경쟁고용을 준비하는 데 일차적인 목적을 두고 그렇지 못한 내담자들은 작업장에 고용될 수 있는 시설이다. 이 작업장은 거주시설이나 기업에 설치되기보다는 이러한 역할을 수행하기 위하여 전문적으로 설치되는 시설이다. 이와 유사한 예가 최근 한국의 지방자치단체에서 설치하는 직업재활센터(서울 강남)이다.

시설 내 재활보호작업장(Institutional Rehabilitation Workshop)은 거주시설의 장애인들을 위해 제공되는 작업장 형태로서 내담자들이 지역사회의 경쟁고용을 준비할 수 있도록 교육과 훈련을 시키는 데 일차적인 목적을 둔 시설이다. 한국의 경우 직업재활시설 설치 초기는 대부분 거주시설 내에 거주장애인을 위해 시설이 설치되었으며 현재도 많은 직업재활시설들이 거주시설 내에 설치되어 있다.

역할에 의한 유형구분도 역할에 의한 분류라기보다는 실제적으로는 직업적제 능력이 유형구분의 기준이 되고 있다(권도용 외, 1996).

라. 미국 노동부 임금국에 의한 분류

미국에서 공식적이고 가장 일반적인 분류 방법은 미국 노동부 임금국이 최저임금과 장애정도에 따라 분류하는 정규작업장, 작업활동센터, 평가 및 훈련작업장 분류인데, 정규작업장(Regular Program)은 최저임금의 1/2 이상의 생산력을 발휘할 수 있는 장애인들을 위해 설립된 작업장이며 작업활동센터(Work Activity Center)는 심신의 장애가 너무 심하여 최소한의 작업생산성이 기대되는 장애인들을 위해 마련된 작업장으로 최저임금에 대한 보장은 없으나 어떠한 객관적인 자격기준을 충족하는 치료적 활동을 제공하는 작업장이다. 평가 및 훈련작업장은 장애인의 직업 혹은 작업 잠재력을 결정하는 데 있어서 작업을 매개체로 활용하는 작업장으로 최저임금에 대한 보장은 없으나 최저임금의 50% 미만을 받을 경우는 노동부의 사전 허가를 받아야 한다. 이 유형구분의 기준은 최저임금과 장애정도, 즉 직업적 능력이 직업재활시설 유형을 구분하는 데 기준이 되고 있다(나운환, 1992).

그러나 초기의 이와 같은 유형구분은 1992년 재활법 개정과 함께 작업활동센터를 제외하고 모든 작업장은 지역사회재활프로그램(CRPs)으로 통합되었으나 아직까지 보호작업장, 작업활동센터라는 명칭을 사용하고 있으며 실제 미국의 직업재활시설 유형은 보호작업장과 작업활동센터이며 보호작업장은 노동부 임금국 분류의 정규작업장이다.

마. 장애인복지법에 의한 분류

우리나라 장애인복지법 제58조는 직업재활시설을 장애인 보호작업장과 근로사업장으로 구분하고 있으며 장애인 보호작업장은 직업능력이 낮은 장애인에게 직업적응능력 및 직무기능 향상훈련 등 직업재활훈련 프로그램을 제공하고, 보호가 가능한 조건에서 근로의 기회를 제공하며, 이에 상응하는 노동의 대가로 임금을 지급하고, 장애인 근로사업장이나 그 밖의 경쟁적인 고용시장으로 옮겨갈 수 있도록 돕는 역할을 하는 시설이다.

장애인 근로사업장은 직업능력은 있으나 이동 및 접근성이나 사회적 제약 등으로 취업이 어려운 장애인에게 근로의 기회를 제공하고, 최저임금 이상의 임금을 지급하며, 경쟁적인 고용시장으로 옮겨갈 수 있도록 돕는 역할을 하는 시설이다.

이 외에도 직업재활시설 유형은 각국의 상황에 따라 분류하는 방식에 차이가 있다.

영국은 직업재활시설 유형을 보호공장(Sheltered Workshop), 보호산업그룹(Sheltered Industrial Group)으로 분류한다. 보호공장은 1944년 장애인고용법에 의해 설립된 램플로이공사로 경쟁고용이 어려운 장애인에게 취업의 장을 마련해 주는 대표적인 유형이다. 또한 램플로이는 직접 고용의 기회를 제공하는 방식과 지역사회 기업에 지원고용하게 되는 Interwork유형이 있다. 일반적으로 보호공장의 장애인들은 주 5일 40시간의 노동을 통해 최저임금 이상의 보통 임금을 받고, 유급휴가, 상병수당 및 연금제도가 적용되며 노동조합의 가입이 허용되는 등 일반노동자와 동일한 규정이 적용된다. 보호산업그룹은 램플로이 공장 등에 소속되어 있는 중증장애인들이 지역 내의 기업체 등에 그룹으로 나가서 특별한 감독하에 취업하는 것을 말한다. 이들 장애인의 직접적인 고용주는 램플로이 공장이 된다. 해당 기업체들은 장애인의 생산량에 따라 램플로이 공장에 임금을 지불하고, 이를 받은 램플로이 공장이 장애인에게 임금을 지급하게 된다. 보호산업그룹의 장점은 장애인에게 통상적인 근로환경에서 일반근로자와 함께 일할 수 있는 기회를 제공하는 것이다. 영국 직업재활시설유형 구분의 기준 역시 미국과 마찬가지로 경쟁고용 가능성, 직업적 제능력이 기준이 됨을 알 수 있다.

독일의 직업재활시설의 유형은 사회법전에 의해 적응, 직업훈련, 그리고 작업 등의 세 영역으로 나누어진다. 작업영역에 소속된 장애인들에 대해서는 사회보조청이 생계지원 등의 개별적 재정지원을 하고 있고, 적응영역과 직업훈련영역에서의 개별지원은 노동청이 담당하는데 장애청소년 직업훈련센터, 직업재훈련센터, 직업훈련센터, 직업재활클리닉 등으로 구분된다(www.bmwa.bund.de, 2004). 여기서 장애청소년 직업훈련센터는 장애 청소년(15-23세)으로 직업준비훈련이 필요한 자를 대상으로 3년간에 걸쳐 직업교육, 직업훈련 및 실습뿐만 아니라 의료적, 심리적, 교육적 서비스를 전반적으로 실시하는 곳이며 직업재훈련센터는 성인 중도장애인을 대상으로 전직을 위한 직업평가나 직종전환훈련(Umschulung)을 실시하며, 직업훈련센터는 정신장애인을 위한 특수한 재활센터로서 정신장애인이 경쟁노동시장이나 훈련 혹은 재훈련센터에 참여할 수 있도록 현실적인 능력을 사정하고 작업세계와 개인의 삶에 있어서 적절한 조화와 사회에 통합될 수 있도록 지원하는 시설이다. 또한 직업재활 클리닉은 중복장애나 특수한 장애를 가진 사람들에게 의료적 서비스 및 직업사정, 진로지도, 초기훈련 등의 서비스를 제공하기 위한 시설이다. 작업영역으로 구분되는 시설은 보호작업장(Werkstatt fuer Behinderte)으로 이 시설은 장애의 종류와 정도에 따라 일반 노동시장에서 일하기가 곤란한 중증장애인을 위하여 적절한 직장을 마련하여 일할 기회를 제공하는 시설이다. 따라서 독일의 직업재활시설은 훈련과 고용의 기능에 따라 분류하나 결국 이것도 장애정도에 따라 시설유형이 분류된다고 볼 수 있다.

〈표 2-1〉 각국의 직업재활시설 유형과 분류기준

국가별	유형	분류기준
한국	- 작업활동시설 - 보호작업시설 - 근로작업시설 - 직업훈련시설 - 생산품판매시설	- 역할과 기능 (기능훈련, 적응훈련, 보호고용, 판매)
미국	- CRPs(보호작업장) - 작업활동센터	- 역할 - 장애정도(직업적 능력) - 최저임금 정도
영국	- 램플로이(보호작업장, Interwork) - 보호산업그룹(일종의 지원고용)	- 역할 - 직업적 제능력
독일	- 직업훈련센터 - 직업재훈련센터 - 직업재활클리닉 - 보호작업장	- 역할 - 장애정도 - 장애유형
일본	- 수산시설 - 복지공장	- 역할 - 장애인의 직업적 제능력

일본은 직업재활시설의 유형을 신체장해자복지법, 지적장애자복지법, 정신보건 및 정신장애자복지에 관한 법률에 의해 수산시설, 복지공장으로 구분하고 있으며 수산시설은 장애인이 현재의 조건으로는 고용이 힘들다고 판단되는 자의 잠재능력을 개발해 일반 사회에 취업시키기 위한 목적으로 지원하는 재활훈련시설이고, 복지공장은 중증장애인에게 취업의 기회를 주어 건전한 사회생활을 영위하도록 하는 것을 목적으로 하는 시설로, 이는 주로 중증신체장애인으로서 작업능력은 있으나 직장의 설비, 구조, 통근시의 교통문제 때문에 일반기업체에 고용이 곤란한 자에게 고용계약을 맺어 장애인에게 직장을 주고 생활지도나 건강관리를 시켜 건전한 사회생활을 영위하도록 하는 것이다. 따라서 일본도 장애인의 잠재능력에 따라 시설유형을 구분하고 있다. 그러나 2006년 4월 1일 개정된 신체장해자복지법에서 수산시설과 복지공장은 장애인복지센터 B형으로 통합되어 운영되고 있다.

따라서 상기의 직업재활시설 유형 구분을 정리하면 〈표 2-1〉과 같다.

2. 직업재활시설의 서비스

가. 직업재활시설 서비스의 분류

1) 장애인복지법에서의 직업재활 서비스

우리나라 장애인복지법 제58조에서는 장애인복지시설의 종류를 장애인 거주시설, 장애인 지역사회재활시설, 장애인 직업재활시설, 장애인 의료재활시설, 그 밖에 대통령령으로 정하는 시설 등으로 구분하고 있다. 그중에서 장애인 직업재활시설은 "일반 작업환경에서는 일하기 어려운 장애인이 특별히 준비된 작업환경에서 직업훈련을 받거나 직업생활을 할 수 있도록 하는 시설"로 규정하고 있으며, 구체적인 사업내용은 다음과 같이 제시되어 있다.

> ① 장애인 직업재활시설은 장애인들이 장애를 극복하고 직업생활을 독립적으로 할 수 있도록 필요한 재활프로그램을 마련하거나 직무기능 향상을 위한 개별 서비스 계획을 수립하여 실시하여야 하며 이 계획에서는 다음의 사항이 포함되어야 한다.
>
> - 초기면접, 직업평가 및 평가 결과를 반영한 개인별 직업재활계획
> - 장애특성에 맞는 적절한 배려나 보조공학
> - 장애인의 건강이나 안전을 위협할 수 있는 요인
> - 직무기능 향상이나 재활서비스를 위한 관리계획
>
> ② 개인별 직업재활계획서는 장애인이 이해할 수 있는 방식으로 제공되고 확인되어야 한다.
>
> ③ 장애인근로자의 고용 상황이나 서비스 과정에 대한 기록은 유지되고 관리

〈표 2-2〉 시설유형별 직업재활서비스 내용

시설유형	사 업 내 용
보호 작업장	(1) 보호고용 장애인근로자를 보호하는 환경에서 장애인에게 근로의 기회를 제공하고 유상적인 임금을 지급하여야 한다. (2) 훈련관리 및 작업관리 (가) 장애인근로자의 개인별 재활계획을 수립하여 직업상담 및 평가, 직업적응훈련, 직무기능 향상훈련 등을 실시하여야 한다. (나) 장애인근로자가 작업공정을 잘 이해하고 작업기술을 익힐 수 있도록 작업에 대한 직무분석을 하고 이에 따라 직무를 변경하거나 보조공학을 활용한 적절한 배려 등의 조치를 하거나 훈련을 실시하여야 한다. (3) 재활프로그램 (가) 장애인 보호작업장의 재활프로그램은 장애 유형, 장애 정도, 연령별 특성과 해당 시설에서 수행 중인 업종의 특성을 반영하여 계획이 수립되어야 하며, 그 계획에는 일반고용으로의 전환을 위한 내용이 포함되어야 한다. (나) 재활프로그램은 아래의 내용으로 주 8시간 이상 실시하여야 한다. ① 직업적응훈련: 일상생활훈련, 사회적응훈련, 작업 태도 및 기술 훈련 ② 문제해결훈련: 의사소통 기술훈련, 문제해결훈련, 대인관계능력 향상훈련, 위급상황 또는 응급상황 대비훈련, 자기옹호훈련 및 자기주장훈련 ③ 직업평가: 작업표본평가 및 현장평가 ④ 직무기능 향상훈련: 직무 분석에 따른 직무 변경, 개조, 보조공학 개입에 따른 훈련 ⑤ 지역사회 자원활용훈련 (4)작업활동 프로그램 (가) 장애인 보호작업장에 작업활동 프로그램을 운영하는 시설은 장애인들이 일정기간 훈련을 통하여 유상적인 임금을 받을 수 있도록 다음의 프로그램을 실시하여야 한다. - 교육·훈련 장애인이 사회에 적응할 수 있도록 하기 위하여 장애 유형, 장애 정도, 직무수준별 특성, 연령별 특성 등을 고려한 재활프로그램을 지속적으로 개발하고 실시하여야 하며, 이들이 보호고용과 지역사회에 적응할 수 있도록 지도하여야 한다. (나) 재활프로그램 ① 일상생활 및 가사생활 훈련: 가정생활 및 독립생활을 하는 데에 필요한 기술을 습득하도록 지도하여야 한다. ② 사회적응훈련: 지역사회의 한 일원으로 살아가는 데에 필요한 대인관계기술과 각종 시설을 이용하는 기술 등을 습득하도록 지도하여야 한다. ③ 작업훈련: 작업기능을 향상시키기 위한 작업활동을 제공하고 장애인 보호고용으로의 전환을 위한 작업기술을 습득하도록 지도하여야 한다. ④ 통근훈련: 지역사회의 대중교통수단을 이용하여 통근할 수 있도록 지도하여야 한다. ⑤ 취미 및 여가활동: 건전한 여가활동을 통하여 사회성과 대인관계기술을 습득하고 긍정적인 생활인의 자세를 기를 수 있도록 지도하여야 한다.
장애인 근로 사업장	(1) 보호고용 장애인근로자를 보호하는 환경에서 장애인에게 근로의 기회를 제공하고 최저임금 이상의 유상적인 임금을 지급하기 위하여 최선의 노력을 하여야 한다. (2) 재활프로그램 (가) 장애인 근로사업장은 장애 유형, 장애 정도, 연령별 특성 및 현재 수행 중인 업종의 특성에 따라 필요하다면 재활프로그램을 계획하여야 하며, 그 계획에는 일반고용으로의 전환을 위한 내용을 포함하여야 한다. (나) 재활프로그램을 필요에 따라 실시한다면 다음의 내용으로 탄력적으로 운영할 수 있다. ① 사회적응훈련: 대인적응기술, 사회성훈련 등 ② 직무기능 향상훈련: 직무분석에 따른 직무 변경, 개조, 보조공학 개입에 따른 훈련 ③ 작업 태도 및 기술 훈련 ④ 직무개발 및 경쟁적인 고용시장으로의 전이를 위한 조치: 지역사회노동시장 분석 및 정보제공, 직무분석 및 개입, 전이계획과 실행, 사후지도 (3) 통근지원 (가) 장애인근로자의 출퇴근을 돕기 위한 통근차량의 운영 등 방법을 마련하여야 한다. (나) 장애인근로자는 지역적인 접근성, 장애특성 등의 특별한 경우외에는 기숙하지 아니하고 통근할 수 있도록 유도하여야 한다.

되어야 한다.

④ 장애인 직업재활시설은 그 유형별로 〈표 2-2〉의 기준에 따라 재활사업을 실시하여야 하며, 사업계획과 예산을 수립한 후 지방자치단체장의 승인을 받아 시행하여야 한다.

장애인 보호작업장은 장애인에게 유상적인 임금을 제공하고 작업제한점을 극복할 수 있는 직업능력 개발훈련을 하는 시설임을 규정하면서 필요한 서비스로 직업재활에서 이야기하는 직업평가, 직업재활계획, 직업적응훈련, 직무기능 향상훈련, 직무개발 및 배치를 위한 서비스를 실시하도록 규정하고 있다.

또한 장애인 보호작업장에서 운영되는 작업활동프로그램은 이 직업재활서비스 외에도 일상생활 및 가사훈련이나 사회적응훈련 등을 실시하도록 규정하고 있어 작업활동프로그램은 직업재활에서 모든 서비스를 제공하는 역할을 수행해야 한다.

장애인 근로사업장은 유상적인 임금을 제공하는 시설로 직업재활서비스는 통합고용으로의 전이를 위한 사회적응훈련, 직무기능 향상훈련, 작업태도 및 기술훈련, 직무개발 및 배치 등의 서비스를 제공하도록 하고 있다.

2) 평가기준에 따른 서비스

미국의 경우 1973년 재활법이 개정되면서 주정부 재활 프로그램의 책무성을 높이기 위해 프로그램 평가에 대한 기준을 개발하도록 했으며(Koch & Merz, 1995), 미국에서 직업재활시설 평가인증을 담당하고 있는 재활시설인증위원회(Commission on Accreditation of Rehabilitation Facilities: CARF)는 시설 평가의 기준으로 설립목적, 조직과 행정, 재정, 시설·설비, 서비스, 인사, 기록, 지역사회 관계, 프로그램 평가 등의 영역으로 구분하여 구체적인 평가 내용을 제시하고 있다. 직업재활시설에서 제공해야 하는 서비스의 원칙은 다음과 같다(CARF, 2006).

① 각 직업재활시설은 내담자의 욕구, 수용할 만한 재활목적과 원칙들, 시설의 철학과 목적, 그리고 시설이 제공하는 서비스와 자원을 일관성 있게 진술해야 한다.

② 내담자의 최적의 발달을 위해 최대한 자조기술, 사회적, 직업적, 독립적 생활기술을 성취하는 데 초점을 두어야 한다.

③ 독립적인 시민과 근로자로 주류사회에 동참할 수 있도록 직업재활 서비스를 제공해야 한다.

④ 직업계획은 직업평가, 직업목적의 서면진술, 목적달성을 위한 서면계획 작성, 개별상담, 직업 전 프로그램, 직업훈련, 배치서비스 의뢰, 사후지도를 통해 수행되도록 한다.

⑤ 적성이나 능력, 자조 및 독립생활기술, 흥미, 자기지각과 직업인식, 감각운동 협응, 의사소통 기술, 사회적 적응상태, 교육력, 직업능력과 관련된 평가는 입소 후 한 달 내에 실시하여 직업목적을 구체적이고 성취 가능한 것이 되도록 한다.

⑥ 내담자는 직업평가와 자신의 재활계획 개발에 충분히 참여하도록 해야 한다.

⑦ 직업훈련 프로그램은 직업훈련장, 작업활동센터, 전이 보호작업장, Work-Study 프로그램, OJT, 실업훈련을 통해 제공되도록 한다.

⑧ 지역사회와 시설 내의 자원을 충분히 이용하여 최소한 3개월에 한 번씩 훈련 진보를 평가하도록 한다.

⑨ 시설 내에는 직업훈련 요원을 배치하고 직업배치 후에는 사후지도가 가능하도록 한다.

한편, 우리나라에서는 사회복지사업법 제43조와 동법 시행규칙 제27조에 근거하여 모든 사회복지시설은 3년마다 1회 이상 평가를 받아야 한다. 따라서 직업재활시설도 1999년부터 평가가 실시되었다. 장애인직업재활시설 평가의 목적은 다음의 4가지로 제시하고 있다(이혜경, 2012).

> 첫째, 평가는 시설의 효과성 및 효율성을 평가하여 시설의 운영 방향 정립을 돕는 데 그 목적이 있다.
>
> 둘째, 조직 내 상호 간 이해와 유대를 강화시킨다.
>
> 셋째, 프로그램에 대한 객관적인 정보를 제공하여 프로그램을 보다 잘 이해할 수 있도록 하여 일정 수준 이상의 서비스 수준을 유지하는 데 도움을 준다.
>
> 넷째, 시설의 질적 수준을 체계적으로 판단하여 그 결과를 사회에 공표함으로써 그에 대한 사회적 인정을 받게 한다.

직업재활시설에 대한 평가는 직업재활시설이라는 조직을 대상으로 하므로 조직과 운영, 시설과 설비, 서비스 프로그램, 인적 측면, 행정 및 기록, 재정, 지역사회관계 등이 포함된 통합적 기준을 평가변수로 하며, 중증 장애인의 경제적 자립과 기능적 자립을 촉진시키는 관점에서 이루어지고 있다. 또한 직업재활시설의 평가는 일반 사회복지시설의 평가 영역과 차이가 있는데 이는 직업재활시설의 특성인 이익창출을 위한 사업구조에 원인이 있다. 즉 매출과 이익, 이익창출로 인한 근로장애인의 임금인상 및 복리후생에 관한 요소들을 평가하고 있다.

직업재활시설의 평가지표를 살펴보면 평가의 영역으로는 시설환경 및 운영, 인적자원관리, 재활프로그램, 사업실적, 이용자 권리보장, 지역사회관계 등으로 구분되어 있으며, 그중에서 직업재활 프로그램과 관련된 평가내용을 살펴보면 직업재활시설의 서비스를 이해할 수 있다.

> ① 개별화 계획수립에 의한 개별서비스 제공 여부
>
> ② 재활프로그램 평가와 환류
>
> ③ 이용자 욕구 및 만족도 조사

④ 사례회의

⑤ 서비스 대상자 선정과정의 체계성 및 공정성

⑥ 프로그램 계획 수립

⑦ 프로그램 운영

⑧ 직업상담

⑨ 직업평가

⑩ 취업알선

⑪ 서비스 의뢰

이상의 내용을 종합해보면, 직업재활시설을 역할과 기능적인 측면에서 바라보면 중증장애인의 총체적인 직업재활 지원을 통해 완전고용을 실현하려는 시설의 목적을 달성하기 위하여 포괄적인 훈련과 고용, 치료와 교육의 기능을 수행할 수 있는 서비스가 제공되어야 한다. 또한 장애인복지법상의 규정에 따르면 직업재활시설은 장애인들이 장애를 극복하고 직업생활을 독립적으로 할 수 있도록 필요한 재활프로그램을 마련하거나 직무기능 향상을 위한 개별 서비스 계획을 수립하여 실시하여야 한다. 그리고 직업재활시설의 평가기준에는 개별화된 직업재활계획 수립, 욕구조사, 사례회의, 직업상담, 직업평가, 취업알선, 사후지도 등의 직업재활 과정에 따른 서비스를 실시하도록 권고하고 있다. 따라서 직업재활시설의 서비스는 기본적인 직업재활의 과정에 바탕을 두고 시설을 이용하는 장애인들의 욕구와 시설의 사업목적을 충족시킬 수 있는 체계적인 실천방법으로 구성되어야 한다.

구체적인 직업재활시설 서비스 내용을 살펴보면 한국장애인단체총연맹(2001)에서 작성한 직업재활시설 사업운영매뉴얼서는 의뢰/접수, 직업상담, 직업평가, 직업재활계획수립, 직업적응훈련, 직업훈련, 보호고용, 작업활동, 지원고용, 직종개발, 현장훈련, 취업알선, 취업 후 적응지도, 종결의 과정을 제시하고 있으며, 서울복지재단(2011)에서 작성한 직업재활시설운영매뉴얼에서

[그림 2-1] 한국장애인단체총연맹과 서울복지재단 직업재활시설의 서비스 과정

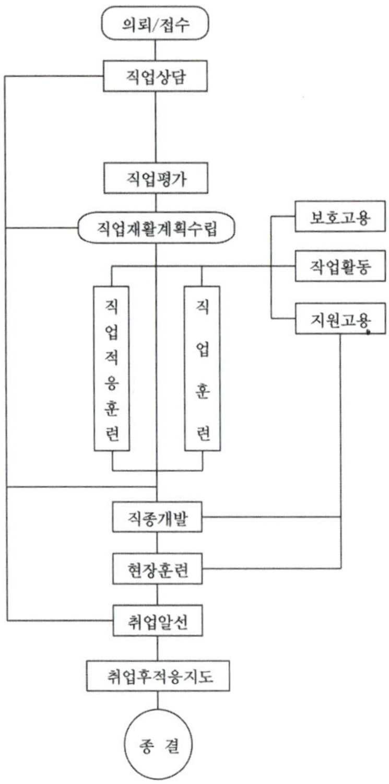

출처: 한국장애인단체총연맹(2001)

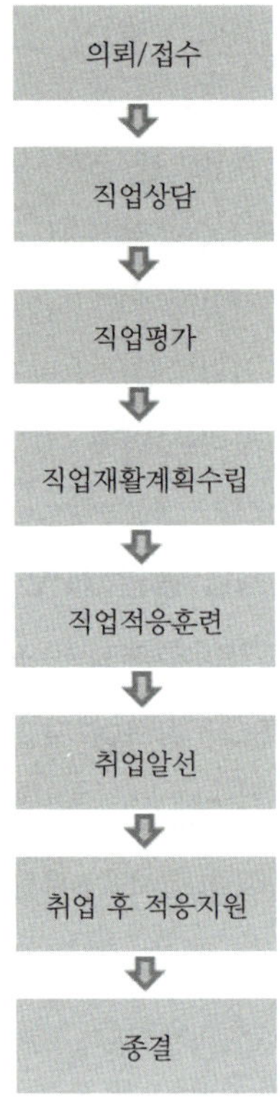

출처: 서울복지재단(2011)

는 의뢰/접수, 직업상담, 직업평가, 직업재활계획수립, 직업적응훈련, 취업알선, 취업 후 적응지원, 종결의 과정으로 구분하고 있다.

따라서 **직업재활시설의 서비스와 평가에서 요구하는 서비스를 결과적으로 종합해 보면 직업재활시설에서의 서비스는 [그림 2-2]와 같이 초기단계, 사정 및 평가단계, 계획단계, 실행단계, 종결단계의 다섯 단계로 구분되므로, 각 단계별 과업을 중심으로 내담자들에게 지원하는 직업재활서비스를 기술하고자 한다.**

[그림 2-2] 직업재활시설의 서비스 과정

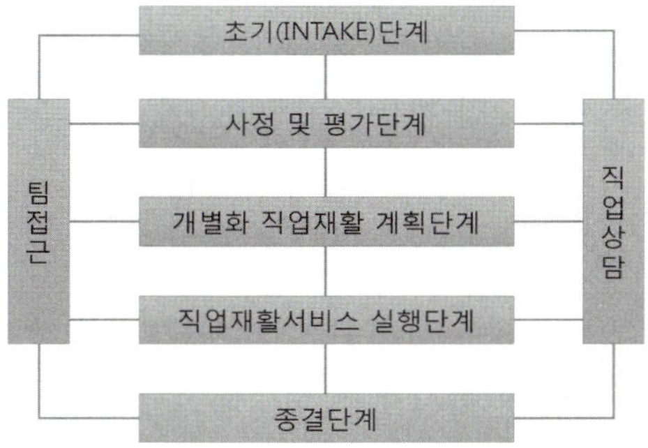

나. 직업재활시설 서비스 과정 및 내용

1) 초기(Intake)단계

초기단계는 장애인 내담자 또는 보호자가 직업재활시설에 대한 정보를 입수하고 시설을 이용하고자 신청을 하거나 접수하는 과정에 해당한다. 내담자들은 다양한 정보원으로부터 직업재활시설에 대한 정보를 접하고 내담자가 이용하기에 적합한 시설인가를 판단하게 된다. 내담자들이 주로 접하게 되는 정보원으로는 장애인복지관, 장애등록을 위한 동사무소나 의료기관과 같은 공공기관, 장애인복지단체, 특수학교, 특수교육지원센터 등이 있으며, 인터넷 홈페이지나 기관에서 제작한 리플렛을 통해 직업재활 서비스의 내용을 확인하게 된다. 직업재활시설의 정보를 확인한 내담자 또는 보호자는 이용하고자 하는 시설에 직접 신청서를 제출하거나 정보를 제공한 기관의 의뢰(Referral)를 통해 접수과정으로 진행된다.

접수(Intake)란 욕구를 가진 사람이 직업재활시설을 찾아왔을 때 직업재활사가 그의 문제와 욕구를 확인하여 그것이 기관의 정책과 서비스에 부합되는지 여부를 판단하는 과정이다. 접수를 통해 그 기관에서 적합한 서비스를 줄 수 있다고 판단될 때, 직업재활시설의 이용자가 된다. 그리고 그 다음 과정인 자료수집, 사정의 단계를 거쳐 적절한 서비스를 받게 된다. 접수는 서비스 과정의 첫 단계이며 기관의 서비스 수급 여부를 결정하는 중요한 과정이므로 기관에 따라서는 경험과 지식이 풍부한 숙련 전문가(Intake Worker)를 따로 두기도 한다.

이 단계의 주요 목표는 잠재적 이용자의 욕구가 우리 기관의 목적과 서비스 내용에 적합한지 아닌지를 판단하여 접수 여부를 결정하고, 접수된 사례의 개입과정에 이용자가 최대한 참여할 수 있도록 유도하는 것이다. 접수과정은 다음과 같은 구체적인 활동과 결정을 수반한다(김융일 외, 1995).

> 첫째, 가장 중요한 것은 내담자의 문제와 욕구를 분명하게 확인하는 것이다.
>
> 둘째, 내담자와 직업재활사는 서비스의 목적을 분명히 하고 원조과정에서 기대하는 바가 무엇인지 명확히 한다.
>
> 셋째, 내담자의 욕구가 기관의 자원과 정책에 부합하는지의 여부를 판단한다.

이 세 가지 활동에 기초하여 내담자에 대한 서비스를 접수해서 사례를 진행하든지, 종결하든지, 아니면 다른 기관으로 의뢰할지를 결정하게 된다.

초기단계에서 내담자나 보호자에게 지원되는 직업재활시설의 주요 서비스는 직업상담이다. 직업상담은 초기단계만이 아니라 모든 과정에서 이루어지는데 초기단계에서의 직업상담은 내담자의 직업적 문제를 해결하고자 하는 것으로 내담자의 직업적 적성, 기능수준, 흥미 등을 객관적 자료에 의해 평가하고, 내담자가 장애 이전에 가지고 있었거나 새로 원하는 직업적 자격조건을 평가하여 가장 잘 합치되는 직업을 갖도록 돕는 것이다(강위영 외, 2009).

직업상담은 직업재활의 전 과정에서 지속적으로 이루어지는데 초기단계에서는 주로 직업재활사가 해야 할 욕구확인, 의뢰, 관계형성 등의 과제를 수행하기 위해 실시된다.

초기단계의 직업상담은 접수면접 또는 접수 후 초기 상담과정에서 이루어진다. 직업재활사는 직업재활시설을 이용하고자 하는 내담자에 대해 다양한 정보를 수집하면서 내담자가 해당 시설을 이용하기에 적합한지, 타 시설로 의뢰를 해야 할 것인지 고려를 해야 한다.

가) 욕구확인

접수단계에서 직업재활사에게 필요한 가장 기초적인 개입기술은 내담자의 욕구가 무엇인지 확인하는 것이다. 욕구확인은 우선 내담자가 지적하는 문제와 이와 관련해서 그가 드러내는 감정에서부터 시작한다. 직업재활사는 그 문제의 성격이 어떤 것인지, 그 문제가 내담자에게 얼마나 중요한 것인지, 무엇 때문에 이런 문제가 발생했는지 그 원인에 대한 탐색을 하게 된다. 내담자가 호소하는 문제 때문에 기관을 찾아온 이유가 될 수 있지만 때로는 실제 문제가 처음 찾아온 이유와 다를 수도 있다. 또한 같은 문제에 주어진 의미가 내담자마다 다를 수도 있다. 따라서 직업재활사는 내담자의 실제 문제가 무엇인지 정확하게 판단해야 한다. 이 과정에서 직업재활사는 이해관계자, 예를 들어 부모나 가족, 학교의 교사, 이전 서비스를 받았던 전문가나 관련 자료의 정보교환은 내담자의 욕구를 파악하는 데 중요한 정보원이 된다. 특히, 이직을 한 경험이 많은 내담자의 경우는 이직사업장의 동료근로자나 인사담당자 혹은 사업주와 의견교환은 반드시 필요하다.

또한 초기면접자는 욕구확인을 진행할 때 내담자가 직접적으로 이야기하는 욕구 외에도 내담자의 잠재된 욕구를 파악하기 위한 노력도 해야 한다. 내담자는 필요한 직업재활 서비스에 대한 충분한 정보가 없기 때문에 제한된 정보에서 자신의 욕구를 표출하는 경향이 있기 때문에 잠재된 욕구를 파악하기 위한 노력도 중요해진다. 이를 위해 초기면접 전 직업재활시설 서비스에 대한 오리엔테이션을 사전에 실시하고 충분한 정보를 제공한 후 욕구확인을 하는 것도 좋은 방법 중의 하나이다.

나) 의뢰

의뢰는 내담자의 문제와 욕구를 우리 기관에서 해결할 수 없을 때, 또는 문제 해결에 더 적합한 기관이 있을 경우 다른 기관으로 내담자를 보내는 것이다. 재활상담가는 내담자에게 의뢰하는 기관의 서비스에 대한 정보를 제공하고 그 기관과 접촉할 수 있도록 도와주어야 한다. 적절한 의뢰를 하기 위해서는 직업재활사가 자신의 기관뿐만 아니라 지역사회의 다른 기관의 서비스 내용, 정책과 자원, 접촉 가능한 담당자에 대해서도 자세히 파악하고 있어야 한다. 의뢰 시에는 반드시 내담자의 동의가 필요하다. 다른 기관에서 제공되는 서비스와 기관에 대해 내담자와 충분히 토론해야 되고 내담자가 거부감을 느끼지 않도록 지지해야 한다. 의뢰가 된 경우에는 사후 의뢰된 기관에서 내담자가 서비스를 잘 받고 있는지 반드시 확인해야 한다.

또한 의뢰시에는 의뢰되는 기관에 직업재활시설에서 확인한 내담자의 욕구 상태와 의뢰목적과 이유가 명시된 의뢰서를 반드시 제공하여야 하며 이 과정에서 내담자의 개인정보가 유출되지 않도록 비밀유지에 신중을 기하여야 한다.

다) 관계형성

관계형성은 기관을 찾는 내담자들이 일반적으로 보이는 두려움과 양가감정을 해소하기 위해 직업재활사와 상호 친화관계, 즉 라포(Rapport)를 형성하는 것이다. 라포를 통해 내담자는 직업재활사가 자신을 이해하고 자신의 문제 해결에 관심을 가지고 있다고 느끼는 것이다. 라포가 형성됨으로써 내담자와 직업재활사는 서비스 제공에 필요한 효과적 의사소통을 할 수 있다. 따라서 직업재활사는 내담자를 따뜻하게 이해하고 진정으로 도우려는 의지가 있어야 하며 진실해야 한다. 이러한 관계를 통해서 내담자는 좀 더 자신의 문제를 드러내고 앞으로 개입과정에 적극적으로 참여하고자 하는 동기를 가지게 된다.

직업재활사는 내담자와의 효과적인 라포형성을 위해 상담기술을 가져야 한다.

2) 사정 및 평가단계

사정(Assessment)은 직업재활사와 내담자가 함께 참여하여 내담자의 공통된 욕구와 관련된 자료를 수집하고, 분석하며, 종합하는 것을 말하며(Hepworth, 2006) 직업평가는 직업재활계획을 수립하기 위하여 표준화된 도구나 현장평가를 통해 내담자의 직업적 능력을 평가하는 것이다. 자료수집은 내담자의 욕구와 문제에 개입하기 위하여 그 상황에 대한 사실을 수집하는 과정이며, 이렇게 수집된 자료를 바탕으로 사정이 이루어진다. 자료수집과 사정은 직업재활의 과정을 통해 계속되는 활동이지만 특히 사정단계에서 집중적으로 이루어진다.

자료수집과 사정에서 직업재활사가 명심해야 할 원칙은 다음과 같다(Kirst-Ashman & Hull, 1993).

> 첫째, 가장 중요한 것은 내담자의 참여가 절대적으로 필요하다.
>
> 둘째, 내담자의 강점을 평가한다. 자칫하면 내담자의 문제에만 관심을 가지기 쉽다.
>
> 셋째, 한 가지 문제만 갖고 있는 내담자는 거의 없다. 재활상담가는 내담자의 문제를 다양하게 규정할 줄 알아야 한다. 그리고 문제의 심각도에 따라 우선순위를 정해야 한다.

자료수집의 정보원은 다양하다. 가장 많이 의존하는 출처는 다음과 같다(Zastrow, 1995; 이종복 외, 2009).

- 문제, 기분, 의견, 생각, 사건 등에 관한 내담자의 이야기
- 내담자가 작성한 가정환경 조사지와 같은 서류
- 부부, 가족구성원 간의 상호작용에 의한 관찰
- 심리검사 결과
- 클라이언트의 비언어적 행동에 관한 관찰

- 친척, 친구, 선생님 등 관련된 사람들에게서 수집되는 정보
- 내담자에 대한 재활상담가의 개인적 경험

자료수집이 끝나면 자료에 기초하여 사정을 하게 된다. 사정은 문제가 무엇인지, 어떤 원인 때문인지, 문제를 해결하기 위해 무엇이 변화되어야 하는지에 답하는 실천의 핵심적 단계이다. 과거에는 진단(Diagnosis)이라고 불리었다. 진단이라는 용어는 의료모델에서 나온 것으로 개인이나 가족, 집단에게 질병이나 역기능적 문제가 있는 것으로 보고 주로 무엇이 잘못 되었는가에만 초점을 두었다. 그러나 직업재활실천을 위해서는 무엇이 잘못 되었는가에만 초점을 두는 것이 아니라, 그들의 자원, 동기, 장점, 잠재능력을 모두 보아야 한다. 따라서 최근에는 진단이라는 용어보다 사정이라는 용어를 더 많이 사용하고 있다(양옥경 외, 2005).

사정과정에서 직업재활사가 찾으려는 것은 다음과 같은 질문에 대한 대답이다(엄명용 외, 2006).

- 내담자는 어떤 사람인가?
- 내담자는 자기 문제를 무엇이라고 생각하는가?
- 문제는 얼마나 오래 지속되어 왔는가?
- 내담자는 그간 문제해결을 위해 어떤 노력들을 해 왔으며 효과가 있었는가?
- 어떤 사람들이 관련되어 있으며 어떤 집단이나 사람들이 영향을 받는가?
- 내담자에게 영향을 줄 수 있는 주요한 사람들은 누구인가?
- 내담자는 문제를 해결하고자 하는 동기가 있는가?
- 내담자의 강점(Strength)과 약점(Weakness)은 무엇인가?

사정단계에서 직업재활사의 과업은 첫째, 욕구 및 문제를 발견하고, 둘째, 정보를 수집하고, 셋째, 문제를 형성해서 개입계획 수립의 '무엇이 어떻게'에서

'무엇을'에 해당하는 질문에 대답하고자 하는 것이다.

사정의 첫 번째 작업은 욕구 및 문제를 발견하는 것이다. 이것은 접수단계에서의 욕구확인보다는 좀 더 심층적으로 문제의 성격과 원인을 이해하는 것이다. 욕구를 발견하는 세 단계는 다음과 같다.

첫째, 해결되지 않은 내담자의 욕구가 무엇인지 확인해야 한다.

둘째, 욕구를 충족시키는 데 장애가 되는 요인을 파악해야 한다. 내담자의 욕구충족을 방해하는 장애물을 내담자의 내부 혹은 그를 둘러싸고 있는 환경에서 찾아보는 것이다.

셋째, 문제해결 계획이나 개입방향이 드러나도록 문제를 규명하는 것이다. 예를 들어, 경제적으로 곤경에 처한 내담자가 있을 때 위의 단계를 밟아서 문제를 규명하면, 이 내담자의 해결되지 않은 욕구는 돈이고, 이것을 충족하지 못하도록 방해하는 것은 일자리가 없기 때문이고, 그의 문제를 실업으로 규명하게 되면 문제의 규명은 취업, 직업훈련 등의 문제해결 방향을 가리킨다.

Brown & Levitt(1979)은 사정단계에서 정보를 수집하는 데 유용한 지침을 다음과 같이 소개하고 있다.

- 누가 문제체계에 관여되어 있는가?
- 참여자들은 어떻게 관여하고 있는가?
- 내담자가 문제에 어떤 의미를 부여하는가?
  - 심리적 낙인: 장애인은 취업할 수 없다.
  - 무력함: 난 아무리 해도 비장애인을 따라갈 수 없어.
- 문제는 어디서 일어나는가? 언제부터 있어 왔는가?
- 문제와 관련하여 채워지지 않은 욕구는 무엇인가?
- 내담자는 그동안 문제에 대해 어떻게 대처해 왔으며 문제를 해결하는 데 어떤 기술이 필요한가?
- 내담자는 어떤 장점과 기술을 가지고 있는가?

• 필요로 하는 외적 자원은 무엇인가?

사정의 세 번째 영역은 내담자가 호소하는 문제와 욕구 그리고 욕구충족을 방해하는 요인들을 고려하여 문제를 형성하고 그것을 통해 목표설정과 개입계획을 세우는 것이다.

문제형성은 그동안 얻어낸 정보들을 분석하여 직업재활사가 전문적 소견으로 판단하는 것이다. 문제형성은 내담자의 충족되지 못한 욕구가 무엇인지 구체적으로 알아야 한다. 내담자가 제시한 문제를 충족되지 못한 욕구로 바꾸어서 재진술해야 내담자를 위한 개입계획을 세울 수 있다.

예를 들어, 장애를 가진 아들이 고등학교 졸업 이후 하루 종일 집에서 TV만 보고 시간을 보내고 있어 매일 아들과 싸우는 어머니 내담자의 경우, 그녀가 제시한 아들과 싸움의 문제를 아들이 취업을 통해 사회생활을 하는 것을 보고 싶은 욕구로 바꾸어 재진술하는 것이다. 이렇게 욕구를 바꾸어 재진술하게 되면 문제와 관련된 두 사람이 서로의 욕구를 어떻게 만족시킬 수 있을지 개입의 목표가 설정될 수 있다.

사정의 내용으로는 내담자가 가지고 있는 자원, 환경, 내담자의 정서 및 심리상태, 내담자의 직업능력, 가족에 대한 평가가 이루어진다.

가) 내담자의 자원에 대한 사정

내담자의 자원에 대한 사정은 그의 문제해결 능력, 필요한 자원과 한계, 성격 등의 측면에서 이루어진다. 특히 강조되는 것은 내담자가 보유하고 있는 자원에 대한 사정이다. 내담자의 자원에 대해서는 다음과 같이 분류하고 있다.

• 교육정도와 취업경험

내담자의 문제가 실업이거나 경제적 문제인 경우에는 특히 이 부분에 대한 사정이 중요하다. 취업에 필요한 교육배경, 기술, 경력 등에 대한 사정이 주요 내용이다.

• **문제해결 능력과 의사결정 능력**

내담자가 과거에 어려운 문제를 해결해본 경험, 현재의 문제와 유사한 문제해결에 동원되었던 방법, 이 방법의 재적용의 가능성 타진 등은 중요한 단서를 제공한다.

• **개인적 자질과 성격**

내담자의 대인관계, 긍정적 자질, 성격, 신체적 측면, 지적 능력, 상담에 임하는 태도

• **물리적, 재정적 자원**

주택, 자동차, 저축 등에 대한 조사는 내담자의 문제해결에 긴요한 자원으로 반드시 평가되어야 한다.

• **문제해결에 대한 동기와 의지**

문제해결에 대한 내담자의 의지와 동기, 변화에 대한 긍정적이며 적극적인 자세

나) 환경적 측면에 대한 사정

내담자의 문제에 영향을 미치는 환경에 대한 사정은 주요한 사정과정 중 하나이다. 개인에 대한 환경의 적절함과 부적합, 긍정적인 측면과 취약함 등이 사정내용이다. 이러한 환경에는 부부관계, 가족, 친구, 친척, 이웃 등의 사회자원체계들이 있고, 탁아, 건강서비스, 취업구조, 행정조직, 종교 등도 포함된다. 특히, 직업재활시설에서 훈련을 받게 되거나 근로를 하게 되는 경우 직업재활시설의 환경과 동료장애인과의 관계 등이 환경적 측면에서 고려되어야 하고 필

요하다면 내담자를 위한 직무개조(Job Modification)나 환경개선이 이루어져야 하며 동료 장애인과 사전에 관계 형성을 위한 주선을 하는 것도 좋은 방법 중의 하나이다.

다) 내담자의 정서, 심리상태에 대한 사정

내담자의 심리상태는 지능, 동기화, 대처행동의 유형, 자기개념, 불안이나 우울의 정도, 일반적 인성의 통합 등을 표준화된 심리검사를 통해 파악할 수 있다. 예를 들어, MMPI(The Minnesota Multiphasic Personality Inventory)는 가장 많이 사용되는 객관적 성격검사이다. 그러나 이러한 검사를 직업재활사가 다 완벽하게 알아야 하는 것은 아니다. 심리상태에 대한 검사가 필요하다는 사실을 인지한다면 심리학자에게 의뢰할 수 있다.

이와 같은 내담자의 정서, 심리상태를 알아보기 위한 표준화된 검사도구는 다양하게 개발되어 있기 때문에 내담자의 장애유형이나 정도에 적합한 검사도구를 선택해서 활용할 필요가 있다.

라) 내담자의 직업능력에 대한 사정과 직업평가

직업능력에 대한 사정은 내담자의 직업재활서비스 적격판정, 내담자에게 제공할 서비스 프로그램 계획, 내담자에 대한 직업적인 정보와 자기 이해를 통해 실질적인 직업결정을 내릴 수 있도록 돕는 것이다. 직업능력에 대한 사정은 직업재활 과정상에 직업평가로 나타난다. 직업평가는 내담자에 대해 수집된 고용의 필요조건과 고용과 관련된 직업상의 자료를 수집하여 해석하고 분석하며 종합하여, 내담자의 직업적 강점과 약점, 적성과 흥미에 대한 파악을 통해, 내담자가 자신을 이해하고 현실적인 직업목표를 가지고 효과적으로 적응할 수 있도록 돕는 것이다.

Nadolsky(1974)는 여러 가지 직업평가 방법을 종합하여 나돌스키 삼각형이라는 평가과정을 만들었다. 이 모형을 참고하면 직업재활시설에서 실시해야 할 직업평가의 과정과 영역에 대해 이해할 수 있다.

- 정보수집: 의학적, 심리적, 교육적, 사회적, 직업적 정보를 수집, 검토, 판단하는 단계
  - 가급적 다양한 정보를 종합적으로 수집, 분석함
- 면접: 평가계획 수립을 위하여 내담자와 라포 형성, 정보수집, 정보확인 단계
  - 내담자는 직업평가 준비가 되었는가?
  - 내담자의 욕구는 무엇인가?
  - 내담자의 구체적인 직업문제는 무엇인가?
  - 내담자의 자원은 무엇인가?
  - 내담자의 직업적 목표를 성취하는 데 필요한 서비스는 무엇인가?
  - 내담자의 태도, 동기는 무엇인가?
- 심리검사: 학력검사, 지능검사, 직업흥미검사, 인성검사 등
- 직업정보 탐색: 내담자에게 개인의 직업과 직업영역에 대해 알려주는 단계

[그림 2-3] 나돌스키 평가모형

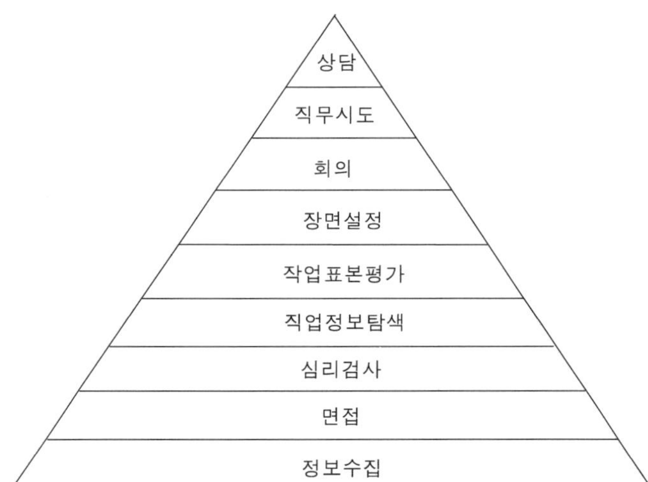

- 어떤 직업영역이 있는지 내담자에게 알리는 것, 직업사전 활용
- 직장견학이나 실습 등을 활용하여 내담자가 직업을 탐색할 수 있게 함

- 작업표본 평가: 실제 직업이나 직업군에서 사용되는 것과 유사하거나 동일한 과제, 재료, 도구를 활용하여 내담자의 직업적성과 특성, 흥미를 평가
  - 평가도구로는 타워시스템, 발파시스템, 맥케런-다이얼 시스템, 탭, 지역사회 적응 검사 등이 활용됨
- 장면설정: 실제 또는 가상의 작업상황을 정해 놓고 내담자의 작업활동을 관찰하여 평가하는 것
- 직무현장평가, 현장실습: 내담자가 어떤 직무를 수행할 수 있는지, 직무의 양적, 질적 기준에 부합할 수 있는지 결정하기 위해 임시고용이나 수습고용을 시행해 보는 것

한편, 국제노동기구(ILO, 2008)에서는 종합적인 직업평가에서 다루어야 할 영역을 다음과 같이 제시하였다.

- 교육, 직업경력 등의 배경
- 심리적 강점 및 발달
- 독립생활기술
- 읽고 쓰는 능력
- 직업세계에 대한 지식
- 직업적 적성, 능력
- 직업기술
- 직업행동(사회기술, 의사소통 등)
- 직업준비도
- 내담자만의 특별한 요구

마) 가족에 대한 사정

가족은 개인의 심리 정서적 안정에 큰 영향을 미치기 때문에 평가가 필요하다. 가족에 대한 사정 내용은 다음과 같다.

- 가족의 의사소통, 즉 가족구성원 사이에 이루어지는 감정과 생각의 상호교환에 대해 평가
- 가족구성원에 대한 평가로 가족구성원 간의 경계, 하위체계를 포함한 가족의 기능, 구성원의 행동을 규제하는 가족규범, 구성원의 역할, 가족 내 권력의 균형, 가족내력이 미치는 영향 등
- 출산, 죽음, 결혼 등에 따른 가족주기의 전환이 어떻게 이루어졌는지에 대한 평가
- 가족불화, 부모-자녀 간의 관계, 가족갈등의 문제 등을 평가

직업재활 과정에서 사정단계에 비중을 많이 두고 실시하는 서비스가 바로 직업평가다. 직업평가는 장애인의 잠재능력, 흥미 등 개인적 특성과 노동시장 여건, 직무 요구조건 등 환경 요인을 파악하여 적절한 직업선택의 대안을 찾고, 직업적 대안을 실현하기 위해 필요한 서비스를 찾는 종합적이고 체계적인 과정이다(강위영 외, 2009).

직업평가는 개인의 직업적 적성, 흥미, 기질, 신체적 기능 등을 객관적으로 평가하고 직업의 현장에 관한 정보를 제공함으로써 내담자가 적합한 직업계획을 수립할 수 있도록 지원하는 전문적인 서비스 과정이다. 직업평가는 장애인에게 교육적인 의미도 지니고 있다. 내담자들은 직업평가 과정을 통하여 자신의 직업적 장단점과 고용 장벽을 제거하는 데 필요한 조치(보조공학기기나 직무수정), 직업의 세계 등에 대해 배울 수 있다. 또한 직업재활사에게 재활계획 수립의 기초자료를 제공함으로써 체계적인 직업재활을 실시할 수 있도록 하며, 기업주에게는 장애인이 가지고 있는 직업능력에 관한 정보를 제공함으로써 장

애인에 대한 이해를 증진시키고 인력관리를 효율적으로 할 수 있도록 도움을 준다.

따라서 직업재활시설에서는 입소 신청 내담자의 적격성 여부를 판단할 때, 직업재활계획을 수립할 때, 지역사회 노동시장으로 전이할 때, 보호고용 서비스에 대한 진전사정을 할 때 직업평가를 실시하여 내담자의 직업능력과 변화를 측정한다.

직업평가의 유형으로는 기초평가, 심리검사, 작업표본검사, 상황평가, 현직평가 등이 있는데, 직업재활시설에서는 직업재활사가 직접 직업평가를 실시하기도 하며, 외부 기관을 통해 직업평가를 의뢰하기도 한다. 직업평가를 의뢰할 수 있는 지역사회 전문기관으로는 전문평가센터, 장애인복지관, 장애인고용공단, 직업능력개발센터 등이 있다.

3) 계획단계

계획과정은 수집된 자료와 사정의 결과를 근거로 직업재활사와 내담자가 공동협의에 의하여 다루어야 할 문제를 정의하고, 목적을 구체화시키고, 문제로부터 목적으로 옮겨 가기 위하여 계획된 중재방법을 제공하는 과정이다. 계획과정은 사고, 이성 및 결정을 포함하는 인지과정이기 때문에 감정도 중요하지만 계획은 이성적 기초 위에서 이루어져야 한다. 또한 계획과정은 직업재활사와 내담자가 앞으로 다룰 문제를 정의하고 목표를 설정하여 중재계획을 서로 협상하는 과정이다. 중재계획을 세울 때는 활동의 네 가지 한계인 시간, 기술, 윤리 및 시설의 기능을 고려해서 이루어지도록 한다(전재일, 2004).

직업재활 과정에서 계획단계의 주요 과업은 개별화된 직업재활계획서를 작성하는 것과 계약서의 작성이다.

가) 개별화된 직업재활 계획서 작성

개별화된 직업재활 계획서는 장애인 내담자의 사례계획과 관리를 위한 도구이다. 미국에서는 재활서비스를 받는 모든 장애인에게 의무적으로 개별화된 고용계획서를 작성하도록 재활법에 명시되어 있다. 고용계획서에는 장기고용목표, 중간재활목표, 구체적 재활서비스, 서비스 기간, 개선에 대한 평가 등이 포함된다.

장기고용목표(Long-Range Employment Goal)는 재활과정의 목적을 의미한다. 목적은 내담자의 궁극적, 실질적 직업성취가 되고, 내담자의 흥미, 능력, 신체 및 정신적 잠재능력에 따라 세워져야 한다. 장기고용목표의 설정은 단지 재활과정의 마지막 단계라기보다는 지속적인 진로지도에 있어서 직업배치 서비스의 목표에 초점을 둔다.

중간재활목표(Intermediate Rehabilitation Objective)는 내담자의 장기고용목표 달성을 지원하기 위하여 계획된 일련의 프로그램을 말한다. 예를 들면 신체적인 기능회복, 직업적응훈련, 직업기술개발 등이다.

재활의 과정에서 목적은 내담자의 복지나 삶의 질 향상이라고 할 수 있다. 이러한 목적은 단기적 개입목표들이 달성됨으로써 이루어질 수 있다. 목표는 앞 단계의 사정과정에서 문제와 욕구를 정의하고 문제에 영향을 미치는 요인을 분석한 것을 근거로 설정된다.

직업재활실천 과정에서 목표설정이 중요한 이유는 직업재활사와 내담자에게 개입의 방향을 명확하게 제시하여 서비스를 진행할 수 있도록 도와주고, 개입이 끝난 후에도 그 결과를 효과적으로 평가해 줄 수 있기 때문이다.

목표는 문제가 해결된 상태 또는 개입을 통해서 일어나기를 바라는 변화를 의미한다. Hepworth와 Larsen은 목표의 선정지침을 다음과 같이 제시하였다(이종복 외, 2009).

- 목표는 내담자가 희망하는 결과와 관련이 있어야 동기부여가 가능하다.
- 목표는 명시적이며 측정 가능한 형태여야 하고 달성 가능한 것이어서 내담자가 성취감을 느낄 수 있어야 한다.
- 전문가의 지식과 기술에 상응해야 하고 가치나 권리를 위배하지 않아야 한다.
- 성장을 강조하는 긍정적 형태로 기술되어야 한다.
- 기관의 기능과 일치해야 한다.

목표설정은 종종 SMART 형식으로 설명되기도 한다. SMART란 구체성(Specific), 측정가능성(Measurable), 성취가능성(Achievable), 현실성(Realistic), 시기적절성(Timely)을 의미한다.

구체적 재활서비스는 중간재활목표와 장기고용목표를 달성하기 위한 구체적인 활동이다. 예를 들어 중간재활목표로서 직업적응훈련이 내담자에게 지원된다면 직업생활을 영위하기 위한 전제로서 일상생활훈련, 대인관계훈련, 출퇴근훈련, 직무능력 향상훈련 등이 구체적인 서비스로 수행된다. 여기에는 내담자에게 제공되는 재활 서비스의 진술이 자세하게 기재되어야 한다.

고용계획서에는 각 서비스의 개시 예정일자와 서비스 기간이 제시되며, 마지막 영역에는 장기고용목표를 달성하기 위한 진행과정의 평가방법이 제시된다. 서비스에 대한 진전과정에 대한 사정에는 재활전문가의 평가, 내담자의 자기보고, 훈련 진행상태 기록, 훈련 성과평가 등이 포함된다.

우리나라 직업재활시설에서 일반적으로 작성하고 있는 개별화직업재활계획서에는 다음과 같은 내용들이 포함되어 있다(서울복지재단, 2011).

- 인적사항정보
- 배경정보(가족사항, 의료・교육사항, 장애관련사항, 직업관련사항)
- 평가결과(신체・심리평가, 작업표본평가, 상황・현장평가 중 개인에게 적합한 평가 선택)

- 직업적 장·단기 목표설정
- 세부 장·단기 목표 실행(기간, 담당자, 수행방법, 목표달성 여부)
- 사례회의(날짜, 내용, 결과, 참석자, 비고)
- 서명

나) 계약

목표가 설정되면 서로의 의무와 과업, 구체적 직업재활 서비스 활동을 상호 약속하는 계약단계로 들어간다. 계약을 중시하는 것은 개입활동의 성공여부가 내담자 자신이 해야 할 일과 역할을 분명하게 인식하고 적극적인 참여가 요구된다는 사실을 인정하는 데 달려 있기 때문이다. 또한 계약은 내담자로 하여금 문제해결과정에서 자신이 수동적 존재가 아니라 중심적 역할을 하며, 전문가와 동등한 인격으로 대우받는다는 사실을 알리는 것이다.

계약은 직업재활사와 내담자가 이해한 내용의 본질을 간결히 재검토하는 것이다. 계약서에 포함되는 내용은 〈표 2-3〉과 같이 계약 당사자 및 관련된 주요 인물의 역할, 문제 리스트와 목표의 우선순위, 최종목표, 직업재활사와 내담자의 과업과 책임, 개입방법과 구조적 요인(장소, 기간) 및 평가방법 등으로 구성된다.

직업재활시설은 사회복지시설의 한 유형으로 복지성을 추구하고 있는 한편, 중증장애인들의 고용의 장으로서 기능하기 위해 근로기준법을 준용해야 한다. 따라서 계약 단계에 있어서 직업재활시설은 종종 시설의 이용계약과 더불어 근로계약을 함께 맺게 된다.

직업재활시설의 이용과 근로계약에 포함되는 내용에 대해 서울복지재단(2011)은 다음과 같이 예시하고 있으나 근로계약은 근로기준법에 의해 임금에 관한 사항(임금의 구성항목, 계산방법 및 지급방법 포함), 소정근로시간과 휴일, 연차유급휴가에 관한 사항은 반드시 명기해야 한다.

〈표 2-3〉 계약서에 포함되어야 할 내용

포함사항	구체적 내용
1. 구조적 요인	–사례번호, 참석자 –날짜, 시간 –장소
2. 문제	–내담자가 규정한 문제 –재활전문가가 규정한 문제 –개입활동을 위한 합의된 문제 개요 –최종목표
3. 세부목표	–명확하고 구체적으로 기술 –목표달성정도가 측정될 수 있도록 기술
4. 계획	–접근방법 –내담자의 과제 –재활전문가의 과제 –과정 내의 과제 –평가계획(목표와 과정에 대한 평가)
5. 비용	–합의된 목표를 달성하기 위해 사용될 비용
6. 서명날인	–재활전문가(기관) –내담자 또는 보호자

- 이용계약
  - 계약목적
  - 이용기간
  - 이용금액 및 결재방법
  - 의무사항(시설과 이용인과의 지켜야할 사항, 제공하는 서비스 내용)
  - 급여지급
  - 계약해지 및 계약유지
  - 서명
- 근로계약
  - 계약목적
  - 계약기간
  - 의무사항(시설과 이용인과의 지켜야할 사항, 제공하는 서비스 내용)

- 급여지급
- 계약해지 및 계약유지
- 서명

4) 실행단계

실행단계는 내담자의 직업재활계획을 이행하는 과정으로 직업재활사의 중재와 내담자의 활동을 통해 재활목표를 달성하려는 것을 말한다. 직업재활사는 목표를 성취하기 위해 내담자를 지원하는 데 활용할 전문적인 능력, 기술, 지식이 필요하다. 따라서 세부 프로그램을 수행하는 데 필요한 다양한 재활 이론과 기법들을 숙지하고 있어야 한다.

가) 개입목표

개입은 문제해결을 위해 목표를 달성하려는 활동이며, 활동 내용은 다음과 같다.

- 문제해결을 위한 구체적 실행전략의 수립
- 개입, 원조, 교육, 동기유발, 자원연결, 행동변화 등을 통한 변화의 창출
- 지속적 점검(Monitoring)을 통한 변화정도의 유지와 평가

직업재활사는 개입을 수행하는 상황에서 다음과 같은 원칙을 염두에 두어야 한다(이종복 외, 2009).

- 경제성의 원칙
  - 선택된 활동은 재활전문가와 내담자의 시간과 비용을 최소화할 수 있어야 한다.
  - 내담자가 스스로 할 수 있는 일은 재활전문가가 관여하지 말아야 한다.

- 내담자의 자기결정의 원칙
  - 개입의 전 과정을 통해 가능하면 내담자가 스스로 의사결정을 하도록 해야 한다.
- 개별화의 원칙
  - 특정 내담자체계의 특성과 요구에 맞도록 개입활동을 조정해야 한다.
- 발달적합적 원칙
  - 개입의 전체 방향은 내담자의 발달적 단계에 적합한 것이어야 한다.

나) 재활전문가의 과업

실행단계에서 직업재활사는 중개자, 조력자, 직업훈련교사 등 다양한 역할과 과업을 수행해야 한다.

① 중개자(Broker)

중개자란 내담자에게 서비스나 자원을 연결해주는 역할이다. 직업재활사는 지역사회의 기관과 자원에 대한 충분한 정보와 지식을 가지고 있어야 한다.

- 자원의 예: 지역사회 자원목록, 자원지도, 자원봉사자, 취업원 등

② 조력자(Helper)

조력자는 내담자가 스스로 문제를 해결할 수 있는 능력을 기르고 필요한 자원을 찾아낼 수 있도록 돕는 것을 의미한다. 재활 서비스를 통해 현재 상태의 변화를 가져오는 것은 전문가가 아니라 내담자 자신이다. 따라서 재활전문가는 내담자의 능력을 개발하는 데 초점을 두고 서비스 제공에 최선을 다한다.

- 프로그램의 예: 가족관계 개선 프로그램

③ 직업훈련 교사(Teacher)

교사는 내담자에게 새로운 정보나 지식, 기술을 배울 수 있도록 도와주고 직

접 가르치기도 하는 역할이다. 서비스를 제공할 때 종종 직업재활사가 자신이 모델링해 보임으로써 내담자에게 새로운 행동을 가르친다. 따라서 직업재활사는 직업재활시설에서 이루어지는 작업이나 서비스에 대한 직무분석과 필요한 지식과 기술을 인지하여야 한다.

- 프로그램의 예: 직업적응능력 향상, 대인관계훈련, 직무기술 훈련

④ **중재자**(Mediator)

중재자의 역할은 양자 간의 논쟁이나 갈등을 일으키고 있는 내담자에게 개입하여 타협하거나 상호 만족스러운 합의에 도달할 수 있도록 하는 것이다.

- 중재자의 예: 고용협상, 동료관계 중재

⑤ **옹호자**(Advocate)

옹호자는 내담자를 대신해서 내담자의 이익을 대변하는 역할이다. 이것은 논쟁, 타협, 투쟁을 통해서 내담자의 이익과 권리를 보호하려는 것이다. 기존 제도로부터 내담자가 불이익을 받을 때 정보를 수집하고 요구사항을 분명히 하여 제도에 도전하도록 지도력을 발휘하는 적극적인 역할이다. 이 역할의 목표는 특정 제도를 비난하거나 비판하는 것이 아니라, 정책을 개선하고 변화시키려는 것이다.

- 옹호자의 예: 장애인에게 불합리한 고용제도를 개선하여 장애인들의 고용을 확대하려는 활동

다) 개입기술

① 직접적 개입

직접적 개입은 내담자의 심리적, 내적 측면의 욕구나 문제 등에 초점을 둔다. 개입을 통하여 내담자가 생활에서 필요한 대처능력을 향상시키는 데 목적이 있다.

- 문제가 주로 내담자의 내적, 주관적 원인에서 비롯된 경우
- 대인관계에 문제가 있는 경우
- 위기상황에 처하여 감정이 복잡하고 갈등을 겪고 있는 경우
- 자원을 이용할 수 있는 내담자의 능력이 손상된 경우

② 간접적 개입

간접적 개입은 목표달성을 위해 직업재활사가 내담자 외부체계에 개입하여 변화를 일으키는 행동이다. 내담자를 둘러싸고 있는 양육환경이나 유지환경, 행정이나 정책제도와 같은 환경체계의 변화를 통해서 내담자체계에 간접적으로 도움을 준다.

- 지적장애인들이 자기권리를 주장하지 못하는 사회적, 경제적, 교육적 권리를 대신 변호
- 직장 내 폭력방지를 위한 상담이나 스트레스 관리 프로그램 개발

라) 실행단계 주요 서비스

직업재활시설에서 실행단계에 제공되는 주요 서비스로는 직업적응훈련, 직업훈련, 사례관리, 취업알선, 적응지도 등이 있다.

① 직업적응훈련

직업적응훈련은 장애인이 직업의 의미와 가치, 그리고 직업적 요구들을 이해할 수 있도록 돕고, 개인의 태도나 성격을 변화시키며 최적의 직업적 수준 도달에 필요한 기능적 능력을 개발시키기 위해 개인적 또는 집단적으로 실시되는 훈련의 과정이다. 즉, 구직을 원하는 장애인이 작업 환경에 적응할 수 있도록 개인・사회생활, 직업준비・직업수행, 직업능력 향상, 직업 유지를 주요 내용으로 직업배치 이전에 실시되는 훈련을 말한다.

우리나라에서는 장애인복지법과 장애인고용촉진 및 직업재활법에서 장애인

이 직업생활을 할 수 있도록 지원하기 위해 직업적응훈련을 실시할 수 있다고 규정하고 있다. 중증장애인 직업재활지원사업 운영규정에는 직업적응훈련을 장애인이 직무나 직업환경에 적응하는 데 직접적 혹은 간접적으로 필요한 훈련으로 규정하면서 구체적인 직업적응훈련의 내용을 다음과 같이 제시하고 있다.

- 직업생활을 영위하기 위한 전제로서 치료서비스, 일상생활훈련, 대인관계

〈표 2-4〉 직업적응훈련의 영역과 내용

영 역	내 용
개인기초 훈련	• 개인신변처리 • 기능적 기호와 상징 • 자기 금전관리 • 건강과 안전 • 의복의 구입과 관리 • 지역사회 자원활용 • 여가 활용
자기주장 훈련	• 자아 인식하기 • 자신감 획득하기 • 자기 결정 • 독립심 배양
문제해결능력 훈련	• 문제해결 기능 배양 • 타인과의 대인관계 • 좋은 인간관계 기능 유지 • 사회적 책임행동 수행
직업준비 훈련	• 직업 인식 • 근로자로서 자아상 • 현장 견학 및 실습 • 구직활동 • 직업태도 형성 • 스트레스 관리
직무기술 훈련	• 과제 지시 따르기 • 자발적인 업무수행 • 과제 집중 • 직업 유지 • 작업환경 적응 • 작업기술 향상

기술, 출퇴근, 의사소통 훈련 등에 관한 개인·사회생활 적응훈련

- 직업인식, 직업선택과 계획, 작업습관 형성, 작업환경 적응 등 직업준비 및 직업수행에 대한 적응훈련
- 장애인의 신체적 능력, 작업수행, 직업유지 등 작업능력향상 및 직업유지를 위한 적응 훈련
- 현장견학과 교육, 현장훈련, 여가활동 등의 특별활동 및 교육활동 프로그램
- 부모상담, 부모교육, 지역연계 등의 부모상담 및 교육 프로그램

직업재활시설에서 활용할 수 있는 직업적응훈련의 구체적 영역과 내용은 〈표 2-4〉와 같다.

② 직업훈련

일반적으로 직업훈련은 근로자가 산업현장에서 직무를 수행하는 데 필요한 능력을 갖추게 하는 것이라고 하였다. 즉, 직업과 관련된 지식과 기능, 기술, 태도 등을 교육함으로써 직무수행에 필요한 능력수준까지 근로자의 행동변화를 유발시키는 것으로 정의할 수 있다(박정주·나영선, 1992). 직업재활 과정에서 직업훈련(Vocational Training)은 장애인의 직업재활계획에서 내담자의 직업 발달을 도울 수 있는 폭넓은 학습기회와 경험을 의미하는 것으로 구체적인 직업기술(Skill)을 개발하는 것과 관련된다(강위영 외, 2009). 따라서 직업재활시설에서 실시되는 직업훈련은 직업재활시설에서 생산하고 있는 생산품이나 서비스와 관련된 과업(Task)을 수행하는 데 반드시 필요한 직업적 지식과 기술을 교육하고 훈련하는 것이다.

직업훈련은 기본적으로 양성훈련, 향상훈련, 전직훈련 등의 과정으로 진행되며, 직업훈련의 방법으로는 집체훈련, 현장훈련, 원격훈련, 혼합훈련 등으로 구분된다.

직업재활시설에서 장애인이 직무수행능력을 습득할 수 있게 하기 위해서는

〈표 2-5〉 장애인 직업훈련과정의 편제와 시간배당(Kokaska & Brolin, 1985)

<table>
<tr><th>활동</th><th>과목</th><th>시간배당(%)</th><th>시간조정범위(%)</th></tr>
<tr><td>보통교과활동</td><td>실용보통교과과목</td><td>8.97</td><td>15.38-2.56</td></tr>
<tr><td>전문교과활동</td><td>산업안정과보건
전공기술
기본실기
전공실습
응용실습</td><td>51.28</td><td>44.87-57.69</td></tr>
<tr><td>직업생활적응활동</td><td>산업사회의 이해
기업의 이해
직업윤리
효과적 업무추진
생산능률과 품질향상
노사관계
인간관계
직업인성</td><td rowspan="3">39.74</td><td rowspan="3">39.74-39.75</td></tr>
<tr><td>특별활동</td><td>직업평가
레크리에이션
기타</td></tr>
<tr><td colspan="2">자율편성시간</td></tr>
</table>

주입식 훈련방법을 지양하고, 실습・질의・토의・견학・조사 등 다양한 방법을 활용하고, 활동 내용에 적합한 시청각 교재를 개발하여 활용해야 하며 이와 관련하여 〈표 2-5〉에서 예시하고 있다(김승국・최현숙, 1993).

③ 사례관리

사례관리(Case Management)는 일반적으로 서비스 관리라고도 한다. 이것은 개별화되어 있는 다양한 전문적 서비스를 내담자에게 효과적으로 제공하는 것이다. 사례관리는 1960년대부터 정신건강과 지적장애 분야에서 서비스에 대한 비용절감과 내담자의 권리를 확보하기 위한 탈시설화 운동이 일어나면서 연구되기 시작하였다(강위영 외, 2009).

초기 사례관리는 주로 정신보건과 발달장애 분야에 대한 접근이었으나,

1990년대 이후에는 보호의 질을 향상시키고 서비스의 효과성을 높일 수 있는 모형개발이나 프로그램 개발, 사례관리의 기능에 초점을 두게 되었다. 따라서 노인, 아동, 보건, 장애인 등을 포함한 다양한 내담자에게 효과적인 서비스를 제공하기 위하여 사례관리는 필수적인 서비스 관리 체계로 자리 잡고 있다.

사례관리의 과정은 연구자들이 제시한 모형에 따라 다양하지만 일반적으로 인테이크, 사정, 사례계획, 계획의 실행, 점검 및 진전평가, 평가 및 종결의 과정을 거친다. 이러한 사례관리의 과정은 직업재활의 과정과 다르지 않다. 따라서 직업재활시설에서 내담자들에게 지원되는 서비스도 사례관리의 과정에 따라 이루어진다고 볼 수 있다.

사례관리 과정에서 직업재활사의 역할은 직업재활상담과 직업평가를 통해 내담자의 욕구를 파악하고 시설이 내담자에게 적합한 서비스를 제공할 수 있는지 판단하며, 내담자를 위한 지역사회 재활자원을 확보하기 위해 지속적으로 노력해야 한다. 또한 서비스를 진행하는 과정에서 사례를 기록하고 내담자의 진전사항을 평가하고 보고하는 활동을 한다.

직업재활시설 내에서 직접 서비스를 제공하는 것 이외에 사례관리자는 내담

[그림 2-4] 한국형 사례관리 모델의 체계

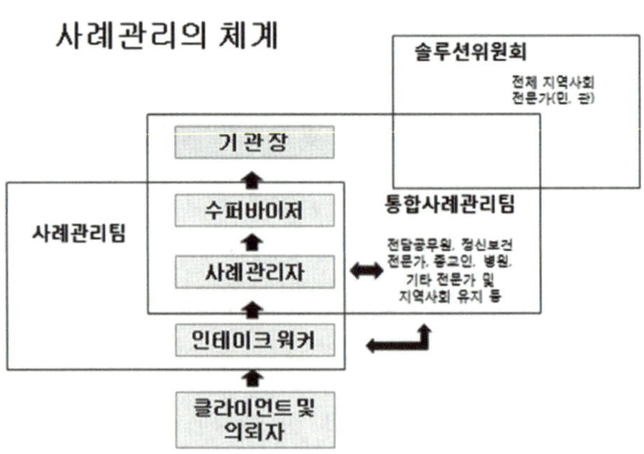

자를 옹호하거나 서비스를 교섭하고 복잡한 서비스의 경우 체계적으로 해결하는 조정자의 역할도 하게 된다.

④ 취업알선

장애인을 위한 고용 형태는 크게 통합고용과 보호고용으로 구분할 수 있는데, 보호고용은 경쟁고용이 어려운 중증장애인을 위해 보호적인 조건에서 행해지는 훈련과 고용의 장이라고 규정할 수 있다. 따라서 직업재활시설은 그 자체가 고용의 장이라고 볼 수 있으며, 훈련의 과정을 통해 지역사회 내에 통합고용으로 전이되는 것을 목표로 하고 있다.

직업재활시설에서 실시하는 취업알선은 보호고용 상황에 있는 내담자에게 지역사회 내의 직장을 알선하고 배치하여 경제적인 자립을 꾀할 수 있도록 하는 것이며, 또한 생산적인 시민의 활동으로 장애를 극복하고, 자아실현을 성취하여 완전한 사회통합을 이룰 수 있도록 지원하는 서비스다.

취업알선이 이루어지기 위해서는 직업평가를 통해 내담자의 특성과 능력이 고려된 가장 알맞은 직업이 무엇인지 찾아야 한다. 한편, 지역사회 노동시장에 대한 분석을 통해 취업 대상자를 연결시킬 구체적인 사업체와 직무를 개발해야

[그림 2-5] 직무개발과 직무배치의 과정

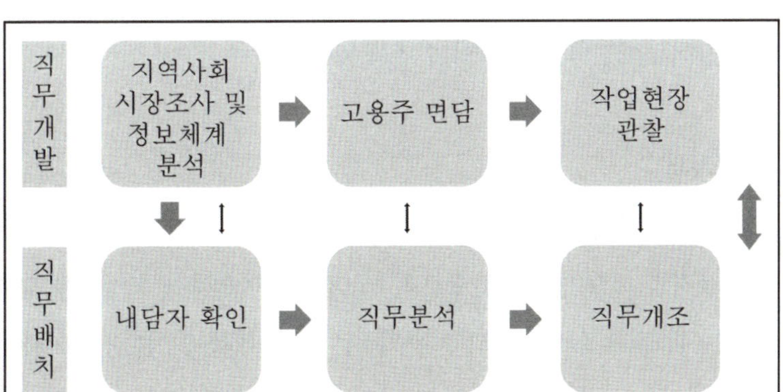

한다. 직무개발과 취업알선의 과정은 [그림 2-5]와 같다.

⑤ 적응지도

적응지도는 사후지도라고 부르기도 하며 장애인 근로자가 직장환경과 직무에 잘 적응하고 안정적인 고용관계를 장기간 유지함으로써 독립된 사회의 일원으로 생활할 수 있도록 지도하는 것이다. 즉 개별화 직업재활계획에 따른 실제 취업이 이루어진 이후 고용주나 장애인 근로자, 동료 근로자가 만족된 관계를 형성하여 완전고용이 가능하도록 지원하는 서비스 활동이다.

적응지도를 실시하는 과정은 먼저 부적응 문제를 파악하고 분석을 위한 자료를 수집하는 단계와 수집한 자료에 기초하여 부적응 문제를 확인하고 진단하는 단계, 문제에 대한 전략을 수립하여 조정하는 단계로 진행된다.

적응지도의 대상은 취업장애인은 물론 고용주, 직장 동료, 취업자 가족 등이며, 적응지도의 방법으로는 직업환경에 적응 여부에 대한 확인, 애로사항 청취 및 상담, 직무지도와 생활지도, 장애인 고용에 따른 사업주 지원서비스 등이다.

일반적으로 취업 후 첫 적응지도는 고용 후 15일에서 30일 이내에 실시하도록 하며, 90일 동안 정기적인 방문을 포함한 적응지도를 3회 이상 집중 실시하여 취업 장애인이 잘 적응할 수 있도록 지원한다. 90일 이후에는 취업 장애인의 직장 적응 상태를 고려하여 적응지도를 실시하고, 사례회의에서 안정된 상태로 직업적응이 이루어졌다고 판단되면 종결을 한다.

5) 종결과정

종결과정은 실천의 마지막 과정이다.

서비스 표적의 목표가 달성됨으로써 더 이상 직업재활사의 지원을 필요로 하지 않는 경우나 내담자의 문제가 기관의 서비스 범위를 벗어나거나 재활전문가의 능력을 능가하는 경우 등 여러 가지 이유로 직업재활사가 계속적 서비스를 제공하지 못할 경우가 있다.

개입을 성공적으로 마무리하려면 내담자가 긍정적 성과를 얻게 한 다음, 돕는 관계가 원활하고 만족스럽게 끝나도록 해야 하는데 여기에는 상당한 기술과 신중한 계획이 필요하다.

가) 종결

종결은 여러 가지 상황으로 이루어지는데 종결 시 이 상황에 따른 적절한 조치와 기록이 필요하다.

① 시기상조의 내담자 일방적 종결

- 내담자가 서비스 시간에 나타나지 않거나 여러 가지 피상적 이유를 제시하면서 더 이상 서비스를 받으려하지 않는 경우

② 시간제한이 있는 계획적 종결

- 초기부터 직업재활사와 내담자가 개입의 시간을 미리 정하고 시작하는 것
- 처음부터 종결시간을 안다는 것은 종결에 따르는 내담자의 상실감을 줄여준다.
- 직업재활사는 목표에 대한 성과를 평가하고, 내담자가 배운 과제가 삶의 문제에 적용할 수 있도록 하고, 사후지도를 계획하는 쪽으로 초점을 바꾸어야 한다.

③ 직업재활사의 이동에 의한 종결

- 이동에 의한 종결은 내담자와 직업재활사 모두에게 어렵다.
- 많은 내담자들이 계속해서 원조를 요구하기 때문이다.
- 기관에서는 다른 직업재활사에게 의뢰하는 것을 수용할 수 있도록 준비시키고, 내담자들이 그들의 정서를 극복하도록 원조해야 한다.

나) 평가

평가는 개입의 효과성과 효율성 그리고 개입의 과정이 적절하였는가를 측정하고 분석하는 것이다. 효과성은 개입의 목표달성여부를 의미하고, 효율성은 투입된 비용(시간, 노력, 금전적 비용)과 산출된 성과 간의 비율을 말한다. 적절성은 서비스의 기획과 실행과정이 개입의 목표를 달성하는 데 적절하였는가를 평가하는 것이다(나운환 외, 2014).

① 효과평가(Effectiveness Evaluation)

효과평가는 설정했던 목표들이 얼마나 달성되었는가, 즉 개입과정을 통해서 원했던 변화가 일어났는가를 평가하는 것이다. 결과를 측정하려면 그 결과가 어떤 개입으로 일어났는지 검증해야 한다.

- 사전, 사후 비교방법
  - 실천의 과정을 평가하는 데 가장 많이 사용하는 방법
  - 평가하고자 하는 문제와 측정도구가 명확해야 함
  - 개입하기 전에 문제가 어느 정도인지 측정하고 개입 후 다시 같은 방법으로 측정하여 그 변화를 개입의 결과로 보는 것
  - 예를 들면, 직업적응에 문제가 있는 지적 장애인을 훈련하여 직업적응 능력이 어느 정도 달라졌는지 비교해 볼 수 있다.
- 통제집단과 실험집단의 비교
  - 이 방법은 개입을 한 집단과 개입을 하지 않은 집단을 비교하여 그 차이를 개입의 결과로 추정하는 것이다.
- 내담자의 사회적 기능의 변화
  - 취업률, 서비스 이용률, 참여도, 만족도 등

② 효율성 평가(Efficiency Evaluation)

효율성은 프로그램에 투입된 자원이 경제적이고 효율적으로 사용되었는지,

성과에 비해서 투입자원은 정당화될 수 있는지를 확인하는 기준이다.

- 프로그램에 투입된 자원의 총비용: 인건비, 사업비, 재료비, 장비비
- 프로그램의 단위 산출물 당 비율: 1인당 서비스 비용
- 프로그램의 효과성을 화폐가치로 환원

③ 노력성(Effort)

노력성은 프로그램 운영에 투입된 자원의 정도와 활동의 양을 말한다. 특정 프로그램을 위해서 몇 명의 전문가와 자원봉사자가 얼마의 예산으로 어떤 검사도구와 장비 및 시설을 투입하여 몇 명의 내담자에게 서비스가 제공되었는지에 관한 기록과 자료로써 평가한다.

- 참여한 내담자의 수: 상담건수, 의뢰건수, 집단활동 참여자 수 등
- 인적자원 투입정도: 재활전문가의 수, 자원봉사자의 수, 기타 전문가의 수
- 물적자원 투입정도: 예산액, 기자재 및 장비, 시설공간
- 업무수행 활동: 면접횟수, 취업활동 횟수, 프로그램 시간

④ 서비스의 질(Quality)

서비스의 질이 얼마나 우수한지에 관한 평가는 제공된 서비스 내용 자체보다는 서비스 제공자의 자격요건이나 서비스 제공방법이 전문적 기준에 적합한지를 검토함으로써 이루어진다. 예를 들면, 장애인복지관의 직업평가서비스가 자격요건을 갖춘 직업재활사에 의해 이루어졌는지에 관해서 평가된다.

- 자격증 소지자 비율
- 전문교육을 받은 횟수
- 외부전문가의 자문정도 등

⑤ 영향(Impact)

효과성의 평가기준이 프로그램에 참여한 개별 내담자의 변화에 초점을 두었다면, 영향은 프로그램이 해당 지역사회의 사회문제 해결에 어떤 영향을 주었

는지에 관심을 둔다. 영향을 측정하기 위해서는 전체 문제나 욕구를 갖는 인구 집단 중에서 이 프로그램을 통해서 효과를 본 사람들의 비율로 계산할 수 있다.

- 지역사회 장애인 취업률 상승 여부
- 지역사회 장애인들의 소득 향상 정도
- 지역사회 주민들의 장애인에 대한 인식개선 정도

3. 직업재활시설과 사회적 기업

가. 사회적 기업

사회적 기업은 영리를 추구하되 영리를 사업체 또는 사업주를 위해 사용하기보다는 사회적 목적에 활용되도록 해당 사업에 재투자하는 기업으로 몇 가지 이념적 특성을 가지고 있다.

첫째, 사회적 목표를 추구한다는 것이다.

둘째, 운영자들이 특별한 지향과 가치에 대한 헌신을 갖고 있다는 것이다. 즉, 장애인 분야의 사회적 기업은 중증장애인의 고용창출과 이들에게 유상적인 임금을 제공하고 노동기본권을 보장하는 활동을 중점적으로 지향하며 이 부분에 가치 중심을 두고 운영한다.

셋째, 조직이 복잡한 네트워크 구조라는 특성을 가진다. 장애인분야의 사회적 기업은 장애인당사자뿐만 아니라 직원, 자원봉사자, 전문가로 구성된 운영위원회, 예산을 지원하는 국가나 지방자치단체의 공무원 등의 인력들이 상호 연계된 형태를 띠고 있다.

넷째, 기업운영에 소요되는 자원이 혼합되어 있다. 재활분야의 사회적 기업은 운영에 필요한 자원이 시장에서의 잉여금만이 아니라 정부나 지방자치단체의 재원, 후원금과 같은 다양한 자원에 의해 이루어져 있다.

다섯째, 노동시장적 환경과 노동시장외적인 환경 등 두 가지 환경으로 이루어져 있다. 영리적인 사업을 하기 때문에 당연히 시장주도적인 환경을 가지고 있지만 사회적 기업은 국가 혹은 사회적 제도나 관리, 감독이 이루어지고 있기 때문에 시장 주도적이 아닌 제도적인 환경에 의해 작동되고 있다.

여섯째, 다른 기업에 비해 더욱 파트너십과 협력이 필요하다. 유럽연합은 사회적 기업을 유럽 경제모델의 필수적인 부분인자, 사회 결집과 민주주의를 촉진 시키는 데 있어 중요한 요소로 간주한다. 유럽연합의 각 회원국들의 사회적 경제는 서로 다른 법률 체계로 인해 다양한 모습으로 나타난다. 예를 들어 이탈리아에서는 사회적 협동조합을 위한 새로운 법안이 통과되어 지난 10년간 상당한 성장을 이루었으며, 운영은 구성원에게 이득을 부여하는 것에서 지역사회에 더 많은 혜택이 주어지는 쪽으로 방향이 재조정되었다.

유럽연합 집행위원회는 사회적 경제를 규정하기 위해 CMAF 정의 – 협동조합(Co-operatives), 공제조합(Mutuals), 시민단체(Associations), 재단(Foundation)을 사용하고 있으며, 사회적 기업에 대한 지원을 강화하기 위하여 산업총국 내에 사회적 경제과를 신설하여 운영하고 있다.

미국에서는 지난 40년간 '비영리' 부문이 발달되어왔는데 영국의 사회적 기업과는 매우 다른 조건에서 운영되고 있는 미국형 조직이다. 큰 규모의 사회적 기업들은 대부분 도시빈민들의 폭동이나 공공서비스의 축소, 전통산업의 장기적 쇠퇴문제를 다루면서 1960년대 초반부터 상업 활동을 시작하였다.

미국의 비영리 기업들은 영국의 사회적 기업이 이용할 수 없는 세금감면 혜택을 받고 있다. 예를 들어 사회적 취약계층에 대한 직업훈련을 실시하는 조직들은 사회보험분담금에 해당되는 정도의 세금감면을 받게 된다. 또한 정부는 가격이나 질적으로 다른 공급업체와 경쟁할 수 있으면서 장애인을 고용한 기업에서 생산되는 상품과 서비스를 구매하는 법안을 마련하였다.

영국과 같이 미국의 비영리 기업 또한 다양한 재원으로부터 수입을 얻지만 큰 차이는 미국의 비영리 기업들은 주류 기업들로부터 직접적인 도움을 얻어낸다는 것이다. 즉, 미국의 주류 기업들은 자본재의 기부 및 사업 시작에 도움을 주며 비영리 기업이 수행하는 추가적인 '사회적' 비용의 계약에서까지 도움을 준다.

영국의 통상산업부(the Department of Trade and Industry) 내에 있는 사회적 기업국은 사회적 기업의 중요한 역할과 기능을 다음과 같이 몇 가지로 예시하고 있다.

첫째, 생산성과 경쟁력을 키우기 위한 활동이다.

사회적 기업은 새로운 재화와 용역을 생산하고 기존의 주류 기업들이 할 수 없거나 할 의지가 없는 신규시장개발의 기회를 창출한다. 또한 사회적 기업들은 모든 경제 영역에서 모방할 수 있는 새로운 노동 방식을 제공하고 있다. 사회적 기업의 역할 중 핵심적 요소는 개인과 지역사회의 역량을 강화하고, 업무 방식의 개선을 장려하며, 다양한 방식으로 일자리 창출을 확대하는 것이다.

둘째, 사회통합적 부의 창출에 기여하는 것이다.

다른 기업과 같이 사회적 기업도 경제활동을 통한 부를 창출한다. 이들의 '기업' 활동은 다른 민간 부문의 기업, 또는 공공서비스 전달기구와 구별되지 않을 수도 있다. 대부분의 사회적 기업들은 협동조합으로 시작하거나 보조금에 의존하던 자발적 부문에서 점차 독립적인 조직으로 전환하는 과정을 거친다. 초기 단계에서 사회적 기업은 상업 활동을 통하여 총 수입의 50%도 확보하지 못하지만 성숙단계에 접어들었을 때는 100%를 목표로 한다.

지역사회에 기반한 사회적 기업들은 기업 활동을 통한 수익을 지역사회로 환원하는 방식으로 지속가능한 경제를 제공하고자 한다. 비록 대부분의 사회적 기업이 지역사회의 특정한 욕구를 다루기 위해 설립되었다 하더라도, 그들의 활동이 더 넓은 시장에서 재화 및 용역을 판매할 수도 있다는 것을 유념해야 한다.

사회적 기업은 지원 네트워크와 더 큰 규모의 경제로부터 혜택을 받기 위한 사회적 기업의 '군집화(Clustring)'를 통하여 실질적인 경제적 영향력을 가지게 된다. 일단 '이용자 규모(Critical Mass)'만 충족이 되면, 내부거래, 파트너십 형성, 그리고 공공조달 계약을 따내기 위한 컨소시엄 입찰 등의 기회가 생긴다.

셋째, 지역사회 통합이다.

사회적 기업은 영국의 사회적 취약지역이 당면한 문제에 부분적으로 해결책을 제공할 수 있으며, 이들이 가지는 독창적이며 기업가적인 태도로 이 지역에 가장 필요한 사회 통합적 경제활동을 제공할 수 있다. 사회적 기업은 지역주민들이 주류 경제에 참여하도록 지원하며 일자리 제공뿐 아니라 소비자로서의 지위를 가질 수 있도록 한다. 또한 사회적 기업은 지역의 경제적, 사회적 인프라를 구축하여 지역주민과 주류 기업들이 생활하고 사업하기에 적합한 곳이라고 여기게 한다.

넷째, 공공 서비스의 전달 및 개선을 위한 새로운 방식을 소개하는 것이다.

정부의 핵심적인 목적은 양질의 공공 서비스 전달이며, 사회적 기업은 사회적 목적과 고객중심의 원칙을 결합하여 개선된 공공서비스를 효과적으로 전달하는 방안이 된다. 그리고 사회적 기업은 외부 주주들의 이득을 극대화시켜야 한다는 부담을 갖지 않으므로 공공서비스 제공자와 이용자의 욕구를 조화시킬 수 있다. 그리하여 정부는 사회적 기업이 공공 서비스 전달과 개선에 많은 잠재력을 가지고 있다고 보고 이들 조직의 역할을 증가시키기 위한 방안들을 고려하고 있다.

다섯째, 사회적·재정적 통합 즉, 사회적 자본과 적극적 시민정신이다.

사회적 기업은 고용과 지원, 훈련 서비스를 제공함으로써 경제활동과 사회활동에서 배제된 집단에게 중요한 기회를 제공한다. 또한 사회적 불이익 집단에게 노동시장에 편입시키는 메커니즘을 제공하고, 범죄율과 반사회적인 행동을 감소시키는 데 적극적인 역할을 할 수 있다. 사회적 기업은 지역주민들이 자신의 미래에 대한 주인정신을 갖도록 협동조합의 원칙을 많이 도입하였고, 이는 집단행동의 중요성 및 시민 정신을 인식하게 하고, 적극적으로 그들의 욕구 및 지역의 욕구에 따른 해결책들을 모색하게 하여 사회적 자본과 시민권에 대해 새롭게 인식하도록 하는 역할을 수행한다.

따라서 사회적 기업의 가치는 장애인이라는 대상적 측면에서 본다면 중증장애인의 노동기본권 확보를 위해 국가나 사회가 노동시장개입을 통해 유급의 고용기회를 제공하는 기업으로 장애인을 시설에서 그 생애를 마치게 하는 것보다 사회활동이나 고용을 통해 사회에 통합되도록 하는 것을 말한다. 결론적으로 직업재활시설이나 사회적 기업의 기본이념은 고용에 있어 장애인의 노동기본권 확보, 즉, 고용에 있어 시민권 이념과 사회적 역할가치부여를 위한 장애인의 역량강화이념이 이념적 가치라고 볼 수 있다.

역할과 가치라는 측면에서도 사회적 약자들에게 유상적인 임금을 제공함으로 이들의 사회통합을 유도할 뿐만 아니라 나아가서는 지역사회나 국가의 자연스러운 통합과 생산력에 도움을 주는 것이라 요약해 본다면 직업재활시설과 사회적 기업의 역할은 별반 차이가 없음을 알 수 있다.

나. 사회적 기업과 직업재활시설의 관계

사회적 기업이 다른 일반회사들과 구분되는 다른 특징들은 일반적으로 사회적 목적, 거래 및 이윤의 구조, 사적이윤을 위한 배분금지, 공동소유, 민주적 구조, 사회적 책임성으로 예시하고 있다.

거래 및 이윤의 구조는 사회적 기업의 거래는 완전 시장구조에서 거래가 이루어지기도 하지만 제도적 장치에 의한 조달구매가 이루어지고 이윤의 구조나 거래에 의한 잉여금만이 아니라 국가나 지방자치단체의 재정지원, 후원금 등의 구조로 이루어져 있기 때문에 일반회사와는 확연히 구별되는 거래와 이윤구조를 가지고 있다.

사적이윤을 위한 배분금지는 사회적 기업은 정관에 반드시 이윤을 회원이나 특정개인에게 배분하는 것을 금지해야 함을 규정하고 이윤은 반드시 근로자나 사회적 기업의 재투자에 사용되어야 한다는 것이다.

공동소유는 사회적 기업의 재산은 특정개인이 소유할 수 없고 반드시 법인의 재산이 되며 사회적 기업이 해산될 시는 근로장애인에게 이익이 돌아갈 수 있도록 해산조항이 마련되어야 한다는 것이다.

민주적 구조는 의사결정과정이 참여근로자가 참여하는 이사회 혹은 운영위원회 등의 구조를 통해 민주적, 합리적으로 의사결정이 이루어져야 하고 이 과정은 철저히 모니터링이 이루어져야 한다.

사회적 책임성은 사회적 기업의 설립목적이 사회적 목적을 수행하기 위한 것이기 때문에 운영의 결과에 대해서는 사회적 목표의 달성여부를 검증하여 사회적 책임성을 입증하여야 한다. 따라서 독립된 체계에 의한 감사실시와 이 결과에 대한 공표 및 사회적 책임성을 확보하기 위한 조직과 절차가 구비되어야 한다.

일반기업과 사회적 기업의 차이를 분석해 보면 결국 직업재활시설과의 차별성이 없다. 따라서 사회적 기업과 직업재활시설은 같은 의미를 갖는 제3구조의 기업이다. 예를 들어 미국의 Goodwill이나 영국의 램플로이는 대표적인 사회적 기업이라 예시하고 있는 것도 이와 같은 사실을 주지해 주는 것이다.

최근 한국은 일자리 창출이라는 목표를 위해 정부차원에서 사회적 기업을 활성화하고 있다. 그러나 장애인의 경우 이미 직업재활시설이 활성화되고 있는 시점에서 어떤 방식이든 현재 운영되고 있는 직업재활시설과의 관계 정립은 불가피해 보인다.

지금 시점에서 어떤 방식이 대안이라고 뚜렷하게 제시하기는 어렵지만 직업재활시설과 다른 방식의 지원이나 운영체계를 가진 사회적 기업 설립은 장애인 직업재활사업을 혼란스럽게 할 수 있다는 것이다. 이런 사실을 염두에 두면서 기초적인 수준에서이지만 사회적 기업 설립과 관련되어 몇 가지 사안을 제안해 본다면 다음과 같다.

첫째, 중증장애인의 고용을 획기적으로 창출하기 위한 방안의 하나로 사회적 기업 설립을 계획한다면 이 전에 직업재활시설을 활성화하는 방안이 미리 검토되어야 한다.

둘째, 직업재활시설들은 설립기반이 열악하기 때문에 이를 개선하기 위해서는 직업재활시설들을 총괄적으로 관리, 지원하기 위한 체계가 필요한데 이 체계를 사회적 기업의 중심으로 보는 방안도 검토해 볼 수 있을 것이다.

셋째, 직업재활시설은 장애인복지시설의 개념에서 복지적 시설관리가 이루어지기보다는 사회적 기업이라는 영리와 비영리적 기능을 가진 생산적 복지, 참여복지의 차원에서 접근될 수 있도록 제도적 개선이 필요하다.

4. 직업재활시설과 중증장애인다수고용사업장

가. 중증장애인다수고용사업장

중증장애인다수고용사업장은 2008년 보건복지부 일반회계 예산에 중증장애인 보호고용 확대를 위한 소규모가 아닌 다수고용형태의 사업장 시범사업이 계획되고 동년 대구대학교 직업재활 및 보조공학연구소(책임연구원: 나운환)에 시범사업을 위한 연구를 의뢰하고 동년 4월에 시범사업을 위한 보고서를 제출하여 이 보고서에서 처음으로 이에 대한 이념적 토대를 마련하였다. 이 보고서는 중증장애인다수고용사업장 개념과 이념적 가치를 도출하기 위하여 미국의 Goodwill, 영국의 Remploy, 스웨덴의 Samhall 등 다수고용사업장 실태와 국내 관련 전문가들의 델파이 조사를 실시하여 이 사업장의 개념을 전통적인 보호고용으로 정립하였다. 즉, 당장 경쟁고용이 어려운 장애인들에게 유상적인 임금을 제공하는 보호고용 기능을 갖는 사업장으로 일반적인 의미의 기업이나 공장과는 다른 가치와 역할, 기능을 가지는 것으로 정의하였다.

중증장애인다수고용사업장은 유상적인 보호고용이 가장 주된 기능이며, 이외에도 경쟁고용으로의 전환을 위한 직업능력 개발기능, 직업계획 수립을 위한 평가 및 계획기능, 중증장애인 개인별 다양한 지원서비스 제공 기능을 가져야 하는 것으로 정립하였다.

그리고 초기 사업의 운영기준은 대상 장애는 먼저, 비장애인 비율이 장애인 근로자 비율을 초과하지 않는 범위에서 장애인 수는 최소한 100인 이상을 유지하며 장애정도는 다음의 장애가 상시적으로 60% 내외를 유지하도록 하였다.

- 장애정도는 중증장애인생산품우선구매특별법 제2조의 중증장애인 정의, 즉 장애인복지법 제2조 제2항의 규정에 따른 장애인의 장애등급 중 1급 내지 3급에 해당하는 뇌병변장애인 · 심장장애인, 1급 또는 2급에 해당하는 시각장애인 · 지체장애인 · 청각장애인 · 신장장애인 · 간질장애인 · 간장애인 · 안면장애인 · 장루 · 요루장애인 및 2가지 이상의 중복장애를 가진 장애인과 지적장애인 · 자폐성장애인 · 정신장애인 · 호흡기장애인 · 언어장애인 및 상지에 장애가 있는 3급의 지체장애인으로 규정
- 장애인 근로자 중 재가장애인 비율이 가급적 50% 이상을 유지
  임금은 전체장애인근로자의 70%가 최저임금 이상을 상시적으로 유지하여야 하고 근로기준과 복지수준은 근로기준법의 최소한의 조건들을 준수할 수 있어야 하며 이에 대한 근거가 규정으로 마련되도록 하였다.

기타 시설 설치조건과 운영기준은 직업재활시설의 근로사업장에 준하는 기준을 제시하였다.

나. 직업재활시설과의 관계

중증장애인다수고용 사업장은 당초 1차년도 3개 사업장을 선정하여 시범적으로 운영하고 시범사업 평가결과에 따라 확대, 혹은 운영개선 등의 조치 후에 확대하기로 하였으나 시범사업에 대한 평가결과 없이 2011년까지 14개 사업장이 선정되어 2014년 현재 1개소는 사업을 반납하고 13개소가 운영 중에 있다.

그러나 운영 중인 중증장애인다수고용사업장 중 운영요건이었던 다수의 중증장애인 근로자요건을 충족하는 시설은 없다. 즉, 시작 당시는 직업재활시설과는 다른 차원의 사업장을 기획하고 설계하였으나 관리주체가 직업재활시설과 유사한 형태로 관리하고 이에 대한 충분한 모니터를 하지 않음으로 이 사업은 현재 장애인근로사업장과 큰 차별성이 없고 관리주체인 보건복지부나 지방자치단체도 직업재활시설과 동일하게 인식하고 있다.

제3장 직업재활시설의 설치

1. 법인설립과 과정

우리나라의 법률관계에서 주체로서 활동할 수 있는 인격체는 자연인과 법인이다. 법인은 자연인에 의해서는 목적을 달성하기 어려운 사업을 수행하기 위하여 인적자원의 결합이나, 특정한 재산에 대하여 자연인과 같이 법률관계의 주체자로서의 지위를 인정하는 것이다.

법인의 구분은 공법인과 사법인, 영리법인과 비영리법인, 사단법인과 재단법인, 내국법인과 외국법인 등으로 나눌 수 있다.

「장애인복지법」 제59조와 동법시행규칙 제43조는 직업재활시설 설치를 위한 근거를 규정하고 있는데 이 규정에서 직업재활시설은 법인과 개인이 설치 운영할 수 있도록 하고 있으며, 직업재활시설을 운영하는 법인은 사법인의 비영리법인에 해당하며 그 종류로는 사회복지법인, 사단법인, 재단법인, 종교법

〈표 3-1〉 직업재활시설을 운영하는 법인의 현황 (단위: 개소)

법인의 종류	계	사회복지법인	사단법인	재단법인	종교법인	학교법인	개인	기타
직업재활 시설 수	478	300	128	27	2	6	10	5

인, 학교법인 등이 있다. 2014년 현재 478개의 시설을 운영 법인 형태로 분류해 본 결과 〈표 3-1〉과 같이 사회복지법인과 사단법인이 주로 직업재활시설을 운영하고 있는 것으로 나타났다.

가. 법인의 종류

법인은 법인의 성격에 따라 공공목적으로 설립된 공법인과 「민법」과 「상법」 등에 의해 설립된 사법인으로 구분할 수 있으며, 영리의 유무에 따라 영리를 추구하는 영리법인과 학술·종교·자선·기예·사교·기타 영리 아닌 사업을 목적으로 하는 비영리법인으로 나눌 수 있다. 또한 법인형태에 따라 일정한 목적을 위하여 출연한 재산에 대하여 법인격이 인정되는 재단법인과 다수의 사람들이 일정한 공동 목적을 위하여 회원이 주체가 되어 설립되는 사단법인으로 분류하며 그 내용은 〈표 3-2〉와 같다.

즉, 앞서 언급한 바와 같이 대부분의 직업재활시설을 운영하는 법인 유형은 사회복지법인으로서 이 법인은 사법인인 동시에 비영리법인이며, 재단법인의

〈표 3-2〉 법인의 종류

구 분	종류	구분 내용
법인성격	공법인	국가, 지방자치단체, 영조물법인, 한국은행 등 공공의 목적을 위해 설립된 법인
	사법인	민법과 상법 등에 의하여 설립된 회사, 사단법인, 재단법인, 사회복지법인 등
영리유무	영리법인	설립목적이 영리를 추구하는 법인
	비영리법인	설립목적이 학술·종교·자선·기예·사교· 기타 영리 아닌 사업을 목적으로 하는 법인
법인형태	사단법인	일정한 목적을 위하여 결합한 사람을 단체로 하는 법인
	재단법인	일정한 목적을 위하여 출연된 재산을 실체로 하는 법인

출처: 보건복지부(2013), 사회복지법인 관리안내 근거 정리

성격을 띠는 법인이라 할 수 있다. 본 장에서는 직업재활시설을 운영 중인 법인의 여러 종류 가운데 대부분을 차지하는 사회복지법인을 중심으로 법인의 설립허가 과정 등을 기술하였다.

나. 사회복지법인 법적 정의

사회복지법인이란 「사회복지사업법」 제2조에서 규정하고 있는 사회복지사업을 행할 목적으로 설립된 법인을 의미하며, 사회복지법인의 경우에도 「민법」 제31조에 따라 법인은 법률의 규정에 의함이 아니면 성립할 수 없으므로 반드시 「사회복지사업법」상의 제조항을 근거로 설립되어야 한다.

사회복지사업이라 함은 「국민기초생활보장법」, 「아동복지법」, 「노인복지법」, 「장애인복지법」, 「한부모가족지원법」, 「영유아보육법」, 「성매매방지 및 피해자보호 등에 관한법률」, 「정신보건법」, 「성폭력방지 및 피해자보호 등에 관한 법률」, 「입양특례법」, 「일제하 일본군위안부 피해자에 대한 생활안정 지원 및 기념사업 등에 관한 법률」, 「사회복지공동모금회법」, 「장애인 · 노인 · 임산부 등의 편의증진 보장에 관한 법률」, 「가정폭력방지 및 피해자보호 등에 관한 법률」, 「농어촌주민의 보건복지증진을 위한 특별법」, 「식품기부 활성화에 관한 법률」, 「의료급여법」, 「기초노령연금법」, 「긴급복지지원법」, 「다문화가족지원법」, 「장애인연금법」, 「장애인활동지원에 관한 법률」, 「노숙인 등의 복지 및 자립지원에 관한 법률」, 「보호관찰 등에 관한 법률」, 「장애아동복지지원법」의 법률에 의한 보호 · 선도 또는 복지에 관한 사업과 사회복지상담, 직업지원, 무료숙박, 지역사회복지, 의료복지, 재가복지, 사회복지관 운영, 정신질환자 및 한센병력자의 사회복귀에 관한 사업 등 각종 복지사업과 이와 관련된 자원봉사활동 및 복지시설의 운영 또는 지원을 목적으로 하는 사업을 말한다.

사회복지법인은 운영형태에 따라 사회복지시설을 설치 운영하는 법인인 시설법인과 사회복지사업을 지원할 목적으로 설립된 지원법인으로 구분할 수 있다. 즉, 시설법인은 「사회복지사업법」 제2조의 관련법에 근거하여 설치된 시설을 운영하는 법인을 말하며, 지원법인은 관련법에 근거하여 사회복지사업의 지원을 하는 법인으로 2014년 현재 시설법인은 전국에 1,500여 개, 지원법인은 200여 개가 운영 중에 있다.

다. 법인의 설립허가 과정 및 실무

1) 사회복지법인의 설립허가 과정

사회복지법인을 설립하고자 하는 자는 「사회복지사업법」 제16조에 따라 대통령령으로 정하는 바에 따라 시·도지사의 허가를 받아야 하며, 허가를 받은 자는 법인의 주된 사무소의 소재지에서 설립등기를 하여야 한다. 「사회복지사업법」 시행령 제8조, 동법 시행규칙 제7조에 따른 사회복지법인의 설립절차를 살펴보면 〈표 3-3〉과 같다.

사회복지법인을 설립하고자 하는 자는 「사회복지사업법」 제16조, 시행령 제8조, 시행규칙 제7조에 따른 사회복지법인 설립허가 신청서와 관련 구비서류를 주된 사무소를 관할하는 시·군·구청장을 거쳐 시·도지사에게 제출하여야 한다. 구비서류로는 설립허가신청서, 설립취지서, 발기인총회회의록, 설립발기인명단, 정관, 기본재산목록, 임원명단, 법인이 사용할 인장, 재산출연증서, 재산소유 증명서류, 재산의 평가조서, 재산의 수익조서, 임원의 취임승낙서, 이사추천서, 특수존재 부존재 각서, 사업계획서 및 예산서(2년)를 제출하여야 한다.

〈표 3-3〉 사회복지법인 설립절차의 개요

1단계	신청인의 법인설립 신청(신청인 → 시·군·구)
조치사항	▶ 사회복지법인을 설립하고자 하는 자는 「사회복지사업법」 시행규칙 제7조에 규정되어 있는 사회복지법인 설립허가 신청서와 기타 구비서류를 완비하여 시·군·구에 제출
참고사항	-시·도 및 시·군·구는 신청인이 신청서 제출 전 법인 주사무소가 소재할 시·도 및 시·군·구와 법인설립 필요성 등에 대해 충분하게 협의하여 추후 절차가 원만하게 수행되도록 지도 -시·도 및 시·군·구는 사회복지법인 설립에 대한 문의가 있을 경우 신속하고 정확하게 안내할 것
2단계	검토의견 등 첨부하여 시도 제출(시·군·구 → 시·도)
조치사항	▶ 시·군·구는 설립허가를 신청한 법인에 대한 기초자료(예: 자산에 관한 실지조사 결과, 법인설립 필요성에 관한 검토의견서 등)를 첨부하여 시·도에 신청서를 제출
참고사항	-신청서를 접수한 시·군·구는 해당 법인이 소재할 사무소 및 기본재산 등을 직접 엄격하게 확인할 것(필요시 방문) -시·도에서 조례 및 규칙 등으로 법인업무와 관련한 시·군·구의 권한 및 위임사항을 정하였을 경우 그에 따르되 법인의 허가 등 법인관리 업무의 중요사항은 반드시 시·도지사가 행할 것
3단계	시·도에서 최종 허가여부 결정
조치사항	▶ 시·도는 법인설립 신청서와 시·군·구의 기초자료, 시·도의 복지여건 등을 종합적으로 검토하여 법인설립허가 최종 결정 ▶ 처리기한 -목적사업의 범위가 2개 이상의 시·도에 걸치는 법인: 22일 -목적사업의 범위가 1개 시·도에 한정되는 법인: 17일 ※ 주무관청에서 신청서의 보완을 요청한 경우 보완기간은 처리기한에 산입하지 않으며, 신청서를 반려한 경우 처리기한은 종료되고 재접수 시점부터 다시 기산하는 것을 원칙으로 함
참고사항	-법인허가 시 법인의 목적사업에 해당하는 기본재산을 갖추었는지 여부를 엄격하게 심사할 것 -목적사업이 2 이상의 시·도에 걸쳐있는 법인에 대해서는 관련시도의 의견을 충분히 수렴한 후 결정

출처: 보건복지부(2013), 사회복지법인 관리안내.

가) 사회복지법인의 설립허가 실무

사회복지법인을 신청하고자 하는 자는 「사회복지사업법」에 따른 사업 중 수행하고자 하는 사업의 분야를 설정하고 그에 따른 설립허가신청서 및 각각의 구비서류를 갖추어야 한다.

(1) 사회복지법인 설립허가 신청서

사회복지법인을 설립하고자 하는 자는 [그림 3-1]과 같은 「사회복지사업법」 시행규칙 제7조에 따른 별지 7호 서식 사회복지법인 설립허가 신청서를 제출하여야 한다.

신청인은 설립하고자 하는 사회복지법인의 대표자의 인적사항을 작성하여야 하며, 주소는 법인의 주소가 아닌 신청인의 주소를 작성한다. 법인의 명칭, 주된 사무소 소재지, 설립목적, 사업의 종별은 정관에 기재된 내용과 동일하게 작성하여야 한다. 설립목적은 「사회복지사업법」 제2조의 사회복지사업을 수행할 목적을 명시하여야 한다. 관련법에 근거한 시설운영 또는 지원사업을 세부적이고 구체적으로 규정하여야 한다. 즉, 직업재활시설을 설치 운영하고자 하는 자는 「장애인복지법」 제58조에 따른 장애인 직업재활시설 운영을 규정하여야 한다.

자산은 기본재산과 보통재산으로 나누어지며, 기본재산은 또 목적사업용 재산과 수익용 재산으로 구분된다. 목적사업용 기본재산은 법인이 시설 등을 설치하는 데 직접 사용하는 기본재산을 말하며, 수익용 기본재산은 법인이 그 수익으로 목적사업의 수행에 필요한 경비를 충당할 목적으로 한 재산을 말한다.

법인을 설립하고자 하는 자는 목적사업에 필요한 재산을 출연하여야 하며, 재산의 종류는 동산, 부동산 등 다양한 형태가 가능하다. 단, 출연하고자 하는 재산에 지상권, 근저당권, 기등기 등이 설정되어 있거나, 가압류 가처분 등이 되어 있어 법인이 채무를 부담하거나 재산권 행사가 제한되어서는 안 된다. 또한 기본재산이 현금일 경우에는 예금자보호법에 의한 보호 등을 확인하여 기본

[그림 3-1] 사회복지법인 설립허가 신청서

(앞 쪽)

<table>
<tr><td rowspan="2">사회복지법인설립허가신청서</td><td>처리기간</td></tr>
<tr><td>보건복지부: 22일
시 · 도: 17일</td></tr>
</table>

<table>
<tr><td rowspan="2">신청인
(대표자)</td><td>①성 명</td><td></td><td>②주민등록번호</td><td></td></tr>
<tr><td>③주 소</td><td colspan="3">(전화:)</td></tr>
<tr><td colspan="2">④법 인 의 명 칭</td><td colspan="3"></td></tr>
<tr><td colspan="2">⑤주된 사무소의 소재지</td><td colspan="3">(전화:)</td></tr>
<tr><td colspan="2">⑥설 립 목 적</td><td colspan="3"></td></tr>
<tr><td colspan="2">⑦사 업 의 종 별</td><td colspan="3"></td></tr>
</table>

<table>
<tr><td rowspan="11">자 산</td><td rowspan="9">기 본
재 산</td><td rowspan="5">목 적
사업용</td><td>⑧종 류</td><td>⑨규 모</td><td>⑩평가액
(천 원)</td><td>⑪연간수익액
(천 원)</td><td>⑫출연자</td></tr>
<tr><td></td><td></td><td></td><td></td><td></td></tr>
<tr><td></td><td></td><td></td><td></td><td></td></tr>
<tr><td></td><td></td><td></td><td></td><td></td></tr>
<tr><td>계</td><td></td><td></td><td></td><td></td></tr>
<tr><td rowspan="4">수익용</td><td></td><td></td><td></td><td></td><td></td></tr>
<tr><td></td><td></td><td></td><td></td><td></td></tr>
<tr><td></td><td></td><td></td><td></td><td></td></tr>
<tr><td>계</td><td></td><td></td><td></td><td></td></tr>
<tr><td rowspan="2">보 통
재 산</td><td colspan="2">⑬종 류</td><td colspan="2">⑭수 량</td><td colspan="2">⑮가 액(천 원)</td></tr>
<tr><td colspan="2"></td><td colspan="2"></td><td colspan="2"></td></tr>
</table>

<table>
<tr><td rowspan="2">임 원</td><td>⑯직위</td><td>⑰임 기</td><td>⑱성 명</td><td>⑲주민등록번호</td><td>⑳주 소</td></tr>
<tr><td></td><td></td><td></td><td></td><td></td></tr>
</table>

<table>
<tr><td rowspan="2">직 원</td><td>총 인 원</td><td>사회복지사자격증소지자수</td></tr>
<tr><td>명</td><td>명</td></tr>
</table>

「사회복지사업법」 제16조, 같은 법 시행령 제8조 및 같은 법 시행규칙 제7조에 따라 사회복지법인 설립허가를 신청합니다.

년 월 일

신청인 (서명 또는 날인)

보건복지부장관
시 · 도 지 사 귀하

31313-00811민
98.7.20 승인

210mm×297mm
(일반용지 60g/㎡)

재산이 잠식되는 등의 위험성은 피하여야 한다.

시설법인은 관련법에서 정한 시설종류별 설치기준에 적합한 시설과 부지를 갖추거나 갖출 수 있는 목적사업용 기본재산을 갖춰야 하고 시설을 설치하고자 하는 부지는 설치가 가능한 지역이어야 한다.

기본재산은 설립하고자 하는 법인이 운영하고자 하는 목적사업 및 수익사업을 수행하기 위하여 기본적으로 필요로 하는 재산으로 부동산, 정관에서 기본재산으로 정한 재산, 이사회의 결의를 득한 재산이 기본재산에 해당하며 그 목록과 가액은 정관상(또는 별표)에 기재하여야 한다.

(2) 설립취지서

법인 설립취지서는 설립취지를 간략 명료하게 6하 원칙에 의해 기재하여야 하며, 사업내용은 법인의 목적사업을 개조식으로 기재하여야 한다. 이에 따른 예시는 [그림 3-2]와 같다.

[그림 3-2] 설립취지서 예시

1. 법인설립취지

○ 사회복지사업법의 규정에 의한 장애인의 재활 및 보호에 관한 사업을 수행함으로서 이들의 복지증진에 기여함을 목적으로 한다.

2. 사업내용

○

○

○

첨부서류 : 1. 발기인 회의록 1부

2. 설립발기인명단 1부.

(3) 발기인 총회 회의록 및 발기인 명단

발기인 총회 회의록은 회의일시, 장소, 참석자가 명기되어야 하고, 회의록 내용에는 법인설립취지서 채택, 정관 심의·의결, 임원선출, 재산 출연사항, 사업계획 및 수지예산서 등에 관한 의결사항을 포함하여야 하며, 발기인 전원

[그림 3-3] 발기인 총회 회의록

❍ 회의일시 : 20○○년 ○○월 ○○일 ○○시 ~ ○○시
❍ 회의장소 : ○○시·도 ○○구 ○○동 ○○빌딩 ○○층
❍ 참 석 자 : 발기인 ○○명
❍ 부의안건 :

- 제1호 의안 법인설립취지서 채택의 건
- 제2호 의안 정관 심의·의결의 건
- 제3호 의안 임원선출의 건
- 제4호 의안 법인재산 출연의 건
- 제5호 의안 사업계획 및 수지예산(안) 심의·의결의 건
- 발기인 대표선출: ○○○을 만장일치로 선출함
- 200○년 ○○월 ○○일 ○○시 가칭 "사회복지법인 ○○○" 설립을 위한 발기인 총회를 개최, 발기인 전원이 참석하여 발기인 대표 ○○○의 사회로 개회를 선언하다.
- 발기인대표
  법인설립취지와 목적사업을 설명하고 법인설립취지서 채택의 건을 상정하다.
- ○○○: 법인설립취지서를 원안대로 받을 것을 동의하다.

※ 의안별로 구체적인 회의내용을 발표자 순서대로 기록정리함.

- 이상으로 가칭 "사회복지법인 ○○○"의 설립 발기인총회를 모두 마치겠습니다.
  위 결의를 명확히 하기 위하여 회의록을 작성하여 발기인 전원이 다음에 기명날인 한다.

200○년 ○○ 월 ○○ 일

가칭 사회복지법인 ○○○
발 기 인 ○○○ (인)
발 기 인 ○○○ (인)
발 기 인 ○○○ (인)
–
–

[그림 3-4] 설립발기인 명단 예시

연번	직 위	성 명	주민번호	주 소	약력(간략히)	비 고

이 날인하고 인감을 첨부하여야 한다. 발기인 총회 회의록 및 설립발기인 명단의 예시는 [그림 3-4]와 같다.

(4) 정관

「민법」 제43조에 따라 설립자는 법인의 기본규칙을 정하여 이를 서면에 기재하고 기명 날인하여야 하며, 「사회복지사업법」 제17조에 따라 법인의 정관에는 목적, 명칭, 주된 사무소의 소재지, 사업의 종류, 자산 및 회계에 관한 사항, 임원의 임명 등에 관한 사항, 회의에 관한 사항, 수익을 목적으로 하는 사업이 있는 경우 그에 관한 사항, 정관의 변경에 관한 사항, 존립시기와 해산 사유를 정한 경우에는 그 시기와 사유 및 남은 재산의 처리방법, 공고 및 공고방법에 관한 사항 등을 포함하여야 하고, 법인이 정관을 변경하려는 경우에는 시·도지사의 인가를 받아야 하며 사회복지법인의 정관(예시) 및 정관(예시)에 따른 기본재산목록(예시), 임원명단(예시), 법인이 사용할 인장(예시)은 [그림 3-5]와 같다.

[그림 3-5] 사회복지법인 정관 예시

제1장 총 칙

제1조(목적) 이 법인은 「장애인복지법」의 규정에 의한 장애인 직업재활사업을 수행함으로써 중증장애인에게 직업훈련과 교육을 통하여 일반고용의 기회를 제공하고, 중증장애인이 '지역사회 일원으로', '생산적인 시민'으로 살아갈 수 있도록 체계적인 직업재활 서비스를 제공함으로써 사회통합을 통한 삶의 질을 향상시키는 것을 목적으로 한다.

제2조(명칭) 이 법인의 명칭은 "사회복지법인 ○○○" (이하 "○○○"이라 한다) 이라 칭한다.

제3조(사무소의 소재지) 이 법인의 주된 사무소는 ○○시·도 ○○○시·군·구 ○○○읍·면·동(리) ○○○번지에 둔다.

제4조(사업의 종류) ① 이 법인은 제1조의 목적을 달성하기 위하여 다음의 사업을 수행한다.

1. ○○○시설지원(설치운영)사업
2. ○○○사업지원
3. ○○○사업운영
4. 그밖에 이 법인 목적달성에 필요한 사업

제 2 장 자산 및 회계

제1절 자 산

제5조(자산구분) ① 이 법인의 자산은 기본재산과 보통재산으로 구분하되, 기본재산

은 목적사업용 기본재산과 수익용 기본재산으로 구분하여 관리한다.

② 기본재산은 다음 각호의 재산으로 하며, 평가가액에 변동이 있을 때에는 지체없이 정관 변경의 절차를 밟아야 한다.

1. 설립당시 기본재산으로 출연한 재산
2. 부동산
3. 이사회의 결의에 의하여 기본재산으로 편입된 재산

③ 기본재산의 목록과 평가가액은 "별지 1"과 같다.

④ 기본재산 이외의 모든 재산은 보통재산으로 한다.

제6조(자산의 관리) ① 기본재산을 매도·증여·교환·임대 또는 담보에 제공하거나 그 밖의 권리의 포기, 의무의 부담 등의 처분을 하고자 할 때에는 이사회의 의결을 거쳐 주무관청의 사전허가를 얻어야 한다.

② 법인이 매수·기부채납·후원 등의 방법으로 재산을 취득한 때에는 지체 없이 이를 법인의 재산으로 편입 조치하여야 한다.

③ 제2항의 재산을 취득한 경우 법인은 그 취득사유, 취득재산의 종류·수량 및 가액을 매년 1월말까지 전년도의 재산취득상황을 주무관청에게 보고하여야 한다.

④ 법인이 보건복지부령이 정하는 금액이상을 장기 차입하고자 할 때에는 주무관청의 허가를 받아야 한다.

⑤ 기본재산과 보통재산의 운영과 관리에 관하여는 법령과 이 정관에 따로 정한 경우를 제외하고는 별도의 규정이 정하는 바에 의한다.

제7조(경비와 유지방법) 이 법인의 운영비는 기본재산에서 발생하는 과실, 수익사업의 수익금, 기부금과 그 밖의 수입으로 충당한다.

제2절 회 계

제8조(회계의 구분 등) 이 법인의 회계는 법인에 속하는 법인 일반회계와 시설운영에 속하는 시설회계 수익사업에 속하는 수익사업회계 및 기타 특별회계로 구분한다.

제9조(회계의 처리) 이 법인의 회계처리는 사회복지사업법 및 관계법규에서 따로 정한 경우를 제외하고는 별도의 규정이 정하는 바에 따른다.

제10조(회계연도) 이 법인의 회계연도는 정부의 회계연도에 따른다.

제11조(사업계획 및 예산) 이 법인의 매 회계연도의 사업계획 및 예산은 대표이사가 매 회계연도 개시 1월전에 이사회의 의결을 "사회복지법인재무·회계규칙(보건복지부령)"이 정하는 서류를 첨부하여 주무관청에 제출하여야 한다.

제12조(사업실적 및 결산) 이 법인의 매 회계연도의 사업실적 및 결산은 회계연도가 끝난 후 1월 이내에 대표이사가 작성하여 감사의 감사를 거친 후 이사회의 의결을

거쳐 "사회복지법인재무·회계규칙(보건복지부령)"이 정하는 서류를 첨부하여 주무관청에 제출하여야 한다.

제13조(잉여금의 처리) 이 법인의 매회계년도 결산 잉여금은 차입금 상환 또는 다음 회계연도에 이월 사용하는 것을 원칙으로 하되, 이사회의 결의에 의하여 특정한 사업을 위한 기금으로 적립할 수 있다.

제14조(예산외의 채무부담) 수지예산으로서 정한 것 이외의 의무부담 또는 권리의 포기는 이사회의 의결을 거쳐야 한다.

제3장 임 원

제15조(임원의 종류와 정수) 이 법인은 다음의 임원을 둔다.

1. 대표이사 1인
2. 상임이사 1인
3. 이사 7인(대표이사 및 상임이사 포함)
4. 감사 2인

제16조(임원의 선임) ① 대표이사, 이사 및 감사는 이사회에서 선출한다.

② 상임이사는 대표이사가 선임된 이사 중에서 지명하여 이사회의 의결을 거쳐 선임한다.

③ 이사를 임면하는 경우에는 보건복지부령이 정하는 바에 의하여 지체 없이 이를 주무관청에 보고하여야 한다.

제17조(임원선임의 제한) ① 이 법인은 이사 상호간의 관계에 있어서 사회복지사업법 제18조 제2항의 규정에 의한 "특별한 관계에 있는 자"가 이사 현원의 5분의 1을 초과할 수 없다.

② 감사는 감사 상호간 또는 이사와의 관계에 있어서 사회복지사업법 제18조 제2항의 규정에 의한 "특별한 관계에 있는 자"가 아니어야 한다.

제18조(임원의 임기 등) ① 이 법인의 대표이사 및 이사의 임기는 3년으로 하고 감사의 임기는 2년으로 하되, 연임할 수 있다.

② 임원 중 결원이 생긴 때에는 2월 이내에 보충하여야 하며, 임기가 만료되는 임원의 후임자는 임기만료 1월 이전에 선임하여야 한다.

(비고) 1) 임원의 법정임기를 초과하여 종신직으로 하는 것 등은 불가하다.

제19조(임원의 결격사유) ① 사회복지사업법 제19조 각호의 1에 해당하는 자는 법인의 임원이 될 수 없다.

② 법인의 임원이 제1항의 사유에 해당할 때에는 그 직을 상실한다.

제20조(임원의 해임) ① 이 법인은 그의 임원에 대하여 사회복지사업법 제22조의 규정에 의한 보건복지부장관의 해임명령을 받은 때에는 지체 없이 해임하여야 한다.
② 이 법인은 그의 임원이 다음 각호의 1에 해당할 때에는 이사회의 의결을 거쳐 해임할 수 있다.
1. 법령, 법인의 정관 또는 규정에 위반한 때
2. 고의 또는 중대한 과실로 법인에 상당한 손해를 끼친 때
3. 직무태만・품위손상 기타 사유로 인하여 임원으로서 적당하지 아니하다고 인정되는 때
4. 기타 임원으로서의 능력이나 자질이 현저히 부족하다고 판단되는 때

제21조(임원의 직무) ① 대표이사는 이 법인을 대표하고, 제반 사무를 총괄하여 이사회의 의장이 된다.
② 상임이사는 대표이사를 보좌하고, 대표이사가 사고가 있는 때에는 그 직무를 대행한다.
③ 이사는 이사회를 구성하고, 이사회의 권한에 속하는 사항을 심의・의결한다.
④ 대표이사 유고시에는 대표이사가 지명하는 이사가 대표이사의 직무를 대행한다. 다만, 대표이사가 직무대행자를 지명하지 못한 경우에는 나머지 이사 중에서 연장자 순으로 그 직무를 대행한다.
⑤ 감사는 다음의 직무를 행한다.
1. 이 법인의 재산상황과 회계를 감사하는 일
2. 이사회의 운영과 그 업무에 관한 사항을 감사하는 일
3. 제1호 및 제2호의 감사 결과 부정 또는 불미한 점이 있음을 발견할 때에는 이를 이사회와 주무관청에 보고하는 일
4. 제3호의 보고를 하기 위하여 필요한 때에는 이사회의 소집을 요구하는 일
5. 그밖에 이사회 운영과 그 업무에 관한 사항에 대하여 이사회에 참석하여 의견을 진술하는 일

제22조(대표권의 제한) 이 법인의 대표이사 이외의 이사는 이 법인을 대표하지 않는다.

제23조(임원의 대우) 이 법인의 상임이사를 제외한 임원은 명예직으로 하되, 예산의 범위 안에서 임원의 활동에 필요한 실비를 지급할 수 있다.

제24조(겸직금지) ① 이사는 이 법인의 시설장을 제외한 직원을 겸할 수 없다.
② 감사는 이 법인의 이사, 시설장 또는 직원을 겸할 수 없다.

제4장 이 사 회

제25조(이사회 구성) ① 이 법인에 대표이사 및 이사로 구성되는 이사회를 둔다.
② 감사는 이사회에 출석하여 발언할 수 있다.

제26조(의결사항) 이사회는 다음 사항을 심의·의결한다.

1. 정관의 변경에 관한 사항
2. 제규정의 제정 및 개정에 관한 사항
3. 법인 합병 및 해산에 관한 사항
4. 임원 임면에 관한 사항
5. 사업계획·실적 및 예산·결산에 관한 사항
6. 재산의 취득, 처분 및 관리에 관한 사항
7. 법인이 설치한 시설의 장의 임면에 관한 사항
8. 법인이 설치한 시설의 운영에 관한 사항
9. 수익사업에 관한 사항
10. 그밖에 법령이나 이 정관에 의하여 이사회의 권한에 속하는 사항

제27조(이사회의 소집 등) ① 이사회는 정기이사회와 임시이사회로 구분한다.

② 정기이사회는 매년 1월중에 개최하고, 임시이사회는 대표이사가 필요하다고 인정하는 때 또는 재적이사 3분의 1 이상의 서면요청이 있는 때와 감사의 연서에 의한 요청이 있는 때에 소집한다.

③ 이사회를 소집하고자 하는 때에는 대표이사가 회의목적을 명시하여 회의개최 7일 이전까지 각 이사에게 통지하여야 한다.

④ 대표이사는 재적이사 3분의 1 이상이 회의안건을 명시하여 소집을 요구한 때와 감사가 연서로 소집을 요구한 때로부터 14일 이내에 이사회를 소집하여야 한다.

제28조(이사회의 개의와 의결정족수) ① 이사회는 이 정관에서 따로 정한 바를 제외하고는 재적이사 과반수의 출석으로 개의하고, 출석이사 과반수의 찬성으로 의결한다.

② 이사회의 의사는 서면결의에 의할 수 없다.

제29조(의결제척사유) 대표이사 또는 이사가 다음 각 호의 1에 해당하는 때에는 그 의결에 참여하지 못한다.

1. 임원선임 및 해임에 있어서 자신에 관한 사항
2. 금전 및 재산의 수수를 수반하는 사항으로서 임원 자신이 법인과 직접 관계되는 사항

제30조(이사회 회의록) ① 이사회의 의사에 관하여는 의사록을 작성하여야 한다.

② 의사록에는 의사의 경과, 요령 및 결과를 기재하고, 의장과 참석이사 전원이 기명·인감 날인하여야 한다.

③ 대표이사는 의사록을 법인의 사무실에 비치하여야 한다.

제 5 장 수 익 사 업

제31조(수익사업의 종류) ① 이 법인은 사회복지사업법 제28조의 규정에 의하여 법

인의 목적사업 수행에 지장이 없는 범위 안에서 다음의 수익사업을 할 수 있다.
② 제1항의 수익사업을 경영하기 위하여 대표이사는 이사회의 의결을 거쳐 관리자 또는 책임자를 임명한다.

제32조(수익의 처분 및 관리) 수익사업에서 얻어지는 순수익은 법인 목적사업에 충당하거나, 이사회의 결의에 의거 특정한 기금으로 적립할 수 있다.

제 6 장 사무조직 및 운영

제33조(사무국) ① 이 법인의 업무를 처리하기 위하여 법인사무국을 둔다.
② 사무국의 조직과 운영에 관하여는 별도의 규정으로 정한다.

제34조(상근임직원) ① 법인사무국 및 시설에는 필요한 상근임직원을 둔다.
② 상근임직원의 임용·복무·보수 등에 관하여는 별도의 규정으로 정한다.
③ 제2항의 규정에는 종사자의 정년을 규정한 인사규정이 반드시 포함되어야 한다.
④ 제2항의 규정은 주무관청에 보고하여야 한다.

제 7 장 정관변경 및 해산

제35조(정관변경) 이 법인의 정관을 변경하고자 하는 때에는 재적이사 3분의 2 이상의 의결을 거쳐 주무관청의 허가를 받아야 한다.

제36조(해산 및 합병) 이 법인을 해산하거나 다른 법인과 합병하고자 하는 때에는 재적이사 4분의 3 이상의 의결을 거쳐 주무관청의 허가를 받아야 한다.

제37조(잔여재산의 귀속) 이 법인이 해산하는 때의 청산 후 잔여재산은 주무관청의 허가를 받아 국가 또는 지방자치단체에 귀속한다.

제 8 장 공 고 방 법

제38조(공고의 방법) ① 이 법인의 법령과 정관 및 이사회의 의결에 의하여 공고하여야 할 사항은 일간신문에 싣는다.
② 제1항의 공고기간은 7일 이상으로 한다.

제 9 장 보 칙

제39조(준용규정) 이 정관에 규정하지 아니한 사항에 대하여는 사회복지사업법, 공익법인의 설립·운영에 관한 법령 및 민법과 그 밖의 관계법규를 준용한다.

제40조(운영규정) 이 정관시행에 관하여 필요한 사항은 별도의 운영규정으로 정한다.

제41조(규정의 제·개정) ① 이 법인의 운영과 관련된 주요규정의 제·개정에 대하여는 이사회의 의결을 거쳐야 한다.
② 제1항의 내용 중 주요규정의 여부는 이사회에서 결정한다.

부 칙

① (시행일) 이 정관은 주무관청의 허가를 받은 날부터 시행한다.
② (설립당시의 임원선임에 대한 경과조치) 이 법인 설립당시 발기인총회에서 선임된 임원은 이 정관에 의하여 선임된 것으로 본다.
③ (설립당시의 임원 등) 이 법인 설립당시의 임원 및 법인이 사용할 인장은 다음과 같다.

[그림 3-6] 기본재산목록

구 분	소 재 지	규 모	평 가 가 액	출연자	비 고
1. 목적사업용	00시 00구 00동 00번지	건평 1,000㎡	500,000,000	0 0 0	대지 및 건물
		00은행 예치금	100,000,000	0 0 0	법인기본재산 적립금
2. 수익사업용	00시 00구 00동 00번지	건평 1,000㎡	1,000,000,000	0 0 0	상가

[그림 3-7] 임원명단 예시

직 위	임 기	성 명	주민등록번호	주 소
대표이사	20 . . .~ 20 . . . (3년간)	0 0 0	****** – *******	00시 00구 00동
상임이사	〃	0 0 0	****** – *******	00시 00구 00동
이 사	〃	0 0 0	****** – *******	00시 00구 00동
·	〃	0 0 0	****** – *******	00시 00구 00동
·	〃	0 0 0	****** – *******	00시 00구 00동
·	〃	0 0 0	****** – *******	00시 00구 00동
·	〃	0 0 0	****** – *******	00시 00구 00동
감 사	20 . . . ~ 20 . . . (2년간)	0 0 0	****** – *******	00시 00구 00동
· · ·	〃	0 0 0	****** – *******	00시 00구 00동

[그림 3-8] 인장 예시

1) 직 인	2) 대표이사의 인	3) 계 인

이상과 같이 “사회복지법인 0 0 0”이 사용할 인장을 날인하고 발기인 전원이 기명·인감 날인함으로써 이를 확인한다.

2014. . .

발기인대표 ○○○ 인

발 기 인 ○○○ 인

발 기 인 ○○○ 인

·
·
·

(5) **재산출연증서**

법인을 설립하고자 하는 자는 출연재산의 소재지, 지목, 지적, 평가가액 등 구체적인 내용과 출연인의 인적사항, 출연일자 등을 기재 후 인감날인 하여야 하고, 주식, 예금 등의 출연행위에 대하여는 공증인의 공증을 필요로 한다.

또한 재산 소요 증명서류와, 재산의 평가조서, 재산의 수익조서를 첨부(수익

[그림 3-9] 재산출연증서(기부승낙서)

사회복지법인 ○○○

설립대표자 ○○○ 귀하

본인 소유인 다음의 재산을 설립코자 하는 사회복지법인 ○○○에 무상출연(기부)합니다.

2014년 월 일

위 기부자 ○ ○ ○ (인감날인)

기 부 재 산 표 시

소 재 지	종 별	수 량	금 액	비 고
00시 00구 00동 00번지	건물	1동	500,000,000	기본재산
00은행 (계좌번호:***-**-** ****)	기본재산 예치금	계좌	100,000,000	기본재산
00시 00구 00동 00번지	상가	1동	1,000,000,000	수익사업용 기본재산

용 기본재산의 경우)하여야 하며, 재산출연증서(기부승낙서)의 예시는 [그림 3-9]와 같다.

(6) 임원 취임승낙서

「사회복지사업법」 제18조 제1항의 개정(법률 제11239호, 2012.1.26 일부개정, 2013.1.27 시행)으로 법인은 대표이사를 포함한 이사 7명 이상과 감사 2명 이상을 두어야 하며, 사회복지법인의 임원으로 취임하고자 하는 자는 취임승낙 의사의 표시와 주소, 성명, 주민등록번호, 주요경력, 직위, 취임기간 등을 명시한 임원취임승낙서에 기명날인 하여야 하고, 이력서를 첨부하여야 한다. 임원 취임승낙서는 [그림 3-10]과 같다.

[그림 3-10] 임원취임 승낙서

주　　소 : ○○시 ○○구 ○○동 ○○번지
성　　명 : ○○○
주민등록번호 : ****** ∼ *******
최종경력 : 현 00대학교 교수
직　　위 : (대표이사, 이사, 감사)
취임기간 : 20　년　월　일 ∼ 20　년　월　일

본인은 사회복지법인 ○○○의 (대표이사, 이사, 감사)직에 취임할 것을 승낙합니다.

년　월　일
(대표이사, 이사, 감사)　○○○(인감날인)

사회복지법인 ○○○ 이사장 귀하

(7) 이사 추천서

「사회복지사업법」 제18조 제2항의 개정(법률 제11239호, 2012.1.26 일부개정, 2013.1.27 시행)으로 법인은 이사 정수의 3분의 1(소수점 이하는 버린다) 이상을 제18조 제2항에 따른 '사회복지위원회', '지역사회복지협의체' 중 하나의 기관에 서면으로 이사의 추천을 요청하여야 하며, 해당기관에서 2배수로 추천한 사람(법 제7조 제2항 각호에 해당하는 사람으로 제2호, 제3호 및 제5호를 제외한다) 중에서 선임하여야 한다. 이때 해당하는 기관은 추천하고자 하는 사람의 이사추천서를 법인에 제출하여야 한다.

즉, 법인의 이사가 7인인(대표이사 포함) 경우 2명의 이사는 「사회복지사업법」 제18조 2항의 기관으로부터 추천받은 이사 중에 선임하여야 된다.

(8) 특수관계 부존재 각서

「사회복지사업법」 제18조 제3항(개정 2012.1.26)에 따라 이사회의 구성에 있어서 대통령령으로 정하는 특별한 관계에 있는 사람이 이사 현원의 5분의 1을 초과할 수 없다. 법 제18조 제3항에의 특별한 관계에 있는 자의 범위는 출연자, 출연자 또는 이사와의 관계가 민법에서 정하는 6촌 이내의 혈족, 4촌 이내의 인척, 배우자, 친생자로서 다른 사람에게 친양자로 입양된 사람 및 그 배우자와 직계비속, 출연자 또는 이사의 사용인 그 밖에 고용관계에 있는 자, 출연자 또는 이사의 금전 그 밖의 재산에 의하여 생계를 유지하는 자 및 그와 생계를 함께 하는 자, 출연자 또는 이사가 재산을 출연한 다른 법인의 이사를 포함한다.

따라서 7인의 이사 중 대표이사와 친인척이 1인이 있는 경우 특별관계 이사 수는 2인이 되므로 위반이 된다. 이 규정에 따라 1인의 특별관계 이사를 두고자 한다면 이사의 현원은 11인 이상이 되어야 한다. 특별한 관계에 있는 자의 규정

[그림 3-11] 특수관계 부존재 각서 예시

주　　소 : 성　　명 : 주민등록번호 : 직　　위 : (이사, 감사) 취임기간 : 본인은 출연자 및 임원상호간의 관계에 있어서 사회복지사업법시행령 제9조의 규정에 의한 "특별한 관계에 있는 자"가 아님을 확인합니다. 년　　월　　일 (이사, 감사)　　　　(인감날인) 사회복지법인 ○○○ 이사장 귀하

에 저촉되지 아니함을 입증하는 각서를 제출하여야 하며 그 예시는 [그림 3-11]과 같다.

(9) 사업계획서 및 예산서

법인을 설립하고자 하는 자는 2년간의 사업계획서 및 수지예산서를 준비하여야 하는데 이는 대부분의 시・도에서 사회복지법인 설립 신청 시 행정기관의 지원 없이 법인의 자체 존립 능력 확인을 위한 요구사항으로 보고 있으며 이에 따라 법인은 그 자체의 능력만으로도 정관에서 정한 목적사업을 수행할 수 있어야 설립 허가 요건을 충족하게 되는 것으로 판단한다. 즉, 장애인 직업재활시설을 운영하려는 법인은 독자적인 재원으로 직업재활시설을 항구적으로 운영할 수 있어야 하며 그것을 조건으로 법인 설립이 허가되는 것이다. 다만, 법인이 독자적으로 시설운영은 가능하나 그 사업이 공익적 성격을 띠고 있기에 정부나 지방자치단체에서 사업비의 일부를 보조해 주는 것으로 보고 있다. 따라서 그 지원예산 반영 시점이 빨라야 차년도, 또는 그 이후가 될 수 있으므로 이에 따라 2년간의 사업계획서 및 수지예산서를 요구하게 된다.

나) 사회복지법인 법인허가 후 등기 및 정관변경

「사회복지사업법」 시행규칙 제7조 제3항에 따라 시·도지사는 결격사유가 없을 경우 '사회복지법인 설립허가증'을 신청인에게 발급하여야 한다.

시·도지사는 법인설립허가 기준이 「공익법인의 설립·운영에 관한 법률」 제4조 및 동법 시행령 제5조에 따른 설립허가 기준에 따라, 첫째, 목적사업이 구체적이며 실현가능하다고 인정되는 경우, 둘째, 출연재산의 수입으로 목적사업을 원활히 달성할 수 있다고 인정되는 경우, 셋째, 목적사업이 적극적으로 사회복지를 유지·증진하는 것이라고 인정되는 경우 설립허가를 할 수 있다.

법인은 사법상 권리능력의 주체로서 존재하며, 다수의 인적 또는 물적 조직으로 구성된다. 따라서 법인과 거래하는 일반 제삼자는 법인의 내부조직·재산상태 등 거래상 필요한 사항을 공시하는 방법을 갖추지 아니하면 불측의 손해를 입을 염려가 있게 된다(박종팔, 2010). 등기를 필하지 않으면 제3자에 대항하지 못하며, 등기의무를 지키지 않을 경우 「민법」 제97조에 따라 과태료의 처벌을 받게 된다. 따라서 시·도지사의 허가를 받은 법인은 「민법」 제33조에 따라 법인의 주된 사무소가 있는 소재지의 등기소에서 설립등기를 함으로써 법인 성립요건을 갖추어야 한다.

법인 설립등기는 「민법」 제49조 및 「공익법인의 설립·운영에 관한 법률」 시행령 제9조에 따라 시·도지사의 법인설립 허가가 있은 후 3주내에 주된 사무소의 소재지 등기소에서 설립등기를 한 후, 7일 이내에 시·도지사에게 보고하여야 한다.

등기사항으로는 목적, 명칭, 사무소, 설립허가의 연월일, 존립 시기나 해산 사유를 정한 때에는 그 시기 또는 사유, 이사의 성명 및 주소, 이사의 대표권을 제한한 때에는 그 제한에 대한 사항을 등기하여야 한다.

설립등기 된 법인이 정관을 변경하고자 하는 때에는 정관변경인가 신청서에 정관의 변경을 결의한 이사회 회의록 1부, 정관변경(안) 1부, 사업변경계획서 및 예산서 그리고 소유를 증명할 수 있는 서류(사업의 변동이 있는 경우에 한 함) 각 1부, 재산의 평가조서 및 재산수익조서(사업의 변동이 있는 경우에 한 함) 각 1부를 첨부하여 시 · 도지사에 제출한 후 정관변경에 대한 인가를 받아야 한다. 단, 정관 중 공고 및 그 방법에 관한 사항을 변경하고자 하는 경우에는 시 · 도지사의 인가를 받지 않아도 된다.

2. 직업재활시설 설치와 과정

장애인 직업재활시설을 설치 운영하고자 하는 자는 「장애인복지법」, 「사회복지사업법」 및 「보조금 관리에 관한 법률」에 의하되 세부사항은 '장애인복지사업안내'의 지침에 따라 수행한다. 다만 지침에 정하지 않은 사항은 사회복지사업에 관한 다른 지침을 준용할 수 있다.

「장애인복지법」 제58조 제1항 제3호 및 동법시행규칙 제41조 [별표 4]에 따라 일반 작업환경에서는 일하기 어려운 장애인이 특별히 준비된 작업환경에서 직업훈련을 받거나 직업 생활을 할 수 있도록 하는 직업재활시설을 동법 제59조에 따라 설치하고자 하는 자는 동법시행규칙 제42조 [별표 5]의 설치 · 운영 기준을 충족하여야 하며, 동법시행규칙 제43조에 따라 직업재활시설의 설치 · 운영 신고를 하여야 한다. 직업재활시설의 설치 · 운영 기준과 신고 과정은 다음과 같다.

1) 직업재활시설의 설치 · 운영 기준

「장애인복지법」 제59조에 따라 국가와 지방자치단체는 직업재활시설을 설치할 수 있으며, 그 외의 자가 직업재활시설을 설치·운영하려면 해당 시설 소재지 관할 시장·군수·구청장에게 신고하도록 규정하고 있으며, 신고 시 필요한 기준은 동법 시행규칙 제42조 장애인 직업재활시설의 설치·운영 기준을 다음과 같이 제시하고 있다.

가) 시설의 입지조건

지역별 적정한 분포와 장애인 수, 보건·위생·급수·안전·환경 및 교통편의 등을 충분히 고려하여 장애인이 쉽게 접근하고 편리하게 이용할 수 있는 쾌적한 환경의 부지나 건물을 선정하도록 제시하고 있다.

나) 시설에서 근로를 하는 장애인(이하 "근로장애인"이라 한다)의 수

〈표 3-4〉 시설에서 근로하는 장애인

구 분	내 용
장애인 보호작업장	장애인 보호작업장 근로장애인의 최소인원은 10명 이상으로 하고 작업활동 프로그램을 운영할 경우에도 근로장애인이 최소 10명 이상 되도록 하여야 한다.
장애인 근로사업장	장애인 근로사업장의 최소인원은 30명으로 하고 장애인 보호작업장 프로그램이나 작업활동 프로그램을 운영하려는 경우에는 최소 10명 이상을 대상으로 하여야 한다.

다) 시설의 구조와 설비

① 시설의 구조와 설비는 그 시설을 이용하는 장애인의 장애 유형, 장애정도, 성별, 연령과 작업·서비스 특성에 맞도록 하여야 한다.

② 시설에는 「장애인·노인·임산부 등의 편의증진보장에 관한 법률」에 따른 편의시설과 작업의 종류에 따라 「산업안전보건법」, 「식품위생법」 등 관련

법률에서 정한 산업보건 및 식품위생 관련 시설을 갖추어야 한다.

③ 장애인이 30명 이상 기숙하는 시설을 운영하는 경우에는 다음의 시설을 갖추어야 한다. 이 경우 각 시설은 장애인 1명당 21.78제곱미터 이상으로 한다. 다만, 기숙시설을 운영하지 아니하는 시설은 가, 다, 사, 아, 자 및 차의 시설을 갖추지 아니할 수 있으며, 마·바의 시설은 한 시설로 다른 시설을 겸하여 운영할 수 있다.

가. 거실

가) 겨울에도 상당 시간의 일조량을 확보할 수 있도록 하여야 한다.

나) 출입구는 비상재해 발생 시 대피하기 쉽도록 복도 또는 넓은 공간과 직접 연결되게 설계하여야 한다.

다) 적당한 난방장치 및 통풍장치를 갖추어야 한다.

라) 복도·다락 등을 제외한 바닥의 면적은 기숙하는 근로자 1명당 3.3제곱미터 이상으로 하고, 1실의 정원은 4명 이하로 한다.

마) 기숙사는 남녀별로 거실을 구분하여 설치하여야 한다.

나. 사무실

사무를 위한 적당한 집기·설비를 갖추어야 한다.

다. 의무실 또는 의료재활실

진찰, 건강상담 및 치료를 위한 적당한 설비 및 기계·기구를 갖추어야 한다.

라. 재활상담실

거실과 가까운 곳에 설치하되, 비밀을 보장하기 위하여 필요한 방음설비와 칸막이를 갖추어야 한다.

마. 집단활동실

여가·체력단련·재활 프로그램 등을 실시할 수 있는 시설과 설비를 갖추어야 한다.

바. 자원봉사자실

자원봉사자 · 후원자 등이 지역사회 자원 활용 프로그램을 실시할 수 있는 시설과 설비를 갖추어야 한다.

사. 조리실

가) 채광과 환기가 잘 되도록 하고, 창문에는 방충망을 설치하여야 한다.

나) 식기를 소독하고, 위생적으로 취사와 조리를 할 수 있는 설비를 갖추어야 한다.

아. 목욕실

남자용과 여자용을 구분하여 설치하되, 욕탕, 샤워 설비 및 세면설비와 깨끗한 물을 사용할 수 있는 설비를 갖추어야 한다.

자. 세탁장

세탁에 필요한 기계 · 기구를 갖추어야 한다.

차. 건조장

세탁물을 건조할 수 있는 설비를 갖추어야 한다.

카. 화장실

남자용과 여자용으로 구분하여 설치하여야 한다.

타. 급 · 배수시설

가) 급수시설은 상수도를 사용한다. 다만, 상수도를 사용할 수 없는 경우에는 「먹는물 관리법」 제5조에 따른 먹는 물의 수질기준에 적합한 지하수 등을 공급할 수 있는 시설을 갖추어야 한다.

나) 지하수 등을 사용하는 경우 취수원은 화장실, 폐기물처리시설, 동물 사육장, 그 밖에 지하수가 오염될 우려가 있는 장소로부터 20미터 이상 떨어진 곳에 위치하여야 한다.

다) 빗물 · 오수 등의 배수에 지장이 없도록 배수설비를 하여야 한다.

파. 비상재해 대비시설

「소방시설설치유지 및 안전관리에 관한 법률」 제9조에 따른 화재안전기준에 따라 소화용 기구를 갖추어 두고, 비상구를 설치하여 비상재해에 대비한 시설을 갖추어야 한다.

하. 작업실

가) 장애인 보호작업장의 최소설비기준은 부대시설을 포함하여 90제곱미터 이상이어야 한다. 작업실이나 작업활동 프로그램실의 면적은 기계설비를 제외하고 장애인 1명당 2.0제곱미터 이상이어야 한다.

나) 장애인 근로사업장의 최소설비기준은 부대시설을 포함하여 430제곱미터 이상이어야 하며 작업실의 면적은 기계설비를 제외하고 장애인 1명당 2.0제곱미터 이상이어야 한다. 또한 장애인 보호작업장 프로그램이나 작업활동 프로그램을 운영하려는 경우는 장애인 보호작업장의 작업실규모를 충족하여야 한다.

라) 직원 배치기준

〈표 3-5〉 직원 배치기준

직종명	배치기준	비 고
시설장	1명	
사무국장	1명	장애인 근로사업장 시설당 1명
직업훈련교사	1명(장애인 보호작업장은 장애인 근로자가 12명 이상인 경우 1명 추가, 작업활동 프로그램 인원 합산)	* 장애인 보호작업장 배치기준: 자폐성장애인이 현재 인원의 1/2 이상인 시설 1명 추가 * 위 기준 초과 시 초과 인원을 반올림하여 지원 · 장애인근로자 18명부터 2명 · 장애인근로자 30명부터 3명
간호사	1명	
영양사	1명	장애인 30명 이상인 경우 배치
사무원	1명	근로인원 30명 이상인 시설에 배치(장애인 보호작업장의 경우 작업활동 프로그램 인원은 합산한다)
생산 및 판매관리기사	1명	장애인 근로사업장 15명당 1명
	1명	장애인 보호작업장의 장애인근로자가 20명 이상인 경우 시설당 1명(작업활동 프로그램 인원은 제외한다)

직종명	배치기준	비 고
시설관리기사	1명	자체시설이나 기숙시설을 운영하는 시설, 제조업을 주 업종으로 하는 시설의 경우 장애인근로자가 50명 이상인 경우 배치(직원과 원장은 포함한다)
조리원	1명	장애인 30명 이상인 경우 배치
위생원	1명	

마) 관리 및 운영 요원의 자격기준

① 자격기준

〈표 3-6〉 직원의 자격기준

직종별	자 격 기 준
시설의 장	(1) 「고등교육법」에 따른 대학에서 직업재활이나 특수교육을 전공하고 졸업한 자로서 직업재활 관련 업무에 3년 이상 종사한 경력이 있는 자 (2) 특수학교의 교장 또는 교감이었던 자 및 「초·중등교육법」에 따른 특수학교교사(교사자격증 소지자)로서 해당 시설 입소 대상 장애인의 교육에 3년 이상 종사한 경력이 있는 자 (3) 「사회복지사업법」에 따른 사회복지사 자격증을 가진 자로서 사회복지사업에 3년 이상 종사한 경력이 있는 자 (4) 장애인 근로사업장의 경우에는 직원이 50명 이상인 기업 및 공공기관에서 부장급 이상으로 5년 이상 관련 업무에 종사한 경험이 있는 전문경영인 (5) 장애인 직업재활 또는 장애인 직업재활시설 운영 직종과 관련된 자격증 소지자로서 장애인복지사업에 5년 이상 종사한 경력이 있는 자 (6) 위 각 호에 준하는 학식과 경력이 있다고 인정되는 자
사무국장	(1) 「고등교육법」에 따른 대학에서 직업재활이나 특수교육을 전공하고 졸업한 자로서 직업재활 관련 업무에 1년 이상 종사한 경력이 있는 자 (2) 「사회복지사업법」에 따른 사회복지사 자격증을 가진 자로서 1년 이상 종사한 경력이 있는 자 (3) 장애인 근로사업장의 경우에는 직원이 50명 이상인 기업 및 공공기관에서 부장급 이상으로 3년 이상 관련 업무에 종사한 경험이 있는 자 (4) (1)에 준하는 자격이 있다고 인정되는 자
직업훈련교사	(1) 「고등교육법」에 따른 대학에서 직업재활이나 특수교육을 전공하고 졸업한 자 (2) 「사회복지사업법」에 따른 사회복지사 (3) 장애인 직업재활시설 운영 직종과 관련된 자격증을 취득한 자
시설관리기사	전기, 소방설비, 건축설비, 산업안전, 배관설비, 열관리 등 시설관리와 관련된 분야의 면허 또는 자격증 소지자

② 다른 장애인복지시설을 함께 설치하는 경우에는 주된 시설의 설비 및 직원의 일부로 하여금 장애인 직업재활시설의 설비 및 직원을 겸하게 할 수 있다. 다만, 시설의 장, 사무국장, 직업훈련교사에 대하여는 그러하지 아니하다.

바) 시설이용 적격대상 장애인

「장애인복지법」 제2조에 따른 장애인으로 적격대상 장애인은 다음과 같다.

〈표 3-7〉 직업재활시설의 적격대상 장애인

구 분	적격대상 장애인 및 비율
보호작업장	-시행규칙 별표 1에 따른 장애등급 3급 이상인 근로장애인의 80% 이상 유지 -재가장애인 50% 이상 유지 -작업이나 서비스 과정상 비장애인 비율 30% 이하
근로사업장	-시행규칙 별표 1에 따른 장애등급 3급 이상인 근로장애인의 60% 이상 유지 -재가장애인 50% 이상 유지 -작업이나 서비스 과정상 비장애인 비율 30% 이하
작업활동 프로그램	-시행규칙 별표 1에 따른 장애등급 3급 이상인 근로장애인의 80% 이상 유지

출처: 장애인복지법 시행규칙 별표 5 시설이용 적격대상 장애인 재구성.

사) 수익금 및 임금의 관리

① 장애인 직업재활시설의 운영으로 발생한 수익금은 장애인근로자에게 보다 많은 임금을 지급하거나 장애인근로자의 복리후생을 개선하는 데 우선적으로 사용하여야 한다.

② 각 목에도 불구하고 장애인직업재활시설의 운영으로 발생한 수익금을 시설 종사자에 대한 인건비 및 시설의 일반적인 관리운영비로 사용하려는 경우에는, 시설을 운영하는 법인 이사회의 의결을 거쳐 지방자치단체장의 승인을 받아 해당 용도로 사용할 수 있다.

③ 장애인 직업재활시설의 운영으로 발생한 수익금은 장애인 직업재활시설

의 운영과 관련 없이 법인의 운영을 위한 비용으로 사용되어서는 아니 된다.

④ 장애인근로자의 임금은 객관적인 기준에 근거하여 지급되어야 하며, 최저임금 이상의 임금을 지급하기 위하여 노력하여야 한다. 장애인 근로사업장이나 장애인 보호작업장이 작업활동 프로그램을 운영하는 경우에는 소정의 훈련수당을 지급할 수 있다.

⑤ 그 밖에 임금 지급 방법 및 관리 등에 관하여는 「근로기준법」에서 정하는 바에 따른다.

아) 근로기준 및 이용자의 권리

① 장애인 직업재활시설은 장애인근로자에 대하여 차별적 대우를 하여서는 아니 된다.

② 장애인 직업재활시설은 장애인근로자에게 시설 이용에 필요한 정보를 그들이 이해할 수 있는 방법으로 제공하여야 하며, 장애인근로자의 개인정보에 대하여는 비밀이 유지될 수 있도록 하여야 한다.

③ 장애인 근로사업장은 장애인근로자와 근로계약을 체결하여야 하며 근로계약을 체결하는 경우에는 「근로기준법」 제24조에 따른 근로조건을 명시하여야 한다.

④ 근로시간과 휴게시간 등 장애인근로자의 근로관계에 관하여 필요한 사항은 「근로기준법」에 따른다.

자) 보건 및 안전관리

① 장애인 직업재활시설은 생산품목과 서비스 유형에 따라 「산업안전보건법」, 「식품위생법」 등에서 정하는 기준을 지켜야 한다.

② 장애인 직업재활시설은 재해대책을 수립하고 이에 따른 직원교육을 실시하여야 한다.

③ 장애인 직업재활시설은 지역의 응급의료기관과 연계망을 구축하고 긴급 연락망을 유지하여야 한다.

④ 장애인 직업재활시설은 생산품목과 서비스 유형에 따라 필요한 보험을 가입하도록 하여야 한다.

차) 생산 및 품질관리

① 장애인 직업재활시설은 장애인들이 직무능력이나 생산성을 발휘할 수 있도록 보조기술을 이용한 장비 또는 도구의 활용과 직무과정 변경 등을 적절히 배려하기 위하여 필요한 조치를 하여야 한다.

② 장애인 직업재활시설은 장애인들의 생산품이나 서비스 업종이 장기간 유지될 수 있도록 노력하여야 한다.

③ 장애인 직업재활시설은 생산품이나 서비스에 대하여 매년 원가나 단가에 관한 관련 자료를 토대로 분석을 하여야 하며, 그 분석결과에 따라 가격이 결정되도록 하여야 한다.

④ 장애인 직업재활시설은 생산품이나 서비스의 품질향상을 위하여 필요한 품질인증 획득 등의 노력을 하여야 한다.

카) 운영규정

장애인 직업재활시설은 다음 각 목의 사항이 포함된 운영규정을 제정・시행하여야 한다.

① 시설의 설립 이념과 방침

② 장애인 직업재활시설 운영을 위한 장애인근로자의 직업재활욕구 수렴을 위한 사항

③ 시설 운영위원회의 구성과 역할

④ 임직원의 업무 분장

⑤ 기숙사 운영에 관한 규칙

⑥ 적격 대상 판정기준과 개별 서비스 계획

⑦ 윤리규정 및 정보보호

⑧ 프로그램의 내용 및 성과 평가

⑨ 그 밖에 시설의 관리에 관한 중요사항

타) 장부 등의 비치

시설에는 다음의 장부와 서류를 갖추어 두어야 한다.

① 관리에 관한 장부

가. 직원관계철

나. 회의록철

다. 사업일지

라. 문서철

마. 문서 접수·발송 대장

바. 차량운행일지

② 사업에 관한 장부

가. 근로자 관계 서류(근로계약서, 신상조사서, 명부, 건강기록부, 입·퇴소자의 명단, 보호의 경과, 지도, 개별 상담 등 관계철)

나. 재활프로그램 관리대장

다. 교육·훈련 관계 서류(훈련일지 및 평가 관계 서류)

라. 급식 관계 대장

③ 재무·회계에 관한 장부

가. 총계정원장 및 수입·지출보조부

나. 금전출납부 및 그 증명서류

다. 예산서 및 결산서

라. 비품수불대장

마. 비품(장비)대장

바. 재산대장·재산목록과 그 소유권에 관한 증명서류

사. 시설거주자의 비용 부담 관계 서류

아. 각종 증명서류와 그 밖에 필요한 서류

④ 생산 및 판매에 관한 장부

가. 장애인근로자 임금대장 및 임금산정 기준

나. 자재(원료)구매대장

다. 자재(원료)수불부

라. 제품수불부

마. 제품매출대장

파) 사업

① 장애인 직업재활시설은 장애인들이 장애를 극복하고 직업생활을 독립적으로 할 수 있도록 필요한 재활프로그램을 마련하거나 직무기능 향상을 위한 개별 서비스 계획을 수립하여 실시하여야 하며 이 계획에는 다음의 사항이 포함되어야 한다.

- 초기면접, 직업평가 및 평가 결과를 반영한 개인별 직업재활계획
- 장애특성에 맞는 적절한 배려나 보조공학
- 장애인의 건강이나 안전을 위협할 수 있는 요인
- 직무기능 향상이나 재활서비스를 위한 관리계획

② 개인별 직업재활계획서는 장애인이 이해할 수 있는 방식으로 제공되고 확인되어야 한다.

③ 장애인근로자의 고용 상황이나 서비스 과정에 대한 기록은 유지되고 관리

되어야 한다.

④ 장애인 직업재활시설은 그 유형별로 다음의 기준에 따라 재활사업을 실시하여야 하며, 사업계획과 예산을 수립한 후 지방자치단체장의 승인을 받아 시행하여야 한다.

〈표 3-8〉 직업재활시설의 프로그램

구 분	재 활 사 업
보호작업장	○ **보호고용** 장애인근로자를 보호하는 환경에서 장애인에게 근로의 기회를 제공하고 유상적인 임금을 지급하여야 한다. ○ **훈련관리 및 작업관리** 가. 장애인근로자의 개인별 재활계획을 수립하여 직업상담 및 평가, 직업적응훈련, 직무기능 향상훈련 등을 실시하여야 한다. 나. 장애인근로자가 작업공정을 잘 이해하고 작업기술을 익힐 수 있도록 작업에 대한 직무분석을 하고 이에 따라 직무를 변경하거나 보조공학을 활용한 적절한 배려 등의 조치를 하거나 훈련을 실시하여야 한다. ○ **재활프로그램** 가. 장애인 보호작업장의 재활프로그램은 장애 유형, 장애 정도, 연령별 특성과 해당 시설에서 수행 중인 업종의 특성을 반영하여 계획이 수립되어야 하며, 그 계획에는 일반고용으로의 전환을 위한 내용이 포함되어야 한다. 나. 재활프로그램은 아래의 내용으로 주 8시간 이상 실시하여야 한다. (가) 직업적응훈련: 일상생활훈련, 사회적응훈련, 작업 태도 및 기술 훈련 (나) 문제해결훈련: 의사소통 기술훈련, 문제해결훈련, 대인관계 능력 향상훈련, 위급상황 또는 응급상황 대비훈련, 자기옹호훈련 및 자기주장훈련 (다) 직업평가: 작업표본평가 및 현장평가 (라) 직무기능 향상훈련: 직무 분석에 따른 직무 변경, 개조, 보조공학 개입에 따른 훈련 (마) 지역사회 자원활용훈련 ○ **장애인 보호작업장에 작업활동 프로그램을 운영하는 시설은 장애인들이 일정기간 훈련을 통하여 유상적인 임금을 받을 수 있도록 다음의 프로그램을 실시하여야 한다.** 가. 교육·훈련: 장애인이 사회에 적응할 수 있도록 하기 위하여 장애 유형, 장애 정도, 직무수준별 특성, 연령별 특성 등을 고려한 재활프로그램을 지속적으로 개발하고 실시하여야 하며, 이들이 보호고용과 지역사회에 적응할 수 있도록 지도하여야 한다. 나. 재활프로그램 (가) 일상생활 및 가사생활 훈련: 가정생활 및 독립생활을 하는 데에 필요한 기술을 습득하도록 지도하여야 한다.

구 분	재 활 사 업
보호작업장	(나) 사회적응훈련: 지역사회의 한 일원으로 살아가는 데에 필요한 대인관계기술과 각종 시설을 이용하는 기술 등을 습득하도록 지도하여야 한다. (다) 작업훈련: 작업기능을 향상시키기 위한 작업활동을 제공하고 장애인 보호고용으로의 전환을 위한 작업기술을 습득하도록 지도하여야 한다. (라) 통근훈련: 지역사회의 대중교통수단을 이용하여 통근할 수 있도록 지도하여야 한다. (마) 취미 및 여가활동: 건전한 여가활동을 통하여 사회성과 대인관계기술을 습득하고 긍정적인 생활인의 자세를 기를 수 있도록 지도하여야 한다.
근로사업장	○ **보호고용** 장애인근로자를 보호하는 환경에서 장애인에게 근로의 기회를 제공하고 최저임금 이상의 유상적인 임금을 지급하기 위하여 최선의 노력을 하여야 한다. ○ **재활프로그램** 가. 장애인 근로사업장은 장애 유형, 장애 정도, 연령별 특성 및 현재 수행 중인 업종의 특성에 따라 필요하다면 재활프로그램을 계획하여야 하며, 그 계획에는 일반고용으로의 전환을 위한 내용을 포함하여야 한다. 나. 재활프로그램을 필요에 따라 실시한다면 다음의 내용으로 탄력적으로 운영할 수 있다. (가) 사회적응훈련: 대인적응기술, 사회성훈련 등 (나) 직무기능 향상훈련: 직무분석에 따른 직무 변경, 개조, 보조 공학 개입에 따른 훈련 (다) 작업 태도 및 기술 훈련 (라) 직무개발 및 경쟁적인 고용시장으로의 전이를 위한 조치: 지역사회노동시장 분석 및 정보제공, 직무분석 및 개입, 전이 계획과 실행, 사후지도 ○ **통근지원** 가. 장애인근로자의 출퇴근을 돕기 위한 통근차량의 운영 등 방법을 마련하여야 한다. 나. 장애인근로자는 지역적인 접근성, 장애특성 등의 특별한 경우 외에는 기숙하지 아니하고 통근할 수 있도록 유도하여야 한다.

2) 직업재활시설의 설치·운영 신고 과정

가) 직업재활시설 설치·운영 신고 과정

「장애인복지법」 제59조에 따라 국가 또는 지방자치단체 외의 자가 직업재활시설을 설치·운영하고자 하는 때에는 「장애인복지법」 시행규칙 제42조의 장애인 직업재활시설의 설치 · 운영기준에서 정한 시설과 설비를 갖추고 「장애인복지법」 시행규칙 제43조에 따라 동법 시행규칙 별지 제20호 서식의 '장애인복지시설 설치 · 운영 신고서'를 작성하여 정관 1부(법인인 경우에 만 해당), 시설운영에 필요한 재산목록 1부, 사업계획서 및 예산서 각 1부, 시설의 운영에 관한 규정 각 1부, 시설의 평면도(시설의 층별 및 구조별 면적을 표시한)와 설비구조 내역서 1부를 첨부하여 시장 · 군수 · 구청장에게 제출하여야 한다.

신고서를 접수받은 시장 · 군수 · 구청장은 「전자정부법」 제36조 제1항에 따른 행정정보의 공동이용을 통하여 법인의 등기사항 증명서(법인인 경우), 시설장의 주민등록표초본, 건물등기부 등본, 토지등기부 등본 등을 확인 후 이상이 없으면 동법 시행규칙 별지 제23호 서식의 '장애인복지시설 신고증'을 발급하여야 한다.

나) 직업재활시설 설치 · 운영 신고 실무

직업재활시설 설치 · 운영 신고를 위해서는 앞서 언급한 바와 같이 직업재활시설에 필요한 시설과 설비를 기본적으로 갖추고 장애인복지시설 설치 · 운영 신고서와 해당 구비서류를 첨부하여 신고하여야 한다. 여기에서는 직업재활시설의 신고 과정에서의 실무를 소개하고자 한다.

(1) 장애인복지시설 설치·운영 신고서 작성

장애인복지시설의 설치 · 운영 주체는 법인 또는 개인이며 따라서 법인인 경우 신청인에 법인 및 대표자의 인적사항을 적어야 하고, 신청자가 개인인 경우 법인명은 생략하고 신청하고자 하는 개인의 인적사항을 적으면 된다.

시설의 명칭은 설치 · 운영하고자 하는 시설의 명칭을 말하는 것으로 '○○○보호작업장', '○○○근로사업장' 등 법인이 정한 명칭을 적고, 시설의 종류는 '장애인 직업재활시설(장애인보호작업장)' 또는 '장애인 직업재활시설(장애인

근로사업장)'로 적으면 된다.

시설 설비 내역은 구비서류로 제출하는 시설의 평면도와 동일하게 작성되어야 하며, 「장애인복지법」 시행규칙 장애인 직업재활시설의 설치 · 운영기준에서 정한 설비내역을 참고하여 반드시 있어야 하는 시설 설비와 겸할 수 있는 시설 설비를 참조하여 작성하여야 한다.

보호작업장의 경우 부대시설을 포함하여 90㎡ 이상이어야 하고, 작업장 또는 작업활동 프로그램실의 면적은 기계설비를 제외하고 장애인 1인당 2㎡ 이상의 공간을 확보해야 한다.

근로사업장의 경우 부대시설을 포함하여 430㎡ 이상이어야 하고, 작업장의 면적은 기계설비를 제외하고 장애인 1인당 2㎡ 이상의 공간을 확보해야 한다. 또한 근로사업장이 보호작업장 프로그램이나, 작업활동 프로그램을 운영하고자 하는 경우에는 보호작업장의 작업실 규모를 충족하여야 한다.

직원의 정원은 「장애인복지법」 시행규칙 [별표 5] Ⅴ. 장애인 직업재활시설의 설치 · 운영기준의 직원배치 기준을 참조하되, 지방자치단체별 별도의 직원배치 기준이 있을 경우에는 그 기준에 따라 직원의 정원을 기입하여야 한다. 이는 직업재활사업이 2005년 지방이양되면서 나타난 상황으로 지방자치단체별로 직원의 정원 및 지원이 다르기 때문이다.

예산(수입총액/지출총액)은 시설 신고 시 제출하게 되는 예산서를 참조하여 작성하면 된다.

신고서 외에도 법인인 경우 법인허가 후 등기된 정관을 첨부하여 제출하여야 하며, 신청이 개인인 경우는 제출하지 아니한다. 시설운영에 필요한 재산목록이라 하면 시설(설비)과 장비를 지칭하는 것으로 시설에 설치된 시설과 장비를 별도의 목록으로 첨부하면 된다.

사업계획서 및 예산서는 법인 설립허가 시와 동일하게 2년(당해연도와 다음연도)을 제출하여야 한다. 그 이유는 앞서 언급한 법인 설립허가 시와 같이 시설이 자생적으로 설치목적을 수행할 수 있는지를 알아보기 위한 것이다. 사업계획서는 '장애인복지사업안내'를 참조하여 시설이 운영하고자 하는 사업 또는 프로그램에 맞게 작성하면 되고, 예산서는 '사회복지법인 재무·회계 규칙'을 참조하여 작성하여야 하며, 직업재활시설의 회계는 시설의 독립채산제로 인해 법인 회계와 별도로 구분하여 작성되어야 한다.

시설 운영에 관한 규정은 시설의 운영에 있어 필요한 규정집으로 통상적으로 말하는 '운영규정'이라 할 수 있다.

운영규정에는 총칙, 조직 및 업무 분장 규정, 각종 회의체 규정(인사위원회, 운영위원회, 노사협의회 등), 문서처리 규정, 취업규칙 규정, 장애인 서비스 규정, 자체 감사 규정, 연수 및 교육 규정, 여비 규정, 업무 인수·인계 규정, 회계 및 출납 규정, 후원 사업 업무 규정, 자원봉사 활동 및 관리 규정, 실습관리 규정, 위임 전결 규정, 비품관리 규정, 안전관리 규정 등을 포함하여 작성하여야 한다.

(2) 사업자등록

직업재활시설은 시설신고와 별도로 시설의 특성상 「부가가치세법」 제8조에 따라 고유번호증이 아닌 사업자등록을 하여야 한다. 사업자등록은 사업장마다 하여야 하며 사업을 시작한 날로부터 20일 이내에 구비서류를 갖추어 관할 세무서 민원봉사실에 신청하여야 한다. 단, 사업개시 전에도 신청은 가능하다. 이때 사업자등록은 시설이 운영하는 사업(업종/업태)에 맞게 신청하면 된다.

사업자등록신청서는 사업자 본인이 직접 작성 신청하여야 하며, 부득이 대리인이 신청하는 경우 대리인과 위임자의 신분증을 지참하여 사업자등록신청서에 사업자 본인 및 대리인 모두 인적사항을 기재하여 신청하여야 한다.

신청 시 필요한 서류로는 법인설립신고 및 사업자등록신청서 1부, 법인등기부 등본 1부, 임대차계약서 사본(사업장을 임차한 경우) 1부, 사업허가·등록·

신고필증 사본(해당 법인에 한함) 1부를 제출하여야 한다.

사업자등록 외에도 직업재활시설이 생산품(또는 서비스)에 따라 필요한 사업허가·등록·신고는 각 사업별 관련법 또는 규정을 참조하여 개별시설에 맞게 허가 또는 등록, 신고하여야 한다.

(3) 시설 운영위원회 구성

법인은 이사회라는 의사결정 구조가 있듯이 시설은 「사회복지사업법」 제36조 동법 시행규칙 제24조에 따라 운영위원회를 설치하여 시설의 운영에 관한 사항을 심의할 수 있도록 하고 있다.

운영위원회의 위원은 「사회복지사업법」 제36조에 따라 시설장, 시설거주자 대표, 시설 거주자 보호자 대표, 시설 종사자 대표, 해당 시·군·구 소속의 사회복지업무를 담당하는 공무원, 후원자 대표 또는 지역주민, 공익단체에서 추천한 사람, 그 밖에 시설의 운영 또는 사회복지에 관하여 전문적인 지식과 경험이 풍부한 사람 중에서 관할 시장·군수·구청장이 임명하거나 위촉하며, 위원장을 포함하여 5명 이상 15명 이하의 위원으로 구성하여야 한다. 단, 같은 조건에 해당하는 위원이 2명을 초과할 수 없도록 규정하고 있다.

운영위원회의 위원장은 위원 중에서 호선하고 위원의 임기는 3년으로 하되, 보궐된 임원의 임기는 잔여임기로 한다.

운영위원회의 심의사항으로는 시설운영계획의 수립·평가에 관한 사항, 사회복지 프로그램의 개발·평가에 관한 사항, 시설 종사자의 근무환경 개선에 관한 사항, 시설 이용자의 생활환경 개선 및 고충처리 등에 관한 사항, 시설과 지역사회와의 협력에 관한 사항, 그 밖에 시설의 장이 부의하는 사항이 있다.

3. 직업재활시설의 지원과 지도감독

가. 직업재활시설의 지원

직업재활시설의 예산지원은 「장애인복지법」 제81조 동법 시행령 제44조에 따라 정부 또는 지방자치단체가 예산을 지원할 수 있도록 하고 있다. 2004년까지는 직업재활시설에 대한 기능보강 및 종사자 인건비, 관리운영비를 정부 및 지방자치단체 매칭으로 예산을 지원했었다. 하지만 2005년 이후 직업재활시설 운영이 지방이양 되면서 종사자 인건비 및 관리운영비는 분권교부세를 통해 지원하게 되고, 기능보강사업비만 정부 및 지방자치단체 매칭으로 남게 되었다.

직업재활시설에 대한 지원을 살펴보면 크게 지방자치단체에서 지원하는 종사자 인건비 및 관리운영비와 정부 및 지방자치단체가 매칭하여 지원하는 기능보강(신축, 증축, 개보수, 장비보강, 임차료 등) 사업이 있다.

1) 인건비 및 관리운영비 지원

2005년 직업재활시설 운영의 지방이양 이후 직업재활시설 종사자의 인건비 및 관리운영비의 지원은 보건복지부에서 제시하는 가이드라인을 참조하여 지방자치단체별로 예산의 범위 안에서 편성하여 운영되어 왔다.

지방이양 이후 10여 년이 지난 현재 보건복지부의 가이드라인을 따르는 지방자치단체와 그렇지 못한 지방자치단체간의 종사자의 인건비 및 관리운영비가 큰 차이를 보이고 있는 실정이다.

직업재활시설의 인건비 및 관리운영비는 매년 3월 말까지 다음연도 예산을 계상하게 된다. 지방자치단체는 이를 토대로 다음연도 예산(안)을 지방의회 승인을 통해 예산을 확정하게 된다. 그러므로 직업재활시설은 지방자치단체의 예산확정이 이루어져야지 신청이 가능하다. 매년 반복되는 일이지만 1월은 대부분의 직업재활시설이 전년도 기준으로 종사자 인건비 및 관리운영비를 신청하고, 확정된 후 소급하여 분기별로 지원받게 된다.

이런 형태로 예산을 지원하게 되다보니 간혹 지방자치단체의 의지로 신규 직업재활시설이 당해연도 예산을 지원받는 경우도 있지만 대부분의 신규직업재활시설은 다음연도 또는 그 다음연도로 예산배정이 늦어질 수 있다.

서울특별시, 부산광역시, 대구광역시, 인천광역시, 대전광역시, 광주광역시, 울산광역시, 제주특별자치도, 세종특별자치시는 예산의 지원을 원칙적으로 광역시에서 한다. 즉, 관할 시・군・구를 통해서 예산을 신청하면 이들 광역시에서 예산을 배정하여 지원한다. 간혹 시・군・구에서 일부비용(장애인을 위한 지원비)을 부담하는 경우도 있다. 하지만 경기도, 강원도 등 광역도의 경우는 기초자치단체인 시・군・구가 대부분 예산을 지원하며 일부 도비를 지원받아 함께 집행한다. 이는 분권교부세를 누가 받느냐에 따라 달라진다고 할 수 있다.

종사자의 인건비 지원이 다르듯이 관리운영비 또한 지방자치단체마다 다르게 지원하고 있다. 기본운영비는 물론 장애인 수에 따른 인원가중지원도 지방자치단체마다 다르게 적용받고 있다. 신규 직업재활시설은 이처럼 17개 광역시・도마다 다른 예산지원을 하므로 사업계획 및 예산서 작성 시 관할 지방자치단체의 예산 지원을 잘 파악하여 신청하여야 한다.

2) 기능보강 지원

「장애인복지법」 제81조 및 동법시행령 제44조에 근거하여 직업재활시설을 이용하는 장애인들에게 보다 쾌적한 생활과 접근용이성을 보장하고 시설의 안정적인 직업재활서비스 기능을 강화하기 위한 시설 신축, 증축, 개보수 및 장비보강, 임차료 지원 등의 사업을 수행하고 있다.

국고보조금 내시 및 지방비 부담조서에 따른 시설 기능보강사업은 「보조금 관리에 관한 법률」, 「국가재정법」, 「사회복지사업법」, 「장애인복지법」에 따라 수행한다.

2005년 지방이양 이후에도 직업재활시설에 대한 기능보강 지원은 국고보조 사업으로 남아 있다. 국고보조 50%, 지방자치단체 50%를 부담하여 직업재활 시설에 지원하게 된다. 신청하고자 하는 직업재활시설은 관련 서류를 작성하여 시・군・구를 통해 시・도를 경유하여 보건복지부에 제출하여야 한다.

서울시의 경우는 구청의 검토를 통해 접수된 서류를 보건복지부에 신청하기 전 서울복지재단을 통해 기능보강사업 타당성 현장조사를 실시하여 검토를 한 후 대상시설을 보건복지부에 제출하게 된다.

보건복지부는 각 시・도에서 접수된 기능보강사업에 대하여 보건복지부, 한국장애인개발원, 한국직업재활시설협회의 담당자를 통해 현장실사를 하고 이를 근거로 회의를 통해 최종 지원여부를 확정하게 된다.

확정된 기능보강은 신청연도 말에 확정내시가 보건복지부 - 시・도 - 시・군・구를 통해 다음연도 사업으로 확정되어 통보하게 된다.

현재 직업재활시설의 기능보강 지원사업의 단가를 살펴보면 다음과 같다.

- 신축
  - 근로사업장: 1,022천 원/㎡(개소당 1,1164.9㎡ 이내 지원, 설계/감리비 포함)
  - 보호작업장: 1,022천 원/㎡(개소당 518.1㎡ 이내 지원, 설계/감리비 포함)
- 증축
  - 근로작업장: 1,022천 원/㎡(개소당 363㎡ 이내 지원, 설계/감리비 포함)
  - 보호작업장: 1,022천 원/㎡(개소당 297㎡ 이내 지원, 설계/감리비 포함)
- 개보수 및 장비보강: 공사 및 장비별 소요단가 적용
- 임차료지원: 150백만 원 이내(토지 임차 및 월세 지원 제외)

기능보강사업을 신청하고자 하는 직업재활시설은 신청 사업별로 사업계획서

작성 시 다음의 내용을 반드시 포함하여야 한다.

① 시설 신·증축 및 개·보수 사업

㉮ 사업계획서에는 시설 설치장소(신규 시설과 이전 시설 및 전환 시설의 경우 시설 부지 확보방안), 시설의 배치도 및 평면도, 건물용도, 건물구조 및 규모(사업량), 소요 비용 및 산출근거, 재원조달방법(자부담분), 편의시설 설치, 사업별 추진일정 등을 반드시 포함시켜야 한다.

- 장애인직업재활시설의 신축과 이전 시설 등은 환경조건이 쾌적한 장소에 설립할 수 있도록 적절한 부지를 확보하여야 한다.
- 사업의 특성상 특정기간(예: 학교 방학기간, 농번기 등)에 반드시 사업을 착수 또는 완료하여야 하는 경우에는 사전에 사업별 추진일정 및 그 사유를 명시하여 적기에 보조금이 교부될 수 있도록 하여야 한다.

㉯ 건축에 관한 종합적인 설계조서 및 공사비 내역서 등 구체적인 사항을 시·도지사가 검토(별지 제3호 서식)하되 반드시 기술공무원 또는 감리원의 설계 검토의견서(별지 제5호 서식)를 첨부하여야 한다. 다만, 시설의 건축허가기관이 다르거나 건축공사 실시설계(본 설계)가 완료되지 아니한 상태에서 국고보조금을 신청하는 경우에는 사후에 설계 검토의견서를 제출할 수 있다(설계도서는 배치도와 평면도만 제출).

㉰ 시설 신축 및 시설확충사업을 위한 보조사업 장소가 법인 및 보조사업자의 소유임을 증명할 수 있는 부동산등기부등본 등 관계 증빙서류를 첨부하여야 한다.

㉱ 직업재활시설 설치 시 설치면적기준에 비닐하우스, 축사 등 작업종류에 따른 특정 공간을 포함하여 기준 면적을 산정한다.

㉲ 기 운영 시설이 추가적인 공간을 건축할 시에는 증축으로 본다.

② 장비보강 사업

장비보강사업계획서는 직업재활 관련 장비, 기타 장비로 구분하여 장비명, 소요량, 사업비 및 사용용도 등을 포함시켜야 한다.

③ 임차료 지원 사업

임차료 지원 사업계획서에는 시설 이전 장소의 평면도, 건물용도, 소요비용 및 산출근거, 재원조달방법, 사업별 추진일정 등이 반드시 포함되어야 한다.

- 단, 기 설치된 시설의 임차료 상승에 의한 경우에는 일부를 생략 가능
- 시설을 신축하여 운영 중인 시설은 제외한다.
- 월세가 있는 '임차보증금'으로 지원 가능(단, 월세는 자체부담 원칙)

국고보조비율은 국비 50%(지방비 50%)이며 지방자치단체가 필요하다고 판단하는 경우에 지방비를 추가하여 지원할 수 있다.

임차료 지원의 경우 근저당 혹은 전세권이 설정되어야 하며, 그 주체는 지방자치단체장으로 한다. 국고보조를 통한 임차시설의 계약기간 만료로 계약서를 갱신할 경우에도 이 경우는 동일하게 적용된다.

④ 기능보강사업 수행에 필요한 국고 및 지방비에 의하되, 법인 또한 최대한 재원을 확보하여 비용을 분담하려는 노력을 기울여야 하며, 시・도지사는 국고보조금 교부신청 시 자부담이 있는 경우에는 자부담에 따른 재원확보내용을 면밀히 검토・확인하고 국고보조금 교부를 신청하여야 한다.

⑤ 자본보조 내시자료는 국고지원액 통지를 위한 것이며 같은 자료 중 지방비는 법정 최소부담액이고 자부담은 권장사항이다. 따라서 같은 자료의 지방비는 국고지원이 부족한 경우 시・도지사는 내시액 이상을 부담하도록 노력하여야 하며 자부담은 예산신청 시 부담하기로 한 경우를 제외하고는 의무사항이

아니므로 법인의 자발적인 노력을 유도하여야 한다.

⑥ 국고보조금 교부신청은 세부사업계획서에 대한 타당성 및 사업수행능력, 자부담에 따른 법인의 재원확보방안 등을 검토한 시·도지사의 의견서를 첨부하여 제출하여야 한다.

기능보강사업을 수행한 직업재활시설은 사업수행에 따른 실적보고서를 작성한 후 시·군·구를 통해 시·도를 경유하여 보건복지부에 다음연도 2월 28일까지 제출하여야 한다. 직업재활시설 기능보강사업 집행 시 기능보강 관련서식은 [부록 2]와 같다.

3) 기타 직업재활시설 지원사업

정부나 지방자치단체 외에 직업재활시설을 지원하는 곳으로는 한국장애인개발원에서 지원하는 중증장애인직업재활지원사업, 신규사업, 인증획득 및 포장디자인사업지원, 전국공동모금회에서 지원하는 사업, 그 밖에 아산복지재단, 롯데복지재단 등 민간재단에서 지원하는 사업 등이 있다. 이들 사업은 해당 기관에서 프로그램 계획을 통해 선정하여 지원하게 된다.

또한, 정부는 「중증장애인생산품 우선구매 특별법」을 통해 경쟁고용이 어려운 중증장애인들을 고용하는 직업재활시설 등의 생산품에 대한 우선구매를 지원한다. 특별법 제9조 및 동법시행령 제16조에 따라 '중증장애인생산품 생산시설'로 지정된 직업재활시설 등의 생산품을 국가기관 및 공공기관은 전체 구매액의(공사제외) 100분의 1 이상을 중증장애인생산품으로 구매하도록 하고 있다(동법시행령 제19조). 직업재활시설의 우선구매제도는 제5장에서 다시 다루도록 하겠다.

나. 직업재활시설의 지도감독

직업재활시설은 「사회복지사업법」 제51조, 「장애인복지법」 제61조, 광역시도의 사무위임조례에 따라 지방자치단체로부터 매년 지도감독을 받아야 한다. 지방자치단체는 사무위임조례에 따라 매년 장애인복지시설 지도・점검 계획을 세워 시설에 통보한 후 일정한 기간에 시설을 지도・점검하게 된다.

지도・점검 결과에 따라 지방자치단체장은 「장애인복지법」 제62조에 의거 직업재활시설에 다음의 행위에 대하여 시설의 개선, 사업의 정지, 폐쇄 등을 명할 수 있으며 폐쇄 명령을 받고 1년이 지나지 아니한 자는 직업재활시설을 설치・운영 신고를 할 수 없다.

첫째, 직업재활시설의 시설기준에 미치지 못한 때, 둘째, 정당한 사유 없이 감독에 따른 보고를 하지 아니하거나 거짓으로 보고한 때 또는 조사・검사 및 질문을 거부・방해하거나 기피한 때, 셋째, 사회복지법인이나 비영리법인이 설치・운영하는 시설인 경우 그 사회복지법인이나 비영리법인의 설립 허가가 취소된 때, 넷째, 시설의 회계 부정이나 시설이용자에 대한 인권침해 등 불법행위, 그 밖의 부당행위 등이 발견된 때, 다섯째, 설치 목적을 이루었거나 그 밖의 사유로 계속하여 운영할 필요가 없다고 인정되는 때, 여섯째, 「장애인복지법」 또는 「장애인복지법」에 따른 명령이나 처분을 위반한 경우이다.

지도・점검은 장애인복지시설을 설치・운영하는 자의 소관업무 및 시설이용자의 인권실태 등을 지도・감독하여 장애인복지시설의 운영 및 시설이용자 관리에 대한 적정성을 확보하기 위함이다. 지도・점검은 시설의 문제점만 지적하는 것이 아니라 제도개선 사항이나, 우수사례도 발굴하여 타 시설에 전파함으로써 전반적인 장애인복지사업의 발전을 도모하고자 하는 의도도 내포되어 있다.

각 지방자치단체별로 지도・점검 내용은 큰 차이가 없으므로 여기에서는 서울특별시 노원구청의 지도감독을 중심으로 살펴보고자 한다(노원구청, 2013).

지방자치단체의 지도 · 점검의 방향은 다음과 같다.

첫째, 예산 · 회계 분야의 중점 점검으로 투명성 확보
둘째, 업무추진에 따른 적법성 · 적정성 확인 및 문제점 개선 방안 강구
셋째, 시설 유형별 순차적 집중 점검으로 지도 · 점검의 효율성 제고
넷째, 지적사항에 대한 사후관리로 동일사례 재발 방지
다섯째, 시설 및 법인 운영 전반의 일반 행정분야
여섯째, 기타 제도개선사항 및 수범사례 발굴 등

지도 · 점검 방법은 직업재활시설을 직접 현장방문하여 관련서류 등을 점검하게 되며, 이때 지도 · 점검반의 구성원은 직업재활시설을 담당하는 팀장을 반장으로 하고, 공무원 2명, 공인회계사 1명이 참여하게 된다.

주요 지도 · 점검 내용은 다음과 같다.

첫째, 전년도 직업재활시설 예산편성 및 재무 · 회계 집행의 적정 여부
둘째, 직업재활시설의 목적사업 수행여부 및 운영 전반에 관한 사항
셋째, 조직 · 인사 · 급여 등 관리에 관한 사항
넷째, 후원금 및 유료 프로그램 수입 · 관리 상태
다섯째, 시설물 안전점검 등 시설 관리 · 운영 전반
여섯째, 전년도 기능보강사업비 집행의 적정 여부

지도 · 점검 결과에 대한 조치로는 다음과 같다.

첫째, 「사회복지사업법」 및 「장애인복지법」 관련규정에 의거 조치
둘째, 보조금의 목적 외 사용에 대하여 추징
셋째, 우수사례 발굴을 통해 타 시설 전파 및 인센티브 부여
넷째, 시설운영과 관련된 불합리한 사항의 개선 및 건의

다섯째, 기타 경미한 사항에 대한 주의 조치

직업재활시설 지도・점검 수감자료에 포함되는 주요내용은, 시설의 기본현황(부지, 건물면적, 작업장 면적 등), 수행사업 내용, 종사자 현황(직원 구성 및 인적사항), 직원 임면현황(입사일 및 호봉획정), 법인 전입금 지원실적(3개년), 업무추진비 집행내역(기관운영비, 직책보조비, 회의비), 외부기관 및 단체 후원실적, 외부기관 및 단체 공모사업 실적, 후원금 수입 및 집행내역, 이용료 수입・지출내역, 기능보강 사업내역(예산액, 집행액, 잔액, 사업내역, 집행방법), 자산취득비 예산 집행내역, 회계담당 직원의 보험가입 현황, 시설의 보험가입 현황(대인, 대물, 화재 등), 전년도 지도・점검 시 지적사항 및 조치결과, 제도개선사항(시설이 의견제시), 수범사례(시설이 의견제시) 등이 포함된다.

4. 한국장애인개발원과 한국장애인직업재활시설협회의 역할

가. 한국장애인개발원의 역할

1) 한국장애인개발원의 조직과 운영

한국장애인개발원은 「장애인복지법」 제29조에 근거하여 설립된 보건복지부 산하 공공기관[2]으로서, 「공공기관의 운영에 관한 법률」에 의거하여 기타 공공기관으로 구분된다.

한국장애인개발원의 설립목적은 장애인복지의 종합적이고 체계적인 조사,

2 공공기관이란 정부의 투자・출자 또는 정부의 재정지원 등으로 설립・운영되는 기관으로서 「공공기관의 운영에 관한 법률」 제4조 1항 각호의 요건에 해당하여 기획재정부장관이 지정한 기관을 의미함(http://www.alio.go.kr).

[그림 3-12] 한국장애인개발원 조직도

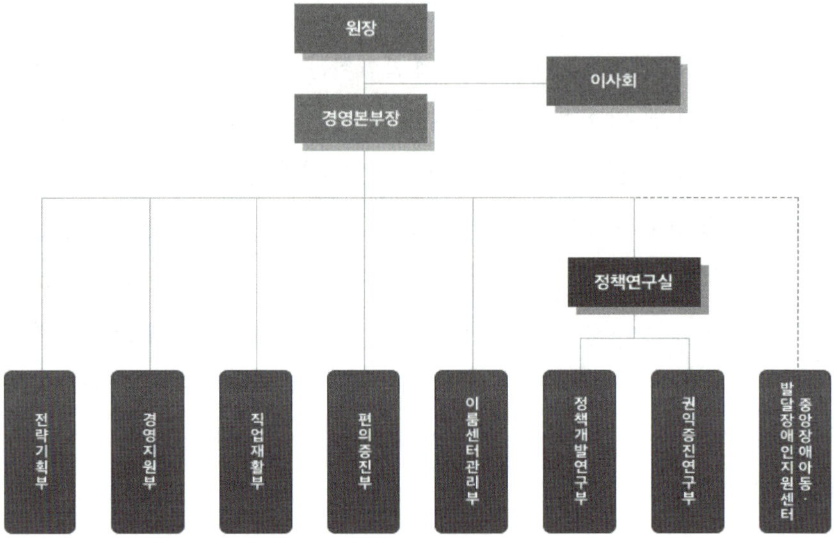

출처: 한국장애인개발원 홈페이지(http://www.koddi.or.kr).

연구, 평가 및 정책개발, 복지진흥, 재활체육 등을 수행함으로써 장애인 복지발전에 기여하는 데 있다. 1989년 한국장애인복지체육협회로 출발하여, 2000년 한국장애인복지진흥회, 2008년 4월 「장애인복지법」 개정에 의해 한국장애인개발원으로 명칭이 변경되었다.

한국장애인개발원은 상임 원장 1인, 경영본부장 1인을 비롯하여 1실 7부의 조직을 갖추고 있다.

2) 한국장애인개발원의 주요 사업

한국장애인개발원은 정관에서 주요 사업으로 10가지를 규정하고 있으며, 장애인 복지정책 개발을 위한 연구사업을 위주로, 장애인복지증진, 직업재활, 장애인 생활환경 개선, 인식개선 사업, 국제협력 사업 등의 업무를 수행하고 있다.

① 각종 조사·연구 및 정책개발 사업
② 장애인복지 관련 평가 및 인증 사업
③ 복지진흥 및 재활체육진흥 사업
④ 중증장애인생산품 우선구매 사업, 중증장애인직업재활지원 사업 및 장애인일자리 사업
⑤ 장애물 없는 생활환경 인증사업 및 장애인 주거환경 개선사업
⑥ 장학사업 및 올해의 장애인상 사업
⑦ 국제협력 사업
⑧ 제44조의 규정에 의한 이룸센터의 관리 및 운영(사용, 임대 포함)
⑨ 국가와 지방자치단체 등에서 위탁하는 사업
⑩ 개발원의 목적달성을 위한 기금조성 사업
⑪ 제1호 내지 제8호의 사업에 부대되는 사업 그 밖에 개발원의 목적달성을 위하여 필요한 사업

3) 한국장애인개발원의 직업재활시설 역할

한국장애인개발원은 직업재활시설과 관련하여 두 가지의 주요사업을 담당하고 있다. 즉, 중증장애인직업재활지원사업을 수행하고 있는 79개 직업재활시설의 지원과 평가와 중증장애인생산품우선구매특별법 제12조에 의해 수행기관 역할을 수행하고 있다. 따라서 한국장애인개발원은 직업재활시설과 관련하여 크게 다음의 역할을 하고 있는 것으로 볼 수 있다.

첫째, 직업재활시설이 제 기능을 발휘할 수 있도록 지원하는 역할을 수행한다. 지원의 의미는 직업재활시설에 대한 지속적인 연구를 통하여 방향설정과 사업개발, 사업의 홍보, 직원의 재교육 등을 의미한다.

둘째, 직업재활시설이 서비스의 양과 질을 담보할 수 있도록 지속적인 평가와 피드백을 주는 역할을 수행한다.

셋째, 중증장애인생산품우선구매특별법의 수행기관으로 지정되어 있으므로 직업재활시설의 생산 및 마케팅의 중간기관으로서 지원역할을 수행한다.

넷째, 중증장애인생산품우선구매특별법의 수행기관 역할을 한다. 수행기관 역할은 동법 제12조(수행기관의 업무)에서 규정하고 있는 우선구매촉진계획의 수립 지원, 중증장애인생산품 품목확대를 위한 조사・연구, 제7조 제3항에 따른 수의계약의 대행, 제9조에 따른 사업의 지원, 중증장애인생산품 생산시설에 대한 기술개발의 지원, 중증장애인생산품 생산시설의 판매촉진 지원, 중증장애인생산품 생산시설 직원에 대한 교육・훈련・연수, 보건복지부장관이 중증장애인생산품의 구매를 위하여 위탁하는 사업, 중증장애인생산품의 품질인증 지원, 중증장애인생산품의 포장 및 용기의 디자인 개발 지원, 그 밖에 중증장애인생산품의 구매촉진을 위한 사업이다.

4) 한국장애인개발원의 향후 과제

직업재활시설 지원과 관리가 보건복지부-지방자치단체로 설정되어 있는 현 구조에서 한국장애인개발원은 직업재활시설에 깊이 개입되어 있는 유일한 특수공법인이다. 따라서 직업재활시설의 지원과 지속적인 발전방안을 창출하기 위하여 한국장애인개발원은 직업재활시설의 중개기관으로서 기능을 확대하고 우선구매와 관련하여서도 별도의 사업본부를 설치하여 우선구매의 중개자 역할을 할 수 있도록 그 기능이 확대 개편되어야 한다.

가) 직업재활시설지원을 위한 중개기관으로 기능 확대

1981년 장애인복지법 제정 이후 600여 개로 증가되고 있는 직업재활시설은 보건복지부-지방자치단체를 통해 신고-지원-평가가 이루어지고 있으나 이런 과정을 총괄적으로 관리하고 조정하는 역할이 없다. 물론 직업재활시설평가가 이루어지고 있으나 평가 이후 피드백과정이 없고, 특히 시설유형별로 실적관리나 시설유형에 맞는 지원이 없기 때문에 늘어날 시설 수에 비해 제대로 된 역할을 하지 못하고 있다.

2008년부터 한국장애인개발원이 중증장애인 직업재활 지원사업을 수행하면서 79개 직업재활시설에 대한 지원과 평가가 이루어지고 있으므로 사실상 신고 이후 제대로 관리와 지원이 이루어지고 있지 않은 직업재활시설의 중개기관을 한국장애인개발원으로 지정하여 직업재활시설의 전체적인 체계를 새롭게 구축할 필요가 있다. 이미 한국장애인개발원은 중증장애인직업재활지원사업 외에도 중증장애인생산품을 위한 시설인증과 수의계약 대행 등 마케팅을 지원하는 업무를 수행하고 있으므로 이 기능과 함께 직업재활시설 전체의 컨트롤타워 역할을 수행하면 시너지효과가 있을 것으로 기대된다.

나) 중증장애인생산품우선구매 수행기관역할을 위한 사업본부 신설과 기능 확대

한국장애인개발원은 이 법률에 의한 수행기관 역할을 수행하기 위하여 직업재활부 내에 관련 팀을 구축하고 10여 명의 직원들이 이 법률에 의한 사업을 수행하고 있다. 이 법률에 의한 수행기관 업무는 사실상 우리나라 600개 시설과 장애인단체의 직업재활업무 전체를 상대해야 하고 이 외에도 900여 개의 공공기관을 대상으로 지속적인 상품개발을 해야 하는 상황에서 활성화를 기대하는 것은 문제가 있다. 미국의 경우 SourceAmerica(종전 NISH)와 NIB가 이 업무를 담당하고 있는데, 특히 SourceAmerica의 경우 6개 권역에 사무소를 두고 350여 명의 직원이 이 업무를 담당하고 있는 것과 비교해 보아도 문제가 있다. 따라서 한국장애인개발원은 원장 산하에 우선구매 수행업무를 위한 우선구매사업단을 신설하고 관련조직과 인력을 충원하여 기능을 확대해 나가야 할 것이다.

나. 한국장애인직업재활시설협회의 역할

1) 한국장애인직업재활시설협회의 조직과 운영

한국직업재활시설협회(Korean Association of the Vocational Rehabilitation Facilities for the Disabled: KAVRD)는 협회 정관 제2조(목적)에서 설립목적을 살펴볼 수 있는데, 직업재활시설 상호 간의 교류 · 협력을 활성화하고, 직업재활시설 종사자들의 자질향상과 전문성 증진을 통해 직업재활시설의 역량을 강화하고 장애인의 사회참여를 유도함으로써 장애인의 권익 및 복지증진을 도모하는 데 설립목적이 있다(http://www.kavrd.or.kr).

한국직업재활시설협회는 비상근 회장(1인)과 사무총장(1인)을 비롯하여 1국 1사업단 1실 2부로 조직을 갖추고 있으며, 중앙회 이외 16개 각 시 · 도에 지방협회 조직을 갖추고 있다.

[그림 3-13] 한국직업재활시설협회 설립목적

출처: 한국직업재활시설협회 홈페이지(http://www.kavrd.or.kr).

[그림 3-14] 한국직업재활시설협회 조직도

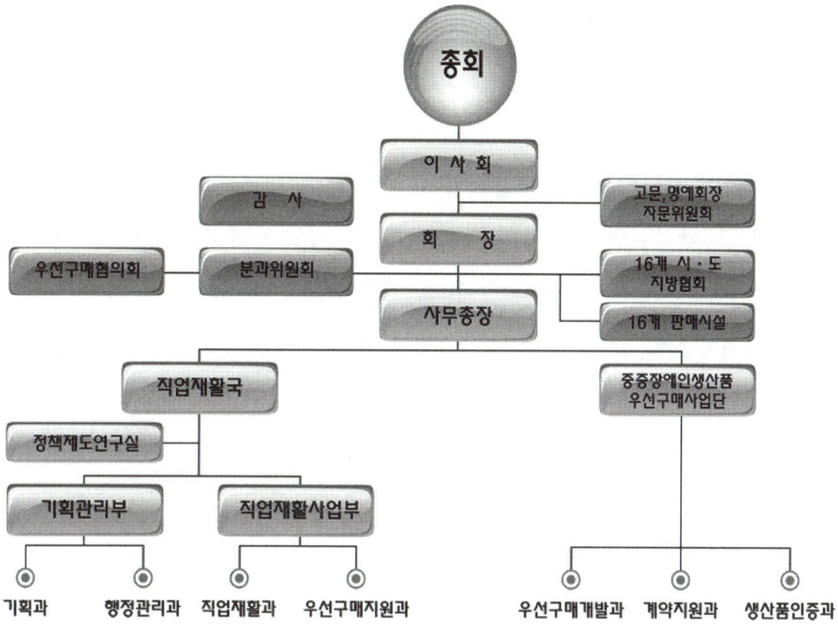

출처: 한국직업재활시설협회 홈페이지(http://www.kavrd.or.kr)

협회의 중앙회는 별도의 사무국 형태를 갖추어 운영되고 있으나 16개 지방협회는 각 시·도별 직업재활시설 중 한 개소를 정하여 직업재활시설 내에서 사무국 업무를 병행하는 형태로 이루어져 있다.

조직도상 우선구매협의회는 국가·지방자치단체·공공단체로의 장애인생산품 판매 및 우선구매제도 활성화를 위한 것이며, 별도의 운영규정을 정하여 직업재활시설에서 생산되는 장애인생산품 조달납품을 위해 운영된다.

협회 임원은 비상근 회장 1명, 비상근 부회장 5명, 이사 20인 이상~30인 이하, 감사 2인으로 구성되어 있다.

협회의 회원은 「장애인복지법」 제58조 제1항 제3호 및 제59조 규정에 의해 장애인직업재활시설을 설치·운영하는 대표이사 또는 원장이다. 회원은 선거권, 피선거권을 가지며, 총회에 참석하여 본회의 활동에 관한 의견을 제안하고 의결에 참여할 권리를 가진다. 또한 소정의 회비 및 부담금 납부 의무를 가지며, 정회원과 준회원으로 구분되어 있다.

2) 한국장애인직업재활시설협회의 주요 사업

한국직업재활시설협회의 사업은 4개 영역의 주요목적 사업 13개로 정리될 수 있다. 사업의 큰 4가지 영역은 첫째, 직업재활시설사업, 둘째, 장애인생산품 홍보사업, 셋째, 장애인고용 창출, 넷째, 장애인권익 및 복지증진이다. 이에 따른 주요 목적사업 13가지는 다음과 같다.

① 신직종 개발을 통한 장애인 고용 창출 확대
② 직업재활시설 사회적 기업 육성
③ 직업재활시설에 대한 경영자문 및 생산성 향상을 위한 기술, 경영혁신 사업
④ 장애인생산품 홍보 및 시장개척 지원사업
⑤ 직업재활시설 종사자의 전문지식 함양을 위한 교육, 연수사업
⑥ 직업재활시설 솔루션 사업
⑦ 직업재활시설 네트워크 및 파트너십 구축 사업
⑧ 장애인직업재활기금사업과 관련된 사업
⑨ 장애인생산품 우선구매실시기준에 따른 조정단체의 업무
⑩ 장애인생산품 판매시설의 운영 및 관리
⑪ 정부 또는 지방자치단체 위탁사업
⑫ 주무관청의 승인을 얻은 수익사업
⑬ 기타 본회의 목적 달성을 위한 사업

한국장애인직업재활시설협회의 주요업무는 직업재활시설의 주요업무들과 연관성이 있으며, 시설의 운영과 생산성 향상, 직원 교육, 네트워킹, 정부 및

지방자치단체의 위탁사업까지 매우 다양하고 광범위한 영역에 걸쳐 이루어지고 있음을 알 수 있다.

또한 직업재활시설에서 생산하는 장애인생산품의 판매, 시설 운영을 위한 경영자문 및 생산성 향상을 위한 사업, 홍보 및 시장개척 지원사업 등을 통해 직업재활시설의 판로확보와 생산성 향상을 위한 지원사업도 수행하고 있다.

3) 향후 과제

한국장애인직업재활시설협회는 사단법인 형태 시설의 자발적인 협의체적인 성격을 가지고 있는 단체이다. 이 단체의 주요한 사업은 당연히 회원시설 상호간의 정보교류와 권익대변 등의 역할이 주요한 업무이고 정부가 특정사업을 위탁하는 경우 이 사업을 수행하게 된다. 따라서 동 협회는 이런 기본적인 방향에서 사업이 추진되어야 하며 앞으로 이 협회가 발전하기 위하여는 다음과 같은 과제를 가지고 있는 것으로 분석된다.

가) 협회의 정체성 확립

한국장애인직업재활시설은 직업재활시설의 협의체이면서 시설을 지원하는 역할을 수행하는 협회이다. 따라서 협회의 본부는 회원시설의 권익대변과 지원에 가장 우선적인 목표를 두어야 한다. 그러나 협회의 정관 목적사업은 직업재활시설의 사회적 기업 육성, 생산품판매시설운영, 수익사업 등의 사업을 제시하고 있다. 직업재활시설은 당연히 사회적 기업이므로 사회적 기업으로 육성하는 것이 아니라 직업재활시설이 사회적 기업으로 자동 인증 받을 수 있도록 해야 하며, 나아가 협회가 수익사업이나 직접사업을 수행하기보다는 시설들이 이 사업을 수행하도록 지원하는 역할을 수행하도록 해야 함에도 다양한 직접사업을 주요사업으로 제시하는 등 협회의 정체성을 분명하게 확립하지 못하고 있다. 따라서 협회의 발전을 위하여는 가장 먼저 협회의 정체성을 협의체적 성격에 맞게 정립하는 것이 우선되어야 한다.

나) 사회적 공익 실현을 위한 조직의 유연성 확보

한국장애인직업재활시설의 최고 의사결정기구는 총회와 이사회이다. 총회는 회원 전체의 의견수렴과정이므로 당연히 회원 시설이 참여하는 것이 바람직하다. 그러나 총회의결 전에 주요사항을 의결하는 이사회 구성이 회원시설의 원장이나 이사장만이 할 수 있도록 규정한 것은 중증장애인의 일자리 창출과 통합고용으로의 전이를 위한 직업재활시설의 사회적 공익 실현을 위한 의사결정기구로는 한계가 있다. 직업재활시설이 표방하고 협회가 표방하는 목적 실현을 위해서는 다양한 전문가와 관계자가 의사결정과정에 참여할 수 있도록 유연성 있는 조직구조를 가질 필요가 있다.

제4장 직업재활시설의 운영

1. 직업재활시설 평가와 인증

가. 직업재활시설 평가

1) 재활시설 평가 개념

평가의 일반적 개념은 '정책 또는 사업이 결정 · 집행된 후 어떠한 결과를 초래하였는지에 대해 일정 시점에서 사후적으로 판단하는 지식의 산출활동'을 의미한다. 또한 평가(Evaluation)의 사전적 정의는 사물 또는 그 속성에 대한 가치판단(Value Judgement)을 의미한다. 따라서 어떤 사물 혹은 그 속성에 대한 가치판단을 하자면 반드시 판단의 준거 또는 표준이 존재해야 한다(변창진 외, 1996; 강영철 외, 2010). 어떠한 가치에 대한 절대기준을 정하기 어려운 것처럼 프로그램 평가에서 모든 프로그램이나 기관에 적용되는 하나의 원칙을 정하는 것은 한계가 있다. 이러한 의미에서 사업 평가에서 주로 판단하는 것은 가치판단의 근거로써 프로그램이 지향하는 활동의 성공(성과)여부와 관련된다. 즉, 이러한 의미에서 평가는 원래 어떤 활동이 성공적인지의 여부를 결정하는 것을 의미한다(강영철 외, 2010). 또한 평가란 '수용할 수 있는 기준과 부합하는지를 결정하기 위해 관련 증거를 수집하여 어떠한 프로그램의 전부 혹은 일부의 가치에 대해 명확한 판단을 하는 것'이다(이상진 외, 2010; 이혜경, 2012). 평가는 계획의 수립에서부터 출발하며 어떠한 목적과 목표를 달성했는지, 업무가 어떻게 수행되었는지, 어떠한 결과를 가져왔는지 등을 살펴보는 것으로써 계획의 수립-시행-평가 또는 계획-행동-평가로 설명되는 연속적인 과정이라 할 수 있다.

직업재활 영역을 포함하는 사회복지사업의 양적 성장과 함께 서비스 이용자들의 높아진 권리의식으로 인해 기관의 효율적인 조직 운영 및 효과적 서비스 전달체계에 대한 관심이 증대하게 되었다(오충순, 2010). 이에 따라 시설 운영의 투명성, 전문성을 제고하여 사회복지서비스의 질적 수준 향상을 도모하기 위해 사회복지시설 평가의 필요성이 대두되었다. 결국 직업재활 및 사회복지시설 운영의 합리화와 투명성, 그리고 서비스의 질적 수준 향상 제고를 위해서 평가는 불가피한 것이 되었다.

장애인 재활사업에 대한 평가가 중요한 이유는 다음과 같다(최재성, 1998). 첫째, 사회복지서비스 분야의 양적 팽창으로 평가대상이 되기에 충분한 규모로 성장하여 책임성 검증을 요구하게 된다. 둘째, 사회복지적 개입활동의 효과성 검증에 대한 요구가 높아지고 있다. 셋째, 한정된 자원하에서의 효율성 원칙이 반영될 필요가 있다. 넷째, 경제위기 극복을 위한 구조조정 압력의 환경 속에 있다. 다섯째, 사회복지계 내부에서의 자생적인 평가의 필요성에 대한 폭넓은 이해가 이루어지고 있다.

또한 장애인권리협약(Convention on the Rights of Persons with Disabilities: CRPD)에서도 재활성과의 측정에 대하여 언급하고 있으며, 재활서비스가 안정되고 소득이 중간 수준 이상의 나라에서는 서비스의 적절성, 서비스의 질, 그리고 서비스 개선에까지 범위를 확대하여 효율성과 효과성을 측정하고자 하는 경향이 있다.

직업재활시설이 포함되는 사회복지시설의 평가는 1999년부터 「사회복지사업법」 제43조의 2와 동법 시행규칙 제27조에 의거하여 실시되고 있다. 동법 제43조의 2와 동법 시행규칙 제27조에서 모든 사회복지시설은 매 3년마다 1회의 평가를 받도록 규정하고 있으며, 이에 따르면 평가의 목적은 사회복지시설의 운영 효율화 및 서비스의 질을 제고함으로써 사회복지시설 이용자·생활자에 대한 사회복지서비스의 질 향상을 도모(http://www.cswe.co.kr)하는 데 있다. 시행규칙 제27조에서는 평가의 기준을 ① 입소정원의 적절성, ② 종사자의 전문성, ③ 시설의 환경, ④ 시설거주자에 대한 서비스 만족도, ⑤ 기타 시설의 운영개선에 필요한 사항으로 정하고 있다.

2) 직업재활시설 평가 의의

직업재활시설의 평가는 1998년 「사회복지사업법」이 개정됨에 따라 모든 사회복지시설과 마찬가지로 평가를 의무적으로 받게 되었다. 이에 2000년부터 3년마다 1회 평가를 받고 있으며, 직업재활시설에 대한 평가실시의 목적은 직업재활시설의 책무성, 효율성, 자율성을 제고하여 개선방향을 모색해 나감으로써 시설 간의 건전한 경쟁과 상호협력을 통해 서비스의 질적 수준을 개선하고 내담자의 성취수준을 제고하는 데 있다고 할 수 있다.

따라서 직업재활시설의 평가는 중증장애인의 경제적 자립을 촉진하기 위해서 이루어지며, 어떤 목적과 목표를 설정하여 어떻게 업무가 수행되고 있는가, 어떤 결과를 가져왔는가 등을 살펴보는 것이다.

장애인직업재활시설 평가의 목적은 다음의 4가지로 정리할 수 있다. 첫째, 평가는 시설의 효과성 및 효율성을 평가하여 시설의 운영 방향 정립을 돕는 데 그 목적이 있다. 둘째, 조직 내 상호 간 이해와 유대를 강화시키며 셋째, 프로그램에 대한 객관적인 정보를 제공하여 프로그램을 보다 잘 이해할 수 있도록 하여 일정 수준 이상의 서비스 수준을 유지하는 데 도움을 준다. 넷째, 시설의 질적 수준을 체계적으로 판단하여 그 결과를 사회에 공표함으로써 그에 대한 사회적 인정을 받게 한다.

따라서 직업재활시설의 평가는 시설의 책무성, 효율성, 자율성을 제고하여 개선방향을 모색해 나감으로써 시설 사이의 건전한 경쟁과 상호협력을 통해 운영상의 문제점을 조기에 진단하여 수정하고 지속적인 자기혁신을 통해 시설의 발전을 도모하도록 한다(나운환, 2001). 또한 국민의 세금을 사용하고 있는 직업재활시설의 책임성과 정당성을 확보할 수 있는 방안이 되며 이를 통해 부족한 사회복지자원을 효율적으로 활용하도록 유도할 수 있다.

이러한 맥락에서 직업재활시설에 대한 평가는 시설에서 실시하는 프로그램이 아닌 직업재활시설이라는 조직을 대상으로 하므로 조직과 운영, 시설과 설비, 서비스 프로그램, 인적 측면, 행정 및 기록, 재정, 지역사회관계 등이 포함된 통합적 기준을 평가변수로 해야 하며 중증 장애인의 경제적 자립과 기능적 자립을 촉진시키는 관점에서 이루어져야 한다.

3) 직업재활시설 평가 변천과정

직업재활시설은 보건복지부의 계획하에 사회복지시설평가원의 주관으로 매 3년마다 정기적으로 평가를 받고 있다. 이러한 근거는 「사회복지사업법」 제43조의 2와 동법 시행규칙 제27조에서 찾을 수 있다. 사회복지에서의 평가는 '사회복지 기관 혹은 계획, 수행, 활용 등 포괄적인 활동들을 체계적으로 판단하는 것'을 말하며(한국사회복지협의회, 1998) 조직이 하고자 하는 사업의 목표나 결정된 정책, 기획이 방향대로 진행되고 있는지를 확인·점검하는 기준이 된다. 이는 시설의 운영방향을 정립하기 위해 반드시 필요한 것으로 잘못된 의사결정의 위험성을 줄여주는 기능을 한다(정봉도 외, 2000). 이러한 맥락에서 사회복지시설의 평가는 시설이 지향하는 목적을 점검하고 시설의 문제점을 객관적으로 인식하게 한다. 또한 시설운영의 개선과 서비스 질 제고를 유도하는 수단이며 최소한의 서비스 질을 담보하기 위한 과정이라 할 수 있다.

직업재활시설 평가는 1998년 「사회복지사업법」 개정, 즉 모든 사회복지시설이 매 3년마다 1회 평가를 받아야 한다는 규정에 따라 2000년 시범평가를 시작으로 2001년, 2004년, 2013년에 평가가 시행되었다.

직업재활시설 평가는 보건복지부의 주관으로 한국보건사회연구원에서 2000년, 2001년, 2004년 평가를 실시하였다. 직업재활시설의 첫 평가인 2000년 평가는 1999년 12월 한국장애인복지시설협회와 장애인복지시설발전위원회가 '직업재활시설 운영평가 기준'을 마련한 것을 기초로 실시하게 되었다.

제2차 평가인 2001년의 평가는 2000년 평가결과를 반영하여, 평가의 한계를 극복하는 데 최대한의 역점을 두고 실행되었다. 제3차 평가는 2004년에 이루어진 평가로, 제2차 평가와 마찬가지로 보건복지부의 주관으로 한국보건사회연구원에서 실시되었다. 2007년에 실시되어야 하는 제4차 평가는 2007년 「장애인복지법」 개정으로 직업재활시설의 유형이 근로작업시설, 보호작업시설, 작업활동시설, 직업훈련시설, 생산품판매시설의 5가지에서 근로사업장, 보호작업장의 2가지로 재편됨에 따라 실시되지 못하였다.

가) 2000년 평가

2000년도 직업재활시설의 평가도구는 1999년 장애인복지시설발전위원회가 개발한 평가도구를 바탕으로 장애인직업재활시설의 전문가, 실무자, 관련 공무원이 참여한 자문회의를 통해 일부 항목을 개선하여 만들었다.

2000년 평가지표는 사업실적, 조직과 운영, 시설과 설비, 서비스 프로그램, 인적자원과 인사, 행정 및 기록, 재정, 지역사회관계의 총 8개 영역으로 구성되었으며 각 영역에 대한 평가항목 수 및 배점은 〈표 4-1〉과 같다.

평가위원회는 평가의 신뢰성을 높이기 위해 2인이 1개 팀을 구성하고 각 팀에 학계 전문가 1인을 팀장으로, 1인의 실무자를 평가위원으로 하여 총 7개 평가팀을 구성하였다.

〈표 4-1〉 2000년 평가지표의 구성 체계 및 영역별 배점

영역	근로시설		보호작업시설	
	평가항목 수	배점	평가항목 수	배점
사업실적	10	10	9	9
조직과 운영	12	48	12	48
시설과 설비	13	52	13	52
서비스 프로그램	14	68	14	68
인적자원과 인사	11	44	6	24
행정 및 기록	6	24	5	20
재정	7	28	7	28
지역사회관계	7	28	6	24
총점	80	302	72	273

평가는 3년 이상 보건복지부의 지원을 받고 있는 근로시설 11개소와 보호작업시설 42개소 총 53개의 시설을 대상으로 실시하였으나 평가를 거부하거나 서류가 미비하여 평가가 불가능한 보호작업시설 3개소는 최종 평가대상시설에서 제외되었다. 따라서 최종 평가대상 시설은 근로시설 11개소, 보호작업시설 39개소로 총 50개 시설이었다.

나) 2001년 평가

2001년의 평가지표는 평가지표개발위원회가 1999년에 마련한 평가지표 초안을 바탕으로 장애인직업재활시설의 전문가, 실무자 및 관련 공무원이 참여한 자문회의에서 일부 항목을 개선하여 만들었던 2000년의 평가지표를 일부 보완하여 구성하였다.

2001년 평가지표는 사업실적, 조직과 운영, 시설과 설비, 서비스 프로그램, 인적자원과 인사, 행정 및 기록, 재정, 지역사회관계의 총 8개 영역으로 구성되었으며 각 영역에 때한 평가항목 수 및 배점은 〈표 4-2〉와 같다.

평가위원회는 평가의 신뢰도를 높이기 위해 2인이 1개 팀을 구성하고, 각 팀

〈표 4-2〉 2001년 평가지표의 구성 체계 및 영역별 배점

영역	근로시설		보호작업시설	
	평가 항목 수	배점	평가 항목 수	배점
사업실적	10	10	9	9
조직과 운영	12	48	12	48
시설과 설비	13	52	13	52
서비스 프로그램	14	68	14	68
인적 자원과 인사	11	44	6	24
행정 및 기록	6	24	5	20
재정	7	28	7	28
지역사회관계	7	28	6	24
총점	80	302	72	273

에는 1인의 학계 전문가를 팀장으로, 1인의 실무자를 평가위원으로 하여 평가를 실시하였다. 전체 10개 팀, 22명의 평가위원으로 구성되었다.

전체 10개 팀 간의 형평성 유지를 위해 2개 시설에 대해 전체 평가팀장이 참여하여 공동으로 평가를 실시함으로써 평가 팀 간의 차이를 최소화하도록 노력하였다.

평가는 3년 이상 보건복지부의 지원을 받고 있는 장애인직업재활시설 중에서 2000년에 평가를 받은 시설을 제외한 근로작업시설, 보호작업시설, 직업훈련시설, 작업활동시설 등 68개 시설을 대상으로 하였다.

다) 2004년 평가

2004년 장애인직업재활시설 평가에서 사용한 평가도구는 2001년의 평가지표를 기본틀로 하여 수정·보완하였다. 2004년 평가지표는 사업실적, 조직과 운영, 시설과 설비, 서비스 프로그램, 인적자원과 개발, 행정 및 기록, 재정, 지역사회관계, 평가위원 점수의 총 9개 영역으로 구성되었다. 이는 지난 2000년, 2001년의 평가영역에 '평가위원 점수'라는 새로운 영역이 추가된 것으로 시설

에서 실제적으로 많은 노력을 하고 있으나 평가지표상에 반영될 수 없는 내용들을 평가하기 위함이다(변용찬 외, 2005). 각 영역에 때한 평가항목 수 및 배점은 〈표 4-3〉과 같다.

평가위원회 구성은 평가의 신뢰성을 높이기 위하여 2인 1팀으로 구성하고, 각 팀에는 1인의 학계전문가를 평가팀장으로, 1인의 실무자를 평가위원으로 구성하여 평가를 실시하였고, 전체 7개 팀, 14명의 평가위원을 구성하였다.

평가는 3년 이상 보건복지부의 지원을 받고 있는 장애인직업재활시설인 직업훈련시설 2개소, 작업활동시설 17개소, 보호작업시설 33개소, 근로작업시설 5개소, 총 57개 시설을 대상으로 실시하였다.

〈표 4-3〉 2004년 평가지표의 구성 체계 및 영역별 배점

영역	배점 비율	직업훈련시설		작업활동시설		보호작업시설		근로작업시설	
		항목수	배점	항목수	배점	항목수	배점	항목수	배점
사업실적	30%	17	51	17	51	16	48	16	48
조직과 운영 (자체생산품, 하청업체 모두 해당될 경우)	10%	9(13)	36(52)	11(13)	44(52)	11(13)	44(52)	11	44
시설과 설비	10%	13	52	13	52	13	52	13	52
서비스 프로그램	20%	12	48	12	48	12	48	12	48
인적자원과 개발	10%	8	32	8	32	8	32	11	44
행정 및 기록	5%	5	20	5	20	5	20	6	24
재정	5%	5	19	5	19	5	19	6	23
지역사회 관계 (생활시설 부설일 경우)	5%	6(7)	24(28)	6(7)	24(28)	6(7)	24(28)	6(7)	24(28)
평가위원 점수	5%	1	5	1	5	1	5	1	5
전체	100%	76 (81)	287 (307)	78 (81)	295 (307)	77 (80)	292 (304)	82 (83)	312 (316)

주: 항목수와 배점에서의 ( )는 시설의 자체생산품, 하청업체 여부 및 생활시설 부설시설 여부에 따라 조정된 평가항목수임.

라) 2007년 평가

2007년 평가는 「장애인복지법」 개정에 따라 직업재활시설이 5개에서 2개 유형으로 개편됨에 따라 평가가 실제적으로 이루어지지 않고 2010년 평가 시 사용될 지표를 개발하는 연구로 대체되었다. 동 연구 결과에 의하면, 평가지표는 시설환경 및 조직운영, 인적자원 관리, 재활프로그램, 사업실적, 이용자권리보장, 지역사회관계, 평가팀 종합소견의 총 7개 영역으로 구성되었다. 2000년, 2001년, 2004년의 기존 평가영역을 재구성하여 '이용자권리보장'이라는 새로운 영역을 만들었고 시설의 설비와 환경, 조직운영 전반에 관한 평가항목들을 통합하여 '시설환경 및 조직운영'이라는 대영역에서 다루었다. 각 영역에 대한 평가항목 수 및 배점은 〈표 4-4〉와 같다.

직업재활시설 평가는 조직이 하고자 하는 사업의 목표나 결정된 정책, 기획이 방향대로 진행되고 있는지를 확인・점검하는 기준이 된다. 따라서 평가는 시설 운영방향을 정립하기 위해 반드시 필요한 것으로, 잘못된 의사결정의 위험성을 줄여주는 기능을 한다(정봉도 외, 2000).

가장 최근에 실시된 2013년의 직업재활시설 평가지표를 분석해 보면 다음과

〈표 4-4〉 2007년 평가지표의 구성 체계 및 영역별 배점

평가영역	평가지표 문항수	배점비율	보호작업시설	
			근로작업장	보호작업장
A. 시설환경 및 조직운영	12	15%	12	12
B. 인적자원관리	10	10%	10	9
C. 재활프로그램	11	20%	11	11
D. 사업실적	18	40%	18	18
E. 이용자권리보장	6	5%	6	5
F. 지역사회관계	5	5%	5	5
G. 평가팀 종합소견	5	5%	5	5
계	67	100%	67	65

같다. 직업재활시설 평가는 전체 공통지표와 직업재활시설 세부지표로 구성되며, 전체 공통지표는 2013년 평가대상인 아동복지시설과 장애인거주시설에 공통적으로 적용되는 지표이다.

〈표 4-5〉 직업재활시설 평가의 공통지표

평가영역		평가항목
시설 및 환경	A2	편의시설 적절성
	A3	위생상태의 적절성
	A4	안전관리
재정 및 조직운영	B1	보조금 대비 운영법인의 자부담(전입금) 비율
	B2	보조금 대비 사업비 비율
	B3	보조금 대비 후원금 비율
	B4	기관의 미션과 비전
	B5	사업(운영)계획의 수립
	B6	운영위원회 구성 및 활동
인적자원관리	C1	법정직원수 대비 직원 충원율
	C2	자격증 소지 직원 비율
	C3	직원의 이(퇴)직률
	C4	직원 교육 활동비
	C5	직원의 외부교육참여
	C6	직원채용의 공정성
	C7	시설장의 전문성
	C8	최고중간관리자(사무국장)의 전문성
	C9	직무분담의 적절성
	C10	직원인사평가
	C11	직원교육
	C12	신입직원 교육
	C13	직원복지
	C14	직원의 고충처리
이용자의 권리	E1	이용자의 고충처리
	E2	이용자의 비밀보장
	E3	이용자의 인권보장 노력
지역사회관계	F1	자원봉사자의 활용
	F2	외부자원개발
	F3	자원봉사자 관리
	F4	실습교육
	F5	후원금(품) 사용 및 관리
	F6	홍보

〈표 4-6〉 직업재활시설 평가의 세부지표

평가영역		평가항목
시설 및 환경	A1	시설의 규모 및 환경
	A5	작업안전관리
	A6	응급상황에 대한 안전체계 구축
재정 및 조직운영	B7	문서비치 상태
	B8	회계관리
재활프로그램 및 사업실적	D1	서비스대상자(이용자) 선정
	D2	직업상담
	D3	직업평가
	D4	직업평가 실적
	D5	직무분석
	D6	사례회의
	D7	개별화 계획수립 및 서비스 제공
	D8	목표설정 및 평가
	D9	재활프로그램
	D10	훈련규정(보호작업장) / 취업규칙(근로사업장)
	D11	취업연계실적
	D12	취업실인원
	D13	만족도조사
	D14	보호자 교육(모임)
	D15	서비스 의뢰건수
	D16	서비스 종결
	D17	고객관리
	D18	생산관리
	D19	품질관리
	D20	외부기관 인증노력
	D21	판매처개발 노력의 다양성 / 하청품목 개발노력의 다양성
	D22	최저임금지급요건
	D23	훈련장애인에 대한 보험가입
	D24	근로장애인 5대보험(근로사업장)
	D25	임금지급
	D26	훈련수당 지급
	D27	매출증가율
	D28	평균임금증가율
이용자의 권리	E4	서비스 과정에의 당사자 참여
	E5	서비스 정보제공

직업재활시설 평가영역은 총 6가지로 구분되는데, A영역인 시설 및 환경, B영역인 재정 및 조직운영, C영역인 인적자원관리, D영역인 재활 프로그램 및 사업실적, E영역인 이용자의 권리, F영역인 지역사회관계이다. 6가지 평가영역에서 D영역을 제외하고는 다른 사회복지시설과 공통지표로 구분되며, 직업재활시설의 운영 특성을 반영할 수 있는 지표는 D영역인 재활프로그램 및 사업실적 영역과 A, B, E 영역에서의 몇 가지 지표라고 할 수 있다.

한편, 직업재활시설에만 해당하는 세부평가지표를 살펴보면 〈표 4-6〉과 같이 D 영역인 재활프로그램 및 사업실적에 해당하는 평가항목은 직업재활시설 운영특성에 맞도록 구성되어 있으며, 직업재활시설의 유형별 특성을 고려하여 평가항목을 구성하였다.

4) 직업재활시설 평가체계

가) 평가주기 및 대상

직업재활시설 평가는 「사회복지사업법」 제43조의 2와 동법 시행규칙 제27조에 의해 다른 사회복지시설과 마찬가지로 3년마다 1회의 정기평가가 실시되어야 한다. 이러한 규정에 의해 지금까지 2000년의 시범평가를 시작으로, 2001년, 2004년, 2013년 총 4회의 평가가 실시되었다.

2007년과 2010년에 직업재활시설 평가가 시행되지 못한 이유는 2007년 「장애인복지법」 개정으로 직업재활시설 유형이 5개 유형에서 2개 유형으로 개편되는 시기와 맞물려 있었기 때문이다. 이로 인해 2013년에 제4차 평가가 9년 만에 시행되게 되었다.

평가대상은 전국의 직업재활시설이며, 2000년도 제1차 평가에서는 근로시설 11개소, 보호작업시설 42개소로 총 53개 시설이 평가대상이었으나 평가를 거부하거나 서류가 미비하여 평가가 불가능한 보호작업시설 3개소는 최종 평가대상 시설에서 제외하여 총 50개소가 평가대상이 되었다. 제2차 평가인

2001년의 평가 대상은 근로작업시설, 보호작업시설, 작업활동시설, 직업훈련시설 총 68개 시설이었다. 2004년의 평가의 대상은 직업훈련시설 2개소, 작업활동시설 17개소, 보호작업시설 33개소, 근로작업시설 5개소로, 총57개 시설을 평가하였다. 2013년의 정기평가에서는 그 동안 평가가 실행되지 못하였기에 2011년 12월 기준 설치 완료되어 운영되고 있는 시설 373개소 전체를 대상으로 평가를 실시하였다.

나) 평가방법

직업재활시설의 평가는 개발된 지표를 평가실시 이전에 설명하고 지표에 대한 의견수렴 과정을 통해 최종 평가지표를 확정하게 된다. 확정된 평가지표로 각 직업재활시설에서는 자체평가를 실시하게 되는데, 1999년, 2000년, 2004년까지는 자체평가서에 각 항목에 직접 체크를 하는 자기기입식으로 실시하였다. 그러나 2013년에는 온라인 자체평가시스템을 도입하여 평가 주관기관인 사회복지시설평가원 홈페이지에 개별 기관명으로 접속하여 각 항목에 대하여 입력하는 방식으로 개선되었다.

이렇게 입력한 자체평가 결과를 근거로 해당 기관에 평가위원이 직접 방문하여 현장평가를 실시하게 된다. 평가위원이 시설을 방문하여 시설장과 면담을 갖고 시설 견학을 한 후에 현장 평가를 진행한다. 현장평가는 자체평가서를 참고자료로 사용하고 시설에서 제시하는 근거자료를 확인하는 방식으로 진행하게 되었다.

다) 평가위원 구성

직업재활시설의 평가위원은 직업재활 관련 학과의 교수 1인, 직업재활관련 현장 전문가 1인으로 구성되어 2인 1팀으로 1999년, 2000년, 2004년까지 평가를 실시하여왔다.

2013년 직업재활시설 평가는 평가의 신뢰도를 높이기 위해 학계 전문가를 평가팀장으로 하고, 현장 실무자 1인을 평가위원으로 하여, 2인 1개팀으로 구성하고 각 팀별 팀장과 평가위원으로 평가위원회를 구성하였다. 또한 평가팀 간의 형평성을 유지하기 위해 2개 시설에 대해 전체 평가팀장이 참여하여 공동으로 평가를 실시함으로써 평가팀 간의 차이를 최소화하고자 노력하였다.

나. 직업재활시설 인증

1) 인증의 개념

일반적으로 인증(Certification)이란 어떠한 행위나 과정이 정당한 절차로 이루어졌음을 공적으로 증명하는 것으로 인증의 유형과 방법에 따라 인증 개념은 달라질 수 있다. 미국의 재활시설인증위원회(Commission on Accreditation of Rehabilitation Facilities: CARF)는 인증에 대해 장애인 재활프로그램과 서비스가 미국 정부가 정하고 있는 기준에 부합됨을 증명하는 것이라고 정의하여 재활기관의 공적 증명체계로 정립되고 있다. 또한 1938년 와그너오데이법(the Wagner-O'Day Act)(동법은 1971년의 자비트-와그너-오데이법(the Javits-Wagner-O'Day Act: JWOD으로 개정)에 의해 중증장애인이 만든 생산품이나 서비스를 국가나 지방자치단체에서 우선구매 하도록 한 것은 생산품 및 서비스 기관에 대한 인증 제도를 도입하면서 인증주체인 시각 및 중증장애인을 위한 구매위원회(Committee for Purchase from People who are Blind or Severely) 인증과 정부의 조달관계 규정을 준수하고 요구하는 품질을 보증할 뿐만 아니라 규정에서 제시하고 있는 중증장애인들이 생산이나 서비스에 참여하고 있다고 국가가 보증하는 것이라 정의하였다. 이 외에도 품질인증 분야에서는 소비자나 구매자의 요구에 맞는 품질을 보증하는 일체의 활동을 인증이라는 의미로 사용하고 있다. Juran(1993)은 품질인증을 모든 관계자들에게 품질기능이 적절하게 수행되고 있다는 확신을 갖도록 하는 데 필요한 증거를 제시하는 활동이라 정의하였고 미국표준협회(ANSI)는 제품이나 서비스가 주어진 요구를 만족시키고 있다는 것에 대해서 적절한 확신을 주기 위한 필요한 모든 조직적 활동이라 정의하였다. 이에 대해 국제표준화 기구(ISO)도 품질인증을 제품 또는 서비스가 주어진 품질요구를 만족하고 있다는 타당한 신뢰감을 주는 데 필요한 모든 계획적이고 체계적인 활동이라 정의하고 있다. 따라서 품질인증에서 사용하는 인증이란 구매자가 안심하고 구입하고, 사용함에 있어서 안도감과 만족감을 가지고 오래 사용해도 된다는 품질을 보증하는 일련의 총체적 과정이라 정의할 수 있다. 이런 개념을 토대로 현대사회의 품질인증에 대한 이해는 구매자의 요구를 충족시킬 수 있는 특성의 전체로 이해하는, 즉 총체적 품질의 보증개념으로 정립되고 있다.

따라서 이와 같은 상황을 종합적으로 분석해 볼 때, 직업재활시설 인증이란 직업재활시설이라는 특성, 예를 들어 중증장애인들을 위해 보호고용과 재활기능을 수행하는 시설로서 정부가 정하고 있는 시설 기준에 적합한 기관이라는 것을 공적으로 입증하는 것이라 정의할 수 있다.

2) 평가와의 관련성

평가는 서비스의 내용, 서비스의 능률성 및 그 영향 등을 종합적으로 추정, 사정 또는 평가하는 것을 의미하는 것으로 Miller & Harrison(1978)은 평가를 재활프로그램의 정당성을 입증할 수 있는 주요한 수단이라고 규정하였으며 Posaval & Carey(1980)는 고객의 만족뿐만 아니라 재원의 제공자 입장에서도 고객의 편익이 보장가능성을 높일 수 있는 방법이라고 주장하면서 특히 재활프로그램에 있어서는 목표달성과 더불어 비용이나 기관에 대한 효율성을 높일 수 있다고 주장하였다.

Riggar & Lorenz(1985)는 평가를 의사결정을 목적으로 프로그램 가치에 대한 정보를 체계적이고 지속적으로 제공하는 과정이라고 규정하였는데, 여기서 체계적(Systematic)이란 말은 신중하고 계획적인 노력을 의미한다. 평가는 적절한 시기를 놓친 사후의 대책이 아니라 기관 전체의 관리노력을 통합하며, 결과는 다시 그 체계 속으로 환류된다는 의미를 내포하고 있다. 또한 지속적(Continuous)이란 말은 평가를 기관의 운영 철학과 조직에 있어 본질적으로 영구적인 것으로 단순한 하나의 철학이 아니라 기관의 중요한 운영기능을 나타낸다는 것이다. 자료가 단순하고 비조직화, 비구조화된 사실을 의미한다면 정보(information)는 조직, 구조 및 명료화의 의미를 가진다. 단순히 많은 사실이나 자료만을 제공하는 것은 오히려 기관에 혼돈을 줄 뿐이기 때문에 조직화된 자료, 즉 정보를 주어야 한다는 의미이다.

이 정의에서 네 번째 개념은 가치(Value)로서 프로그램들은 평가되는 정도에 부합하는 가치를 가져야 한다는 것으로 평가의 정보들은 그것의 어떤 점이 좋고 어떤 부분이 그렇지 못한지 혹은 어떤 상황이 주어진다면 무엇이 개선될 수 있는지를 밝혀 줄 수 있어야 한다. 가치에 대한 언급은 의사결정에 참고가 될 수 있게끔 구체적으로 표식화된 형식을 취하고 있어야 하며 활용 가능한 대안들의 가치에 대한 판단을 포함하고 있어야 한다. 이 정의의 다섯 번째 개념은 의사결정(Decision-Making)을 목적으로 하고 있다는 점이다. 평가는 의사결정의 목적을 가지고 있어야만 재활기관이나 시설에서 필요한 것으로 인식될 수 있어 실제적이며, 기관의 정책분석과 일반적인 의사결정을 도울 수 있다.

따라서 평가는 직업재활시설과 같은 기관이나 기관에서 제공하는 서비스가 정해진 목표나 목적을 효과적으로 달성할 수 있도록 도와주는 일련의 체계적인 활동이라고 정의해 볼 수 있다.

결과적으로 인증과 평가라는 측면을 의미적으로 해석해 본다면 완전히 구분된 개념으로 보기는 어렵지만 시기적으로 본다면 인증은 기관설립이나 서비스 제공 전의 이루어지는 과정이고 평가는 과정이나 성과 후 이루어지는 과정이라 볼 수 있다. 그러나 설립 이후 인증이 주기적으로 이루어지는 체계라면 인증과 평가가

별개로 이루어지는 것은 업무의 중복이라는 측면에서 재고할 필요가 있다.

평가제도와 인증제도를 비교해 보면 다음과 같다.

먼저 평가는 일회성 심사로, 평가결과 공표 이후 다음 평가 때까지는 사실상 기관과의 관계가 종료된다고 할 수 있다. 그러나 인증은 심사 이후에도 사후심사나 정기진단을 통해 지속적인 관계를 유지할 수 있다.

〈표 4-7〉 평가와 인증의 비교

구분	평가제도	인증제도
심사	-일회성 심사를 통해 시설 평가 -결과 공표로 평가기관과 피평가기관 간의 관계가 종료	-인증심사 후에도 인증기관과 인증대상시설이 사후심사나 정기진단을 통해 지속적 관계 유지
사후진단	-평가 후 사후진단 없음	-교육과 자문을 제공하며, 지속적인 연계와 정기적인 점검을 실시
심사 전문인력	-평가전문인력 교육 부재 -평가자 간 의견 불일치가 높고, 평가인력 수준의 조정체계가 미비	-인증심사 전문인력의 양성 가능 -정기적이고 지속적인 교육을 제공하여 심사의 객관성과 신뢰성을 높임
지표	-시설 유형별로 개발 -시설 간 비교가 불가능하고, 전체 사회복지시설의 수준파악 어려움	-시설 유형별 비교를 가능하게 하는 공통지표와 서비스 종류에 따른 세부지표로 구성 -시설 유형별 비교가 가능하고, 서비스 특수성을 감안한 심사가능
절차	-평가지표 개발→자체평가→현장평가→평가결과 통보 -모든 과정이 짧은 기간 내에 이루어지고, 피평가기관이 평가지표의 취지를 이해하고 적용할 시간 부족	-평가제도와 유사한 절차 -준비된 지표를 미리 인증대상시설에 교육하고 자문을 수행하여 시설 및 서비스의 총체적 개선을 추구
결과	-평가결과에 대한 정보의 접근성이 낮고, 피평가대상기관별 상세한 평가결과가 통보되지 않음 -평가결과가 서비스 품질개선에 도움이 되지 않음	-인증결과는 인증대상시설에 보고서로 제공되며, 시설 및 서비스 개선을 위해 이용될 수 있음 -인증받은 기관은 지속적인 개선을 위한 보고서를 제출 -인증받지 못한 기관은 인증을 위한 교육과 자문을 받음 -서비스 이용자는 인증결과 정보를 활용하여 시설을 선택할 수 있음

출처: 정무성 외(2010). 인증제 도입 및 평가체계 개선방안.

또한 평가에서 가장 많은 문제점으로 제기되고 있는 것 중의 하나는 평가위원에 대한 평가교육 부족, 평가위원 간 의견불일치 등이다. 그러나 이는 장기적이고 지속적인 교육을 제공하여 심사의 객관성과 신뢰성을 높일 수 있다.

평가는 평가지표가 시설 유형별로 개발되어 있어 시설 간 비교가 어려운 점이 있으나 인증은 유형별 비교를 가능하게 하는 공통지표와 세부지표로 구성되어 있어 시설 종별 간 비교가 가능하다.

평가는 지표개발에서부터 평가실시, 평가결과 통보에 이르는 과정이 짧은 기간 내에 이루어져 피평가기관이 평가지표의 취지를 이해하고 적용할 시간이 부족하다. 반면, 인증은 절차는 평가와 비슷하지만, 미리 준비된 지표를 피평가기관에 교육하고 자문함으로써 충분히 이해하고 숙지함으로써 기관 및 서비스의 총체적 개선에 기여할 수 있다.

결과활용 측면에서 평가의 경우, 평가결과가 피평가기관에 자세히 통보되지 않아 서비스의 질적 개선에 도움이 되지 않는다. 반면, 인증의 경우 인증결과가 인증대상기관에 보고서로 제공되어 서비스 질적 개선을 위해 활용될 수 있을 뿐 아니라 인증을 유지하기 위해 지속적인 보고서 작성, 교육 및 자문 등이 이루어진다.

3) 직업재활시설 인증

직업재활시설인증제도를 도입하고 있는 미국은 1838년 퍼킨스 맹아협회가 설립한 워터타운이라는 최초의 보호작업장이 설립된 이후 1938년 와그너오데이법과 1965년 직업재활법 개정 등의 영향으로 미국 내 보호작업장이 폭발적으로 증가하자 보호작업장에 대한 기준이 마련될 필요성이 있다는 공감대가 자연스럽게 형성되고 당시 보호작업장 협의체라고 볼 수 있는 재활센터 연합회(Association of Rehabilitation Centers: ARC)와 전국보호작업장 및 재가장애인작업장연합회(National Association of Sheltered Workshops and Homebound Programs: NASWHP)는 각기 기준을 만들기 위한 노력을 하였다. 이후 1966년 재활시설인증위원회(Commission on Accreditation of Rehabilitation Facilities International: CARF)를 만들어 공동으로 시설인증기준을 만들기로 하였고 이 기준이 오늘날 미국 내 보호작업장을 비롯한 재활관련 프로그램과 서비스에 대한 공적인 인증체계로 활용되고 있다.

가) 미국의 인증제도 발전

미국 재활시설인증위원회(CARF)는 미국의 보호작업장을 비롯한 시설인증을 하는 기관으로 1966년 창립되어 장애인과 관련된 성인주간서비스(Adult Day Services), 행동 보건(Behavioral Health), 고용 및 지역사회 서비스(Employment and Community Services), 그리고 의료재활(Medical Rehabilitation) 분야 등에서 제공되는 재활 프로그램과 서비스들을 인증해 주는 역할을 하는 민간 주도의 비영리 조직이다. CARF는 이러한 프로그램들을 평가하기 위한 실제적이고 적절한 질적 기준(Standard)을 개발하여 운영하는데, 이러한 기준은 서비스 대상자, 재활 전문가, 서비스 구매자 등 재활 현장에 직접적으로 관련된 사람들에 의해 개발되고 이 과정에서 어떤 재활시설이 이용자들에게 얼마나 좋은 서비스를 제공하고 있는지를 판단하기 위하여 하나의 동료 재검토 과정을 거쳐 적용된다.

CARF의 조직구조는 창립 이후, 인증의 필요성과 목표에 공감하고, 이를 지원하기 위해 동참한 전국적인 여러 조직으로부터 지원을 받아 다양한 네트워크로 이루어져 있다. 먼저, CARF는 정회원과 준회원으로 구성되는데 정회원은 CARF 이사회의 투표인단을 지명하거나 연례적으로 재정 후원금을 납부하는 등의 활동을 통해 CARF에 직접적으로 관여한다. 준회원은 여러 가지 협력활동을 하는데 그 대표자들은 투표권 없이 임원회의에 참석한다.

또한 중요한 사항을 심의, 의결하기 위한 이사회가 있다. 이 이사회는 후원회원들에 의해 지명된 이사들로 구성되는데 이들은 전문성과 경험, CARF의 주요 사안에 대해 어느 정도 식견을 가지고 있는지의 여부를 토대로 총회에서 선출된다. CARF 이사회는 여러 가지 일들을 하지만 중요한 업무는 시설인증을 위한 기준을 채택하고 인증이나 CARF의 여러 방침이나 운영과 직결된 재정적인 사안을 승인하고 결정하는 데 대한 권한과 책임을 가지고 있다.

CARF의 이념은 재활서비스 대상자인 장애인이나 장애인 가족들의 삶의 질을 향상시키는 데 중점을 두는 하나의 협의적인 인증과정을 통하여 서비스의 질과 가치, 성과를 높이는 데 있으며, CARF의 비전은 역동적이고 다양한 환경에 민감하게 대응하여 CARF의 인증을 받은 프로그램들로부터 서비스를 받는 서비스 대상자들의 삶의 질을 향상시키기 위한 촉매자 역할을 하는 데 있다.

시설인증을 위해 CARF가 추구하는 가치는 다음과 같은 사항을 핵심요소로 보고 있다.

첫째, 장애인들을 포함한 모든 사람들은 존엄과 존경을 받을 권리를 가지고 있다.

둘째, 장애인들을 포함한 모든 사람들은 자신에게 최적의 성과를 가져다 줄 수 있고, 자신이 필요로 하는 서비스에 접근할 수 있어야 한다.

셋째, 장애인들을 포함한 모든 사람들은 서비스의 내용에 대해 알고, 그중에서 선택할 권리를 부여받아야 한다. CARF의 인증, 심사, 교육과 관련된 활동들은 이러한 핵심적인 가치를 최대한 보전하는 가운데 수행되어야 한다.

넷째, CARF는 조직운영과 서비스 전달 과정에서 지속적으로 발전되고 향상되어야 한다.

마지막으로 그 외에 CARF의 모든 활동과 연합에 있어서 다양성과 문화적 역량을 갖추어야 한다.

따라서 CARF는 설립목적을 ① 장애인들에게 전달되는 프로그램이나 서비스에 대한 가치와 반응성을 증진시키기 위하여 융통성 있고 현장 주도적인 기준들을 개발, 운영하여 장애인들의 재활이나 기타 삶의 질을 향상시킬 수 있도록 하며, ② 협의적인 동료 검토과정을 통하여 인증 받은 재활시설들을 공표하고, 그들이 서비스 대상자들의 욕구에 초점을 맞추고 있는 프로그램들이나 서비스의 지속적인 향상을 위해 기여하도록 하며, ③ 성과 측정과 관리에 역점을 두는 인증심사를 수행하고, 향상을 요하는 영역뿐만 아니라 일반적인 프로그램의 강점에 대한 정보를 제공하며, ④ 재활시설들이 프로그램과 서비스의 인증을 얻고 유지할 수 있도록 지원하는 데 필요한 자문, 교육, 훈련 및 정보들을 제공하는 데 두고 있다.

CARF의 시설인증 개발과 표준의 역사를 살펴보면 우리나라 시설인증 기준과 유형을 개발하는 데 참고가 될 수 있는데 CARF는 1966년 전국적인 조직인 재활센터협회(Association of Rehabilitation Centers, ARC)와 전국 보호작업장 및 재가 프로그램 협회(National Association of Sheltered Workshops and Homebound Programs, NASWHP)가 일리노이주에서 하나의 비영리 조직으로 통합·결성되었다. 1970년 4월 CARF는 주 정부 직업재활 행정가협회(Council of State Administrators of Vocational Rehabilitation)가 재활서비스를 제공하는 모든 시설들은 CARF로부터 인증을 받도록 하는 데 있어서 주정부 기관들이 긍정적인 역할을 하도록 촉구하는 결의안을 통과시켜 공적인 인증체계로 발전하는 데 중요한 기틀이 되었다. 이를 계기로 1973년 11월 CARF는 프로그램 평가의 기준이 되는 재활시설을 위한 기준매뉴얼(Standard manual for Rehabilitation Facilities)을 개발하였으며 이러한 기준은 프로그램 평가에서 CARF가 이후 광범위한 활동을 할 수 있는 계기가 되었다. 또한 1974년 11월 Goodwill은 CARF와는 별개로 자체적으로 기준을 설정하고 인증제도를 시행하고자 여러 해 동안 시범적으로 기울여오던 노력을 종결하고, CARF 인증을 모든 굿윌지사가 인정하는 것으로 대체하여 미국을 비롯한 세계 각지의 수십 개의 굿윌이 CARF의 인증을 통해 시설을 확대하였다.

1980년 미국 변호사협회(Association of Trial Lawyers of America)는 직업적 장애를 가진 근로자들에게 서비스를 제공하는 모든 재활시설들에 대해 CARF에서 인증을 받도록 하는 데 주 정부 근로자 배상기관들이 긍정적인 역할을 하도록 촉구하는 결의안을 통과시켜 CARF의 인증은 제도적인 체계를 확립하게 되었다. 종래에 전통적인 직업재활서비스에 국한되어 구성되어 있던 매뉴얼은 1986년 두 가지 새로운 프로그램에 관한 기준이 포함되어 발간되었다. 새로운 프로그램 영역에는 휴식 프로그램과 알코올 및 약물남용 치료 프로그램이 포함되었다. 또한 1988년 이 매뉴얼은 급성 뇌손상 후유증 프로그램과 지역사회 정신보건 프로그램 분야에 대한 새로운 기준들을 포함시켰다. 그 외에도 CARF는 프로그램 평가 시스템을 위한 기준을 갱신하였는데 여기에서는 서비스의 질적 측면에 강조점을 두었다.

1993년에 와서 CARF는 미국뿐 아니라 캐나다의 재활 프로그램을 인증하는 시스템으로 확대되고 1994년에 직업과 고용/발달장애, 의료재활, 알코올 및 기타 약물/정신보건 등 3가지 영역에서 그 기능을 다하기 위해 조직을 재구성하였다. 1995년에는 행동보건, 고용 및 지역사회 지원, 의료재활 분과의 3개 분야별로 각각에 해당되는 1995년 기준 매뉴얼 및 해석지침서 별도 본을 발간하였으며 이것이 발전하여 1996년 인증지침서(Accreditation Sourcebook) 초판을 발간하였다. 1996년의 CARF의 인증시스템은 스웨덴의 재활 프로그램을 인증하게 되었고 1997년은 미국 내 재향군인회(U.S. Department of Veterans Affairs)와 산하 모든 재활 프로그램에 대한 인증을 실시하였으며 1997년 보건관리시설 인증 합동 위원회(Joint Commission on Accreditation of Healthcare Organizations: JCAHO)와의 협력을 모색하고자 하는 노력의 결과로서 CARF와 JCAHO는 재활병원들을 대상으로 하나의 협력적인 인증심사 과정을 제공하기 시작하였다.

1997년 CARF는 치료 프로그램에 대한 인증 개발과 실시를 위하여 보건/인간

서비스부(Department of Health & Human Services) 산하 물질남용/정신보건 서비스 행정청(Substance Abuse & Mental Health Services Administration)과 계약을 체결하여 이 분야의 인증을 본격적으로 실시하였고 1998년은 기준적합 등급체계(Standards Conformance Rating System: SCRS)를 시행하는 데 있어 CARF가 주도적으로 실시하고 있는 단계를 잘 나타낼 수 있도록 모든 기준들이 일차원적으로 재작성되었다. 인증원칙(Accreditation Principles)과 인증근거(Accreditation Criteria)가 매뉴얼에서는 별도 항목으로 이동되고 기준들에 포함되었다. 인증결과의 공지 후 90일 이내에 재활시설들로 하여금 질적 개선 계획서(Quality Improvement Plan: QIP)를 제출하도록 요구하는 인증조건(Accreditation Condition)이 추가로 포함되었다. CARF는 이전에 첫 번째 심사결과 1년 인증(One-Year Accreditation)을 받는 데 미달한 재활시설에 대해 12개월 유보(Twelve-Month Abeyance) 판정을 내리던 것을 중단하였다. 1999년 CARF는 성인 주간 서비스 프로그램에 대한 기준 매뉴얼을 발간하였다.

2000년 CARF는 지원생활프로그램 표준매뉴얼을 발간하였고 2002년에는 CARF 캐나다를 설립하고 2003년에는 1985년 고령자서비스 인증을 위한 CCAC(Continuing Care Accreditation)와 협력하여 아동에서 고령자까지의 인증을 위한 표준매뉴얼을 제작하게 되었으며 2005년 아동과 청년서비스를 위한 표준매뉴얼을 발간하였다. 또한 동년 남미의 프로그램을 처음으로 인증하게 된다. 2006년 1월에는 조사준비질문서와 함께 고령자서비스 표준매뉴얼을 출간하는데 이 매뉴얼은 개인중심의 장기적 의미의 지역사회 서비스를 위해 개발되었다.

CARF의 인증은 재활시설이 프로그램과 서비스를 제공함에 있어 일정한 질적 기준을 준수하고 이행하고자 하는 충분한 의도를 보였을 때 부여된다. 이러한 의도는 관찰 가능한 업무수행, 일정시간을 거쳐 입증될 수 있는 결과, 그리고 종합적인 문서작업을 통해 구체적으로 표출되어야 한다. CARF에서 파견한 조사관은 CARF 기준에 대한 적합도 여부를 규명하기 위하여 서비스를 제공하는 재활시설의 주변 환경을 관찰하고, 시설 직원들과 경영진, 서비스 이용자들을 면담하며, 시설의 방침과 절차를 심사하고, 실제 수행 업무를 관찰함과 동시에 상담역을 수행하게 된다. 다시 말해 이들의 목표는 정보를 수집함으로써 이사회가 심사결과에 대해 판단을 내릴 수 있도록 돕고, 심사를 받는 재활시설들이 프로그램과 서비스를 개선시켜 나가도록 돕는 데 있다. CARF의 전 심사과정은 재활시설의 조직적이고 프로그램적인 자기 향상에 초점을 두고 있다.

CARF의 인증은 미국 내에서 재활시설에 다음과 같은 많은 이점을 가지고 있기 때문에 미국 내의 재활시설들은 CARF의 인증을 통해 자기시설의 발전과 아울러 장애인들의 지역사회 통합과 삶의 질에 기여하고 있다.

첫째, CARF의 인증은 국제적으로 받아들여지는 기준에 부합되는 재활시설로서 확인과 인정을 받았다는 의미이며 미국 내 지원의 근거가 된다.

둘째, 서비스 이용자 자신이나 그 가족들의 입장에서 볼 때 질적 서비스가 보장된다는 의미이며 이는 시설의 경쟁력을 확보하는 것이다.

셋째, 기금 후원자, 의뢰기관 및 지역사회에 대한 책임성을 나타내는 것이며 여기서 일하는 재활상담사들도 필요한 책임성과 윤리성을 확보하는 것이다.

넷째, CARF 기준을 통하여 서비스의 지속적인 질적 개선을 할 수 있는 기본 토대가 마련되어 있다는 것을 의미하며 시설의 발전적인 기반을 재고하는 데 도움이 된다.

다섯째, 연방정부, 주정부, 지방정부로부터 예산 지원을 받고 있는 프로그램과 서비스에 있어서 그 질에 관해 보증할 수 있는 증거자료가 된다.

여섯째, 재활기관의 서비스가 서비스를 제공받는 장애인에 초점을 맞추고, 서비스에 대한 통합적이고 개별적인 접근, 성과에 대해 강조하고 있음을 나타내 주는 것이다.

일곱째, 합리적인 경영과 인력의 전문성 함양을 위한 지침이 된다.

여덟째, 서비스 이용자와 의뢰처의 프로그램과 서비스를 마케팅할 수 있는 도구가 된다.

아홉째, 비용 효과적이고 효율적이며 성과와 서비스 이용자의 만족도에 기초한 경영이 이루어지고 있다는 의미를 내포하고 있다.

마지막으로 자문과 출판물, 컨퍼런스, 훈련기회, 소식지를 통한 CARF로부터의 지속적인 지원을 받을 수 있음을 의미한다.

나) 미국의 인증기준

CARF의 기준은 서비스 제공자, 이용자, 구매자의 적극적인 지원과 참여를 통해 지속적으로 발전되고 개발되어 왔다. 이러한 기준은 연구에 기초를 두어 만들어지지는 않았지만 전국적인 기준(National Consensus Standards)으로 확정되고 유지되어 왔다. CARF의 인증기준에는 서비스 대상자를 위하여 프로그램과 서비스에 투입할 정보나 데이터, 프로그램과 서비스 과정 및 성과를 규정하고 있다.

CARF는 이런 기준의 지속적인 적용가능성과 타당성을 평가하고 검토할 책임을 인식함과 동시에 수용하고 있다. CARF는 재활현장에서 필요와 욕구가 있다고 입증될 경우, 해당 기준 매뉴얼의 항목들을 검토하고, 새로운 분야에 대한 기준을 개발하기 위해 전국자문위원회(National Advisory Committee: NAC)를 구성하고 있고 매년 한 차례 이상 소집한다. 인정받을 만한 전문성을 가진 사람들로 구성된 이 자문위원회는 해당기준의 적합성과 적절성 등과 관련하여 CARF에 여러 가지를 권고한다.

NAC의 작업은 기준개발과 개정과정의 출발점이 된다. NAC가 권고한 내용들은 현장에서 완전히 검토되기 위해 이전에 인증 받은 재활시설, 서비스 이용자, 심사관, 전국적인 전문가 집단, 장애인 옹호집단, 서비스의 제3구매자, 개발자들에게 배포된다. 조언이나 정보, 요구, 제안, 선호도 등과 같이 재활현장에서 유입된 자료들은 CARF에 의해 평가되고, 최종적으로 CARF 이사회에 의해 채택기준에 반영된다.

만약 NAC가 소집되지 못한 해에는 CARF는 다소 공식적이지는 않지만 조사관, 재활시설, 서비스 이용자와 구매자들로부터 받은 지속적인 피드백을 근거로 기준의 타당성과 최고성을 유지한다.

이렇게 개발된 인증기준은 재활프로그램과 서비스 내용에 따라 조금은 다른 기준들을 정립하고 있는데 직업재활시설과 관련한 인증기준을 살펴보면 다음과 같다.

〈표 4-8〉 재활시설인증위원회의 직업재활시설관련 인증기준

구분	인증기준	하위영역 기준
공통	운영실제	이해관계자들의 의견수렴, 접근성, 정보관리와 성과개선, 이용자 권리, 건강과 안전, 인적자원의 질과 양, 리더십, 법, 규정준수, 재무관리, 운영능력
공통	개별화서비스의 질	개인중심의 서비스계획, 설계, 전달체계, 레코딩
공통	고용관련 서비스	-이용자를 위한 설계: 기관서비스에 대한 정보접근성, 고용계획 수립 시 이용자정보의 반영, 고용관련 정보 및 자원의 장애접근성 고려, 고용계획서의 이용자욕구, 성과, 적절한 배려, 이용자 참여반영, 서비스예상기간 통보, 고용성과만족도 확인, 만족도조사 정기적 리뷰, 고용정보 및 노동시장 정보접근 -고용주 및 기관을 위한 설계: 고용서비스의 역동성, 고용주의 장애인고용지원정책 인지, 기관의 노동법규 준수, 임금책정 기준, 품질관리체계, 단가설정의 적절성, 가격설정의 정기적 리뷰
고용형 시설	고용관련 서비스	이용자에게 관련 서비스 정보제공, 훈련활동제공, 고용 외 영향요인에 대한 욕구확인, 직업관련 자원제공과 의뢰, 작업 활동, 직업탐색기회 제공
전환기적 시설	훈련형 서비스	서비스 정보제공, 의사결정 참여, 직원선정과정의 참여, 지역사회 통합기회의 부여, 지역사회참여 기회증진, 이용자의 기술개발 촉진, 지역사회 자원연계, 자연스러운 지원, 서비스의 질적 제공, 서비스 활동의 접근성, 직원들과의 교류, 정보제공과 의뢰, 사례관리, 법규정이나 지침준수, 임금관리

우선 인증기준은 공통적으로 적용되는 운영실제와 개별화 서비스의 질이라는 두 가지 기준과 직업재활시설 유형에 따른 기준들이 적용되며 이 기준들은 세부적인 하위영역의 기준들을 제시하고 있다. 운영실제(Business Practices)는 〈표 4-8〉과 같이 이해관계자들의 의견수렴, 접근성, 정보관리와 성과개선, 이용자 권리, 보건과 안전, 인적자원의 질과 양, 리더십, 법, 규정준수, 재무관리, 운영능력 등 10가지 세부하위기준을 제시하고 있다.

다) 재활시설인증위원회의 인증단계 및 조건

CARF는 재활시설이나 프로그램이 가지고 있는 가치를 밝혀냄과 동시에 전국적으로 인정된 조직과 업무에 관한 기준에 부합되어 갈 수 있도록 돕는 역할을 하는 자문 성격을 지니는 과정과 재활시설들이 제공하는 서비스의 효율성이나 효과성뿐만 아니라 해당 서비스에 대한 이용자의 만족도를 판단하기 위해 성과측정과 관리를 위한 성과측정이라는 관점에서 여러 단계를 통한 인증과정을 거치게 된다.

(1) 1단계: 선정된 CARF 전문가에게 자문

해당 기관이 CARF에 연락하면 인증과정에 대한 지도와 기술적인 지원을 제공하기 위해 전문가가 선정된다. 처음 조사를 준비하는 기관의 경우, 인증과정에서 일찍이 이러한 연락을 취하는 것은 중요하다. 전문가는 조사를 준비하는 데부터 인증조건에 이르기까지 필요한 질문들에 답변할 수 있어야 하고, 이를 위해 선정된 CARF 전문가는 조사를 준비하는 기관에 대해 이미 알고 있어야 한다. 이러한 연락은 관련 기관이나 프로그램 정보를 갱신하기 위한 재인증 과정에서도 필요한 단계로 제안되고 있다. 기관은 자체 프로그램과 서비스들이 기준 매뉴얼에 가장 부합되게 정리되도록 해야 한다(CD-ROM 형태의 조사준비 가이드가 포함된 기준 매뉴얼을 구입하여 이용할 수도 있음).

(2) 2단계: 자체평가 실시

해당 기관은 인증 조건으로 적어도 조사 이전에 6개월 동안 자체 프로그램들에서 표준매뉴얼을 활용하여 이 기준들을 이행하고 적용해야 한다. 해당 기관은 조사 준비 과정에서 기준 매뉴얼의 기준들과 자체 프로그램이 적합한지에 대하여 자체관찰 및 평가를 실시하고 인증여부를 자체적으로 판단하고 Feed-Back 해야 한다.

(3) 3단계: 인증의향서(조사계획서) 제출

3단계는 인증을 받고자 하는 기관이 조사계획을 수용하는 단계로 의향서를 제출하는 과정이다. 이 조사계획에는 기관의 서비스 전달위치나 인증여부를 확인할 수 있는 리더십, 프로그램, 서비스에 대한 상세한 정보들이 포함되고, 이를 통해 기관이 서비스 전달지역으로 인가받게 된다. 해당 기관은 조사를 요청하기 2개월 전에 조사를 위해 전면적인 계획과 지원에 필요한 서류, 그리고 적어도 3개월간의 반환되지 않는 수수료를 제공한다. 전면적인 계획의 수용은 조사에 대한 해당 기관의 욕구와 그 속에 포함된 모든 용어 및 조건들에 대한 동의를 의미한다. 만일 수용 후에 계획시의 정보가 바뀐다면 CARF에 즉시 통보되어야 한다.

(4) 4단계: CARF의 조사비용에 대한 송장 송부

모든 정보를 재검토한 다음 CARF는 해당 기관에 조사비용에 대한 송장을 보낸다. 이 비용은 조사관들의 수와 전면적인 조사에 필요한 일수를 기초로 산출된다. 조사일정은 송장을 보내는 즉시 시작된다. 이때 어떤 문제로 기한이 변경된다면 반드시 CARF에 서면으로 통보되어야 한다.

(5) 5단계: 조사팀 선정

CARF는 적합한 전문지식을 갖춘 조사팀을 선정한다. 조사원들은 해당 기관의 독특한 요구와 관련하여 그들의 프로그램이나 행정상의 전문지식, 그리고 관련 분야의 경험이 부합될 때 선정된다. CARF는 적어도 조사 30일 전에 팀 구성원들의 이름과 조사일정을 기관에 통보해야 한다.

(6) 6단계: 조사 실시

조사팀은 현장에서 서비스 관찰, 서비스를 받는 사람들과 제3자와의 면담, 그리고 문서 재검토를 통해 모든 적용기준들에 대한 해당 기관의 적합도를 결정하고, 기관의 직원에 대해 자문을 제공하기도 한다. 인증대상 기관은 조사팀이 요구하는 정보를 제공해야 하고 팀이 현장을 떠나기 전에 컨퍼런스 과정에서 기준들에 대한 조사팀의 조사결과들을 통보받게 된다. 조사팀은 CARF에 조사결과를 통보하지만 이것이 인증을 결정하는 것은 아니다.

(7) 7단계: 인증결정

CARF는 조사결과들을 재검토하여, 다음의 인증결정들 가운데 하나를 결정하게 된다.

- 3년 인증(Three-Year Accreditation)
- 1년 인증(One-Year Accreditation)
- 조건부 인증(Provisional Accreditation)
- 인증불가(Nonaccreditation)

대략 조사 후 6주에서 8주 이내에 해당 기관은 인증결정을 통보받게 되고, 문서로 조사보고서를 받게 된다. 또한 해당 기관은 인증 증명서를 받게 되고, 여기에는 인증심사에 포함된 프로그램들과 서비스들이 제시되어 있다.

(8) 8단계: 질 개선 계획서(Quality Improvement Plan) 제출

인증결과를 통보 받은 후 90일 이내에 해당 기관은 조사 보고서에 명시된 권고사항들에 대한 답변으로 CARF에 활동들에 대한 설명이 포함된 질 개선 계획(Quality Improvement Plan: QIP)을 제출함으로써 인증 조건을 이행하게 된다.

(9) 9단계: 매년 질 이행 보고서 제출

3년 인증 판정을 받은 기관은 다음 심사가 있는 2년 동안 매년 서명이 포함된 질적 적합도에 대한 연간 보고서(Annual Conformance to Quality Report: ACQR)를 CARF에 제출한다. CARF는 예정일 약 10주 전에 이 보고서의 양식을 해당 기관에 보낸다. ACQR은 CARF의 기준들에 대한 해당 기관의 지속적인 적합도를 재확인하는 것이다.

(10) 10단계: CARF의 해당 기관과 계속적인 관계유지

CARF는 인증기간 동안 해당기관과 계속해서 관계를 유지해야 한다. 해당기관들도 CARF 기준들에 대한 적합도를 유지하기 위해 필요할 때 CARF와 연락하도록 한다. CARF는 해당 기관들이 질적인 프로그램과 서비스를 제공하도록 돕기 위해 적절한 때에 많은 출판물들을 제공한다. CARF 웹 사이트는 새로운 사실과 정보를 제공한다. 또한 CARF 세미나와 컨퍼런스는 인증과정과 기준에 대한 최신 정보 및 기타 정보를 받아들이는 데 좋은 방법이다.

이 인증과정 7단계의 인증결정에서 재활시설이 CARF의 인증을 받기 위해서는 현장심사를 통하여 프로그램이 CARF가 설정한 기준에 실제로 부합됨을 보여주어야 하고, CARF가 제시하는 각각의 인증조건도 충족되어야 한다. 인증심사 결과가 의미하는 바는 3년 인증의 경우는 이는 재활시설이 받을 수 있는 최고 수준의 인증이다. 이에 해당되는 재활시설은 CARF가 제시하는 각각의 인증

조건을 충족할 뿐만 아니라 실제 기준에도 부합된다. 그들이 제공하는 서비스나 사업은 서비스 대상자에게 유익을 줄 수 있도록 고안되고 실행되고 있다는 것을 의미하며, 해당 서비스와 직원, 관련 문서를 통해 볼 때 현재 조건들이 완전한 운영 패턴을 보이고 있고, 이러한 조건이 앞으로도 지속적으로 유지되거나 더욱 나아질 수 있음을 시사해 준다. 이에 비해 1년 인증은 재활시설들이 CARF가 제시하는 각 인증조건을 충족하는 데 있어 기준과 관련하여 부족함이 있지만 해당 재활시설이 이러한 부족함을 수정하거나 수정하는 방향으로 진전될 수 있는 역량과 노력을 하고 있다는 증거가 있고 다른 모든 것을 감안할 때 이들이 제공하는 서비스가 해당 서비스 대상자에게 유익을 주고 있고, 재활시설이 서비스 대상자의 보건과 복지, 안전을 보장하고 있는 것으로 보일 때 주어진다. 몇몇 시설은 어떠한 상황 때문에 3년 인증 수준과 1년 인증 수준의 중간 정도 기능을 할 수 있다. 이런 경우 1년간 인증을 받게 된다. 그러나 자동적으로 연속적인 1년 인증이 부여되지는 않는다. 조건부 인증은 재활시설이 CARF가 제시하는 각각의 인증조건을 충족하는데 기준과 관련하여 부족함이 있지만 해당 재활시설이 이러한 부족함을 수정하거나 수정하는 방향으로 진전될 수 있는 역량과 노력을 하고 있다는 증거가 있고 다른 모든 것을 감안할 때 이들이 제공하는 서비스가 해당 서비스 대상자에게 유익을 주고 있고, 재활시설이 서비스 대상자의 보건과 복지, 안전을 보장하고 있는 것으로 보일 때 주어진다. 조건부 인증은 몇몇 재활시설이 이전 현장 조사의 결과로 1년 인증을 받은 후, 1년간에 한하여 단 한 번만 부여된다. 조건부 인증 기간이 끝나면 해당 재활시설은 3년 인증 수준의 기능을 보여야 한다. 그렇지 않으면 비인증 심사결과를 받게 된다. 마지막으로 비인증은 재활시설이 몇몇 기준 영역에서 중요한 문제를 보이고, 해당 서비스를 통해 내담자에게 제공될 수 있는 이점, 보건, 복지 안전의 측면에서 심각한 문제점이 있는 경우, 또는 해당 재활시설이 상당기간 CARF의 기준에 실제로 부합되지 못하거나 하나 이상의 CARF가 제시하는 조건을 충족시키지 못하는 경우에 인증 불가를 받게 된다.

또한 CARF의 인증을 받고 유지하기 위해서는 CARF가 제시하는 기준에 실제로 부합해야 할 뿐만 아니라 다음과 같은 인증조건들을 충족시켜야 한다.

첫째, 현장조사에 앞서 적어도 6개월 이전에 인증을 받고자 하는 시설은 제공하는 프로그램이나 서비스에 CARF가 제시하는 조직이나 프로그램과 관련된 기준을 해당 프로그램이나 서비스에 적용하여 사용하거나 시행하고 있어야 하며, 인증을 받고자 하는 프로그램에서 서비스 대상자에게 직접적인 서비스를 제공하고 있어야 한다.

둘째, 재활시설은 CARF가 요구하는 기록이나 보고서를 제출해야 한다.

셋째, 인증결과 통보 후 90일 이내에 질적 개선 계획서를 제출해야 한다. 이 계획서에는 권고사항이 명시된 심사보고서의 전 영역에 대해 앞으로 재활시설이 개선을 위해 시도할 수 있는 모든 노력들을 다루어야 한다.

2. 직업재활시설의 제품 개발

가. 제품의 정의

제품(Product)이란 고객의 필요(Needs)와 욕구(Wants)를 충족시켜줄 수 있는 것을 의미한다. 제품은 시장에서 출시되어 고객들의 관심, 소유, 사용, 또는 소비의 대상이 된다. 제품은 물리적 대상물, 서비스, 사람, 장소, 조직, 아이디어 등으로 구성된다. 제조업체에서 만든 제품들은 서비스보다는 유형적인 형태의 비중이 높으나, 서비스업의 제품은 유형적인 형태보다는 정신적, 관념적, 추상적인 내용으로 구성된 무형적인 서비스가 큰 비중을 차지한다. 또 이런 서비스들을 묶어서 하나의 패키지로 제공되는 것이 특징이다. 무형적인 내용이 많다는 측면에서 보면, 고객이 구체적인 형태의 제품을 구매하는 것보다는 이용경험을 통해서 느껴지는 제품의 가치와 편익을 구매한다고 볼 수 있다. 제품은 비용을 지불하고도 매력적이고 다른 곳에서 경험할 수 없는 독특한 것을 제공할 때 훨씬 제품의 가치가 높다고 볼 수 있다.

일반적으로 제조업의 제품은 핵심제품, 유형제품, 확장제품이라는 세 가지 수준에서 구분해 볼 수 있다(Kotler, 1997). 구성요인들은 [그림 4-1]과 같이 핵심제품, 촉진적 제품, 부가적 제품, 확대제품으로 구분될 수 있다.

[그림 4-1] 제품수준의 구분

자료원: Gonroos, C., "Developing the Service Offering-A Source of Competitive Advantage," in Add Value to Your Service, C. Surprenant, Ed., Chicago: American Marketing Assoication, 1987, p. 83.

1) 핵심제품

핵심제품(Core Product)은 가장 주가 되는 제품의 근원적인 차원이다. 소비자들이 어떤 제품을 선택할 때 추구하는 편익을 의미한다. 모든 제품은 구매자의 문제를 해결해 주는 서비스의 조합이다. 이런 의미에서 마케팅 학자인 Levitt은 "구매자는 4분의 1인치 드릴을 구매하는 것이 아니라 4분의 1인치 구멍(Holes)을 사는 것이다"라는 점을 지적했다. 이것은 소비자들의 욕구를 충족시켜 줄 수 있는 가장 본질적인 요소가 무엇인가를 보여준다. 예를 들어 휴식을 얻기 위해서 리조트 호텔에 투숙하는 것, 비즈니스 업무를 보기 위해 시내의 호텔에 투숙하는 것 등과 같은 것이다.

2) 촉진적 제품

촉진적 제품(Facilitating Product)은 소비자가 그 핵심제품을 사용함에 있어서 제공되지 않으면 안 될 서비스 내지 제품을 말한다. 즉 핵심서비스의 이용을 편하게 하거나 그 내용을 확장시킨 것을 말한다. 예를 들어 고급호텔에 투숙하는 경우 체크인, 체크아웃, 전화, 레스토랑, 종사원의 서비스 등이 될 것이다. 반면에 일반호텔이나 저가호텔의 경우에는 체크인, 체크아웃 서비스 정도가 될 수 있으며 다른 서비스는 추가적인 내용일 수가 있다. 마케팅관리자는 제품을 기획할 때 촉진적 제품의 내용을 잘 이해하고 있어야 한다.

3) 부가적 제품

부가적 제품(Supporting Product)은 핵심제품에 가치를 부가하여 경쟁에서 차별화하기 위해 제공하는 추가적인 제품내용이다. 촉진적 제품은 핵심제품에 필요한 내용이지만 부가적 제품은 꼭 필요한 것은 아니다. 또 촉진적 제품과 부가적 제품의 구분은 때로는 모호할 수도 있다. 한 세분시장에서 촉진적 제품이 다른 세분시장에서는 부가적 제품이 될 수도 있기 때문이다. 부가적 제품의 예로는 호텔에 설치된 비즈니스센터나 스파시설 같은 것을 들 수 있다.

기업에서는 경쟁사와 쉽게 비교가 되지 않은 제품을 설계할 때 부가적 제품을 고려하는 것이 좋은 전략이다. 부가적 제품은 전문적인 서비스와 함께 제공할 때 차별화할 수 있기 때문이다. 따라서 소비자의 기대에 부응하거나 그 이상의 것을 제공해야 한다. 올바로 계획되지 않은 채로 제공된다면 경쟁의 우위를 확보할 수 없고, 경쟁사가 쉽게 모방할 수 있는 단점이 있다.

4) 확대제품

확대제품(Augmented Product)은 교통의 편의성, 분위기와 같은 물리적 환경, 서비스조직과 고객의 상호작용, 고객의 참여와 고객 간의 교류이다. 이들은 핵심제품, 촉진적 제품, 부가적 제품과 합쳐져 차별화된 확대제품을 만들어내게 된다.

핵심제품은 직업재활시설이 사업을 하는 목적으로 존재의 이유를 제공한다. 촉진적 제품은 핵심제품을 표적시장에 공급할 때 없어서는 안 될 필수적인 요소를 제공한다. 부가적 제품은 제품에 대한 소비자의 포지션에 영향을 미친다. 이들 세 요소는 소비자가 직업재활시설로부터 제품을 구매했을 때 받게 된다. 그러나 같은 제품을 받더라도 어떻게 받는가와 관련되어 받는 방법이 중요한데, 이것이 확대제품의 의미이다. 확대제품에는 다음과 같은 구성 요소들이 있다.

- 물리적 환경: 물리적 환경은 다른 의미로 제품을 서비스를 받을 때의 분위기(Atmosphere)라고 할 수 있다. 이것은 주변 환경 전체의 시각, 청각, 후각, 촉각 차원을 통해 형성된다. 분위기에 따라 주의를 환기시키기도 하고, 잠재고객에게 메시지를 전달하는 역할을 하기도 하며, 제품에 대해 긍정적 또는 부정적 효과를 느낄 수 있도록 한다. 따라서 마케팅관리자는 분위기를 고려해야 한다. 즉 소비자가 구매경험을 통하여 무엇을 추구하고 있는가, 소비자

가 추구하거나 경우에 따라서는 탈피하고 싶어 하는 것이 무엇인가, 감정적인 반응이 어떤가, 어떤 분위기가 소비자의 만족을 증진시키는가와 관련된 내용들을 이해하고 있어야 한다.

- 서비스조직과 고객의 상호작용: 제품을 제공할 때 소비자는 참가, 소비, 종료 단계에서 직접 관여하게 되어 있다. 참가(Joining) 단계는 샘플의 제공을 통해 강화될 수 있다. 음식점의 경우 사진이나 견본을 입구에서 보여줌으로써 구매의사결정을 도울 수 있다. 소비(Consumption) 단계는 서비스가 직접 일어나는 단계이다. 서비스는 특성상 서비스를 제공하는 종업원과 소비자가 상호작용을 하지 않으면 안 된다. 소비자가 제품을 잘 이해하고 서로 상호작용을 원활하게 할 수 있도록 제품을 디자인해야 한다. 종료(Detachment) 단계는 소비자가 제품사용을 마치고 떠날 때를 말한다.
- 고객 간의 상호작용: 제품은 그 자체만 소비가 일어나는 것이 아니라 공동으로 일어나는 것이 대부분이다.
- 고객과의 공동생산: 제품은 소비자를 서비스제공에 참여시킴으로써 수용력을 높이고, 고객만족을 개선할 수 있으며, 비용을 절감할 수 있다.

핵심제품은 크게 변화하지 않더라도 촉진적 제품 및 부가적 제품은 기술발전의 영향을 많이 받는다. 현재까지 컴퓨터와 정보통신 기술의 발전에 따라 다양한 형태의 새로운 제품들이 등장하고 있다. 새로운 예약시스템, 인터넷 등을 활용한 정보획득 및 제공수단의 발전 등 다양한 수단을 활용한 서비스가 발전되어 왔다.

나. 제품수명주기

제품수명주기(Product Life Cycle: PLC)란 어떤 제품의 판매량이 시간에 따라

단계별로 변하는 주기를 말한다. 이 주기는 보통 4단계로 구분한다. 이것은 도입기-성장기-성숙기-쇠퇴기이다. 모든 제품이 주기를 따르는 것은 아니다. 상황에 따라서는 제품이 등장한 후 얼마 되지 않아서 유행이 사라지는 것도 있고, 또 성장기나 성숙기가 장기적으로 지속되어 언제쯤 쇠퇴기가 시작될지 잘 모르는 제품도 있다. 일반적으로 제품수명주기는 경쟁적 공격과 대응에 따라 급격히 변화하는 경향이 있다.

제품수명주기는 [그림 4-2]와 같이 S-커브 형태의 모양을 갖는다. 즉 도입기 이후 서서히 성장을 하다가 어느 정도 단계가 지나면 급속히 성장하는 시기를 거친다. 그리고 성숙기에 도달하면 성장이 거의 되지 않는다. 이후 성숙기가 어느 정도 지나면 점차적으로 수요가 줄어드는 쇠퇴기를 갖게 된다.

제품관리와 마케팅전략에 제품수명주기가 중요함에도 불구하고 경영자들은 이를 잘 활용하지 않는다. 첫 번째 이유는 경영자가 제품수명주기 그 자체를 제품수명주기의 도구로 사용하지 않고 각 제품수명주기 단계의 특징을 가지고 전략상의 의사결정을 하고 있기 때문이다. 두 번째 이유는 제품수명주기 형태의

[그림 4-2] 제품수명주기

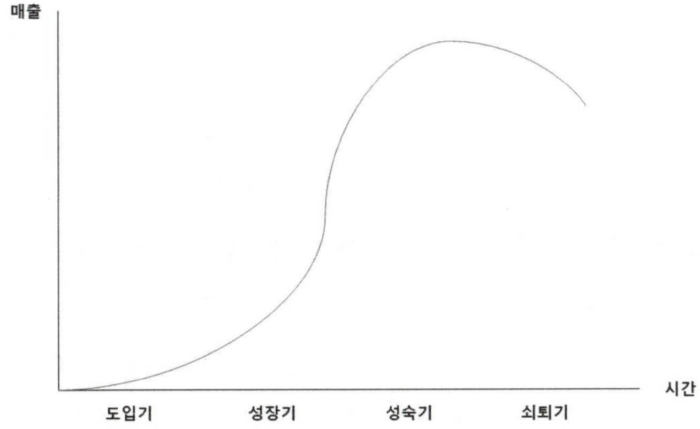

정확한 예측이 불가능하다는 점이다. 제품이 이러한 전형적인 곡선을 따라서 움직이지 않는 경우가 많기 때문이다(Kotler 외, 2010).

제품수명주기는 일반 제조업의 제품수명주기처럼 4단계를 거치고 있으나, 사용되는 전략은 다르다. 제품은 특성상 서비스 내용이 많이 포함되어 있기 때문이다. 특별히 서비스의 무형성, 소멸성, 비분리성, 이질성 등의 특징 때문이다. 또한 서비스는 경쟁자들에 의해 쉽게 모방이 될 수 있기 때문에 제품수명주기의 특성에는 다양한 내용이 포함될 수 있다.

1) 도입기

새로운 제품이나 현존하는 제품의 새로운 형태가 처음으로 제공되는 시기이다. 일반적으로 많은 수의 신규 제품이 소비자의 선택을 받지 못하고 이 단계에서 사라지기도 한다. 도입기에는 그 제품이 존재한다는 것을 알고 있는 사람이 극소수이다. 대부분 직업재활시설의 제품은 작은 규모로 도입된 후에 소비자에게 받아들여지면서 그 규모를 확장할 수 있는 장점이 있다. 이런 측면에서 실패에 따른 비용이 적게 든다. 이러한 전략은 시설 투자 등 투자비용이 많이 필요한 제품에서는 구사할 수 없다.

도입기에는 경쟁자의 수가 거의 없거나 매우 적다. 성공적으로 도입이 되었을 때 빠르게 성장기로 이동해간다. 만약 도입이 실패하면 투자에 따른 위험이 크지 않기 때문에 바로 사라지게 된다. 도입기에서 중요한 전략 중의 하나는 그 산업 전체의 수요를 형성하는 것이 필요하다. 그러기 위해서 여러 가지 판촉물을 제공하여 제품을 적극적으로 알리는 전략을 사용할 필요가 있다.

도입기의 제품을 선택하는 소비자들은 일반적으로 신제품을 사용해 보고자 하는 혁신자(Innovator) 층일 가능성이 높다. 그들은 신제품을 사용해보고 이에 대해 만족하면 적극적인 구전효과 창출자로서 역할을 하는 사람들이다. 그들은 그들의 경험을 주변 사람들이나 인터넷을 포함한 여러 매체에 적극적으로 소개하

〈표 4-9〉 제품의 수명주기별 특징 및 전략

특성 및 전략		도입기	성장기	성숙기	쇠퇴기
목표	마케팅목표	제품인지 및 구매유도	시장점유율 극대화	이익극대화	비용절감 및 브랜드 축소
제품 특성	판매량	적음	증가율이 높음	최대	급격히 감소
	비용	높음	서서히 낮아짐	계속 낮아짐	낮아짐
	마진	낮음	높아짐	점차 낮아짐	줄어듦
	현금흐름	적자	흑자	흑자에서 줄어듦	적음
	이윤	낮음	점차 높아짐	높음	감소
시장 환경	경쟁	적거나 없음	급격한 증가	극심해짐	감소
	세분시장	잘 구분되지 않음	명확한 구분	명확한 구분	모호해짐
	시장성장속도	빠름	빠름	둔함	감소
	신규기업	진입 시작함	진입쇄도	거의 없음	거의 없음
	부실기업	거의 없음	서서히 증가	퇴출	퇴출됨
	제품 품질	단일 품질	점차 차별화됨	평준화	평준화
마케팅 믹스 전략	제품전략	기본 제품 제공	제품계열, 서비스 확대	제품의 다양화	비인기 제품 제거
	가격전략	원가에 근거함	시장침투가격	경쟁사와의 조화 및 할인	가격인하
	광고전략	제품 소개 및 인지	시장에 대한 제품인지 제고	제품 차별화 및 편익강조	고충성도 제품 외 광고비 인하
	촉진전략	구매유도 목적 적극 예산 투입	수요확대 목적 예산조정	제품의 다양성을 고려한 예산 투입	최소의 예산
	유통전략	선별적 채널 개척	채널의 확대	최대 채널 확대	채널의 최소화

는 그룹이다. 소비자들은 이들의 정보를 보고 난 후에 초기 수용자(Early Adopter)로서 시장에 등장하기 시작한다.

2) 성장기

성장기의 제품은 시장 규모가 급속히 성장하는 시기이다. 조금씩 시장에서 제품을 이용했던 사람들을 통해 제품에 대한 정보도 파악이 되고, 매체를 통해서나 시설의 안내를 통해서 제품에 대한 확신을 갖기 시작하는 시기이다. 따라서 소비자에게 좋은 제품으로 알려지면서 점차적으로 시장 규모가 커지게 된다. 또한 수요가 증가하면서 점차적으로 지출보다 수입이 더 커지게 된다. 직업재활시설은 규모의 경제와 더불어 가격을 조정하면서 이익의 폭을 늘려갈 수 있다. 이에 따라 다른 기업들도 시장에 진입하게 되고 경쟁이 점차적으로 증가하게 된다. 이때 중요한 직업재활시설의 전략은 지속적인 경쟁우위 전략을 개발하고 적극적으로 시장점유율을 확대할 수 있도록 해야 한다.

이 시기에는 시장규모를 확대할 수 있는 마케팅 전략을 구사하는 것이 중요하다. 또한 지속적인 경쟁우위를 확보하기 위해서 제품의 차별화를 시도하고, 자사의 충성고객층을 늘릴 수 있도록 해야 한다. 지속적으로 급속한 성장을 유지하기 위해서는 다음과 같은 전략을 구사할 수 있다(Kotler 외, 2010).

- 제품의 품질을 개선하고, 새로운 특성과 모델의 신제품을 제공한다.
- 새로운 세분시장에 진출한다.
- 새로운 유통경로를 설정한다.
- 제품인지를 위한 광고보다 제품에 대한 확신과 구매를 위한 광고를 한다.
- 보다 많은 구매자를 유인하기 위하여 적절한 시기에 가격을 인하한다.

3) 성숙기

성숙기에는 그 제품에 대해 모르는 소비자가 거의 없는 단계이다. 매출은 안정세를 유지하게 된다. 하지만 경쟁사들이 치열하게 경쟁을 벌이게 되면서, 제품 간의 차이가 거의 없어지게 되며, 제품의 내용 면에서도 표준화가 되어 별 차이가 없게 된다. 시장 또한 몇 개의 기업에 의해 적절히 분할되어 있다. 매출을 증대시키는 유일한 방법은 경쟁기업의 고객을 빼앗는 방법이다. 이러한 상황이 되면 제품의 전체이익이 감소하게 되고 기반이 약한 직업재활시설은 시장에서 자연 퇴출 된다.

성숙기 때 치열한 경쟁에서 살아남으려면 강력한 마케팅수단이 필요하다. 하나 또는 두 개 정도의 주요 전략에 집중하고, 강력한 경쟁우위를 살릴 수 있는 것들을 고려해야만 한다. **성숙기에 가능한 전략상의 선택 대안은 첫째, 신규구매자와 세분시장을 탐색하여 현재의 고객을 대상으로 사용량을 늘리거나, 보다 광범위하고 보다 성장이 빠른 세분시장에 구매력을 늘리기 위해 포지셔닝을 변경시키는 방법으로 시장을 수정하는 것이다. 둘째로 제품의 특징, 형태 등을 변경시킴으로써 신규구매자를 늘리거나 판매량을 늘린다. 셋째, 제품의 품질 개량을 통해 내구성, 신뢰성, 신속성, 맛 등과 관련된 제품 성능을 증대시키거나, 넷째, 마케팅믹스에서 한 가지 이상의 요소를 바꾸는 것을 전략적으로 추진할 수 있다.**

4) 쇠퇴기

쇠퇴기는 제품에 대한 수요가 줄고, 가격경쟁이 더욱 치열해지는 시기다. 이에 따라 각 기업의 매출이 줄고 이윤이 감소한다. 쇠퇴기가 나타나는 궁극적인 이유는 새로운 제품의 등장으로 수요가 점차적으로 이동해 가기 때문이다. 소비자의 수요가 감소하기 때문에 많은 기업들은 그들의 제품 포트폴리오로부터 불필요한 것을 없애야 한다. **이때 취할 수 있는 전략으로 시장에서 철수(Divest), 최대한 수익을 올리고자 하는 수확(Harvest), 이윤을 내지 못하는 제품의 제거(Pruning), 투자한 금액에 비해 이윤을 얻기 힘든 옵션이나 서비스내역들의 비용을 줄임으로 비용의 절감(Retrenchment), 기존 제품을 다른 용도를 겨냥하거나 새로운 표적시장을 찾아서 제공하는 재활성화(Rejuvenation) 방법 등을 사용할 수 있을 것이다.**

시장에서 제품에 대한 매력이 상실된 경우 기존 제품은 폐기하고 다른 제품으로 대체해야 한다. 제품이 더 이상 이익을 올릴 수 없다고 생각하는 경우 서서히 그만두거나, 재고가 없어질 때까지 판매하거나, 즉각 폐기하는 방안을 선택할 수 있다. 그중에서도 서서히 그만두는 것이 가장 이상적인 방법이다. 제품이 고객에게 해를 끼친다던가, 고객이 불만족을 드러내는 경우에는 즉각 폐기하는 방법을 사용할 수 있다.

다. 신제품개발

현대와 같이 경쟁이 심화되고, 경쟁에서 살아남기 위해서는 기존의 제품을 잘 전달해야 할 뿐만 아니라 새로운 제품을 효과적으로 개발할 필요가 있다.

제품은 구체적인 형태가 없고 경험을 통해서 느낄 수 있기 때문에 신제품을 개발하거나 기존 제품을 개선하고자 할 때에는 '고객의 편익'을 중심으로 해야 한다. 즉 고객의 입장에서 어떤 것이 필요한지를 보아야 성공적인 개발을 할 수 있다. 즉, 소비자의 어려움을 덜어주고 소비자의 욕구를 충족시켜 줄 수 있는 제품을 개발해야 한다. 새로운 제품의 성공 및 실패와 관련된 주요 요인을 살펴보면 다음과 같다.

- 제품과 고객관련 요인: 신제품이 성공하기 위해서는 먼저 소비자의 필요에 적합해야 한다. 따라서 신제품을 이용할 표적고객에게 적절한지, 소비자가 지불하는 가격에 비해 높은 효용을 제공하는 제품인지를 살펴보아야 한다. 기존의 제품과 차별화되어야 하는데 차별화되지 못한 경우에는 실패할 가능성이 높다.
- 시장 환경관련 요인: 신제품은 성장잠재력이 높은 시장에 들어갈 때 성공 확률이 높다. 대체적으로 제품수명주기 상에서 성장기에 있는 경우일 가능성이 많다. 표적시장에 대한 분석이 부적합하여 시장에 제대로 된 신제품을 내놓지 못한 경우에는 실패할 확률이 높아진다.
- 기업내부 요인: 신제품들 중에 기업이 제공하는 기존 제품과 기업의 이미지에 잘 부합하면서도 독특한 신제품을 시장에 진입을 시켰을 때 성공 확률이 높아진다. 또한 최고경영자의 지원, 신제품개발과 관련된 부서들 사

이의 원활한 의사소통, 신제품을 성공시키려는 강력한 의지를 가진 임직원, 효과적인 신제품개발 조직 등이 있을 때 성공 가능성이 높아진다(박홍수 외, 2004). 반면에 내부적인 관심이 낮아지고 협력이 잘 안 될 경우에는 실패할 가능성이 높아진다.

- 신제품개발기간 및 출시시기: 신제품의 개발시점과 출시시기는 시장상황과 밀접한 관련이 있다. 아직 성숙되지 않은 시장에 신제품을 내놓은 경우 수요가 일어나지 않아 실패할 수 있다.

제품개발 과정은 [그림 4-3]과 같은 과정을 거치게 된다.

[그림 4-3] 신제품개발 과정

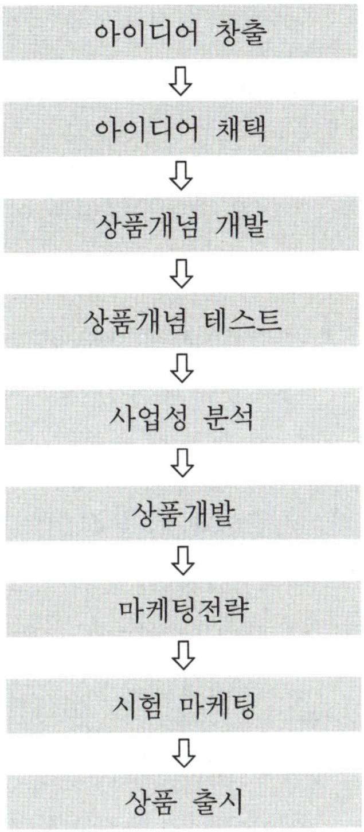

- **아이디어 창출(Idea Generation)**: 신제품 개발 과정의 첫 단계는 아이디어의 창출이다. 아이디어는 내부원천과 외부원천을 통해 창출된다. 내부원천은 직업재활시설 내의 부서를 말하는데, 전체 아이디어의 55% 이상을 차지할 만큼 중요한 원천이다. 외부원천은 고객, 경쟁사, 유통업체나 공급업체와 같은 협력업체, 외부 조사기관, 관련 소식지, 전시회나 세미나, 공공기관 등이 될 수 있다. 고객원천은 모든 신제품 아이디어의 28% 정도를 차지하며, 고객을 관찰하거나 의견을 수렴함으로 얻어진다. 경쟁사의 경쟁제품을 분석하여 얻는 신제품 아이디어는 전체 아이디어의 27% 정도를 차지한다. 신제품 아이디어의 발상은 브레인스토밍(Brainstorming) 등을 통해 진행할 수 있다. 브레인스토밍은 회사 내

의 모든 계층의 사람들이 모여서 자유롭게 의견을 표출하는 과정을 통해 진행된다. 이러한 과정들을 통해 몇 개의 의미 있는 아이디어를 창출하기 위해서는 수많은 아이디어를 창출하는 것이 보통이다. 또한 직업재활시설의 경우 일반 소비자에게 판매하기보다 공공기관 우선구매제도를 이용한다는 측면을 고려한다면 아이디어 창출은 공공기관의 전년도 구매품목이나 실적을 분석하는 방법도 좋은 대안이 될 수 있을 것이다.

- **아이디어 채택(Idea Screening):** 아이디어 창출 단계에서 발굴된 여러 아이디어 중에서 개발 가능한 것을 추출하고 그중에서 가능성 있는 아이디어를 중심으로 2~3가지 정도를 채택한다. 이 과정은 나중에 잘못 채택되었을 때 발생할 수 있는 비용을 줄일 수 있기 때문에 매우 중요하다. 제품 아이디어 평가표를 만들어 표준화된 서식으로 평가를 할 필요가 있다. 보통 이 단계에는 대략적인 목표시장, 경쟁, 시장규모에 관한 개략적 추정, 제품가격, 개발기간과 비용, 제품원가 및 투자수익 등이 고려된다.
- **제품개념 개발(Product Concept Development):** 제품개념 개발이란 채택된 아이디어를 소비자에게 의미 있는 개념으로 전달하게 하는 과정이다. 아이디어를 세부적인 제품개념으로 만들어 소비자에게 전체적인 그림을 제시하는 과정이다. 이와 관련해 제품아이디어, 제품개념, 제품이미지라는 용어를 구분할 필요가 있다. 제품아이디어(Product Idea)는 기업의 경영층이 시장에 제공할 제품에 대한 계획을 하는 것이다. 제품개념(Product Concept)은 아이디어를 구체화하여 소비자의 언어로 상세하게 설명하는 것이다. 제품이미지(Product Image)는 현재 또는 잠재 제품에 대하여 소비자가 어떻게 인식하고 있는지를 의미한다.
- **제품개념 테스트(Product Concept Testing):** 소비자를 대상으로 한 시장조사와 더불어 제품개념이 얼마나 소비자에게 호소력이 있는지 확인하기 위해 표적집단을 대상으로 테스트를 진행해야 한다. 테스트는 개념을 보여주

고 소비자의 태도를 조사하는 방법과 가상의 대안들을 보여주고 선호도를 조사하는 결합분석(Conjoint Analysis)과 같은 통계분석을 통해서 진행할 수 있다. 직업재활시설의 경우는 공공기관을 대상으로 할 때 공공기관을 대상으로 선호도 조사를 한다든지 우선구매 담당자 교육 시 제품개념 테스트를 해볼 수 있을 것이다.

- **사업성 분석(Business Analysis):** 채택된 아이디어를 중심으로 시장에 출시할 경우 시장에서 경쟁자의 파악, 시장성, 수익과 비용에 대한 분석(예상 매출액, 고정비 및 변동비의 추가, 투자 규모, 수익성 등)을 실시한다. 정확한 매출액을 추정하기 위해서는 수요예측 기법을 활용할 수 있다. 수요예측 기법을 통해 초기 판매량, 대체수요 등의 관점에서 살펴볼 필요가 있다.
- **제품개발(Product Development):** 제품 개념 혹은 제품 아이디어를 유용한 제품으로 전환시키는 단계이다. 앞에서 제시되었던 제품개념을 가지고 제품의 원형(Prototype)을 만든다. 제품개념 단계에서 언어적인 설명, 그림, 모형으로만 존재했던 내용을 실현 가능한 제품으로 전환시킨다. 성공적인 제품원형을 제품의 특성에 따라 개발하는 데는 시간이 많이 걸릴 수 있다.
- **마케팅전략(Marketing Strategy):** 제품을 시장에 도입하기 위해 기초적인 마케팅전략을 개발한다. 처음 몇 년간의 표적시장, 계획된 제품의 포지셔닝, 매출, 시장점유율, 이익목표를 세운다. 이것이 확정되면 첫 해의 제품 가격, 유통기획, 예산에 대한 계획을 세운다. 마지막으로 장기적인 판매계획, 이익목표 및 마케팅믹스 계획을 세워 전체적인 마케팅 실행 계획을 작성한다.
- **시험 마케팅(Test Marketing):** 시장에 직접 시범적으로 출시를 해 보고, 여러 가지 문제점을 발견하고 수정하고, 개발한 신제품을 발전시킨다.
- **제품 출시(Commercialization):** 광고 및 판촉전략과 다양한 유통채널을 통해 개발한 제품을 직접 판매한다. 신제품의 출시시기인 타이밍, 출시범위

를 전국적으로 할 것인가 아니면 특정 지역을 대상으로 할 것인가, 초기에 어느 집단을 중심으로 맞출 것인가도 중요하다. 일반적으로 고객들은 초기 수용층, 초기 대중수용층, 의견선도자 등의 집단들이 있을 것이다.

3. 직업재활시설의 생산 및 품질관리

직업재활시설에서 경영하고 있는 업종은 1차 산업인 농업에서 부터 3차 산업인 서비스업까지 다양하다. 어떤 산업이든 적은 투입으로 많은 성과를 내는 생산효율은 중요하다. 직업재활시설도 제품을 생산하고 그것으로 다른 기업과 경쟁해야 한다는 경제성 측면에서 생산효율은 중요하게 생각하지 않을 수 없다. 지금부터 다루고자 하는 내용은 직업재활시설의 경제성 측면에서 생산효율을 높이기 위해서 어떤 관리가 필요한지에 관한 것이다.

가. 생산관리

1) 생산관리의 개념

생산이란 투입된 생산요소를 변환시켜 재화를 창출하는 과정이다. 직업재활시설에서의 생산이 일반산업과 다른 점은 투입되는 인력이 신체적·정신적 불편이 있는 사람이라는 것이다. 일반산업에서는 생산에 가장 적합한 사람을 투입하는 것이 가능하지만 직업재활시설에서는 그렇지 못하는 경우가 많다. 직업재활시설에서도 생산효율은 중요한 의미를 가지기 때문에 그 생산 활동에 알맞은 장애인을 찾거나 훈련을 통하여 적합하도록 하여야 한다. 이러한 점에서 장애인직업재활시설에는 장애인의 직업적 특성에 대한 전문적 지식을 가진 사람의 배치가 필요하다.

[그림 4-4] 생산관리 도식

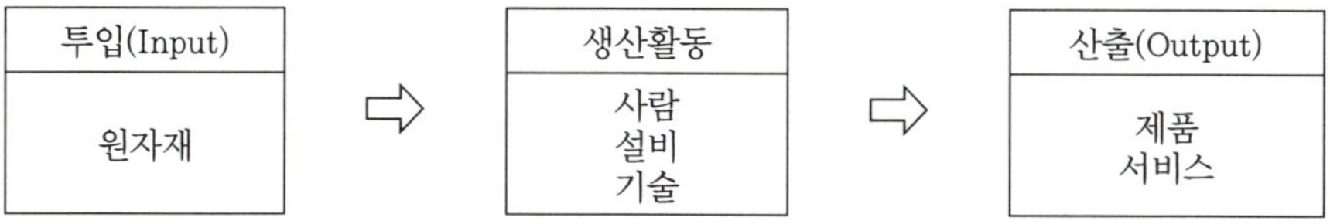

생산관리에서 중요한 개념은 생산효율 즉 생산성이다. 생산성이란 투입된 생산요소를 활용하여 얼마나 좋은 품질을 보다 싸게 많이 생산해 내는가를 말하는 것이다. 다시 말해 생산성이란 투입된 자원을 얼마나 효율적으로 사용하였는가를 나타내는 척도이다. 이러한 것을 간단한 식의 형태로 나타내면 '생산성 = 생산활동의 산출량/생산요소의 투입량'으로 표현할 수 있다. 여기서 투입량으로는 인건비, 노동시간, 설비비, 자본 등이 자주 쓰이며, 산출량으로는 매출액, 부가가치액, 생산량, 이익 등이 자주 사용된다.

일반산업에서 생산성을 나타내는 척도로는 노동생산성, 자본생산성, 부가가치 생산성 등의 개념을 많이 사용한다. 먼저 노동생산성이란 매출액을 인건비로 나눈 값으로, 투입된 노동력이 얼마나 효율적으로 이용되었는지를 나타내는 지표를 말한다. 복지적 직업재활시설에서는 노동생산성의 개념이 일반산업에 비해 그 비중이 낮지만 사업의 시계열 평가에는 유용한 자료로 활용될 수 있다. 통상 생산성은 특별한 단서가 없는 한 노동생산성을 의미한다.

- 노동생산성 = 매출액/인건비

자본생산성은 기업에 투자된 총자본이 어느 정도의 산출량에 기여했는지를 나타내는 비율이다. 즉 투입된 돈에 비례하여 얼마만큼의 생산성이 있었는가를 알아보는 지표이다. 직업재활시설은 정부의 기능보강 등으로 설비가 갖추어지기 때문에 상대적으로 낮은 비중을 두지만 자본을 지원하는 제공처 입장에서는 효율성을 측정하는 중요한 지표로 다룬다.

• 자본생산성= 산출량/자본

부가가치 생산성은 노동생산성에서 산출량인 매출액을 대신하여 부가가치액이 사용되어 투입된 노동력 대비 얼마만큼의 부가가치가 발생하는지를 산출하는 것이다.

• 부가가치 생산성 = 부가가치액/인건비

관리는 새로운 것을 개발하는 개념보다는 유지하고 개선한다는 의미가 강하다. 따라서 생산관리에서 '관리'는 다음의 3가지로 요약하여 설명할 수 있다.

첫째, 생산 신뢰도를 높이는 것이다. 생산초기의 생산량이 일정하지 않고 품질의 편차가 심한 것을 점차 품질의 편차를 줄여 품질의 신뢰도를 높이는 과정이다.

둘째, 제품의 품질을 유지하는 것이다. 즉 생산관리에서 관리란 제품의 품질을 설계품질에 적합하게 유지시키는 것이다.

셋째, 생산효율을 높이는 것이다. 즉 생산관리란 생산과정의 낭비요소를 줄여 생산효율(생산성)을 높이는 것이다.

2) 생산관리의 사이클

생산에서 관리는 [그림 4-5]와 같이 계획-실시-평가-조치과정의 순환과정으로 진행된다.

가) 1단계 - 계획(Plan)

생산관리에서 계획은 가장 중요한 항목이다. 직업재활시설 현장관리자나 운영자가 계획단계에서 주의해야 할 사항은 다음과 같다.

첫째, 과제를 명확히 한다. 과제가 명확하지 않으며 생산이 의미가 없으며 투

[그림 4-5] 관리의 순환과정

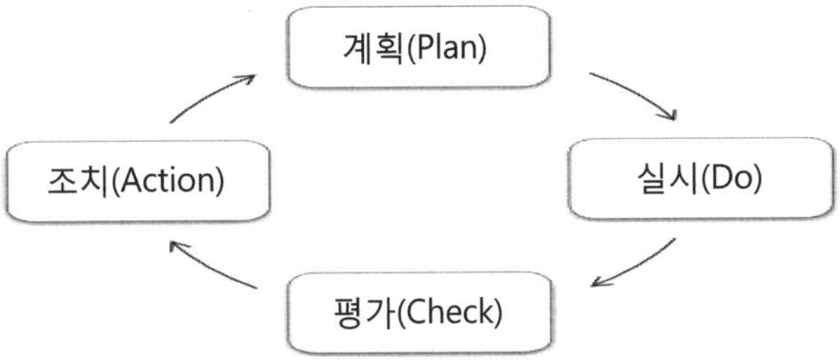

자 대비 성과는 무산되는 경우가 많다. 과제가 명확하지 않은 이유는 과욕 때문인 경우가 많다. 따라서 직업재활시설의 생산계획은 직업재활시설 운영의 목표와 생산품목, 생산관리를 위한 분명한 정체성을 확인한 후 시작되어야 한다.

둘째, 목표설정에 있어서 관리자의 지시(Top-down)와 담당의 자율권(Bottom-up)을 조화시켜야 한다. 현장관리에 있어서 중요한 사항은 관리자가 방향을 제시하고 실질적 계획의 수립 등은 담당자에게 재량권을 주어야 한다. 그렇지 않고 관리자가 모든 것을 계획하고 담당자는 그것을 실행하는 역할만 하게 되면 그 계획은 실패하기 쉽다. 즉 계획단계에 실무자를 참여시켜야 한다.

셋째, 계획을 홍보하여야 한다. 계획이 정해지면 시설 내·외에 홍보할 필요가 있다. 계획을 사전에 홍보함으로써 관련부서의 협력을 받기 쉽고 외부의 자원을 연계하는 데 더욱 효율적일 수 있다.

나) 2단계 - 계획의 실시

누구나 계획하기는 쉬워도 실천하기는 어렵다. 특히 직업재활시설은 계획하지 않은 사건들이 빈번히 발생하기 때문에 계획실천에는 강한 의지가 필요하다. 또한 직업재활시설은 근로자가 장애를 가지고 있는 사람이 70% 이상이기 때문에 아무리 관리계획이 잘 수립되었다 하더라도 작업의 종류와 과정, 장애인 근로자의 장애유형과 정도, 정당한 편의제공의 수준 등에 따라 달라질 수 있다. 따라서 실시과정에서는 당초 계획의 변경과 추가적인 보완사항이 늘 발생할 수 있음을 명심할 필요가 있다.

다) 3단계 – 실시상황의 평가

실시상황의 평가(Check)는 관리자가 계획한 일의 성공적 추진을 위해서 주기적으로 실시 상황을 평가하는 것으로 평가 시 늘 염두에 두어야 할 사항은 다음과 같다.

첫째, 실시 상황의 체크는 직접 현장에 나가서 한다. 서류로만 체크하면 표면적 현상만을 체크하기 쉽고 현상의 본질을 간과하기 쉽기 때문에 관리자는 늘 현장 중심의 평가를 실시해야 한다.

둘째, 계획실행 전에 기초선을 정해두고 평가한다. 계획을 현실에서 실천하다 보면 어느 순간 계획과는 다른 방향으로 일이 진행되는 경우가 있다. 이것을 방지하기 위해 계획의 수용범위를 정해놓고 실행함으로써 계획이 엉뚱한 방향으로 실행되지 않도록 점검할 수 있다.

셋째, 관리자는 담당자를 신뢰하고 권한을 위양한다. 하지만 최종책임은 관리자에게 있으므로 관리자는 완전히 맡겨버려서는 안 된다. 평소 담당자에게 상황을 보고하는 방법을 적절히 교육시키고 실무자가 보지 못해 미처 대처하지 못하는 것들을 보충해 줌으로써 계획실행의 완성도를 높일 수 있다.

라) 4단계 조치

당초의 계획, 목표치에 대한 실시 상황을 점검하여 문제가 있을 때는 대책을 강구하여야 한다. 만약 그 상황이 심각할 때 관리자는 담당자의 권한위임이 담당자의 동기부여를 촉진함에도 불구하고 직접 나서서 일을 신속하게 정상화시킬 필요도 있다. 그것은 상황이 심각하게 나빠지는 것을 예방하기 위해서이다.

3) 생산관리 추진 방법

직업재활시설의 업무는 생산, 판매, 장애인의 교육훈련 등 다양하다. 이러한 업무는 크게 정형업무와 비정형업무로 나눌 수 있다. 정형업무란 매일 되풀이 되는 일상 업무를 말하고, 비정형업무란 시설에서의 행사와 같이 갑자기 생기는 업무를 말한다.

가) 정형업무

정형업무는 매뉴얼화하여 구체적인 실시방법이나 작업규격을 미리 만들어 놓는 것으로 이를 통해 업무효율을 높일 수 있다. 그리고 이러한 매뉴얼은 교육과 훈련을 통하여 장애인 작업자들이 습득할 수 있도록 하여야 한다. 이때 장애인 근로자의 장애유형에 따라 그림으로 도식화하는 방법과 언어적 표현으로 도식화하는 방법 등 모두를 고려하여야 한다. 직업재활시설의 참여하는 장애인들은 글을 읽지 못하는 경우가 많기 때문에 그림을 활용하여 메시지를 전달하면 유용한 경우가 많다.

나) 비정형 업무

비정형 업무는 일상적으로 정해진 정형업무 외에 갑자기 발생하는 업무를 말한다. 거래처에서 제품 하자가 발견되었을 때가 대표적인 예가 되겠다. 이런 비정형 업무가 발생했을 때에 문제 자체보다도 명확한 판단기준이 없을 경우가 더 곤란하다. 관리자는 작업자에게 즉각적이고 명확한 작업지시를 통해 혼란을 최소화해야 한다. 이를 위해 관리자는 사전에 판단기준을 마련해 두어야 하는데 생산현장에서 사용하는 우선순위는 다음과 같다.

S 〉 Q 〉 D 〉 C 〉 F

- S: 안전제일(Safety)

- Q: 품질우선(Quality)
- D: 납기준수(Delivery)
- C: 예정원가(Cost) 엄수
- F: 체질개선(Fundamentals)

즉 비정형업무의 우선순위 결정은 첫째가 안전하게 하는 것이고, 둘째는 급하다고 품질을 소홀히 해서는 안 되며, 셋째는 납기를 준수하도록 해야 한다. 이렇게 시급한 업무처리에는 예정원가를 초월하는 경우가 많은데 당장 손해 보더라도 품질과 납기를 지키는 것이 장기적으로 이익이라는 것이 일반적 견해이다. 마지막으로 체질개선이란 현장의 효율성을 나타내는 불량절감률, 원가절감률, 1인당 매출고 등을 말하는 것으로 장기적인 정형업무에서는 중요하지만, 시급한 비정형 업무에서는 다른 것에 비해 중요성을 두지 않는다.

예를 들어 직업재활시설에서 납품한 제품에 하자가 있어 제품을 급하게 다시 생산해서 납품할 것을 요구하는 거래처를 가정해 보자. 이러한 상황에서 정해진 기준이 없으면 구성원들은 상당히 당황하게 되는데, 우선 안전성이 보장하는 범위에서 최대한 품질을 유지시키면서 납기를 지켜야 한다. 그렇지 않고 급한 나머지 납기를 맞추기 위해 품질을 소홀히 하거나 작업자의 안전을 소홀히 하다보면 당장에 위기를 모면할 수는 있지만 결국에는 더 큰 문제와 직면하게 된다. 또한 이러한 비정상적인 상황에서는 어느 정도의 손해는 감수해야지 원가에 집중하여 품질을 떨어뜨리거나 납기를 맞추지 않으면 또한 거래처의 신뢰를 잃게 될 것이다. 마지막으로 이러한 상황이 종료된 후에는 원인을 규명하여 체질개선에 활용해야 할 것이다.

4) 생산현장의 고유기술과 관리기술

생산관리 업무에는 고유기술과 관리기술이 있다. **직업재활시설에서의 고유기**

술은 장애인 직업재활서비스 기술, 생산품별 제작기술, 장애인 근로자에게 적합한 적당한 편의제공(직무조정 포함) 등이 해당되고, 관리기술은 시설의 전반적 운영, 생산현장의 운영 등을 통한 조직의 효율을 높이는 것이 해당된다. 직업재활시설에서 장애인들은 고유기술에 능숙할 수 있도록 훈련되어야 하고, 훈련교사와 관리자는 참여 장애인들이 생산효율을 높일 수 있도록 관리기술에 능숙해야 한다. 운영, 즉 경영을 한다는 것은 관리기술의 전문가가 되는 것을 말한다.

가) 고유기술

고유기술이란 어떤 제품을 만드는 데 필요한 고유한 기술을 말한다. 예를 들면 빵 만드는 기술, 도자기 만드는 기술, 장갑 만드는 기술 등이 여기에 속한다.

나) 관리기술

관리기술이란 생산현장에서 제품의 종류에 상관없이 그 제품을 어떻게 하면 더 많이, 더 좋게, 더 빨리, 더 싸게, 좀 더 쉽게 만들 수 있느냐에 관한 것이다. 즉 제품의 생산효율을 어떻게 높일 수 있을까에 관한 기술이다. 생산현장에의 관리기술에 관한 연구로 대표적인 것이 테일러시스템, 길브리스의 동작연구, 포드생산시스템, 호손실험이다.

(1) 테일러(Taylor)시스템

테일러시스템의 핵심은 작업의 크기를 시간이란 잣대로 측정하여 작업의 양을 정량화시킨 것이다. 테일러는 공정한 하루작업량을 과학적으로 결정하고 합리적으로 임금을 설정하여 근로자의 태업 문제를 해결하고 동시에 작업의 능률을 향상시켰다. 테일러는 표준작업량을 결정하기 위하여 노동자들의 작업시간을 스톱워치로 측정한 후, 불필요한 동작을 제거하여 최선의 방법과 작업시간을 결정하였다. 또한 테일러는 주어진 과업의 달성여부에 따라 차등하여 임금을 지급하는 차별적 성과급제도를 채택하였다. 즉 표준작업량을 달성한 근로자에게는 높은 임금을 지급하고, 그렇지 못한 근로자에게는 낮은 임금을 지급하도록 하였다. 직업재활시설에서도 장애에 따라 적당한 편의제공을 해도 작업량은 달라질 수 있기 때문에 이러한 기술의 응용적용이 필요할 때가 있다. 특히 참여자의 급여책정에 이 관리시스템이 유용할 때가 있다.

(2) 길브리스(Gilbreth)의 동작연구

테일러가 시간을 중심으로 표준 작업량에 관심을 가졌다면 길브리스는 적은 노력으로 최대의 성과를 낼 수 있는 작업동작에 관심을 가졌다. 그는 근로자가 경제적인 동작을 취하도록 작업동작을 분석하고, 공정도를 이용하여 작업방법에 대한 개선을 시도하였다. 길브리스는 이러한 작업동작의 기본이 되는 동작요소를 Therblig(기본동작-길브리스의 스펠링을 반대로 쓴 것)이라 명명하고 비능률적이고 잘못된 동작으로부터 생긴 낭비를 제거함으로써 생산성을 높이고자 하였다. 또한 길브리스는 동작연구를 통해 17개 기본동작(서블릭)을 분류하였다.

(3) 포드(Ford) 생산시스템

Ford 시스템은 컨베이어 시스템을 체계화시켜 생산성을 높인 관리기술이다. 과거의 자동차 조립은 작업 대상물이 정지한 상태에서 작업자가 이동하여 작업하는 방법이었다. 이러한 정지조립법은 부품 및 재료의 운반과 공구의 준비 및 처리에 상당한 시간이 소요되었다. 이에 포드는 1913년 컨베이어를 도입하여 제품을 조립하는 대량생산방식의 포드생산시스템을 확립하였다. 이것은 기존의 생산방식보다 생산성을 크게 향상시키고 대량생산이 가능하게 했다. 그는 대량생산을 위하여 작업과 제품의 단순화 부품과 작업의 표준화, 기계설비의 전문화를 실행하였다. 이는 오늘날에도 대량생산의 중요한 원칙이 되었다. 특히 신체장애가 있는 직업재활시설에서는 컨베이어 시스템은 매우 유용한 관리 기술이 되고 있다.

(4) 호손(Hawthorn)실험

작업장의 조명밝기와 작업능률 간의 관계를 알아보기 위해 웨스턴전기회사의 호손(Hawthorn) 공장에서 실험하였다. 두 집단으로 나누어 실험집단에는 조명의 밝기를 점점 밝게 하고 일반집단에는 평소와 같은 밝기로 하여 생산량을 비교하였으나 두 집단 모두 평소보다 생산량이 증가하는 결과를 가져왔다. 이러한 생산성은 조명을 평상시보다 낮추었을 때도 여전히 발생하였다. 이러한 실험결과를 해명하기 위하여 하버드대학교의 메이요(E. Mayo)교수가 이끄는 연구팀이 1년 반에 걸쳐 조사하였는데, 그들은 조명뿐만 아니라 휴식시간, 사내급식, 노동시간 단축 등에서도 유사한 결과를 발견하였다. 연구팀은 이 같은 비정상적인 현상에 대하여 원인을 공장 내의 물리적인 작업조건에서는 찾지 못하였다. 그 대신 전혀 예상치 못했던 심리적 측면에 그 원인이 있음을 알아냈다. 즉 실험기간 중에 선발된 종업원들은 연구원들의 주목대상이었으며 회사를 대표하는 중요한 존재라고 인식하고 있었다. 호손실험으로 인하여 작업장의 조명이나 휴식기간 같은 물리적 조건보다 작업자의 심리적, 사회적 조건이 생산성에 크게 영향을 미친다는 사실을 깨닫게 되었다. 즉, 생산성을 개선하기 위하여는 근로자의 심리적, 사회적 안정감을 가질 수 있도록 하는 것이다. 직업재활시설의 경우 지적장애나 자폐성 장애와 같은 발달장애인들은 심리적 상태에 의해 행동장애가 유발된다는 점을 고려한다면 이 결과를 응용할 수 있을 것이다.

5) 작업분석

현장에서 생산성을 높이기 위해서는 작업자체의 낭비를 줄여야 한다. 이것을 위해 작업자체를 분석하여 정량화할 필요가 있다. 즉 직무를 단위작업 또는 요소작업으로 나누어 관리하는 것이 필요한데 이것을 작업분석라고 한다. 이러한 작업분석은 작업을 좀 더 알아보기 쉽게 하고, 남에게 쉽게 설명할 수 있으며, 작업낭비요소 개선을 쉽게 할 수 있다. 특히 직업재활시설에서는 장애인에게 작업을 지도하기 위한 작업지시서 등을 만들 때 유용하게 사용할 수 있다.

가) 작업의 크기

동작(Motion) < 요소작업(Element) < 단위작업(Operation) < 작업(Work) < 공정(Process)

동작(Motion)은 사람의 움직임 중에서 가장 작고 기초적인 것이며 더 이상 작게 구분할 수 없는 행동을 말한다. 모든 작업은 이러한 동작들의 결합으로 만들어진 것이라 말할 수 있다. 길브리스는 동작연구를 통해 〈표 4-10〉과 같이 작업을 구성하는 17개 기본동작을 분석해 냈다.

요소작업(Element)은 작업을 이루는 최소단위로 뚜렷한 목적을 가지고 있으며 시간측정의 최소단위이다. 예를 들면 '펜을 옮긴다'와 같은 크기의 작업을 말하며 이것을 동작(Motion)으로 나누면 ① '빈손이동', ② '잡는다', ③ '이동한다', ④ '놓는다'의 동작이 합쳐져서 만들어진 하나의 최소단위작업이며 시간측정이 가능한 단위이다.

단위작업(Operation)은 요소작업(Element)이 여러 개 모여 한 단위작업을 이룰 때의 작업의 크기다. 요소작업과 같이 시간측정의 대상이다. '박스를 포장한다'를 예로 들면 하위 단위작업은 ① '박스를 조립한다', ② '물건을 담는다', ③'박스를 붙인다'와 같은 3개의 요소작업들로 구성된다. 시간측정의 단위가 되기도 한다.

작업(Work)은 단위작업(Operation)이 여러 개 모인 것으로 '절삭작업', '분사작업' 등과 같은 크기의 작업분류이다. 시간측정이 필요할 때는 단위작업 또

〈표 4-10〉 길브리스의 17동작

연번	동작	정의
1	찾기(Search)	목표물을 눈이나 손으로 찾는다.
2	선택하기(Select)	여러 물품 중에서 하나를 선택한다
3	잡기(Grasp)	물품을 손으로 잡는다.
4	빈손 이동(Transport Empty)	빈손을 이동한다.
5	운반(Transport Loaded)	손에 들고 있는 물품을 옮긴다.
6	붙잡고 있기(Hold)	손으로 물품을 붙잡고 움직이지 않게 한다.
7	내려놓기(Release Load)	잡고 있던 물품을 내려놓는다.
8	바로놓기(Position)	물품의 방향이나 위치를 바로잡는다.
9	미리놓기(Preposition)	다음 작업에 대비하여 물품을 미리 정해진 위치에 올바로 둔다.
10	조립(Assemble)	두 개의 물품을 결합하거나 삽입하여 하나로 만든다.
11	분해(Disassemble)	하나의 물품을 분리하여 두 개로 만든다.
12	사용(Use)	기계, 도구 등을 사용한다.
13	검사(Inspect)	물품의 규격이 기준에 일치하는지 판정한다.
14	불가피한 지연(Unavoidable delay)	작업자가 어쩔 수 없이 겪는 지연이다.
15	피할 수 있는 지연(Avoidable delay)	작업자의 의지로 피할 수 있는 지연이다.
16	휴식(Rest)	작업의 피로를 회복하기 위한 휴식이다.
17	생각하기(Plan)	작업을 생각하기 위한 중단이다.

는 요소작업으로 분해하여 측정한다.

공정(Process)은 작업(Work)이 여러 개 모인 것으로 '인쇄공정', '가공공정', '접합공정'과 같이 구분하며, 작업(Work)의 단위와 혼동되는 경우도 많다. 공정(Process)이 몇 개 모여서 공장(Factory)이 된다.

6) 공정개선

가) 공정분석

생산현장에서 공정분석이란 재료, 반제품, 제품 등의 처리경로를 공정단위로 발생순서에 따라 분류하고, 각 공정의 가공조건, 경과시간, 이동거리 등과 함께 분석하는 것을 말한다. 공정분석이 필요한 이유는 공정분석을 통해 낭비를 줄이고, 생산효율을 높일 수 있는 방안을 찾을 수 있기 때문이다. 공정에는 가공, 운반, 검사, 정체의 4가지 종류가 있고 모든 공정은 이 4가지에 속한다. 제조업을 하는 직업재활시설도 마찬가지다.

가공(Operation)은 제조하려는 목적을 직접적으로 달성하기 위한 활동으로 부품의 변형, 조립, 분해 등을 가리킨다. 4가지 공정 중 유일하게 부가가치를 창출하는 공정이다.

운반(Transport)은 제품이나 부품을 다른 곳으로 옮기기 위해 적재, 운반, 하역하는 활동을 가리킨다. 작업자가 직접 자재를 들어 옮기거나, 컨베이어를 사용하여 자재를 1.5m 이상의 거리를 이동할 경우를 운반으로 본다.

검사(Inspection)는 제품이나 부품이 원하는 품질수준을 만족하는지 확인하는 작업으로 양적 검사와 질적 검사로 구분한다. 양적 검사는 수량, 중량 등을 측정하는 것이며, 질적 검사는 설정된 품질기준에 따라 등급별로 물품을 분류하는 것이다.

정체공정에는 지체 공정과 저장 공정이 있다. 지체(Delay)는 제품이나 부품이 다음 작업을 위해 일시적으로 대기하고 있는 상태를 말한다. 제품을 수레에 싣고 운반하는 도중에 승강기를 기다리고 있거나, 상자에 부품이 가득 채워질 때까지 운반을 미루는 일이 지체에 해당된다. 저장(Storage)은 제품이나 부품이 필요한 모든 작업활동을 마치고 계획적으로 지정된 장소에 보관되어 있는 상태를 가리킨다.

또한 공정을 분석하여 공정의 흐름을 도식으로 나타내는 공정도를 활용하면 공정을 한눈에 볼 수 있어 공정의 낭비요소 제거 등 공정관리에 유용하다. 이러한 공정도를 기호로 나타내면 편리하기 때문에 공정관리에서는 〈표 4-11〉과 같은 기호를 정해 사용하고 있다.

공정 중 한 공정에서 여러 가지 일을 동시에 할 때는 〈표 4-11〉의 기호를 사

〈표 4-11〉 공정분석 기호

공정활동		기호	공정내용
가공		○	물품의 형태나 특성을 변화시키는 활동
운반		⇨	물품의 위치가 변하는 활동
정체	저장	▽	물품을 저장함
	지체	D	물품의 처리가 지체됨
검사	수량검사	□	물품의 개수를 검사함
	품질검사	◇	물품의 품질특성을 검사함

〈표 4-12〉 공정분석 복합기호

복 합	□⃟	품질검사를 주로 하면서 수량검사도 실시
	◇⃞	수량검사를 주로 하면서 품질검사도 실시
	→⃞	가공을 주로 하면서 운반도 실시
	□⃝	가공을 주로 하면서 수량검사도 실시

용하지 않고 〈표 4-12〉와 같은 복합기호를 사용한다. 외부의 표시기호가 주된 공정이고 내부기호가 부수적인 공정이다.

나) 공정개선의 방법

공정(Process)개선이란 4가지 공정(가공, 운반, 정체, 검사) 중에서 가공을 제외한 나머지 공정의 수를 줄이거나 소요되는 시간 또는 거리를 줄이는 방법을 강구하는 것을 말한다. 즉 가공만이 부가가치를 생산하고 나머지는 리더타임(생산시간)을 늘려 원가를 늘리기 때문에 될 수 있는 대로 최대한 줄이는 것이 좋다. 공정개선을 통하여 생산관리의 효율을 높이기 위해서는 공정의 감축, 변경, 최적화, 효율적 운반, 대기의 감축 등을 고려해 볼 수 있다. 공정의 감축이란 작업활동의 최종목적에 기여하지 않는 공정은 과감하게 정리하는 것을 말한다. 공정의 변경은 결합, 분리, 교체, 병행 등의 방법으로 공정을 변경함으로 공정에 수행되는 작업을 개선한다.

• 결합: 둘 이상의 공정을 하나로 합친다.
• 분리: 하나의 공정을 둘 이상으로 분해하여 분업화한다.
• 교체: 둘 이상의 공정순서를 서로 바꾼다.
• 병행: 둘 이상의 공정을 동시에 작업하도록 한다.

공정의 최적화는 가공조건, 공정설비, 작업방법 등을 최적화하여 각 공정에서 작업이 효율적으로 수행되도록 한다.

• 각 공정마다 최적의 조건을 찾아 설정한다.
• 각 공정마다 비용과 기능의 측면에서 최적의 설비를 도입한다.
• 각 공정의 작업방법을 단순화하여 미숙련자도 쉽게 작업하도록 한다.

효율적 운반은 크게 3부분으로 나눌 수 있다. 이동하기 위하여 현재 있는 상태에서 운반기구에 싣는 일과 옮기는 과정인 이동, 그리고 이동한 물건을 정해진 장소에 내려놓는 하역일이 그것이다. 보통 물건을 이동하는 데는 많은 시간이 들지 않지만 싣는 과정과 하역하는 일에 많은 노동력과 시간이 소비된다. 따라서 작업장 내의 물건은 항상 운반을 전제로 함으로 언제든지 쉽게 이동할 수 있도록 팔레트에 쌓아 놓거나, 대차 또는 리프트위에 실어 둔다. 또한 자재, 재공품, 제품 등을 운반하는 물량과 횟수를 줄여 효율적으로 작업이 진행되도록 한다.

• 공정순서나 시설배치를 변경하여 운반거리와 운반경로를 최적화한다.
• 운반설비를 고속화, 다기능화하여 운반 및 하역시간을 단축한다.

지체 및 저장의 감축은 지체 및 저장으로 물량, 회수, 시간 등을 감축하여 물품의 보관으로 낭비되는 비용을 줄이는 것이다.

• 각 공정마다 작업능력의 균형을 유지한다.
• 각 공정의 일정관리를 합리적으로 계획한다.
• 체계적인 재고관리계획을 수립하여 재고낭비를 줄인다.
• 운반시스템을 개선하여 지체시간을 단축한다.

다) 공정개선을 위한 Lead Time을 줄이는 방법

공정개선의 궁극적 목적은 리드타임(상품 생산 시작부터 완성까지 걸리는 시간)을 단축하는 것이다. 직업재활시설에서 어떤 품목을 생산하던지 가격과 품질이 일반제품의 수준에 올랐다면 타사보다 더 많은 수익을 내기 위해서는 동일한 시간에 더 많은 생산을 하는 것이 많은 수익을 내는 방법일 것이다. 직업적 제한점을 가지고 있는 장애인들이 작업을 한다고 해서 일반 현장보다 리드타임에 대한 인식이 미약하다면 제품의 경쟁력은 항상 부족할 것이다. 따라서 직업재활시설 관리자는 이러한 리드타임 감축 방안을 숙지하여야 한다.

(1) 관리소홀로 인한 대기의 철저한 배제

직업재활시설에서는 여러 가지 재료 중 한 가지의 부족으로 일어나는 생산중단 사태가 일상적으로 발생할 수 있다. 그 원인 중 사무실의 행정처리(대금 미결재)가 늦어져 원료의 원활한 공급이 되지 않아 생산에 차질을 가져온다면 많은 손실을 유발하므로 복지시설이라도 생산에 있어서는 산업현장과 동일한 신속한 업무처리가 필요하다.

(2) 병목(Neck)공정의 생산능력 향상

가장 중요한 공정의 병목현상은 여타 공정의 대기를 발생시킨다. 어느 공정이 병목공정인지 빨리 찾아내어 개선방법을 찾아야 한다. 직업재활시설에서는 장애인의 능력이 다양하여 병목현상이 더 자주 발생할 수 있다. 작업관리자는 병목현상이 발생하기 쉬운 공정에는 작업생산성을 담보할 수 있는 장애인을 배치하거나 자동화나 직무조정을 통해 전체적 공정흐름의 밸런스를 맞추어야 한다.

(3) 준비작업의 개선

다품종 소량생산의 경우 품종교체를 위한 준비 작업이 많아진다. 준비작업이 많아지면 그만큼 생산시간은 줄어들고 생산량이 감소하므로 준비 작업에 소비되는 총 시간수를 줄여야 한다. 과거에는 교체빈도를 줄여 준비시간을 줄이려 했으나 이제는 소량다품종의 시대이므로 빈도는 어쩔 수 없고 교체시간을 줄이도록 해야 한다. 일본에서는 모든 준비 작업시간을 품종에 관계없이 9분 이내로 줄이는 활동이 활발히 진행되고 있다. 생산활동에 익숙하지 않은 직업재활시설에서는 많은 시간을 준비 작업에 투입하고 있다. 관리자는 모든 준비작업이 9분 이내에 끝날 수 있도록 훈련을 철저히 해야 할 것이다.

(4) 생산과 공장 내 수송의 소롯트화

롯트가 큼으로써 생기는 대기를 롯트 대기라 한다. 많은 양을 1회 운반하기 위해서는 1회 운반비용은 줄어들더라도 롯트 대기는 길어진다. 즉 과거에는 운반 빈도를 줄이려고 롯트 대기가 길더라도 롯트 사이즈를 늘리는 방향을 선호했다. 그러나 현재는 단납기가 선호됨으로써 수송을 소롯트화해서 리드타임을 줄이는 방향으로 진행한다. 소롯트화는 운송비용은 더 들더라도 대기시간을 줄임으로써 비용을 감소시킬 수 있다는 것이 현재의 일반적 견해이다.

(5) 공정 간 수송수단의 자동화

롯트 사이즈를 줄이면 운반 빈도가 늘어나므로 운송에 비용이 많이 발생할 수 있다. 이를 개선하기 위해 공정 간 수송수단을 자동화하여 인력을 들이지 않

〈표 4-13〉 공정개선 총괄표

구 분	횟 수			시 간			거 리		
	현재	개선	효과	현재	개선	효과	현재	개선	효과
가공									
손운반									
운반									
검사									
정체									
저장									
계									

고 운반문제를 해결하도록 함으로써 리드타임을 줄일 수 있다. 공정 간에 사람이 직접 들어서 운반하는 과정이 없도록 라인을 설계함으로써 지체시간과 운송비용을 많이 줄일 수 있을 것이다. 이 방법은 이동하기 어려운 장애인들에게는 좋은 직무조정의 예가 될 수 있다.

직업재활시설에서 공정개선을 하고자 할 때는 〈표 4-13〉과 같은 공정개선 총괄표를 만들어 개선 전과 개선 후를 비교하여 그 효과를 평가해 보면 효과적이다.

7) 현장 작업개선

지금부터는 공정의 하위단계인 작업(Work)의 개선방법에 대하여 알아보자. 작업이 공정과 구별되는 것은 공정보다 크기가 작다는 것과 공정이 전체적인 흐름, 즉 원료에서 제품으로 변해가는 과정을 표현한다면 작업은 한 과정에서 각 상호요소와의 관계, 주로 사람과 기계, 사람과 대상물, 기계와 가공물 등의 관계를 표현하는 것이다. **현장에서의 작업은 주작업과 부수작업으로 나눌 수 있다. 주작업은 부가가치가 창출되는 작업을 말하고 부수작업은 부가가치가 발생하지 않는 작업을 말한다. 작업을 크기별로 구분하면 요소작업(Element), 단위작업**

〈표 4-14〉 박스공장에서의 작업분류의 예

작업(Work)	단위작업(Operation)	요소작업(Element)
인쇄 준비	원단준비	지게차에 원단을 싣는 작업
		원단을 지게차로 이송하는 작업
		지게차에서 내리는 작업
		원단을 기계에 장착하는 작업
	잉크준비	인쇄 수지 찾기 작업
		인쇄 수지 장착 작업
		적합 잉크 찾기 작업
		적합 잉크 장착 작업
		잉크 펌프 작동 작업

(Operation), 작업(Work)으로 구분할 수 있다. 요소작업(Element)은 동작이 모인 것으로 어떤 목적을 가진 작업의 최소단위이며 시간측정을 할 수 있는 최소단위이다. 단위작업(Operation)은 요소작업이 몇 개 모여서 좀 더 큰 단위의 단위작업이 된다. 우리가 보통 '작업'이라고 할 때는 이 단위작업을 지칭하는 경우가 많다. 작업(Work)은 큰 테두리의 작업의 총칭을 말할 때 쓰인다. 준비작업, 연합작업 등이다.

박스인쇄 준비작업을 예로 들면 요소작업에는 원단을 지게차에 싣는 작업, 원단을 지게차로 이송하는 작업, 원단을 지게차에서 내리는 작업, 원단을 기계에 장착하는 작업 등이 해당되고, 단위작업은 원단의 준비작업, 인쇄기에 잉크 준비작업이 해당되고 작업(Work)에는 인쇄 준비작업이 해당된다.

작업개선이란 작업이나 단위작업을 최소단위인 요소작업으로 분해하여 시간을 측정하고 각 요소작업의 내용과 크기를 명백히 하는 것을 말하고 이 중에서 부가가치를 갖지 않는 요소를 제거하든지 시간단축을 꾀하도록 방법을 강구하는 것을 의미한다. 작업개선에서는 특히 준비작업의 시간을 줄이는 것이 매우 중요하다. 이유는 최근의 생산방식이 소량 다품종생산시대로 변하고 있기 때문에 준비 작업에 많은 시간을 소요하는 생산현장의 생산성은 경쟁업체를 이길 수 없기 때문이다.

준비작업을 줄이는 구체적인 방법은 준비작업으로 인한 생산시간 손실의 실태를 파악, 현장관찰, 비디오 촬영 및 작업분석, 낭비 제거 안의 검토, 준비작업 개선의 구체적 기법의 적용, 개선 실시 계획표 작성, 개선 실시로 추진한다.

• 준비작업으로 인한 생산시간 손실의 실태를 파악

각 공정별 또는 각 기계별로 준비 작업으로 인한 생산시간 손실의 실태를 파악한다. 'E'를 준비작업 손실률이라고 하면 'E'=준비작업 시간합계/가동시간(가공시간+준비작업 시간)을 백분율(%)로 구한다.

여기서 '준비작업 시간'이란 현재 생산중인 품종의 생산이 끝나고 새로운 품종으로 바꾸어 첫 번째의 제품이 나올 때까지의 시간이다. 일반적으로 준비작업 손실률이 1% 이내면 '수', 5% 이내면 '우', 10% 이내면 '미', 15% 이내면 '양', 15% 이상은 '가'로 평가한다.

• 현장관찰, 비디오 촬영 및 작업분석

작업분석은 현장에 가서 실제 작업하는 것을 보고 1회 작업을 비디오로 촬영하여 사무실로 돌아와서 비디오를 보면서 분석하는 것이 효과적이다. 작업분석은 비디오를 5회 관찰하면서 한다. 즉 1회째는 화면에 나타난 순서대로 용지에 단위작업명 또는 요소작업명을 기입한다. 2회째는 초시계로 각 작업마다 소요시간을 측정하여 해당 난에 기입한다. 3회째 관찰에서는 각 작업의 내용을 '준비작업', '교환작업', '조정작업'으로 분류하여 해당 난에 기입한다. 4번째 관찰에서는 낭비제거의 착안점을 메모한다. 다섯 번째는 낭비제거의 아이디어를 기입해 나간다. 비디오 작업분석에서는 현장담당자도 함께 참여하도록 하는 것이 좋다.

• **낭비 제거 안의 검토**

일반적인 준비작업의 낭비제거 포인트를 소개하면 다음과 같다.

- 찾는 일을 없앨 것: 공구나 부품을 찾는 시간이 많이 소요되므로 미리 준비해서 옆에 두고 작업을 시작하면 많은 시간을 절약할 수 있다.
- 내준비 작업의 외준비 작업화: 내준비 작업이란 생산과정에서 기계나 라인의 가동을 멈춘 상태에서 준비하는 것을 말하고, 외준비 작업이란 기계나 생산을 멈추지 않고 여유 있는 시간을 활용하여 미리 하는 준비작업을 말한다. 즉 내분비 작업의 외준비 작업화란 내준비 작업의 일부를 여유시간에 처리하여 생산라인이 중단되는 것을 최소화시켜 낭비를 줄이는 것을 말한다.
- 조정의 조절화: '조정'이란 인간이 아니면 할 수 없는 것이며 인간의 경험, 즉 생산기사의 조작에 의해 제품을 생산하는 것을 말한다. 반면에 '조절'이란 기계로 대치되는 것 또는 기계적으로 되는 것이다. 조정의 조절화란 기술자가 기계의 세세한 것을 조절하여 제품을 생산하는 방식에서 누구나 기계를 조절하여 제품을 생산하는 방식으로 바꾸는 것을 말한다. 이것의 장점은 누가 작업을 해도 표준 순서대로 하게 되어 시간의 산포가 적고 아무나 할 수 있다는 것이다. 같은 종류의 기계는 동일한 순서로 작업할 수 있다. 모든 것이 인간의 기능이 아닌 기계적인 방법을 사용하여 때에 따라서는 One-Touch로 가능하게 된다.

• **준비작업 개선의 구체적 기법의 적용**

위의 낭비 제거 안을 검토하여 가장 효과적인 방법을 채택하고 구체적으로 결정한다.

• **개선 실시 계획표 작성 및 개선 실시**

예산과 기간, 담당자를 결정하여 실시계획표를 작성하고 이 계획에 의해 개선작업을 실행해 나가는 것이다.

8) 현장의 재고관리

직업재활시설의 공간은 한정적이다. 장애인이 작업활동도 해야 하고 프로그램도 진행해야 한다. 공간을 넓게 사용하기 위해서나 비용측면에서 원료나 완제품 재고는 최대한 줄이는 것이 좋다. 그렇다고 무턱대고 줄일 수는 없는 노릇이다. 이러한 재고를 효과적으로 줄이고 관리하는 방법은 재고의 종류를 미리 파악하고 줄이는 방법을 찾는 것이다.

가) 재고의 종류

재고의 종류는 과잉재고, 유휴재고, 진부화 재고, 열화품 재고 등으로 구분된다.

과잉재고는 현재 사용되고 있는 품목이지만 표준재고를 초과해서 이유 없이 가지고 있는 것이다. 유휴재고는 과거 6개월간 사용실적이 없고 향후에도 사용예정이 없는 것이다. 진부화재고는 단품된 제품의 원료나 부품을 의미한다. 열화품재고는 수리 불가능의 불용품이나 품질에 불량이 있어 폐기처분할 수밖에 없는 부품이나 제품을 의미한다.

이러한 유형의 재고는 정기적으로 재고조사를 실시하고 〈표 4-15〉와 같이 재고에 백색, 황색, 적색으로 표찰을 붙여 재고를 구분하는 것이 좋다.

- Running Stock: 현재 되풀이하여 생산, 판매, 사용되고 있는 재료, 부품재고, 재공품재고, 제품재고를 말한다. 종류에는 운전재고, 안전재고, 예측정책재고, 과잉재고가 여기 포함되고, 재고조사 시에 백색스티커를 부착해

〈표 4-15〉 재고의 유형 표식

필요한 재고	운전재고	Running Stock	백색
	안전재고		
	예측정책재고		
불필요한 재고	과잉재고		
	유휴재고	Sleeping Stock	황색
	장기보관재고		
	진부화재고	Dead Stock	적색
	열화품재고		

표시한다.

- Sleeping Stock: 장기간에 걸쳐 간혹 사용되거나 다른 곳에 유용이 가능한 재고를 말하는 것으로 유휴재고, 장기보관재고가 여기에 포함된다. 황색스티커를 부착하여 표시한다.
- Dead Stock: 거의 사용될 가능성이 없는 폐기처분 재고로 진부화재고, 열화품재고가 여기에 속한다. 적색스티커를 부착하여 표시한다.

나) 재고 관리방법

재고조사를 통해 Sleeping Stock, Dead Stock은 가능하면 창고에서 처리하는 방법을 찾는다. 그렇게 함으로써 많은 공간을 새로 확보할 수 있고, 관리비용도 절약된다. 또한 Running Stock(현재 사용하는 재고)는 적정한 재고만을 남기고 과잉재고를 가지고 가지 않도록 관리한다. Running Stock의 관리방법에는 ① ABC분석, ② 유동수곡선분석방법 등이 있다.

(1) ABC분석

원료의 재료나 부품 또는 제품의 재고의 종류가 많은 경우 모든 재고를 동일하게 관리할 필요는 없다. 즉 매일 수량을 파악해야 할 재고가 있고 분기에 1회

〈표 4-16〉 ABC 분류의 내용

구 분	품목의 순위가 전체 품목 수의 상위에서 차지하는 비율	총 사용금액에 대한 비율
A품목	상위에서 약 20%까지	약 70%~80%까지
B품목	상위에서 20%~50%까지	약 80%~95%(15%)
C품목	상위에서 50%~100%까지	약 95%~100%(5%)

정도만 파악해도 되는 재고도 있다. 이것을 어떻게 구분하여 분류할 것인가에 대한 방법으로 개발된 것이 ABC분석법이다. 그 방법은 원재료, 부품, 제품의 각 항목별로 품목별 월사용량을 조사한다. 조사품목 중 상위에서 약 20%를 차지하고 총 사용금액이 약 80%를 차지하는 품목을 A품목으로 명명한다. 다음으로 많은 비중을 차지하는 품목을 상위 20%에서 50%까지(금액적으로는 전체의 15%를 차지)의 품목을 B품목으로 분류한다. 나머지 상위 50%에서 100%까지(금액적으로는 전체의 5%)를 C품목으로 분류한다. C품목은 금액적으로는 5%에 지나지 않지만 품목은 50%를 차지한다. 이렇게 분류되었으면 A, B, C품목별로 재고관리를 달리한다. 즉 C품목은 품목 수는 많지만 금액적으로 미미한 수준이므로 재고를 가지지 않는 것을 원칙으로 하고 A와 B는 적정재고를 가지되 재고의 보충방식인 발주방식은 다르게 관리하다. 발주방식에는 정기 정량발주, 정기 부정량발주, 부정기 정량발주, 부정기 부정량발주의 4가지 방식이 있다.

(2) 유동수곡선분석

재고 중 중요한 품목에 대해서는 유동수곡선분석을 통해 재고관리 적정성을 분석해 볼 수 있다. 유동수곡선으로 알 수 있는 내용은 입고일에서 출고일까지의 정체시간, 어느 시점에서의 재고량 결품이 일어난 시점과 빈도, 과잉재고 보유사항, 재고량의 표준편차, 입출고량의 표준편차이다. [그림 4-6]에서 입고누계선과 출고누계선이 너무 떨어져 있으면 과잉재고를 가지고 있다는 것이며, 합쳐져 있는 경우는 결품이 났다는 증거이다. 입고누계선과 출고누계선은 적당

[그림 4-6] 유동수곡선

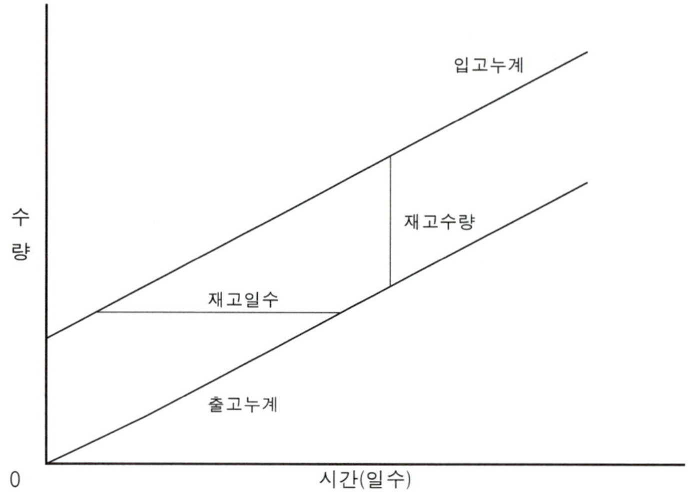

한 간격을 두고 평행선을 이루는 것이 바람직하다.

재고를 적정하게 관리하면 재고에 묶여 있는 자금을 유동화시킬 수 있고, 제품의 리드타임을 줄여 원가를 줄일 수 있는 효과를 거둘 수 있다. 일반적으로 재고 삭감으로 기대되는 효과는 다음과 같다.

- 자금 유동성이 좋아진다.
- 재고에 소모되는 금융비용이 절감되어 원가가 내려가 전체 수익성이 좋아진다.
- 생산기간, 즉 리드타임이 단축된다.
- 문제점이 쉽게 노출되어 관리나 개선활동을 적시 적용할 수 있다.

다) 재고 보충방식

재고를 줄이기 위해서는 재고 품목에 따라 알맞은 발주방식을 선택해야 한다. 발주방식에는 정기 정량발주, 정기 부정량발주, 부정기 정량발주, 부정기 부정량발주의 4가지 방식이 있다.

정기 정량발주는 주로 사무용품이나 청소도구 등 사무실에서 필요한 물품을 구입할 때 사용하는 방법이다. 각 월초마다 정기적으로 일정량을 구입하는 것이다. 정기 부정량발주는 정기적으로 구입하되 그 양은 일정하지 않고 형편에 따라 필요한 양만큼 구입하는 방법이다. 부정기 정량발주는 재고가 어느 정해진 잔량에 도달하는 시점에 발주점을 정해 놓고 그때가 되면 일정량을 발주하는 방식이다. 부정기 부정량발주는 언제 얼마만큼 구입해야 하는지 그때가 되어야 알 수 있는 재고에 대하여 적용할 수 있다.

9) 현장의 설비관리

직업재활시설에서도 기계나 설비가 없이는 생산을 할 수가 없다. 하지만 장애인이나 종사자들은 설비를 관리하는 데 나름대로의 원칙이 있다는 것을 잘 알지 못한다. 산업현장에는 과거부터 생산설비를 관리하는 방식이 있어왔고, 그 방식은 시대에 따라 조금씩 발전해 왔다. 1940년대까지 설비는 고장이 나면 그때 고쳐서 쓰면 된다는 생각을 일반적으로 하고 있었고 그렇게 하였다. 이것을 사후보전이라고 한다. 그러나 제2차 세계대전을 전후하여 산업계에서 정밀한 기계들이 등장함에 따라 사후보전만으로는 설비를 필요할 때에 효과적으로 사용할 수 없음을 깨닫게 되어 고장이 나기 전에 미리 살펴서 고장을 미연에 방지하는 방법을 사용하였는데 이것을 예방보전이라고 한다.

그러나 아무리 예방보전을 철저히 해도 설비자체에 원천적인 결함이 있는 경우에는 별 효과가 없었다. 그래서 사람들은 자주 일어나는 고장과 불량의 원인을 규명하여 그러한 문제가 원천적으로 일어나지 않게 설비를 개조하여 사용하는 방법을 사용하였는데 이러한 방법을 생산보전이라고 한다. 즉 기계를 만들 때 과거 고장이나 불량이 잘 나는 부분을 원천적으로 고장이 없게 보전함으로써 설비의 불량을 줄이고자 하는 전략이다.

예방보전, 생산보전 등 여러 가지 방법을 강구해 봤지만 근본적으로 설비의 고장이나 불량발생을 획기적으로 줄이지는 못하였다. 그래서 학자들이 연구한 결과 고장과 불량의 원인이 미결함에 있으며 이 미결함을 없애기 위해서는 설비의 운전자가 직접 설비를 잘 돌보는 것이 최선이라는 것을 깨닫게 되었다. 이를 위해서는 지금까지의 방법처럼 운전자와 수리하는 사람을 따로 나누는 것이 아니라 자신이 운영하는 기계는 자신이 돌본다는 생각으로 특별히 어려운 수리를 제외하고는 청소부터 주유, 나사 조이기, 간단한 수리 등은 직접 운전자 본인이 하도록 하는 것을 자주보전이라 한다. 직업재활시설에서도 종업원 수가 제한적이고 장애인 근로자가 근무한다는 점을 고려한다면 자주보전이 적절하며 이를 위해 훈련교사나 장애인은 자신이 다루는 기계에 대하여 철저히 관리교육을 받아야 한다.

가) 고장과 불량의 발생순서

고장과 불량은 겉모양은 다르지만 근본적 원인이 같다. 고장의 원인을 제거하면 불량의 발생도 없어진다는 것이다. 이러한 고장과 불량이 생기는 순서를 살펴보면 다음과 같다.

첫째, 잠재적 미결함의 발생이다. 잠재적이란 말은 자세히 살펴보지 않으면 언뜻 봐서는 잘 모르고 넘어가기 쉽다는 뜻이며, 미결함은 고장이나 불량의 원인이 될 수 없을 것으로 생각되는 미세한 결함으로 더러움, 마모, 흠, 녹, 흔들림 등을 말한다.

둘째, 미결함의 현재화이다. 잠재적인 미결함을 그대로 방치하여 미결함이 점점 진행하여 쉽게 눈에 보일정도로 된 것을 말한다.

셋째, 만성적인 고장이나 불량의 발생이다. 현재화된 미결함을 제거하지 않고 그대로 두면 기계가 멈추지는 않지만 기계의 기능을 저하시키는 만성적인 고장이나 불량을 일으킨다.

넷째, 돌발고장이나 불량발생이다. 만성적인 고장이나 불량을 손보지 않고 그대로 방치하면 비로소 돌발적인 고장이나 치명적인 불량이 발생한다는 것이다. 이것을 기능 정지형 고장이라고 한다. 즉 돌발고장이나 불량은 결과적으로는 존재하지만 원천적으로는 돌발적인 것이 아니고 미결함을 방치한 결과이다.

나) 미결함의 적출과 제거방법

모든 고장의 원인인 미결함을 어떻게 발견하여 없앨 것인가이다. 미결함의 제거방법은 청소이다. '청소는 점검이다'는 말이 있다. 청소를 하다 보면 미결함이 눈에 보이게 된다. 따라서 기계운전자가 자기기계를 청소하도록 함으로써 미결함을 쉽게 발견하여 고칠 수 있고 또 자기기계에 대한 애정을 가질 수 있게 하는 한 방법이다. 청소로 미결함이 발견되면 즉시 대응책을 강구하여야 한다. 즉 마모된 부품을 갈아주고, 더러움을 없애주면 된다. 또한 뚜렷하게 미결함이 눈에 띄지 않을 때에는 '닦고, 조이고, 기름치자'를 생각하면 된다. 조사에 따르면 고장이나 불량의 30%는 볼트와 너트의 풀림에서 비롯되고 기계고장의 50%는 기름(윤활유)의 부족으로 일어난다고 한다.

직업재활시설의 제품이 불량이 많이 나는 이유는 생산자인 장애인의 미숙련 탓도 있지만 이러한 미결함을 방치하는 훈련교사의 영민하지 못함도 있다. 장애인을 진정한 경쟁고용이 가능한 근로자로 키우고자 한다면 훈련교사는 이러한 부분까지 세심하게 훈련시켜야 할 것이다.

다) 설비의 6대 로스

직업재활시설에서 업무가 시작되고 바로 생산에 돌입하는 경우가 이상적이겠으나 많은 직업재활시설에서 업무시작 후 작업준비를 위해 많은 시간을 소비하고 있고, 장애인들이 작업을 하기 때문에 그 설비의 경제속도보다 낮은 속도

〈표 4-17〉 설비의 6대 로스

구 분	설비의 6대 로스	내 용
정지로스	고장정지로스	도발적・만성적으로 발생되고 있는 고장정지에 수반하는 시간적인 손실
	작업준비, 조정로스	작업준비 기종대체에 수반하는 시간적인 낭비로, 생산을 정지하고 나서 다음 품종으로 대체, 최초의 제품이 생산되기까지의 정지시간
속도로스	공전, 순간정지로스	일시적인 트러블에 의한 설비의 정지 또는 공전에 의한 로스. 본래 정지로스에 해당하지만 시간의 정량화가 곤란한 경우가 많기 때문에 공정로스로서 산정한다.
	속도저하로스	이론 사이클 타임과 실제 사이클 타임과의 차를 로스로써 포착한다.
불량로스	불량로스	공정 중에 불량이 되는 물량적 손실
	초기유동관리 수율로스	작업시작 시나 종목교체 시 발생되는 물량적 손실

로 운전할 수밖에 없다. 이러한 문제를 포함함여 설비로 인해 발생하는 낭비에는 〈표 4-17〉과 같이 6가지가 있다. 즉 고장정지로스, 작업준비・조정로스, 공전 ・순간정지로스, 속도저하로스, 불량로스, 초기유동관리 수율로스가 그것이다. 설비관리란 이 6대 로스를 어떻게 하면 체계적으로 줄여나가는가 하는 것이 포인트이다.

- 고장정지로스: 설비는 아무리 정비를 하더라도 고장이 날 때가 있다. 이런 경우 발생하는 것이 고장정지로스인데 문제는 고장정지로스의 횟수보다는 회복하는 데 얼마나 시간이 걸리는가가 로스 관리에는 더 중요한 의미를 가진다.
- 작업준비, 조정로스: 직업재활시설의 작업장에서는 작업준비에 지나치게 많은 시간을 낭비하는 경우가 많다. 작업준비나 조정에 지나치게 많은 시간을 보내는 것은 생산효율을 떨어뜨리므로 평소 많은 훈련을 통하여 빠른 준비와 기계조정이 가능하도록 하여야 한다. 통상 작업준비, 조정시간은 9분 이내에 끝내는 것을 원칙으로 한다.

- 공전, 순간정지로스: 기계 운전 중 에러 발생 등으로 기계를 잠시 세우는 경우를 말한다. 공전, 순간정리로스는 기계가 자동화될수록 더 많이 발생할 수 있다.
- 속도저하로스: 기계가 정상적으로 돌아갈 때 생산시간을 표준으로 정하여 이것보다 더 적게 생산되는 경우를 속도저하 로스로 본다.
- 불량로스: 불량로스는 시간낭비의 개념보다 생산량 중 불량품의 비율을 통하여 손실을 따지는 것을 말한다.
- 초기유동관리 수율로스: 기계가 처음 가동될 때 발생하는 불량으로 같은 불량이지만 가동 중에 발생하는 불량과는 원인이 다르기 때문에 따로 분리하여 집계한다.

6대 로스를 줄이는 첫 단계는 로스를 측정 가능하도록 정량화시키는 것이 중요하다.

나. 제품의 품질관리

몸이 불편한 장애인들이 작업에 참여하기 때문에 직업재활시설에서 품질을 유지한다는 것은 일반 사업체에 비해 몇 배나 어려운 일이다. 하지만 반대로 장애인이 생산하기에 품질에 더욱 신경을 써야 제품의 편견을 해소할 수 있는 것이 현실이다.

1) 품질에 대한 개념

생산현장에서의 품질이란 요구조건에 대한 적합정도를 말한다. 우리가 일반적으로 품질이 나쁘다고 표현하는 것은 제품의 성능이나 기능이 모자라는 경우, 제품의 사용 시 고장이 잦은 경우, 처음부터 불량품인 경우의 3가지로 나누어 볼 수 있겠다.

첫째, 제품의 성능이나 기능이 모자라는 경우이다. 이런 경우는 설계품질에 속하는 문제다. 즉 기본 설계가 성능이 모자라게 설계되었을 가능성이 크다.

둘째, 제품을 사용할 때 고장이 자주 일어나는 경우이다. 이것도 역시 설계품의 문제다. 일부 부품의 재질이나 치수 또는 규격이 사용하는 데 있어 충분한 신뢰성을 갖지 못하는 것이다.

셋째, 불량품인 경우이다. 이것은 제조품질의 문제다. 설계나 규격에는 문제가 없는데 그 규격을 벗어나 제품을 만든 것이 해당된다. 주로 직업재활시설에서는 세 번째인 불량품, 즉 제조품질의 문제를 줄이는 것에 초점을 맞추어야 한다.

그렇다면 제품을 생산하는 작업장에서 품질을 지키는 현장이란 어느 정도의 품질을 나타내면 되는가? 김종문(2009)은 생산현장의 관리기술에서 고품질 공장의 수준을 클레임률 "0" 혹은 현재불량(눈으로 보아서 알 수 있는 불량)이 1% 이하, 잠재 불량률이 0%로 정의하고 있다. 또한 관리기준으로 제조규격, 검사규격, 제품규격에 대한 명확한 기준이 마련되어 있고, 작업표준이 명확히 수립되어 있으며, 이것이 잘 준수되는 작업장을 고품질 작업장이라고 말할 수 있다. 직업재활시설의 경우도 이와 같은 고품질 작업장을 추구해야하며 이런 작업장이 되어야 우선구매와 같은 적극적 우대정책의 대상이 될 수 있다.

2) 불량의 종류

불량은 현재(顯在)불량과 잠재불량이 있다. 현재불량은 눈으로 볼 수 있는 불량을 말하는 것으로 현재 불량에는 다음과 같은 것이 포함된다.

- 폐기: 제조규격을 벗어나 재가공 또는 수리가 되지 않아 폐기하는 것.
- 수리: 공정 내 또는 공정에서 발견해서 추가 또는 고치는 제품.
- 롯트 아웃: 발췌검사로 롯트 전체가 아웃되는 경우.

- 격하(格下): 특정 품질이 얻어지지 않기 때문에 등급을 낮추는 경우.
- 특채: 소정의 품질이 얻어지지 않으나 특별히 합격하는 경우.
- 클레임: 고객으로부터의 클레임이 걸린 제품.

잠재불량은 현재 불량은 아니지만 넓은 의미로 생각을 때 불량에 포함시키는 것을 잠재불량이라고 하고 다음과 같은 경우를 포함한다.

- 항상 추가가공: 1회 가공에서는 제조규격에 맞지 않기 때문에 항상 2회 이상 가공하는 경우
- 보충: 본래의 수량만으로는 불량이 생겨 부족이 생길 우려가 있기 때문에 기준보다 개수의 여분을 넉넉하게 많이 추가하는 경우
- 선택조립: 조립정밀도가 나빠 선택적으로 맞는 것을 골라서 조립하는 경우
- 속도불량: 가공속도를 표준까지 끌어올리면 불량이 생기므로 속도를 낮추어 운전하는 경우
- 보충파괴검사: 품질이 불안정하기 때문에 기준보다 파괴검사를 많이 하는 경우

3) 규격 품질

현장에서는 규격을 제품규격, 검사규격, 제조규격으로 구분하여 사용한다. 제품규격이란 고객과 약속한 규격을 말하는 것으로 이것을 어기면 클레임의 대상이 된다. 검사규격은 제품규격에 맞는지 확인할 때 사용하는 규격으로 검사 시 사람이나 기계의 측정오차의 범위를 감안해 제품규격보다는 다소 엄한 규격으로 되어 있다. 제조규격은 제조 시 생길 수 있는 오차를 감안해 검사규격보다 더 엄하게 만든 것이다. 즉 제조규격에 합격한 제품은 검사규격과 제품규격에는 당연히 합격하도록 규격을 정하여 품질을 확보한다. 규격에는 길이, 부피, 성능, 내구성, 위험도 등 다양한 기준이 존재할 수 있다.

규격품질의 엄격성 정도: 제조규격 〉 검사규격 〉 제품규격

4) 작업표준

직업재활시설 현장에서 품질이 지켜지기 위해서는 관리자가 승인한 작업표준을 작업자가 철저하게 지키는 것이 전제조건이다. 그러나 직업재활시설의 경우 별도의 작업표준이 없는 경우가 대부분이다. 작업표준 없이 제품을 만드는 것은 측정도구 없이 물건의 길이를 측정하는 것과 같다. 작업표준이라는 것은 그 물건을 만들기 위해 가장 효율적인 방법을 발굴해 놓은 것으로 만약 작업표준 없이 제품을 만들면 제조하는 사람마다 작업시간과 품질이 달라지기 때문에 동일한 규격품을 여러 사람이 대량 생산하는 데에는 바람직하지 않다. 작업표준을 적용하는 데 또 하나의 문제점은 작업자들이 작업표준을 지키지 않는 것이다. 이것은 아주 위험한 사항으로 철저히 룰(Rule)을 지키는 버릇부터 가르쳐야 원하는 품질을 확보할 수 있다.

가) 작업표준을 지키게 하는 방법

작업표준은 만들기도 어렵지만 지키기는 더 어렵고 중요하다. 훈련교사 등 담당자들이 먼저 충분히 표준을 익혀서 작업자들을 지도해야 한다. 또 작업표준이 지켜지지 않아 생기는 문제에 대하여 작업자에게 책임을 묻는 등 정신교육을 함으로써 철저히 지켜질 수 있도록 하여야 한다. 더불어 작업표준 자체가 누구나 간단히 지킬 수 있는 형태로 만들어지도록 해야 한다. 품질을 지킨다는 것은 생각처럼 그렇게 간단하지 않다는 것을 관리자들은 명심해야 한다.

나) 작업표준의 수정

작업표준대로 했는데도 불량이 나왔다면 작업자가 반드시 신고하도록 의무화해야 한다. 그리고 그 원인을 파악하여 작업표준을 수정해야 작업표준의 의

미가 있으며 품질 확보에 도움이 된다.

다) 작업표준의 내용

작업표준을 지키기 위하여 활용하는 도구로는 품질관리 공정표, 작업지도서, 작업지시서 등이 있다.

- 품질관리(QC) 공정표: 공정순서와 각 공정별 관리 포인트, 관리방법, 표준시간, 이상조치 방법 등을 기재한다.
- 작업지도서: 신제품 생산 시, 신입 작업자가 들어 왔을 때, 작업방법이 변경되었을 때 일선감독자가 안정된 생산을 위하여 표준작업의 교육용으로 만드는 것으로 다음과 같은 사항을 포함한다. 사용하는 부품, 재료, 설비, 공구의 내용, 표준시간, 작업순서와 포인트, 작업의 성패를 좌우하는 요인, 작업분해 및 제품품질의 도해, 이상발생시 처리방법이 포함된다.
- 작업지시서: 작업자가 꼭 지켜야 할 사항을 적어 그 공정의 주요 포인트와 작업 후 완성품이 어떤 상태이면 좋을지를 작업개시 전과 이상 발생 시에 확인할 수 있게 활용하는 것으로 다음의 내용이 명확히 기록될 필요가 있다. 만들어 낸 품질의 내용, 품질면, 작업의 안정성 면에서 지켜야 할 중요한 조건, 이상 발생 시의 처리방법이 포함된다.

5) 품질검사의 방법

품질검사란 양품과 불량품을 판별하는 것이다. 하지만 지금은 그 개념이 점차 바뀌어 불량을 만들지 않는 검사로까지 발전하고 있다. 품질검사는 분별검사, 정보검사, 원류검사로 나누어 볼 수 있다.

가) 분별검사

가공이 끝난 제품을 양품과 불량품으로 구분하여 검사하는 것으로 다음 공정에 불량품을 보내지 않는다는 장점이 있으나 이미 불량발생이 있은 후의 검사이므로 불량률을 낮추지는 못한다는 단점이 있다. 전통적인 품질검사 방법이다.

나) 정보검사

불량이 발생하면 그 정보를 발생한 공정에 피드백하여 그 공정이 조치를 취하여 작업방법을 개선함으로써 그 후에 불량이 발생하지 않도록 하는 성격의 검사방법이다. 대표적인 것으로 뒷 공정에서 앞 공정의 품질을 검사하여 이상 발생 시 알리는 순차검사방식이 있다.

다) 원류검사

처음부터 불량을 만들지 않도록 하는 품질관리 방식을 말한다. 불량을 발생한 결과에 의해서 행동을 취하는 것이 아니고 아직 불량으로 나타나기 전 단계에서 행동을 취하여 미스가 발생하더라도 그것을 불량으로 전환시키지 않겠다는 사고방식에 근거를 둔 검사 방식이다. 이때 Fool Proof를 이용하는 것이 대단히 효과적이며 이것에 의하여 비로소 불량률 제로를 실현할 수 있다.

Fool Proof는 Fool(바보)가 되는 것을 Proof(방지, 교정)한다는 의미이며 누가 작업해도 이 장치만 있으면 불량을 만들지 않고 틀림없이 잘할 수 있는 구조를 만드는 것이다. Fool Proof를 사용하면 전수검사를 할 수 있고 이상 발생의 경우 즉시 피드백을 행하여 동시에 액션을 취할 수 있는 기능을 가지게 된다. Fool Proof화할 때의 원칙은 Fool Proof개발에 있어 인간의 착오와 같은 약점이 개재할 수 없는 방법을 택해야 하는데 주로 다음 사항을 고려해야 한다.

- 편하게 작업할 수 있도록 한다.

- 감각에 의한 작업을 배제한다.
- 치구화, 기계화, 센서에 의한 자동장치 등에 의하여 인간의 5감에 의한 판단을 배제하도록 작업을 개선한다.
- 경고음, 경고등이라도 설치하라.
- 규격에 과부족이 생길 경우 자동으로 동작제어가 안 되면 최소한 경고음을 울리게 하든지 경고등의 설치 등 차선책을 강구한다.

다. 현장의 안전관리

직업재활시설은 신체적 정신적으로 장애가 있는 사람들이 작업을 하는 곳이므로 안전관리에 특히 신경을 써야 한다. 항상 아침 조회 또는 일을 시작하기 전에 안전에 대한 주의를 환기시켜야 하고, 또 안전에 대한 준비를 철저히 해야 한다. 현장에서 안전관리를 위해 중요한 4가지 원칙인 정리정돈, 점검정비, 표준작업, 의사소통을 준수하는 것이 중요하다.

첫째, 정리와 정돈이다. 생산을 한다는 것은 변화를 통하여 새로운 것을 만들어내는 활동이므로 끊임없이 혼돈과 부산물이 파생된다. 이러한 상태를 계속적으로 정비하지 않으면 곧 현장은 혼란에 빠지게 된다. 현장의 혼잡함과 무질서는 작업자의 집중력을 분산시키고 이것은 안전사고를 불러온다. 따라서 구성원들은 틈틈이 현장을 정리 정돈해야 한다.

둘째, 점검정비이다. 불량의 발생과 사고의 원인 중 하나는 정비의 불량에서 비롯된다. 점검표를 만들어 정기적으로 점검하고, 설비의 점검 및 정비 내용은 정리하여 철해 둔다. 이렇게 함으로써 기계설비의 관리도 할 수 있고 안전관리도 할 수 있다.

셋째, 표준작업이다. 현장에서 임기응변식으로 작업을 하다 보면 사고로 이어지는 경우가 많다. 모든 작업은 정해진 절차와 방법으로 작업 지시서에 따라

〈표 4-18〉 작업안전 표 작성 예

구 분		○○공정의 단위작업 내용				
		작업1	작업2	작업3	작업4	....
직업특성	기계조작					
	이동					
	중량물					
	넓이					
	높고 낮음					
	기타 환경 특성					
재해종류	절단					
	허리통증					
	눈 다침					
	머리 다침					
	옷 말림					
	...					

위험 요소 (90개)	동작행동 (30개)	반복행동이 많다.					
		롤러 위를 걷는다.					
		많이 걷는다.					
		....					
	물건설비 (30개)	너무 무겁다.					
		날카롭다.					
		머리 위로 이동한다.					
		....					
	상태환경 (30개)	계단이 급하다.					
		미끄럽다.					
		어둡다					
		...					

※ 다섯 가지 레벨

: 그런경향이 있다
: 좀 심하다
: 대단히 심하다

: 그렇다
: 상당히 심하다
: 해당없음

수행되어야 한다.

넷째, 의사소통이다. 현장에서는 소음, 시야확보 어려움 등으로 의사소통에 어려움이 있는 경우가 많다. 사전에 약속된 소통방법을 명확히 하여야 사고를 막을 수 있다. 또한 사고 발생 시 응급 처리 절차와 비상보고체계를 확립해 두어야 피해를 최소화할 수 있다.

또한 작업안전을 철저히 하기 위하여 작업안전표의 작성도 중요하다. 작업안전표는 작업에 참여하는 작업자들이 함께 작성하는데 이 표를 작성하면서 작업의 위험요인을 명확하게 인지하게 된다. 즉 각 작업별로 불안전요인을 발굴하기 위해서 세로축의 지침을 몇 번이고 읽게 되고 자기의 작업을 재검토하기 때문에 자연스럽게 지침이 머리에 깊이 기억되어 자기 스스로의 안전에 대한 기준이 마련된다. 작업안전 표의 작성 순서는 〈표 4-18〉과 같이 공정과 작업의 구분, 작업특성 분석, 불안전요인의 작성, 마킹 등록, 테마화, 구체화 추진의 단계로 진행한다.

4. 직업재활시설의 근로자 및 훈련생 선발 및 관리

가. 장애인직업재활시설의 대상자

직업재활시설의 정체성 측면에서 직업재활시설의 대상자는 일반 작업환경에서 직업생활을 하는 데 상당한 어려움이 있는 장애인이다. 그렇다면 일반취업이 어려운 장애인이라면 어느 정도 중증장애인까지 직업재활시설의 대상이 되어야 하는가. 예를 들어 장애가 아주 심하여 작업이 거의 되지 않는 중증장애인은 어떠한가. 아니면 아주 고령인 장애인은 어떻게 할 것인가? 아직 이것에 대한 구체적으로 논의된 것은 없지만 장애의 정도보다는 그 사람의 직업재활의지가 적격여부를 판단하는 중요한 기준이 될 수 있다. 중증장애인이라도 직업에 대한 욕구가 있고 하고자 하는 의지가 있다면 작업에 참여시키는 방법을 찾아보아야 한다. 반면에 경증장애인이라도 본인이 일하고자 하는 의지가 없는 경우에는 직업재활시설의 대상자로 서비스를 준다고 해도 효과가 크지 않을 것이다. 즉 직업재활시설의 대상자 선정에는 기관의 입장과 더불어 본인의 의지를 중요하게 고려하여야 한다.

직업재활시설의 대상자를 이해하기 위해서는 한 가지 개념 정리가 필요한데 직업재활시설의 대상자에는 적응훈련을 받는 사람(훈련생)과 시설과 고용관계를 가지는 사람(장애인 근로자)이 있다는 것이다. 즉, 훈련생이란 직업재활시설을 재활서비스를 받을 목적으로 이용하고 있으며 결국에는 일반취업이나 보호고용되는 장애인을 말하고, 장애인 근로자란 훈련과 관계없이 직업재활시설과 근로계약을 맺고 일하는 장애인을 말한다. 시설과 근로계약을 맺은 장애인과 훈련생의 가장 큰 차이점은 근로계약을 맺은 장애인은 근로기준법의 적용을 받게 되며 따라서 시설은 사용자로서 근로기준법을 위반하지 않도록 주의를 기울여야 하는 의무를 가지게 된다는 것이다. 통상 근로사업장에서 일하는 장애인은 근로자로 취급되고, 보호작업장에서 일하는 장애인은 근로계약 및 훈련계약의 유무 및 실질적 종속관계에 따라 근로자와 훈련생으로 분류될 수 있다. 하지만 대체로 작업활동 프로그램에 참여하는 장애인은 훈련생으로 분류하고 있다. 현재 장애인복지법에서 규정하는 우리나라 직업재활시설 유형별 구체적인 대상은 〈표

〈표 4-19〉 직업재활시설 유형별 대상자

구 분	최소대상인원	중증장애인비율	재가장애인비율	주요서비스
근로작업장	30명	60%	50% 이상	보호고용
보호작업장	10명	80%	50% 이상	보호고용과 직업적응훈련
작업활동 프로그램	10명	80%	–	직업적응훈련

4-19〉와 같다.

보호작업장 참여 대상자는 의료, 직업능력, 심리, 교육평가 등의 결과와 초기면접 정보를 토대로 전문가들이 참여한 위원회에서 적격성 여부를 평가하여 기관의 재활서비스 적합자로 판정된 사람을 말한다. 보호작업장의 목적은 취업이 어려운 장애인에게 직업적응훈련과 보호적 조건하에서의 근로기회를 제공하는 것이므로 참여하는 장애인의 80% 이상이 장애등급 3급 이상을 유지되도록 하여야 할 것이다. 즉 중증장애인이 대상이 된다.

장애인복지법은 보호작업장에 일하는 최소 장애인의 수는 10명 이상이고, 대상자 선정의 우선순위는 첫째, 지역 내 재가 장애인으로 근로가 가능한 자, 둘째, 장애인생활시설과 인접하여 설치된 경우 입소 장애인 중 근로가 가능한 장애인 등이다. 단 생활시설장애인을 참여시킬 경우 전체 장애인의 50%를 넘지 않도록 선발하여야 하며 보호작업장에 참여하는 비장애인 비중은 종사자(정부지원 직원)를 제외하고 전체 인원의 30%를 초과하지 않아야 한다고 규정한다.

또한 보호작업장이나 근로사업장의 경우 작업활동 프로그램을 설치할 수 있는데 작업활동 프로그램이란 작업능력이 매우 부족한 장애인을 대상으로 일정기간 일상생활 및 가사생활훈련, 사회적응훈련, 직업적응훈련, 여가활동교육 등을 통해 보호작업장이나 근로사업장으로 전이될 수 있도록 보호작업장이나 근로사업장 내에 운영하는 프로그램을 말한다. 즉 작업활동 프로그램 참여 대상은 정상화 원리에 따라 직업생활을 경험하는 데 더 중점을 두는 사람들이 대부분이다.

장애인 근로사업장은 장애인 중 직업능력은 있으나 이동 및 접근성, 사회적 제약 등으로 일반취업이 어려운 장애인에게 근로의 기회를 제공하고, 최저임금 이상의 유상적 임금을 지급하며 경쟁고용으로의 전이를 위한 역할을 하는 시설을 말한다. 따라서 그 대상자도 보호작업장이나 작업활동 프로그램 참여자보다는 경증 장애인이 주로 대상이 된다. 다시 말해 근로사업장의 대상 장애인은 근로능력 측면에서는 비장애인과 차이가 없는데 단지 이동이나, 대인관계, 사회적 편견, 개인적 성향 등으로 경쟁고용에 진출하지 못하는 장애인이 주 대상이다. 하지만 그렇게 되면 너무나 경증 장애인들이 모여서 근로하게 되는 문제가 발생할 수 있으므로 사회적 약자를 우선적으로 배려하는 차원에서 장애인복지법은 전체 참여 장애인의 60% 이상은 중증장애인으로 유지될 수 있도록 하고 있다. 근로사업장도 보호작업장과 마찬가지로 전체 참여자의 70% 이상이 장애인이어야 하고 장애인의 50% 이상은 재가 장애인이어야 한다.

나. 대상자 선발방법

직업재활시설의 대상자 선발은 선발방법도 중요하지만 더 중요한 문제는 대상자 선발의 기준을 어디에 둘 것인가이다. 즉 **직업재활시설 대상자 선발 기준을 복지적 차원에서의 대상자의 복지적 긴박성이나 효과성에 둘 것인가 아니면 직업재활시설 경영적 측면에서 좀 더 수익성을 많이 낼 수 있는 대상자를 선발할 것인가는 중요한 문제**이다. 어디에 중요성을 부여하느냐에 따라 선발 방법이 많이 다를 것이기 때문이다. 그 기준은 장애인복지법의 기준이나 각 시설의 운영철학, 태생적 배경에 따라 달라질 수 있다.

사회복지시설로서의 직업재활시설에서는 전자, 즉 의뢰자의 긴박성이나 효과성이 높을 것으로 예상되는 대상자를 선발하는 방법을 사용하는 것이 적절할 것이라 생각된다. 또한 지금까지 많은 직업재활시설의 대상자 선발을 어렵고 힘든 사람을 기준으로 선발해 왔다. 이러한 선발의 단점은 선발된 장애인들의 대부분이 능력이 대동소이(大同小異)해서 자체생산을 통한 제품생산이 어려운 경우가 대부분이다. 다시 말해 중증장애인들만 모이게 된다는 것이다. 그래서 생긴 문제가 직업재활시설의 적합 직종이 무엇인가에 대한 고민일 것이다.

최근 들어 직업재활시설에 생산 장비가 많이 보급되고 생산중심 체제로 작업장이 돌아가면서 대상자의 선발방법은 어려운 사람보다는 그 시설의 운영에 적합한 사람위주로 선발하는 경향이 많아졌다. 또한 시설에서 적합하지 않는 사람은 점점 정리되고 적합한 사람은 가능하면 내보내지 않으려는 경향이 생겨나고 있다. 이러한 현상은 장애인직업재활시설이 장애인의 단순한 보호작업장 기능에서 좀 더 장애인에게 일자리를 제공하고 자립을 지원해 주는 기능의 사회적 기업으로 발전해 간다는 측면에서는 의미 있는 발전이라 할 수 있다. 하지만 직업재활시설에 머물지 않아도 되는 경증 장애인들이 굳이 정부의 지원이 집중되는 직업재활시설에 남아 편하게 직업생활을 하려는 문제나, 일부 시설에서도 힘든 중증장애인보다는 편한 경증중심의 장애인을 참여시켜 손쉽게 실적을 내려는 문제점 등은 해결해야 할 과제가 되고 있다.

직업재활시설 참여자 선발은 기관의 사업을 알리는 것부터 시작한다. 직업재활시설의 개념은 아직 일반화되지 않아 지역 주민들이 잘 모르는 경우가 많은데 홈페이지, 지역 홍보매체 등을 통하여 꾸준하게 시설을 홍보하면 입소문을 통해 대상자가 스스로 찾아오는 경우가 많다. 하지만 신규로 직업재활시설을 열거나 새롭게 대규모 대상자를 모집하고자 할 때에는 모집공고를 하는 방법을 사용해야 할 것이다. 모집공고는 주로 대상자가 많이 모이는 지역장애인고용공단 및 산하시설, 특수교육기관, 장애인시설 및 단체, 직업재활시설협회, 노동부의 구인 사이트 등에 홍보하면 좋은 결과를 얻을 수 있을 것이다. 또한 현재 참여하고 있는 장애인을 통하여 홍보하는 것도 좋은 방법일 것이다.

1) 대상자 선발 과정

대상 장애인의 선발방법은 그 대상 장애인을 근로자로 바로 채용하는 방법도 있겠으나 직업재활서비스의 대상으로 선발하여 일정한 과정에 따라 서비스를 제공하고 서비스 후 채용여부를 결정하는 방법도 있다. 여기서는 서비스를 제공하고 차후 보호고용 여부를 결정하는 방법을 중심으로 설명하고자 한다. 직업재활시설의 이용 의사가 있는 대상자에 대한 선발과정은 다음과 같은 절차로 진행할 수 있다.

- **의뢰/접수 → 초기면접 → 확대 평가 및 적응훈련 → 판정회의 → 선발**

가) 의뢰/접수

의뢰는 장애인이나 보호자가 직업재활시설을 이용하고자 시설에 이용신청을 하거나 문의하는 것이다. 의뢰방법에는 인터넷을 통하는 방법, 전화를 하는 방법, 직접 방문하는 방법이 있을 수 있다. 의뢰한 사항을 응하여 정리하는 것을 접수라고 한다. 의뢰 내용은 이용신청자 대장에 기록하여 접수하며, 시설의 이용자 모집여부에 따라 이용신청서를 접수 받거나 타 시설에 이관할 수도 있다.

만약 의뢰자를 접수하여 초기면접을 하고자 한다면 의뢰자에게 이용신청서를 받도록 하고 초기면접 전까지 이전에 타 시설에 이용하고 있을 경우 이용 자료나 평가 자료를 협조 요청하여 받을 수 있도록 한다. 접수 과정에서 장애인의 성명, 주소, 연락처와 초기면접의 날짜를 정하여야 하며 대상자가 직접 방문했고 미리 준비되어 있을 때에는 접수와 초기면접을 동시에 진행할 수도 있을 것이다.

나) 초기면접

초기면접은 대상자와 기관이 처음 공식적 만남을 갖는 것이다. 초기면접은 서비스를 이용하고자 하는 장애인과 장애인보호자에게 기관의 운영방침과 제공서비스 등에 대해서 충분히 전달하여야 한다. 더불어 참여하고자 하는 내담자의 욕구를 충분히 파악하고 이용하고자 하는 장애인의 능력에 대하여 꼼꼼하게 파악하여 이 대상자에게 서비스를 계속 제공할 것인지 아니면 초기면접으로 서비스를 종결할 것인지를 결정할 수 있는 정보를 수집해야 한다. 이것을 위하여 내담자에게 간단한 작업샘플을 시켜볼 수도 있다. 초기면접에서 구체적으로 사정되어야 할 사항은 이용자의 욕구파악과 시설에 대한 오리엔테이션, 초기평가이다.

(1) 이용자 욕구파악

초기면접에서 장애인이나 장애인부모는 일단 이용하고 싶은 욕심에 가능하면 부족하거나 단점인 사항은 감추고 장점이나 긍정적인 측면을 보이려는 경향이 있다. 상담자 또한 초면인 내담자에게 실례될 것이 조심스러워 서비스 계속 여부 판단에 중요한 단서가 되는 사항들을 대충 넘어가는 경향을 주의해야 한다. 이를 방지하기 위해 초기상담자는 사전에 꼼꼼하게 자료를 준비하여 상담이 표면적으로 흐르지 않도록 주의해야 한다.

초기 상담에서 상담자는 내담자가 편안히 느낄 수 있도록 분위기를 조성하고, 내담자들이 기관을 통해 기대하고 있는 것이 무엇인지를 파악하고 기록해 두어야 한다. 그것은 장애인이 직업적응력의 향상에 대한 기대일 수도 있고, 금전적 도움일 수도 있다. 또한 기초생활 수급을 유지하면서 직장생활을 영위하고자 할 수도 있다. 따라서 이런 사항을 기본으로 해서 직업과 관련된 이용자의 모든 욕구를 파악해야 하며 직업적 욕구가 아니더라도 이용자의 욕구는 파악되어야 한다.

(2) 시설에 대한 오리엔테이션

초기면접에서는 내담자의 욕구 파악도 중요하지만 기관에서 내담자에게 제공해 줄 수 있는 것에 대한 설명을 구체적으로 해주는 것도 중요하다. 상담자는 내담자의 기대에 부응하기 위해 현실적으로 제공할 수 있는 것보다 좀 더 부풀려서 자신의 기관을 소개하기 쉬운데 내담자들은 이러한 설명들을 오랫동안 기억하고 있으므로 특히 주의해야 한다. 이러한 문제들이 차후 기관과 이용자의 불신을 키울 수 있는 불씨가 될 수 있다. 많은 내담자들이 궁금해 하는 것 중 몇 가지를 예로 들면 출퇴근 차량에 관한사항, 임금에 관한 사항, 서비스 기간에 관한 사항 등이 많다. 또 기관의 순회 설명을 통해 내담자가 기관의 업무라던가 작업환경 등을 충분히 파악해서 시설이용을 계속할지를 판단하는 데 도움이 되도록 해주어야 한다.

(3) 초기 평가

초기면접에 참여한 예비 이용자가 시설에 적합한지를 판단하기 위해 기본적인 작업표본 평가나 기초직업능력 및 신체기능을 테스트해볼 수 있다. 작업표본 평가는 그 시설에서 하고 있는 작업 중 가장 대표적인 일거리를 내담자에게 시연을 보이고 직접 따라 하게 한다. 처음 하는 작업이라 잘 수행하지 못할 수 있으나 작업에 대한 태도나 지적능력, 손기능 등을 관찰해서 기록해 둔다. 직업수행을 위한 기초 직업능력 평가는 직업생활을 위해 기본적으로 4칙 연산과 시간개념, 논리성 등에 대한 기본적인 능력이 어느 정도인지 간단한 체크리스트나 질문지로 파악하여 기록해 둔다.

신체기능평가는 내담자의 신체기능 장애정도를 파악해 둘 필요에 의하여 실시한다. 특히 작업과 관련이 많은 상지 기능이라든가 시력, 청력 등 신체기능정도를 간단하게 테스트하고 기록해 둔다. 초기면접이 끝나면 서비스 계속진행 여부를 스텝회의에서 결정하여 빠른 시간 내에 내담자에게 알려준다.

다) 확대평가 및 적응훈련

일단 초기면접을 통과했다면 서비스를 받을 수 있는 최소한의 자격을 갖춘 것으로 판단할 수 있다. 이제 본격적으로 시설의 일상적 활동에 참여하면서 확대된 개념의 현장 평가 및 현장적응훈련을 실시한다. 확대평가 및 적응훈련은 시설마다 조금씩 차이가 있는데 대체적으로 1개월에서 3개월 정도 실시될 수 있다. 이 기간 동안 시설의 모든 환경에 적응하기 위한 직업적응훈련, 적응훈련 동안 각 과제에 대한 수행정도나 문제행동, 대인관계 형성 정도 등을 파악하는 현장평가 등을 실시한다.

이러한 확대평가 및 적응훈련은 전체적인 프로그램을 전담하는 교사 1명이 내담자의 슈퍼바이저(Supervisor)가 되어 적응훈련 계획서를 수립하고, 다른 훈련교사들이 계획서에 따라 자신이 맡은 분야를 훈련하고 관찰내용 등을 기록하고 평가한다. 이 기간 동안 슈퍼바이저 교사는 수시로 내담자와 상담하면서 고충을 해결해 주기 위해 노력하여야 한다. 그리고 내담자의 의견을 충분히 수렴하여 훈련 등에 반영해야 한다.

그리고 적응훈련 기간 내에 필요하다면 전문평가기관에 의뢰하여 내담자의 지능, 적성과 흥미, 신체능력, 사회성 등을 종합적으로 평가하여 내담자의 직업적 잠재능력을 평가하는 자료를 얻도록 하고 판정회의 자료로 활용할 수 있다.

라) 판정회의

계획된 확대평가 및 적응훈련이 완료되면 전담 훈련교사는 내담자의 자료를 정리하여 판정회의를 개최를 준비하여야 한다. 판정회의 자료는 전문평가센터 등에서 실시한 종합평가 결과자료, 직업적응 훈련기간 동안의 훈련일지, 현장평가 자료, 장애인 또는 그 보호자의 초기면접 자료, 적응훈련을 마친 후 내담자의 욕구(적성에 맞는 일, 애로사항 등)정리 자료, 기타 판정회의에 참고될 자료를 정리하여 포함시킨다.

판정회의에는 직업재활시설 내 시설장과 적응훈련에 참여한 훈련교사들이 참여한다. 판정회에서 중요하게 결정해야 할 것은 내담자의 훈련생과 근로자의 적합성 판정, 직업재활계획 및 제공서비스, 훈련수준 및 근로자로서의 급여 수준 등이다.

먼저, 훈련생 혹은 근로자의 적합성 판정으로 판정회의에 참석한 위원들은 초기면접 자료, 전문 직업평가 자료 그리고 적응훈련기관 동안의 행동관찰을 토대로 장애인이 우리 기관에서 계속적 서비스를 제공하는 것이 좋을지 다른 기관에 의뢰하는 것이 그 당사자에게 유리할지를 결정해야 한다. 또 장애인의 성향이나 시설 내 타 장애들과의 융화 정도 등을 종합적으로 고려하여 시설의 잔류여부를 결정해야 한다. 또한 판정회의에서 가정 우선시 두어야 할 것은 대상자의 이익이어야 한다.

직업재활계획 및 제공서비스 결정은 우리 기관에서 계속적 서비스를 제공하는 것이 좋을 것으로 판단되는 장애인에 대해 어떤 서비스를 제공할 것인지를 논의해야 할 것이다. 각 시설의 사정에 따라 차이가 있겠지만 직업재활시설에서 제공할 수 있는 서비스에는 직업적응훈련 서비스를 제공하는 것, 외부 취업을 할 수 있도록 도와주는 것, 직업재활시설에서 근로자로서 보호고용 하는 방법 등이 있을 수 있다.

시설 내에서 계속적 서비스를 제공하기로 한 장애인에게는 그 사람의 직업적 능력에 따라 훈련수준과 근로자로서 임금수준을 결정해야 한다. 그 사람이 훈련생이면 훈련수당으로 지급하면 되고 근로계약을 맺기로 했으면 최저임금법에 따른 최저임금 이상을 제공해야 한다. 급여 결정은 기관의 수입, 기존 서비스 장애인의 급여, 향후 발전가능성 등을 종합적으로 고려해야 할 것이다. 한 달간의 현장관찰을 통해 그 사람이 작업장 내의 어떤 장애인과 생산능력이 비슷한지 비교하여 급여를 정하는 것도 한 가지 방법일 것이다. 그리고 이러한 결정사항은 서면으로 내담자와 보호자에게 제공되어야 한다. 그리고 내담자는 이것에 대하여 자신의 의견을 제시할 수 있도록 하여야 한다.

마) 선발

판정회의에서 중점적으로 논의된 사항을 중심으로 내담자의 재활계획이 수립되고 그것을 중심으로 서비스 이용 대상여부가 결정된다. 서비스 대상자로 결정되어 그 장애인이 훈련생으로서 서비스를 받는다면 훈련서약서를 작성하도록 하고, 근로 장애인으로 참여하게 된다면 근로기준법에 따른 근로계약을 체결하도록 한다.

직업재활시설 대상자는 일단 선발되었다 하더라도 지속적 서비스의 제공이 필요하다. 무엇보다도 지속적 서비스의 최고 가치 지향점은 이용자의 직업적 능력 향상을 통한 삶의 질 개선에 두어야 한다.

다. 장애인 근로자의 노무관리

장애인직업재활시설에 참여하는 장애인은 작업활동 프로그램에 참여하는 훈련생과 근로자가 같은 시설에서 서비스와 노무를 제공하고 있다. 그러나 직업재활시설의 경우 장애인의 직업훈련과 일자리 창출을 위해 장애인복지법 제58조에 근거해 설립된 비영리 시설로 장애인을 채용해서 어떤 이익을 창출하기 위한 목적의 단체라기보다 일거리가 없는 장애인에게 일거리를 주어 인간다운 삶을 영위하게 해주기 위한 복지시설이기 때문에 시설 원장을 노동법상의 고용주로 보기에는 한계가 있다.

하지만 이러한 제한점에도 불구하고 현실적으로 직업재활시설의 장애인과 근로계약을 체결하지 않을 경우 장애인은 4대 보험의 혜택을 받을 수 없고, 중증장애인우선구매특별법의 혜택을 받을 수 없는 등 피해가 많기 때문에 많은 직업재활시설에서는 장애인과 근로계약을 맺고 영리사업장과 동일한 형태의 노무관리를 할 수밖에 없다. 장애인과 근로계약을 맺으면 장애인복지법과 동시에 노동법의 지배를 받기 때문에 시설에서는 노무관리에 특별히 신경을 써야 한다. 여기서는 장애인과 근로계약을 맺는 경우를 '장애인근로자'로 하고 그렇지 않는 장애인참여자를 '훈련생'이라는 용어를 사용하여 어떻게 노무관리를 해야 할지를 소개한다.

1) 근로계약 체결

근로계약은 근로자가 사용자에게 근로를 제공하고 사용자는 이에 대하여 임금을 지급할 목적으로 체결된 계약이다. 따라서 직업재활시설 참여자 장애인과 근로계약을 체결하기 전에 관리자는 충분히 협의하여 이 장애인이 근로자로서의 책임과 의무 그리고 근로자가 됨으로써 얻게 되는 해택 등을 종합적으로 검토해야 한다. 또한 근로계약서는 향후 근로조건에 관한 분쟁이 발생했을 경우 중요한 근거자료가 되므로 꼼꼼하게 작성해야 한다.

근로계약서에 포함되어야 할 내용은 다음과 같다.

• 정규직 장애인 근로자의 경우

정규직 근로자의 경우에는 임금에 관한 사항, 근로시간, 주휴일, 연차휴가에 관한 사항을 근로계약서에 명시하여야 한다.

• 기간제 또는 단시간 장애인 근로자의 경우

기간제 또는 단시간 근로자의 경우 근로계약기간, 임금에 관한 사항, 근로시간과 휴게시간에 관한 사항, 휴가 및 휴일, 취업 장소와 업무에 관한사항, 그리고 단시간 근로자의 경우에는 근로일과 근로일별 근로시간에 대하여 명시해야 한다.

근로계약에서 유념해야 하는 것은 근로계약의 모든 조건은 근로기준법에서 정하는 근로조건보다 불리하게 계약해서는 안 된다. 왜냐하면 근로기준법은 근로자의 근로조건의 최소기준을 정하고 있기 때문이다. 또 근로계약서에는 다음과 같은 조건 사항을 포함시키지 않도록 주의해야 한다. 위약금 또는 손해배상액을 미리 정해놓는 것, 돈을 먼저 빌려주고 일정기간 근로하여 임금으로 갚게 하는 것, 임금의 일부를 강제로 저축하게 하는 것 등은 근로계약에 포함시키면 위법사항이 된다.

2) 근로계약 기간

근로계약 기간에 따라 근로자를 분류하면 근로 계약기간이 없는 근로자와 근로계약의 기간이 있는 근로자가 있다. 계약의 기간을 정함이 없는 근로자는 자신이 자진해서 퇴사하거나, 특별한 문제를 일으키지 않는 한 강제로 퇴사시킬 수 없다. 반면에 계약기간이 정해진 근로자는 그 계약 기간이 종료하면 자동으로 고용관계가 종료된다. 따라서 사용자는 근로계약기간 만료 후의 계약 갱신에 대한 책임이 없다. 하지만 근로계약기간을 정하는 기간제 근로자라 할지라도 2년을 초과하여 근로자를 사용하는 경우에는 기간이 없는 근로자가 되어 계약기간이 종료되어도 퇴사시킬 수 없다는 점도 유념해야 한다.

3) 취업규칙

취업규칙이란 근로자가 직장 내에서 생활하는 데 있어 지켜야 할 규칙을 정해놓은 것이다. 이것은 근로자에게 가장 직접적으로 행동을 규율하고 노사 분쟁 시 1차적 판단기준이 되는 중요한 규정이다. 취업규칙은 상시근로자가 10인 이상인 시설에서는 반드시 작성하여 관할 지방노동사무소에 신고하여 한다. 한번 정한 취업규칙은 내용을 변경하려면 이해당사자인 근로자의 동의를 얻어야 하고 사용자는 취업규칙을 상시적으로 각 사업장에 게시 또는 비치하여 근로자에게 주지시켜야 한다. 취업규칙에 포함되는 내용은 대체로 다음과 같다.

- 시업 · 종업의 시간, 휴게시간, 휴일, 휴가 및 교대 근로에 관한 사항
- 임금의 결정 · 계산 · 지급방법, 임금의 산정기간 · 지급시기 및 승급에 관한 사항
- 가족수당의 계산 및 지급방법에 관한 사항
- 퇴직에 관한 사항
- 퇴직금, 상여 및 최저임금에 관한 사항

- 근로자의 식비, 작업용품 등 부담에 관한 사항
- 근로자를 위한 교육시설에 관한 사항
- 안전과 보건에 관한 사항
- 업무상과 업무외의 재해 부조에 관한 사항
- 표창과 제재에 관한 사항
- 기타 당해 사업 또는 사업장의 근로자 전체에 적용될 사항

취업규칙을 노동사무소에 신고할 때는 근로자에게 열람시키고 과반수인 근로자들이 열람했다는 확인서만 첨부하면 신고조건이 갖추어 진다. 하지만 일단 신고가 완료된 취업규칙을 개정하고자 할 때는 근로자에게 유리한 변경이냐 불리한 변경이냐에 따라 절차에 차이가 있다. 즉 근로자에게 유리한 변경은 근로자들의 의견서만 있으면 되지만 불리한 변경의 경우에는 회의방식에 의한 근로자 과반수의 동의서가 첨부되어야 하므로 취업규칙을 처음 작성할 때는 표준취업규칙을 준용하거나 전문가의 도움을 받는 것도 좋은 방법이다.

만약 취업규칙의 불리한 변경에서 근로자 과반수의 회의방식에 의한 동의를 받지 않고 취업규칙이 변경된 경우 그 취업규칙은 불리하게 변경된 부분에 대하여 법적으로 무효가 된다. 하지만 불리한 조건의 개정 내용일지라도 신규로 입사한 장애인 근로자에게는 변경된 내용을 그대로 적용시킬 수 있다.

4) 근로시간 및 휴게시간

근로시간이란 근로자가 사용자의 지휘·감독하에 근로계약상의 근로를 제공하는 시간으로 작업의 개시로부터 종료까지의 시간에서 휴게시간을 제외한 시간을 말한다. 휴게시간이란 근로시간 도중에 사용자의 지휘감독에서 벗어나 자유롭게 이용할 수 있는 시간으로 근로시간 4시간에서 8시간 미만인 경우 30분 이상, 8시간 이상 12시간 미만인 경우에는 1시간 이상을 근로시간 도중에 주도

록 법으로 규정하고 있다. 또한 8시간을 초과하여 근로하는 경우 4시간마다 30분의 휴게시간을 주어야 한다.

5) 법정 근로시간과 소정 근로시간

근로기준법에서는 근로자의 건강과 인권보호를 위하여 1일과 1주일의 근로시간을 엄격히 규제하고 있다. 현재 법정 근로시간은 휴게시간을 제하고 1일 8시간 1주 40시간이며 1일 8시간을 초과하거나 1주 40시간을 초과하여 근무하는 경우에는 연장근로가 된다. 직업재활시설의 장애인 근로자들은 법정 근로시간인 8시간보다 짧게 근무하는 경우가 많은데, 이와 같이 법정근로시간의 범위 내에서 근로자와 사용자 간에 정한 근로시간을 '소정근로시간'이라 하고 소정근로시간을 초과하였다 하여도 법정근로시간을 초과하지 않는 경우에는 연장근로가 아니면 연장근로수당이 아닌 일반 급여로 임금을 지급하면 된다.

6) 연장근로 · 휴일근로 · 야간근로

연장근로란 법정근로시간을 초과한 근로시간, 즉 1일 8시간을 초과한 근로시간이나 또는 1주 40시간을 초과한 근로시간을 말한다. 연장근로를 실시하기 위해서는 사용자와 근로자 당사자 간에 사전합의가 있어야 한다. 따라서 근로자는 사전 협의 없이 갑작스러운 연장근로는 거부할 수 있다.

또한 근로기준법에서는 근로자의 건강과 인권보호를 위하여 1주일에 12시간을 초과하는 연장근로를 할 수 없도록 하고 있다. 따라서 법적으로 1주일에 최대로 일할 수 있는 근로시간은 52시간을 초과할 수 없다는 것이다. 1주 12시간의 법정허용 연장근로시간에도 불구하고 법적으로 연장근로에 제한을 두는 경우가 있는데 첫째, 임신 중에 있는 여성에게는 연장근로를 전혀 시킬 수 없으며 둘째, 출산 후 1년이 경과하지 않은 여성과 18세 미만 연소자에게는 1일 2시간, 1주 6시간, 1년 150시간을 초과하는 연장근로를 시킬 수 없다.

연장근로시간에 대해서는 시간급 통상임금의 50%를 가산한 임금을 지급해야 한다. 즉 원래 임금 100%에 할증 임금 50%를 포함하여 150%의 임금을 지급해야 한다. 법적으로 야간근로란 밤 10시부터 다음날 새벽 6시까지의 근로를 말한다. 따라서 법정근로시간 이내라도 그 근무시간이 야간근로시간에 해당되면 통상임금의 50%를 가산한 150%의 임금을 지급해야 한다. 또한 야간근로시간이 연장근로시간과 겹칠 경우에는 연장근로 임금 50% 할증에 야간근로 50%가 할증되어 통상임금의 200%의 임금을 지급해야 한다.

휴일근로란 사용자의 지시에 의하여 법정휴일 또는 약정휴일에 근로하는 것을 말하며 이러한 때에도 통상임금의 50%를 가산하여 임금을 지급해야 한다. 만약 휴일근로를 하면서 연장근로를 하고 그 연장근로시간이 야간근로에 해당되는 경우가 있다면 그 할증임금은 각각 가산되어 총 250%의 임금이 지급되어야 한다. 즉 기본임금 100%와 휴일할증 50%, 연장근로 할증 50%, 그리고 야간근로 할증 50%를 합하면 250%가 된다.

연장근로나 야간 및 휴일근로에 대하여 임금을 할증해 주는 대신에 할증 시간만큼 휴가를 주는 제도를 '선택적 보상휴가제도'라고 한다. 선택적 보상휴가제도에서 시간산정은 연장근로 등의 할증비율까지 고려된 시간으로 계산되어야 한다. 즉 연장근로를 4시간을 했다면 4시간의 1.5배인 6시간의 보상휴가를 주어야 한다.

7) 휴일 및 휴가관리

휴일은 본래 근무하지 않아도 되는 날이고, 휴가는 원래 일해야 하는 날인데 특별히 근로의 의무가 면제받은 날이라는 점에서 차이가 있다. 이러한 휴일과 휴가에는 〈표 4-20〉과 같이 법(근로기준법)으로 정하는 법정 휴일·휴가와 각 시설에서 임의로 정하는 약정 휴일·휴가가 있다.

법정 휴일·휴가와 약정 휴일·휴가의 차이점은 법정 휴일·휴가는 법으로

〈표 4-20〉 휴일 및 휴가의 분류

구 분	법정 휴일·휴가	약정 휴일·휴가
휴일	주휴일, 근로자의 날	명절, 국경일, 일요일 등
휴가	연차휴가, 생리휴가, 출산휴가	하계휴가, 경조휴가, 병가 등

강제하므로 시설의 관행과 관계없이 강제적으로 지켜야 하는 것이고 약정 휴일·휴가는 법에서는 관여하지 않고 노사가 자율적으로 정하여 시행하는 휴일·휴가이기 때문에 각 직업재활시설이 정함에 따라 휴일·휴가가 될 수 있다.

또한 사용자는 1주일간 개근한 근로자에게 반드시 1일의 유급휴가를 주어야 하는데 이를 주휴일이라 한다. 주휴일은 요일에 관계없이 1주일에 하루를 정하여 주면 되고 1주일간 개근하지 않은 근로자에게는 유급 주휴일을 주지 않아도 된다. 매년 5월 1일은 법으로 정한 근로자의 휴일(근로자의 날)로 시설에서는 근로자에게 유급휴일을 주어야 한다.

주휴일이나 임의휴일에 근무를 하였다면 다른 평일에 쉬게 하여 휴일을 대체할 수 있는데 이렇게 하면 휴일근로에 따른 가산수당을 지급하지 않아도 된다. 하지만 휴일을 대체하기 위한 전제조건으로 24시간 전에 해당 근로자에게 양해를 구해야 한다. 사전에 변경된 휴일을 알려주지 않고 휴일에 근무를 시켰다면 나중에 하루를 쉬게 해주었더라도 가산수당을 지급해야 한다.

직업재활시설에서는 전년도에 1년간 8할 이상 출근한 근로자에 대하여 연간 15일의 연차유급휴가를 주어야 하며 1년 이상 근무한 근로자는 매 2년마다 1일의 휴가를 가산해 주어야 한다. 단 휴가의 최대일수는 25일을 넘지 않는다. 채용 후 1년이 되지 않는 근로자에 대해서는 전월 개근 시 1일의 연차휴가를 부여하되, 이를 실제로 사용한 경우 그 일수만큼 이듬해 최초로 부여하는 15일의 연차휴가에서 공제한다.

장애인직업재활시설에서는 납품날짜 등으로 장애인 근로자가 꼭 필요한 날이 있는데, 마침 이런 날에 근로자가 휴가를 신청했다면 사용자는 사업운영의 지장을 이유로 휴가신청을 거부하거나 휴가 날짜를 변경해 줄 것을 요청할 수 있다. 이를 연차휴가에 대한 사용자의 '시기변경권'이라고 한다. 또한 연차휴가는 발생일로부터 1년 내에 사용하여야 하는데 여러 가지 이유로 연말까지 휴가를 사용하지 못했다면 사용자는 사용하지 못한 휴가일수 만큼의 휴가보상수당을 지급해야 한다.

하지만 사용자가 근로자에게 휴가사용을 적극적으로 권유하였음에도 불구하고 근로자가 휴가사용을 하지 않는 경우 미사용 휴가에 대한 사용자의 금전보상의무는 면제된다.

8) 임금

근로기준법상 임금이란 그 명칭을 불문하고 근로의 대가로 사업주가 근로자에게 지급하는 일체의 금품을 말한다. 하지만 실비변상적이거나 순수한 복리후생적인 일부 보수는 근로기준법상의 임금에 포함되지 않는다. 실비변상적 또는 순수복리후생적 보수의 예로는 경조사비(결혼 축의금, 조의금 등), 격려금이나 특별상여금, 일시적으로 지급하는 성과급, 출장비, 차량소유자에게 주는 차량유지비, 학자금 보조, 피복비 등을 예로 들 수 있다.

임금 지급에 있어서 지켜져야 하는 원칙에는 다음의 4가지가 있다. 첫째, 임금은 반드시 근로자 본인에게 지급해야 한다는 직접지불의 원칙이다. 둘째, 임금은 법령이나 단체협약 등에 근거가 없는 한 지급할 전액이 지급되어야 한다는 전액지불의 원칙이다. 셋째, 통화지불의 원칙이다. 임금은 반드시 화폐나 수표와 같이 통화로 지급되어야 한다. 현물지급은 금지된다. 넷째, 정기지불의 원칙이다. 임금은 매월 1회 이상 일정한 기일을 정하여 지급되어야 한다.

임금에 대하여 좀 더 이해를 하기 위해서는 '평균임금'과 '통상임금'의 개념에 대해 이해가 필요하다. 평균임금이란 산정사유가 발생한 날 이전 3개월간에 지급받은 임금총액을 그 기간의 총일수로 나눈 것으로 퇴직금, 실업급여, 근로기준법 및 산재보험법상의 각종 재해보상금 등의 산정 기준금액이 된다.

$$\bullet \text{ 평균임금} = \frac{\text{산정사유가 발생한 날 이전 3개월간의 임금총액}}{\text{산정사유가 발생한 날 이전 3개월간의 총일수}}$$

평균임금의 산정은 산정사유가 발생한 날 이전 3개월간의 임금 총액을 산정사유가 발생한 날 이전 3개월간의 총일수로 나누어 계산하는데, 산정에서 유의점은 기말수당, 명절휴가비 등과 같이 연단위로 지급되는 상여금 등은 그 금액을 12개월로 나누고 다시 3을 곱하여 3개월 치를 구해야 한다.

통상임금은 근로자에게 지급되는 임금총액 중에서 정기적·일률적으로 지급되는 고정적 임금을 의미하며 해고예고수당, 산전후휴가급여, 연장근로수당, 야간근로수당, 휴일근로수당, 휴가보상비의 기준금액이 된다.

통상임금으로 연장근로수당 등을 계산하기 위해서는 통상임금을 시급으로 계산하는 방법을 알아야 한다. 월 통상임금을 월의 통상임금 산정시간수로 나누면 시간급 통상임금을 구할 수 있다.

문제는 월의 통상임금 시간수를 산정하는 것이다. 월의 통상임금 산정시간수를 산정하기 위해서는 첫째, 주(週) 소정근로시간에 유급 주휴일을 더하고(이것을 '통상임금 산정 기준시간 수'라 함), 둘째, 통상임금 산정 기준시간 수에 월 평균 주수를 곱하면 된다.

예를 들어 설명하면 소정근로시간이 주 40시간인 사람의 통상임금 산정 기준시간 수는 유급주휴일 8시간을 합한 48시간이 된다. 여기에 1개월의 평균 주수(265일/7일/12월) 4.345주를 곱한 것이 1개월의 통상임금 산정근로시간이 되는 것이다. 따라서 월 통상임금을 월 통상임금 산정근로시간으로 나누면 최종적으로 시간당 통상임금을 구할 수 있다. 이러한 것을 공식으로 나타내면 다음과 같다.

· 시간급 통상임금 = 월급통상임금 / 월의 통상임금 산정 기준시간 수

· 월 통상임금 산정 기준시간 수 = (주 소정근로시간 + 주휴일)×월평균 주수

※ 주 40시간 경우 월 통상임금 산정 기준시간 수 =(40+8)×(365/7/12) = 209시간

시급만 알고 있을 경우 월통상임금 계산방법은 '월통상임금 = 시급통상임금 × 월통상임금 산정기준 시간 수'로 계산할 수 있다. 유념할 것은 통상임금 산정 기준시간 수는 모두 동일한 것은 아니며 장애인근로자와 계약한 소정근로시간에 따라 달라질 수 있다. 예를 들어 1일 6시간 장애인 근로자가 주 5일 근무를 할 경우 통상임금 산정 기준시간 수는 다음과 같이 계산된다. 1일 6시간 일하는 근로자는 유급 주휴일도 6시간만 지급하면 된다는 것이다.

월 통상임금 산정 기준시간 수 = (6시간×5일+6시간)×4.345주=156.42시간

즉 1일 6시간씩 일하는 사람의 월 통상임금 산정 기준시간 수는 156.42시간이다. 여기에 그 사람의 시급통상임금을 곱하면 그 사람의 한 달간 급여가 된다.

9) 최저임금제도와 최저임금 적용제외

최저임금은 통상임금이 최저임금 이상이어야 한다. 정부에서는 매년 근로자에게 지급할 최저임금을 시간급으로 고시하고 있다. 하지만 수습 3개월 이내의 자나 장애 등으로 최저임금 적용제외인가를 받는 사람 등 특수한 경우에는 예외로 하고 있다.

직업재활시설에 참여하고 있는 장애인 중 근로자인 장애인에게 지급하는 임금도 최저임금에 미달되는지 판단을 해야 한다. 판단 기준은 지급되는 임금 중에서 통상임금(정기적 · 일률적으로 지급되는 고정적 임금)을 확인하고 이를 시급으로 환산하여 정부의 고시금액과 비교하면 된다. 즉 임금이 시급제인 경우 시급을 정부고시 최저임금 이상으로 하면 되고, 월급제인 경우 정부고시 통상

임금에 주 40시간제의 월 통상임금 산정기준 시간 수인 209시간을 곱한 금액 이상을 지급하면 된다.

2015년을 예로 들면 정부고시 최저임금은 시급 5,580원이므로 시간급 기준의 최저임금액을 일급 기준(8시간 기준)으로 환산하면 4만 4,640원이고, 월급 기준은 주 40시간제의 경우(5,580원×209시간) 116만 6,220원이다.

근로자 중 정신 또는 신체적 장애로 업무능력에 현저한 어려움이 있는 사람을 위하여 최저임금을 유예시켜주는 제도를 최저임금적용제외제도라고 한다. 이 제도는 중증 장애인이 일하는 직업재활시설에서 최저임금법을 준수할 수 있는 방법 중 하나로 유념해 두어야 한다. 말하자면 직업재활시설에 서비스를 받고 있을지라도 장애인이 직업재활시설 대표자와 근로계약을 맺었다면 노동법적으로 근로자의 지위를 가지게 된다. 따라서 시설장은 최저임금 이상의 임금을 지급해야 하는 의무를 가지게 되는 것이다. 하지만 장애인의 작업능력이 최저임금에 미치지 못하는 경우가 대부분이므로 최저임금 적용제외를 받음으로써 최저임금법을 준수할 수 있다.

최저임금 적용제외 인가는 시설 전체로 받을 수 있는 것이 아니고 근로자마다 받아야 한다. 또한 그 유효기간이 1년이라 매년 잊어버리지 말고 최저임금을 줄 수 있을 때까지 재신청을 해야 한다.

최저임금적용제외 신청은 관할 노동관서에 신청서를 제출하면 된다. 관할 노

[그림 4-7] 최저임금 적용제외 처리과정

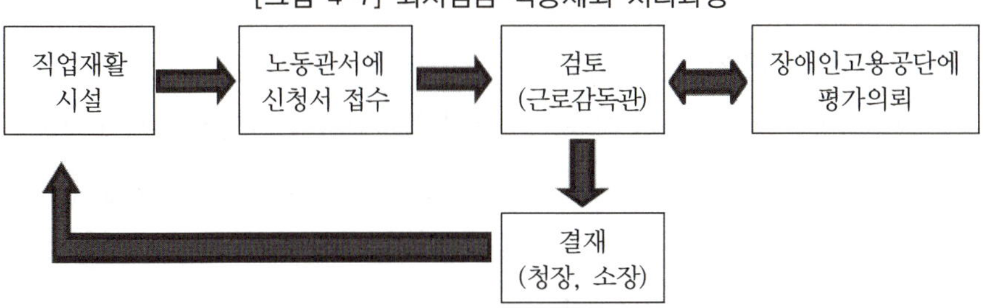

동관서에서는 지역의 한국장애인고용공단에 작업능력 확인을 요청하고 한국장애인고용공단에서 직업평가사들이 현장에 와서 신청 장애인의 작업능력을 평가하고 평가 보고서를 노동관서 근로감독관에게 제출하면 노동관서에서 신청시설에 최저임금적용제외 인가여부를 통보함으로써 신청이 완료된다. 처리기간은 최장 14일이다. 이 과정을 전체적으로 도식화하면 [그림 4-7]과 같다.

10) 퇴직급여제도

퇴직급여제도는 우리나라만의 독특한 퇴직자 보호제도이다. 사용자는 1년 이상 근무하고 퇴직한 근로자에게 1년에 평균임금의 30일분 이상의 퇴직금을 지급하거나 1년 이상 근무자를 퇴직연금에 가입하여 퇴직금을 적립해 주어야 한다. 최근에는 근무연수에 30일분의 평균임금을 곱하는 퇴직금제도가 사용자에게 많은 부담을 주기 때문에 사용자들이 퇴직연금제도를 많이 채택하고 있다.

퇴직연금제도란 사용자가 매월 또는 매년 퇴직연금사업을 하는 금융기관에 일정한 금액 이상을 적립하고 근로자는 퇴직 후 매월 또는 매년 연금을 받거나 일시금을 받을 수 있는 제도이다. 퇴직연금의 형태에는 확정급여형(Defined Benefit)과 확정기여형(Defined Contribution)이 있다.

확정급여형 퇴직금 제도는 종전 퇴직금제도와 같이 근로자가 받을 퇴직금이 사전에 확정되고 사용자가 적립할 금액은 적립금의 운영결과에 따라 변동되는 퇴직연금 제도를 말한다. 이 제도를 택하면 사용자는 임금인상률, 퇴직률, 기금운영수익률 등 연금액의 산정기초가 변하는 경우 그에 따른 위험부담과 연금수급자에 대한 최종지급책임 등 관리부담을 지게 된다.

확정기여형 퇴직연금이란 사용자가 부담할 부담금이 사전에 정해지고(보통 임금의 1/12) 근로자가 받을 퇴직금은 적립금의 운영실적에 따라 변동되는 퇴직연금제도를 말한다. 적립금은 사용자로부터 독립되어 근로자 개인 명의로 적립되므로 기업이 도산해도 수급권이 100% 보장되며, 직장을 옮겨도 퇴직금을 계속 유지할 수 있지만, 투자수익이 좋지 못할 수가 있다.

11) 근로관계의 종료

사용자와 근로자가 근로관계를 종료하는 유형에는 퇴직, 해고, 근로관계 자동소멸의 3가지로 나누어 볼 수 있다.

가) 퇴직

퇴직이란 근로자가 사용자에게 근로관계의 종료의사를 표시함(사직서 제출)으로써 근로관계가 종료하는 것을 말하는 것으로 합의퇴직과 임의퇴직으로 나눈다. 합의퇴직이란 근로자와 사용자가 퇴직에 대하여 상호합의를 통해 원만하게 근로관계가 종료되는 것을 말한다. 임의퇴직이란 근로자가 사직의 의사를 표명하였음에도 사용자가 사직을 허락하지 않는 경우에 관계되는 개념이다. 임의퇴직의 근로관계 종료는 사용자가 사직서를 제출 받은 날로부터 1개월이 지나면 퇴직의 효력이 발생한다. 단, 월급제와 같이 기간으로 급여를 정하는 경우에는 당월 후의 1임금지급기를 경과한 날이 근로자의 퇴직 날이 된다. 즉 1월 15일에 사직서를 사용자에게 제출했으나 수리되지 않았다면 2월 1일이 아니라 3월 1일이 퇴직 날이 된다. 한 가지 유의할 것은 기간을 정하여 근로계약을 맺은 근로자의 경우 계약기간이 만료될 때까지는 근무하기로 계약하였으므로 근로자가 근로계약기간 도중에 일방적으로 사표를 던지고 출근하지 않았다면 근로자는 근로계약 위반(채무불이행)으로 사용자는 근로자에게 손해배상을 청구할 수 있다.

나) 해고

해고란 사용자가 근로자의 의사와 관계없이 고용관계를 종료시키는 것으로 법에서는 정당한 사유 없이 해고를 하지 못하도록 엄격히 규제하고 있다. 해고가 정당한 것으로 인정받으려면 해고의 사유와 해고의 절차가 모두 정당해야 한다. 두 가지 중 한 가지라도 정당성을 인정받지 못하면 해고는 무효가 된다. 해고의 정당성이란 사회통념상 그 근로자와 고용관계를 유지할 수 없을 만큼 근로자에게 문제(책임)가 있든지, 회사의 부득이한 경영상의 필요가 있는 경우를 말한다. 해고는 사유에 따라 징계해고, 통상해고, 경영해고 등 3가지 유형으로 분류할 수 있다.

징계해고는 근로자의 잘못에 대하여 책임을 물어 해고하는 것을 말하는 것으로 예를 들어 근무태만, 무단결근, 범법행위, 정당한 업무명령 거부, 경력사칭 등을 들 수 있다.

통상해고는 근로자가 질병에 걸리거나 담당 직무수행에 반드시 필요한 자격의 결여 등과 같이 징계사유는 아니지만 근로자의 일신상의 사유로 인하여 고용관계를 더 이상 계속시킬 수 없는 경우 해고하는 것을 말한다.

주의해야 할 사항은 근로자가 업무상 부상 또는 질병의 요양을 위하여 휴직한 기간과 그 후 30일, 출산휴가기간과 그 후 30일, 육아휴직 기간 동안에는 해고할 수 없다.

해고절차의 정당성이란 근로자를 해고함에 있어 취업규칙이나 단체협약에 정해져 있는 해고절차를 거치지 않거나 절차상 하자가 없어야 한다는 것이다. 징계절차와 관련된 하자의 예를 들자면 변명의 기회를 부여하지 않은 경우, 급박하게 징계위원회에 출석하게 한 경우, 징계위원회 개최를 위한 정족수 미달 등이 징계절차의 대표적 하자에 해당된다. 또한 근로자를 해고하고자 할 경우에는 해고사유와 해고시기를 반드시 '서면'으로 통보해야 하며 그렇지 않으면 효력을 인정하지 않는다.

다) 근로관계 자동 소멸

근로관계가 근로자나 사용자의 의사와는 무관하게 자동으로 소멸하는 사유로는 근로자의 사망, 근로계약기간의 만료, 정년의 도래, 사업의 폐업 등이 있다.

5. 직업재활시설의 회계관리

직업재활시설운영에 있어서 올바른 회계처리는 시설의 투명성 확보와 효율성 증진을 위하여 꼭 필요하다. 직업재활시설과 같이 공공성을 갖는 기관에 대한 투명한 운영에 대한 시민들과 참여자의 관심은 높아지고 있으며 이러한 현상은 앞으로 더 심화될 것이다. 또 예산을 지원하는 정부 또한 보조금의 투명하고 효율적인 사용에 대해서 관리를 강화해 가고 있다. 직업재활시설운영의 투명한 운영은 운영자와 종사자의 선량한 마음만으로는 부족하고 회계처리 방법에 대한 정확한 지식을 공유하고 있을 때 가능할 것이다.

현재 직업재활시설의 회계처리는 사회복지법인·사회복지시설 재무회계규칙을 기준으로 하고 있으며, 기타 지방자치단체 재무회계 규칙, 지방자치단체 세출예산 집행기준 등에 준하여 사용한다.

가. 회계의 구분

회계란 다양한 사업추진 과정에서 발생하는 금전, 물품, 기타 재산 등의 계속적 변화를 일정한 규칙에 따라 기록, 분석하여 이용자가 합리적으로 의사결정을 하는 데 필요한 자료를 제공하는 것이다. 따라서 회계처리는 엄정성, 정확성, 공정성, 통일성이라는 원칙을 가지고 있다.

직업재활시설이 따르고 있는 사회복지법인·사회복지시설 재무회계규칙에서는 **회계를 법인회계, 시설회계, 수익사업회계로 구분한다. 법인회계는 법인의 업무 전반에 관한 회계를 말하고, 시설회계는 직업재활시설의 회계처리에 관한 사항을 규정하는 회계를 말하며, 수익사업회계는 당해 법인이 수행하는 수익사업에 관한 사항을 처리하는 것을 규정하고 있다. 여기서 '수익사업회계'란 법인의 목적달성에 필요한 경비를 충당하기 위하여 행하는 사업을 말하는 것으로 직업재활시**

설 운영과는 다른 것이다. 즉 직업재활시설도 사업의 추진과정에서 수입이 발생하지만 이것은 법인의 목적사업(장애인 직업재활사업)을 추진하는 과정에서 발생하는 수익이지 법인의 수익사업과는 다른 개념이다. 따라서 그 수익 또한 법인의 다른 목적사업에 사용되어서는 안 되고 당해 목적사업(직업재활시설 운영)에 사용하여야 한다.

예를 들어 사회복지법인에서 장례식장을 운영하여 수익을 발생시키고 그 수입을 장애인생활시설 운영에 지원하는 것이 사회복지법인 수익사업의 좋은 예가 될 수 있겠다. 그러나 사회복지법인은 비영리 법인이므로 수익사업을 엄격히 제한하고 있는데 만약 사회복지법인에서 수익사업을 하고자 할 때에는 관계관청의 사업승인과 세무서에 사업자 등록이 되어야 하고, 수익사업에서 얻어지는 수입은 당해 사업수행에 필요한 경비를 제외하고는 전액 당해법인의 목적사업에 사용되어야 한다.

나. 회계의 기본 원칙

1) 예산총계주의 원칙

직업재활시설에서 1년 동안 발생할 모든 수입과 지출은 예산서에 반영하여 편성하여야 한다는 것이 예산총계주의 원칙으로, 이것은 직업재활시설회계의 가장 기본이 되는 원칙이다. 이 원칙을 중시하는 이유는 직업재활시설에서 사용할 모든 수입과 지출을 미리 계획하고 이사회 등을 통하여 적절히 검증하기 위한 것이다. 시설의 수입과 지출을 예산서에 반영하지 않고 사용하면 수입과 지출에 대한 통제가 이루어지지 않아 운영책임자가 담당자의 지출을 막을 길이 없으며 따라서 문제가 발생하기 쉽다.

2) 회계연도 독립의 원칙

예산의 투명성과 책임성을 명확히 하기 위하여 예산의 유효기간을 정하는데 이것을 회계연도라 한다. 통상 회계연도는 각국마다 차이가 있는데 우리나라의 경우는 1월 1일부터 12월 31일로 정하고 있으며, 회계연도 독립의 원칙은 예산이 수립된 연도 안에서 수입과 지출이 이루어져야지 회계연도 이전이나 이후 시점에서 예산을 수입·지출할 수 없다는 것이다. 다만 예외적인 제도로 명시이월과 사고이월제도, 과년도 수입·지출 등의 제도를 두고 있다.

3) 수입금 직접 사용금지의 원칙

직업재활시설에서 사업 중 발생하는 모든 수입은 지정된 수납기관에 납부하여 수입결의를 한 후에 사용하여야 한다는 것이 '수입금 직접사용 금지의 원칙'이다. 즉 수입금을 정해진 절차를 통한 처리 없이 바로 사용하면 문제가 생긴다는 것이다. 예를 들어 직업재활시설에서는 장갑을 판매하고 돌아오는 길에 장갑기계부품을 판매대금으로 직접 사용한다면 이것은 '수입금 직접사용 금지의 원칙'에 위배되는 것이다. 이렇게 회계처리를 하면 예산의 적절한 통제가 되지 않기 때문이다.

4) 목적 외 사용금지의 원칙

목적 외 사용금지의 원칙은 직업재활시설에서 비용 사용 시 예산서에 의해 당초 정해진 목적대로 경비를 사용하여야지 그 외의 목적으로 사용하면 안 된다는 것이다. 예산서의 수입과 지출은 사업집행부서의 계획을 바탕으로 경비사용계획을 세우고 이것의 적절성을 검토하여 최고의결기구인 이사회에서 결정된 사항이므로 이것을 무시하고 자의적으로 예산을 사용하는 것은 있을 수 없는 일이다.

다. 회계의 순환

직업재활시설의 회계를 이해하기 위해서는 회계순환과정을 이해하는 것도 한 가지 방법이다. 많은 사람들이 세부적인 회계지식만 가지고 회계처리를 하다 보니 회계를 어려워한다. 직업재활시설의 회계집행은 1회계연도 동안에 예산수립, 예산의 집행, 예산 추경과 추경예산의 집행 그리고 결산의 과정을 거쳐 순환한다.

1) 예산의 수립

직업재활시설에서 사업을 위한 계획이 사업계획이라면 경비의 수입・지출계획이 예산이다. 즉 예산은 시설의 1회계연도에 있어서의 활동에 수반되는 지출경비와 그 경비의 재원을 계수화하여 집계한 시한적 재정계획을 말한다. 예산을 수립한다는 것은 시설의 재정계획을 수립한다는 의미로 이해하면 무리가 없을 것이다.

가) 예산의 종류

예산의 종류에는 본예산, 수정예산, 추가경정예산, 준예산, 성립 전 예산이 있다. 본예산은 다른 용어로 당초예산이라고도 하며, 이사회의 의결을 거쳐 이미 확정된 예산을 말한다. 수정예산은 예산안 심의 의결을 위하여 이사회에 상정하여 이사회의 요구에 따라 수정된 예산을 말하며, 추가경정예산은 추가예산과 경정예산의 준말로 본예산을 사업의 변경 등의 사유로 새롭게 조정한 예산을 의미한다. 준예산은 회계연도 개시 전까지 법인의 예산이 성립되지 아니한 때에 대표이사가 시군구청장에게 보고하고 예산이 성립될 때까지 일부 경비를 전년도에 준하여 집행하는 예산을 말한다.

나) 예산의 편성 과정

직업재활시설에 예산 수립은 시설장이 직원들을 지휘하여 예산안을 수립하고, 이사회의 의결을 통하여 확정된다. 직업재활시설에서 구체적 예산수립 과정은 〈표 4-21〉과 같이 예산편성지침의 통보 – 예산안 편성 – 예산의 운영위원회 보고 – 이사회 심의·의결 – 관할 관청 제출 – 예산 공고의 과정을 거친다. 예산은 회계연도 2개월 전부터 시작하여 늦어도 회계연도 종료 5일전까지 관할 시군구에 제출되어야 한다.

〈표 4-21〉 예산안 편성 절차

절 차	내 용
① 예산편성지침의 통보	·관할 관청: 회계연도 2개월 전까지 예산편성지침을 정하여 법인에 통보함 ·법인 대표이사: 매 회계연도 개시 1개월 전까지 시설 등에 예산편성지침을 통보함
② 예산안 편성	·각 부서별 예산을 조정하여 시설장이 예산편성
③ 운영위원회 보고 및 이사회 의결	·의결 정족수 충족
④ 관할 관청에 제출	·본예산: 회계연도 5일전(12. 26)까지 ·추경예산은 의결 후 7일 이내 제출 – 예산총칙 – 세입·세출 명세서 – 추정 대차대조표(복식 부기) – 추정 수지계산서(복식 부기) – 직원 보수 일람표 – 이사회 회의록 사본을 제출함
⑤ 공고	·관할 지자체장은 예산서를 제출받으면 20일 이내에 20일 동안 게시판에 공고 ·시설에서도 20일 동안 홈페이지, 게시판 등에 공고함

(1) 예산편성지침의 통보

예산 수립에 관하여 기획재정부는 매년 예산지침을 제정하여 각 부처에 통보하고 이 지침은 직업재활시설에도 통용된다. 시설을 관리하는 지방자치단체는

10월 말까지 법인대표이사에게 예산편성 지침을 통보하고, 법인 대표이사는 법인의 의견이 반영된 가이드라인을 11월 말까지 시설 등 예산편성 부서에 통보하여야 한다.

- 관할 지방자치단체: 회계연도 2개월 전까지 예산편성지침을 정하여 법인에 통보함
- 법인 대표이사: 매 회계연도 개시 1개월 전까지 시설 등에 예산편성지침을 통보함.

(2) 예산안 편성

시설장은 통보된 예산편성 지침을 실무 사업부서에 통보하고 실무 부서에서는 차기년도 예산을 예산조정부서와 협의하여 예산을 편성한다. 예산은 사용하고자 하는 것을 무한정 사용할 수 있는 것이 아니라 한정된 비용을 계획적으로 사용하기 위한 목적으로 수립하는 것이므로 예산수립에 있어서 각 부서의 상호협조와 조정이 중요하다. 따라서 예산을 수립하기 전 차년도 사업계획에 대한 충분한 논의와 비전을 직원들이 공유하고 합의한 상태에서 예산을 수립하는 것이 적절하며 우리나라 예산제도는 품목별 예산제도이기 때문에 사업단위별로 예산을 수립하기는 하지만 품목별로 예산을 취합, 체계화할 필요가 있다.

(3) 예산의 운영위원회 심의와 이사회 심의·의결

시설장이 총괄하여 완성된 예산안은 운영위원회에서 1차 심의가 이루어져야 한다. 운영위원회의 심의과정에서 예산의 전체적인 조정이 이루어지면 법인 이사회에 제출되어 심의·의결과정을 통해 확정된다. 운영위원회 심의와 이사회 의결은 예산이 공문서로 완성되는 과정으로 정족수 충족, 회의록 작성 등 적절한 절차가 필요하다.

(4) 관할 관청 제출

이사회에서 의결된 예산서는 회계연도 5일전까지 관할 시·군·구청장에게 제출되어 승인을 받아야 한다. 만약 관할관청에서 승인되지 않고 반려된 예산서는 다시 앞의 절차를 통해 재의결되어야 한다.

- 본예산: 회계연도 5일전(12. 26)까지
- 추경예산은 의결 후 7일 이내 제출
- 제출서류
  - 예산총칙
  - 세입·세출 명세서
  - 추정 대차대조표(복식 부기)
  - 추정 수지계산서(복식 부기)
  - 직원 보수 일람표
  - 운영위원회 회의록 사본
  - 이사회 회의록 사본

(5) 예산 공고

법인이나 시설에서 제출한 예산안이 특별한 문제가 없을 경우 지방자치단체장은 20일 이내에 승인을 통보하고 지자체의 게시판 등에 20일 이상 공고하여야 한다. 승인을 받은 법인과 시설에서도 여러 사람이 잘 볼 수 있는 게시판에 예산서를 공고한다.

- 관할 지자체장은 예산서를 제출받으면 20일 이내에 20일 동안 게시판에 공고
- 시설에서도 20일 동안 홈페이지, 게시판 등에 공고함

다) 예산의 구성

예산의 구성은 전체적으로 예산총칙, 세입·세출 명세서, 추정 대차대조표(복식 부기), 추정 수지계산서(복식 부기), 직원 보수 일람표로 구성된다.

(1) 예산총칙

예산총칙은 예산전반에 관해 총괄적 규정으로 〈표 4-22〉와 같이 차입금의 한도액, 예산전용의 범위, 회계연도 중 예산집행에 관하여 필요한 사항을 정하는 것으로 예산서의 가장 표지에 둔다.

〈표 4-22〉 예산총칙의 예

2014년 ○○○ 예산총칙

제1조○○년도세입. 세출예산총액과 전년도증감사항은 다음과 같다.

(단위: 천원)

회 계 별	예산총액	전년도예산액	증 감
합 계			
일반회계			
○○사업회계			

제2조 ○○년도 세입.세출 예산의 명세서는 붙임의 세입.세출 예산서와 같다.

제3조 ○○년도 명시 이월사업은 없다.

제4조 세입예산은 해당 관, 항, 목의 예산을 초과하여 수납 할 수 있으며, 내역에 명시되지 않은 수입은 기타수입으로 조치한다.

제5조 세입에 의하여 지출되는 제세공과금, 차입금 상환, 차입금 이자는 예산에 불구하고 초과계리 할 수 있다.

제6조 시설의 운영충당적립금및시설환경개선준비금 등 특정목적사업은 일반회계 예산의 범위내에서 예산에 계상하여 적립할 수 있다.

제7조 세출 예산성립 후 사업내용이 명시되어 수입되는 국고, 지자체보조금, 기타보조금, 지정후원금, 찬조보조금등은 추가경정예산의 성립 이전이라도 먼저 사용할수 있으며, 이는 차기 추가경정예산에 반영하여야 한다.

(2) 세입 · 세출 명세서

예산서의 가장 중심이 되는 내용으로 보통 예산서라고 말하면 세입 · 세출 명세서를 일컫는 말이다. 시설의 당해 연도 모든 수입과 지출의 예정액이 표시되며, 법인과 시설의 주요사업 계획 및 소요 내역들이 모두 세입 · 세출 명세서를 통하여 계산되고 정리되어 운영된다. 세입 · 세출 명세서는 〈표 4-23〉과 같이 세입세출 총괄표와 세입명세서, 세출명세서로 구성된다.

〈표 4-23〉 20○○년 ○○○ 세입 · 세출 총괄표

(단위: 천 원)

세 입							세 출						
관	항	목	당해년도 예산액 (A)	전년도 예산액 (B)	증 감(A-B)		관	항	목	당해년도 예산액 (A)	전년도 예산액 (B)	증 감(A-B)	
					금액	비율(%)						금액	비율(%)
총 계							총 계						

20○○년 ○○○ 세입 · 세출 명세서

과 목			당해년도 예산액 (A)	전년도 예산액 (B)	증 감 (A-B)	산 출 근 거
관	항	목				
총 계						

※ 증감: 당해년도 예산액 - 전년도 예산액, 전년도 보다 감액된 경우 증감액에 "△" 또는 "-" 표시를 함.

(3) 직원 보수 일람표

당해 회계연도에 시설직원에게 지급될 보수 내역을 전체적으로 볼 수 있도록 기록하는 것이다. 보수내역은 산출내역과 총액이 표시된 일람표가 제출되어야 한다.

(4) 추정 대차대조표

직업재활시설은 수익사업이 포함되므로 복식부기로 회계처리를 하도록 규정되어 있다. 그러나 대부분의 시설에서는 아직 단식부기를 사용하고 있다. 만약 복식부기로 회계처리를 한다면 시설의 자산, 부채, 자본의 재무 상태를 한눈에 볼 수 있는 재무재표인 대차대조표를 첨부하여야 한다.

(5) 추정 수지계산서

마찬가지로 복식부기로 처리하는 직업재활시설에서는 그 회계기간 동안의 수익과 비용을 한눈에 볼 수 있는 재무제표인 수지계산서를 첨부하여야 한다.

이 외에도 당해 예산을 심의·의결한다는 내용이 포함된 이사회 회의록이 첨부되어야 하는데 이 회의록에는 이사회의 정족수 참여에 대한 내용이 포함되어야 한다.

2) 예산의 집행

가) 수입금의 수납

직업재활시설은 모든 수입금의 수납은 수입원이 담당해야 하며, 그 다음날까지 금융기관에 수입을 입금하여야 한다. 그러나 통상 수입이 발생하면 그날 수입은 당일 내에 금융기관에 입금하는 것이 바람직하다. 때에 따라서 금융기관 업무가 마감되고 난 후에 수입이 발생하는 일이 있는데 이런 경우 다음날에 금융기관에 입금하면 된다. 현금 수입에 있어서 특히 주의해야 하는 것은 수입 현금을 직접 다른 용도로 사용하면 안 된다는 것이다. 수입은 일단 금융기관에 예치하여 수입결의로 인식하고, 지출은 정해진 절차와 정해진 예산서에 따라 행해야 한다.

나) 지출

회계관리는 수입을 정리하는 것도 중요하지만 지출을 원칙에 따라 처리하고 정리하는 것은 더욱 중요하다. 특히 정부지원을 받는 직업재활시설로서는 정부의 보조금을 적절한 절차에 따라 지출하였는가가 회계의 투명성과 직결된다고 해도 과언이 아닐 것이다.

시설 내에서의 지출은 먼저 사업담당자가 지출하고자 하는 사업에 대한 계획서를 작성하여 결재권자에게 허락을 득하여야 한다. 결정된 사업계획서는 회계부서에 넘겨지고 담당자는 계획에 따라 사업을 추진하고 회계부서에서는 사용된 비용에 대하여 결재권자의 허락을 받아 지출을 행한다.

이때 지출은 지출결의서에 의하여 지출업무 담당자(지출원)가 관리자의 지출 명령에 따라 행한다. 비록 지출의 명령권이 있는 시설장이라도 당초 정해진 예산의 범위 안에서만 지출을 명할 수 있다. 지출의 명령권은 시설장에게 있으

[그림 4-8] 지출 흐름도

사업부서(사업 담당자)
⬇요구
지출 명령자(시설장)
⬇지출명령
지출원(총무)
청구⬇⬆지출
채주

며, 비록 법인 대표이사라 할지라도 시설의 단위 지출에 대하여 관여하여서는 안 된다.

(1) 지출방법

① 일반적 지출

시설에서의 지출은 소액의 경비지출을 제외하고는 예금통장에 의하거나 신용카드를 사용하는 것이 원칙이다. 운영의 편의를 위하여 상용의 경비 또는 소액의 경비를 지출하기 위하여 100만 원 이내의 현금을 보관할 수 있도록 규정하고 있다. 소액의 경비를 지출하더라도 1만 원 이상의 지출은 현금사용을 지양하고 신용카드를 사용하거나 현금영수증을 발급받도록 하여야 한다.

② 지출 증빙서류

예산 사용의 경우 사용 후에도 그 사용을 객관적으로 설명할 수 있는 증빙서류를 정리하여 보관하여야 한다. 지출결의서에 첨부되는 서류는 가능한 모두 원본을 첨부해야 한다. 일반적으로 지출결의서에 첨부되는 서류는 지출 원인행위가 되는 지출품의서(내부결재, 품의서 등)와 경비사용에 따른 영수증 그리고 계좌이체 확인서 등이 첨부되어야 한다. 각 경우에 따른 증빙서류를 정리하면 〈표 4-24〉와 같다.

〈표 4-24〉 결재방법에 따른 구비서류

카드 결제 시	현금 지급 시
① 지출결의서 ② 신용카드매출전표 ③ 시장가격 조사서(견적서) ④ 구입물품 사진 ⑤ 예산집행 품의서	① 지출결의서 ② 세금계산서 ③ 계좌이체 확인서 ④ 시장가격조사서(견적서) ⑤ 사업자 등록증 사본 ⑥ 입금하는 통장사본 ⑦ 구입물품 사진 ⑧ 예산집행품의서

〈표 4-25〉 세법상 증빙서

구 분		발행 가능한 증빙 종류
과세 사업자	일반 과세자	세금계산서, 신용카드매출전표, 영수증
	간이 과세자	신용카드매출전표, 영수증
면세사업자		계산서, 신용카드 매출전표, 영수증

세법상의 인증하는 증빙서류는 세금계산서, 계산서, 신용카드매출전표, 영수증이다. 이것은 상대방이 과세사업자인지 면세사업자인지에 따라 발행할 수 있는 증빙서류의 종류가 다르다. 일반사업자는 세금계산서를 발행할 수 있고, 간이과세자는 간이영수증 또는 금전등록기 영수증을, 면세 사업은 계산서만을 발행할 수 있다. 세법에 따른 증빙서를 정리하면 〈표 4-25〉와 같다.

③ **세출예산의 전용**

예산의 지출은 세출이 정한 목적 이외에는 이를 사용하지 못하도록 하고 있으나 예산집행에 융통성을 부여하기 위해 예산의 전용과 세출예산의 이월이라는 제도를 두고 있다. 예산의 전용은 어떤 사업을 집행하고 남은 잔액을 사용처분하기 위한 제도가 아니라 계획이나 여건변동에 따라 탄력적으로 예산을 운용함으로써 사업을 보다 효율적으로 추진하기 위한 제도로서 시설의 장은 관・항・목간의 예산을 전용할 수 있다. 관간의 전용 또는 동일 관내의 항간의 전용을 하려면 시설운영위원회에 보고한 후 법인 이사회의 의결을 거쳐야 한다. 동일 항내 목간의 전용은 법인 대표이사의 결재만으로 예산을 전용할 수 있다. 하지만 예산총칙에서 전용을 제한하고 있거나 이사회 및 시설 예산심의과정에서 삭감한 관・항・목으로는 전용을 하여서는 안 된다.

④ **세출 예산의 이월**

직업재활시설 예산은 회계연도 내 모든 지출을 마쳐야 하는 것이 원칙이다.

하지만 예외적인 경우로 명시이월과 사고이월을 인정하고 있다. 즉 세출예산 중 특별한 경우에는 명시이월과 사고이월로 이사회의 의결을 거쳐 다음연도에 이월하여 사용할 수 있도록 하고 있는 것이다. 여기서 명시이월이란 경비의 성질상 당해 회계연도 안에 지출을 마치지 못할 것으로 예측되는 경비를 말하는 것으로 이것은 이미 예산 성립시점에 예측하고 세출예산에 명시한다. 이에 반해 사고이월이란 연도 내에 지출원인행위를 하였지만 불가피한 사유로 인하여 회계연도 내 지출을 하지 못하는 경비를 말한다.

⑤ 지출의 특례

지출은 일반적으로 사업의 완료 이후에 경비를 지출하고 경비지출과 동시에 지출증비서류가 발생하는 것이 일반적인 절차이지만 특별히 선급금과 개산급은 예외로 하고 있다. 선급금이란 확정된 계약에 대하여 사업의 완료 이전에 경비를 지급하는 것을 말한다. 회계의 일반적 절차에서는 사업이 완료되고 대금을 지급하는 것이 관례이다. 하지만 선급금은 완료 이전에 경비를 선지급하는 것을 말한다. 선급금을 할 수 있는 경비의 범위에는 외국에서 직접 구입하는 기계, 도서, 표본 또는 실험용 재료의 대가, 정기간행물의 대가, 토지 또는 가옥의 임대료와 용선료, 운임, 특별한 사정이 있는 직원에게 제공하는 급여, 관공서에 대하여 지급하는 경비, 보조금, 사례금, 계약금액이 1천만 원 이상인 공사나 제조 또는 물건의 매입을 하는 경우에 계약금의 100분의 50을 초과하지 아니하는 금액 등이다.

개산급이란 지출금액이 미확정인 사항에 대하여 지급의무가 확정되기 전에 개산(어림셈)으로 미리 경비를 지급하는 것을 말한다. 개산급으로 지급한 경비는 사항이 종료된 지 5일 이내에 정산서를 제출하고 잔액이 있으면 반납하고 부족했을 때는 증빙서를 구비하여 청구하여야 한다.

개산급으로 할 수 있는 경비에는 여비 및 판공비, 관공서에 지급하는 경비,

보조금, 소송비용 등이 있다. 한 가지 참고사항은 여비와 업무추진비는 과부족이 없을 경우 정산서를 생략할 수 있다.

⑥ 잘못된 수입과 지출의 처리

시설에서 회계처리 중 수입을 잘못하였거나 지출을 잘못한 경우가 발생할 수 있다. 예를 들어 출장이 정해진 '갑'에게 출장비 100,000원을 '갑'에게 지급하였는데 갑자기 출장이 취소된 경우, A회사로부터 판매대금 120,000원을 송금 받았는데 확인결과 20,000원이 잘못 입금된 것으로 확인될 경우도 있다.

전자와 같이 잘못 지급한 경비를 되돌려 받는 회계처리를 '반납금 여입'이라 하고, 후자와 같이 우리 회계로 잘못 입금된 금전을 되돌려 주는 것을 '과오납의 반환'이라고 한다. 반납금의 여입과 과오납의 반환이 회계처리에서 주의를 받는 것은 각각의 계정에서 직접 반환하도록 처리하여 전체 구입지출 금액에 영향을 주지 않도록 회계처리를 해야 하기 때문이다.

〈표 4-26〉 반납금 여입 예시

월일	적요	수입	지출	차인잔액
2014. 8. 16.	'갑' 출장비		100,000	
2014. 8. 19.	8월 16일 '갑' 출장비 반납금 여입		△100,000	

다) 시설에서 갖추어야 될 장부

직업재활시설에서 재무회계규칙에 따라 현금출납부, 총계정원장, 재산대장, 비품관리대장 등 4가지 기본 회계장부는 갖추어야 한다. 현장에서는 이러한 장부들이 전산화되어 있어 예전처럼 손으로 기장하는 경우는 거의 없으나 그 용도와 차이를 알아두어야 한다.

현금출납부는 시설의 수입과 지출이 있을 때마다 그 사항을 기록하는 장부로서 그 잔액의 통장의 잔액과 일치하여야 한다. 총계정원장은 예산서의 각 계정별 내역을 일목요연하게 확인할 수 있도록 작성된 장부를 말한다. 세입총계정 원장은 세입예산과목별로 정리하여 세입 과목별 금액이 얼마인지 파악하고 대체하는 장부를 말하고 세출총계정 원장은 세출예산과목별 집행잔액 파악과 초과 지출을 손쉽게 통제할 수 있는 장부이다.

재산대장은 법인 및 시설에서 관리하고 있는 건물, 토지 유가증권 등 재산상황을 기록하는 장부를 말한다. 하지만 직업재활시설은 재산을 소유할 수 있는 법인격을 가지고 있지 않기 때문에 운영법인에서 관리하는 경우가 많다. 비품관리대장은 시설에서 사용하고 있는 물품 중 사무용 집기 등과 같이 내구연한이 3년 이상이고 품질, 형상이 변하지 않는 것을 비품이라 한다. 이러한 비품을 등록, 관리, 폐기하는 사항을 기록한 것이 비품관리대장이다.

3) 예산의 추경

회계 연도 전에 완성되어 확정된 예산을 본예산이라 한다. 본예산은 회계연도가 시작된 후 여러 가지 사업 환경 변화에 의하여 예산을 추가하거나 기존예산의 변경을 가하는 예산을 작성하는데 이러한 예산을 추가경정예산(추경)이라 한다.

추경의 일반적 필요성은 다음과 같다.

- 수입이 현저히 증가한 경우
- 지출이 당초 예산액보다 현저히 증가한 경우
- 특정과목의 예산이 현저히 증액 또는 감액되어야 할 경우
- 새로운 예산과목의 신설이 필요한 경우

한 가지 유념해야 할 사항은 추가경정예산서는 당초 예산심의 시 삭제 또는 감액된 부분을 신설하거나 증액하기 위한 목적으로 작성할 수는 없다. 추경예산의 편성절차는 본예산의 편성절차와 동일하며 차이점이라면 추경예산은 확

〈표 4-27〉 추가경정예산 세입 · 세출 총괄표 예시

20○○년 ○○○ 추가경정예산 세입 · 세출 총괄표

(단위: 천원)

세입								세출							
관	항	목	변경 예산액(A)	기정 예산액(B)	증 감(A-B)		관	항	목	변경 예산액(A)	기정 예산액(B)	증 감(A-B)			
					금액	비율(%)						금액	비율(%)		
총 계								총 계							

〈표 4-28〉 추가경정예산 세입 · 세출 명세서 예시

20○○년 ○○○ 추가경정예산 세입 · 세출 명세서

과 목			변경 예산액(A)	기정 예산액(B)	증 감 (A-B)	산 출 근 거
관	항	목				
총 계						

※ 증감: 당해연도 예산액 - 전년도 예산액, 전년도 보다 감액된 경우 증감액에 "△" 또는 "-"표시를 함.

정된 날로부터 7일 이내에 시군구청장에게 제출되어야 한다. 시군구의 승인을 받는 추경예산서는 그때부터 그 시설의 본예산이 된다.

추경예산의 방법과 절차는 본예산에 준한다. 추경예산서에 포함되는 내용은 예산총칙, 추가경정예산 세입 · 세출 명세서, 직원 보수 일람표, 이사회 회의록이다.

- **예산총칙**

본예산의 예산총칙과 동일하다.

- **추가경정예산 세입 · 세출 명세서**

당초에 편성한 예산을 기정예산이라 하고 새로 바꾸고자 하는 예산을 변경예산이라 하여 기정예산과 변경예산을 모두 기록한다. 기정예산에는 최종적으로 변경된 예산을 기록한다. 즉 2차 추경예산이면 기정예산에 1차 변경예산을 기정예산으로 기록한다. 세입 · 세출 명세서에는 추경하고자 하는 예산과목만 기록하면 된다.

- **직원 보수 일람표**

변경이 있을 경우 총액과 산출근거를 표시한다.

- **이사회 회의록**

당해 예산을 심의 · 의결한다는 내용이 포함된 회의록이 첨부되어야 한다. 또한 이사회의 정족수 참여에 대한 내용이 포함되어야 한다.

4) 결산

결산은 1회계연도의 모든 회계를 정리하여 확정하고 평가하는 것을 말한다. 사업의 추진을 위해서 사업계획을 세우고 더 나은 발전을 위해서 사업평가를 실시하는 것처럼 비용의 계획적 사용을 위하여 예산을 수립하고, 예산집행의 타당성과 합리성 평가를 위하여 결산서를 작성한다. 따라서 결산의 기능은 예산집행의 타당성 검토와 다음 연도의 합리적 재정 계획수립이라는 2가지 기능을 갖는다고 할 수 있다.

가) 결산의 절차

회계연도가 종료되면 시설에서는 예산사용에 대한 지출 원인행위를 더 이상 하여서는 안 되고 지출원인 행위는 했는데 아직 지출하지 못한 사항에 대하여

〈표 4-29〉 결산의 흐름도

회계연도 종료	- 당해 연도 12월 31일 - 당해 회계연도 수납 및 지출원인행위 종료
⬇	
출납폐쇄	- 다음 회계연도 2월 말까지 당해 회계연도에 수납 및 지출원인행위가 된 사항의 세입금 수납 및 세출금 지출 마감
⬇	
결산서 작성	- 세입·세출 결산서 작성 - 예산전용 조서, 예비비 사용조서 등 첨부서류 작성
⬇	
법인감사	- 법인의 정기감사 수감
⬇	
운영위원회 & 법인 이사회 보고	- 운영위원회 심의 - 법인 이사회의 심의·의결(결산확정) - 이사회 회의록 필수 기재사항: 예비비 사용 및 예산전용승인, 비품폐기 승인, 결산 후 잔액사용방안 승인 등
⬇	
시·군·구 제출 및 공고	- 다음연도 3월 31일까지 시군구청장에 제출 - 시군구 및 시설의 게시판에 20일 이상 공고

는 2월 말까지 지출을 마무리해야 한다. 지출이 마감되면 세입세출 결산서를 작성하고 결산서에 첨부해야 할 서류들을 준비한다. 또한 서류가 준비되면 법인 감사로부터 정기 감사를 받는다. 감사가 완료되면 운영위원회를 소집하여 결산서를 보고하고 이사회를 소집하여 심의 의결하여 확정한다. 확정된 결산서는 3월 31일까지 시군구에 제출하고 승인이 나는 대로 홈페이지 게시판 등에 20일 이상 게시함으로써 결산을 마무리한다.

나) 결산서에 첨부되어야 할 서류

결산서에 첨부해야 할 서류는 복식부기를 사용하느냐 단식부기를 사용하느냐에 따라 조금의 차이가 있다. 직업재활시설은 수익사업을 하기 때문에 복식

부기를 사용해야 하지만 현실적으로 아직 단식부기를 많이 사용하기 때문에 단식부기에 준하는 서류를 첨부하면 된다.

단식부기를 하는 경우 첨부서류는 다음과 같다.

- 세입·세출결산서
- 과목 전용조서
- 예비비 사용조서
- 사업수입명세서
- 정부보조금명세서
- 후원금수입명세 및 사용결과보고서
- 후원금 전용계좌의 입출금내역
- 인건비명세서
- 사업비명세서
- 기타비용명세서(인건비 및 사업비를 제외한 비용을 말함)
- 감사보고서
- 법인세 신고서(수입사업이 있는 경우에 한함)

복식부기를 하는 경우 첨부서류는 다음과 같다.

복식부기를 하는 경우 위의 단식부기 서류에 다음의 서류가 추가되어야 한다.

- 대차대조표
- 수지계산서
- 현금 및 예금명세서
- 유가증권명세서
- 미수금명세서
- 재고자산명세서

- 기타 유동자산명세서
- 고정자산(토지, 건물, 차량운반구, 비품, 전화가입권) 명세서
- 부채명세서
- 제충당금명세서

결산서 작성 시는 먼저 예산과목 및 사업목적의 위배사항이 없는지 확인하여야 하며 예산액의 증액을 가져오지 않는 예산의 전용, 예비비의 지출 등이 파악되어야 하고 또한 과목별 예산규모의 증감사항, 결산서 작성이 올바르게 작성되었는지 여부, 결산서 부속서류는 갖추고 있는지가 확인되어야 한다.

라. 세무관리

1) 법인세

비영리 법인에서 운영하는 직업재활시설이 법인의 고유목적사업에 해당된다면 수입이 모두 법인의 고유목적사업에 투자되므로(법인의 수입이 없음) 법인세를 따로 내지 않아도 된다.

2) 부가가치세

부가가치세(Value Added Tax: VAT)는 생산 및 유통의 각 단계에서 생성되는 부가가치에 대해 부과되는 조세이다. 부가가치란 '각 거래단계에서 사업자가 독자적으로 새로이 창출한 가치의 증분'이라고 정의할 수 있다. 부가가치세란 상품의 거래나 서비스의 제공과정에서 얻어지는 부가가치에 대하여 과세하는 세금이며, 사업자가 납부하는 부가가치세는 매출세액에서 매입세액을 차감하여 계산한다.

부가가치세 = 매출세액(매출액의 10%) - 매입세액(매입금의 10%)

직업재활시설에서도 제조나 서비스를 통하여 매출을 발생시킬 경우 부가가치세를 신고하여야 한다. 직업재활시설의 사업자등록이 비영리로 되어 있는 경우에는 납부한 부가가치세를 환급받을 수 없고, 과세사업자로 등록한 경우에는 매출세액에서 매입세액을 차감한 금액이 0보다 클 때는 그 금액을 부가가치세로 납부하여야 하고, 0보다 작을 경우에는 그 금액만큼 세금을 돌려받을 수 있다. 일반적으로 부가가치세의 신고 납부 기한은 〈표 4-30〉과 같다.

〈표 4-30〉 부가가치세 신고기한

구 분	제1기		제2기	
	신고 내용	신고 기간	신고 내용	신고 기간
예정신고	1/4분기 실적	4월 25일까지	3/4분기 실적	10월 25일까지
확정신고	2/4분기 실적	7월 25일까지	4/4분기 실적	익년 1월 25일까지

제5장 직업재활시설의 마케팅과 우선구매제도

1. 직업재활시설의 마케팅 개념

가. 마케팅 등장 배경 및 개념

마케팅은 많은 사람들, 특히 직업재활시설 종사자들과 시설장들에게는 더 이상 생소한 단어가 아니다. 그럼에도 불구하고 마케팅이란 무엇인가?라는 질문에 당황하지 않고 한마디로 정의하는 사람은 많지 않다.

현대사회에서 마케팅은 직업재활시설을 포함하여 비영리기관과 사회의 구석구석에 까지 영향을 미치고 있다. 재화나 서비스의 공급자로서의 직업재활시설은 어떤 제품이나 서비스를 누구에게, 어떤 가격으로, 어떤 유통경로를 통하여 판매할 것이며, 제품이나 서비스를 소비자들에게 어떤 방법으로 알릴 것인가를 결정해야 한다. 직업재활시설에서 생산하는 제품을 구매하는 소비자는 자신들의 필요와 욕구를 충족시키기 위해 어떤 제품이나 서비스를 얼마나 그리고 어디에서 어떤 가격으로 구매할 것인가를 결정한다.

직업재활시설종사자와 시설장들은 마케팅을 판매와 영업의 개념으로 파악하고 있다. 마케팅은 판매에서 출발해 영업으로 꽃을 피우기 때문에 많은 사람들이 마케팅을 판매와 영업으로 인식하는 경향이 있다. 그렇다면 마케팅은 판매인가, 아니면 영업인가? 두 가지 의미는 모두 마케팅을 설명하기에는 한계가 있다. 판매 혹은 영업은 마케팅의 한 기능이지, 전부가 아니기 때문이다.

18세기 중반에 산업혁명이 본격적으로 시작되면서 과거 소규모로 생산되었던 제품들의 대량생산이 가능해졌다. 대량생산은 기업이 생산하는 제품의 독특성을 추구할 수 없도록 만들었지만, 오히려 제품생산의 효율성을 추구할 수 있도록 했다. 이에 따라 더 많은 사람들이 제품을 소비할 수 있는 기회를 갖게 되었다. 하지만 이 시기는 제품 수요에 비해서 생산이 부족했다. 제품을 생산하면 모두 판매되었던 시대로서 프랑스의 경제학자인 세이(Jean-Baptiste Say)의 법칙인 '공급은 스스로 수요를 창출한다'라는 시장법칙이 적용되었다. 대량생산은 필연적으로 다양한 제품을 생산하기가 쉽지 않은 시스템으로 동일한 제품을 생산할 수밖에 없는 시스템이었다.

기업들은 대량생산을 위한 시설의 대형화, 생산라인의 자동화, 테일러(Taylor)가 제시한 과학적 관리법 등에 의한 생산의 효율화를 추구하였다. 수요가 공급에 비해 많았던 구조는 점차적으로 다양한 경쟁자들이 출현하도록 했다.

이에 따라 기업들이 동일한 제품을 대량생산하면서 경쟁자들이 증가함에 따라 제품이 수요에 비해 초과 공급되는 상황이 전개되었다. 대량생산 시대의 경제학적 논리에 따라 형성된 시장구조는 결국 1929년의 미국의 대공황을 초래하면서 종말을 고하게 되었다. 기존의 경제학적 논리가 적용되지 않는 새로운 시대로 접어들게 된 것이었다. 그 결과로, 대량생산과 대량판매를 통해 이윤을 추구해 왔던 기업들이 과거에 경험하지 못했던 새로운 경험을 겪게 되었다. 대량생산으로 많은 기업들이 잉여 제품을 생산하게 됨에 따라 기업측면에서는 생산보다는 어떻게 하면 수요를 초과하는 제품을 판매할 수 있는가에 대한 고민을 하게 되었다. 기업은 잉여제품을 판매하기 위해서 시장을 개척하고, 계획적인 판매에 그 영업력을 집중해야 하는 시대가 전개된 것이다.

이와 더불어 소비자 측면에서도 큰 변화가 일어나게 되었다. 개인의 소득증대에 따라 여유가 생기면서 다양한 제품을 찾는 소비자 욕구의 다양화 시대가 열렸다. 기업들은 더 이상 표준화되고 단일한 제품으로는 시장에서 경쟁할 수 없다는 것을 깨닫게 되었다. 소비자 욕구가 다양해짐에 따라 어떻게 하면 고객이 원하는 제품을 찾아내고 생산하고 판매할 수 있는가가 중요한 문제로 부각되었다. 즉 소비자중심의 마케팅, 고객 지향적 마케팅 개념이 대두된 것이다.

21세기가 시작되면서 직업재활시설을 둘러싼 마케팅 환경 변화는 크게 세 가지 분야에서 일어나고 있다. 첫째, 디지털을 기반으로 한 경제의 출현으로, 인터넷을 기반으로 한 정보통신기술의 발전이다. 특히 SNS(Social Network Service), 스마트 폰을 활용한 정보통신기술은 우리 사회의 거의 모든 산업 분야에 변화와 혁신을 일으키고 있다.

둘째, 능동적으로 참여하는 소비자, 즉 과거와는 다른 풍부한 정보와 커뮤니케이션 수단으로 무장한 새로운 소비자의 출현으로 소비자 행동도 과거에 겪지 못했던 형태로 갈수록 다양화, 다변화되고 있다. 또한 소비자 의식 향상으로 인해 제품구매 기준도 급속히 변하고 있다. 소비자들이 과거보다 더욱 더 제품에 대한 다양한 정보를 기준으로 평가하는 시대가 된 것이다. 과거에 직업재활시설이 제공하는 제품 정보만을 제공받던 시대에서 이제는 소비자들이 주도적으로 정보를 탐색하고 수집하고 평가할 뿐만 아니라, 직업재활시설의 예상을 초월하는 정보를 창출하는 시대로 바뀌고 있다. 소비자들은 더 이상 단순히 제품을 구매해주기를 바라는 대상이 아니라 직업재활시설에서 함께 정보를 창출하고, 더 나은 제품을 만들기 위해 직업재활시설과 협력하거나 경쟁하는 시대가 된 것이다. 이러한 변화로 소비자들은 제품이나 서비스 자체의 품질이나 기능적 혜택만으로 제품을 구매하지 않고, 제품이나 서비스를 생산한 기업의 사회적 책임, 기업윤리, 문화, 환경을 중시하고 있는가를 면밀히 살펴보는 눈을 가지고 있는 능동적인 주체로서 역할을 담당하고 있다.

마지막으로 직업재활시설도 경쟁의 시대로 진입하게 되었다. 사회적 기업과 협동조합의 출현으로 인적·물적 자원의 획득을 위한 다양한 경쟁이 이루어지고 있으며, 직업재활시설 간의 경쟁으로 인하여 마케팅기법의 도입을 촉진하게 만든 계기가 되었다. 직업재활시설의 기능과 역할이 환경 변화, 정부 정책변화, 장애인의 다양한 욕구로 보호고용의 기능과 역할이 강화되고 있다. 이러한 변화 속에서 직업재활시설은 보호고용의 기능과 역할을 수행하기 위하여 매출 증대, 수익창출을 도모할 수밖에 없다. 이제 직업재활시설은 제품을 구매하고 있는 소비자를 파악하고, 소비자의 욕구에 대응하기 위해 제품에 대해 어떤 개념을 가지고 접근할 것인가를 고민해야 할 것이다.

이 시대는 마케팅의 시대라고 불릴 만큼 마케팅의 중요성이 점차 커지고 있다. 요즘 흔히 듣는 용어들을 살펴보면 이러한 사실이 더 극명하게 드러난다. 대표적인 용어들을 보면 다음과 같다. 감성마케팅, 체험마케팅, 문화마케팅, 날씨마케팅, 스포츠마케팅 등이다. 이들 용어는 우리가 흔히 듣는 마케팅 관련 용어들의 일부 예들이다. 이제는 소비자의 수요를 만족시키기 위해 집중화된 마케팅과 판매 전략이 필요한 시대가 된 것이다.

나. 마케팅의 개념

마케팅이란 무엇인가? 마케팅은 여러 관점에서 정의할 수 있다. McCarthy (2004)는 마케팅담당자의 틀(Marketing Manager's Framework)을 [그림 5-1]과 같이 제시하였다. 그는 소비자를 만족시키기 위해 통제 가능한 요소로서 마케팅믹스(Marketing Mix)와 통제 불가능한 요소로서 마케팅환경 요소를 제안했다. 마케팅믹스를 다른 의미로 4P라고 일컫는데, 제품(Product), 가격(Price), 유통경로(Place), 촉진(Promotion)을 의미한다. 촉진은 고객과의 의사전달이라는 관점이 중요하게 부각되면서 마케팅 커뮤니케이션(Marketing

[그림 5-1] 마케팅담당자의 틀

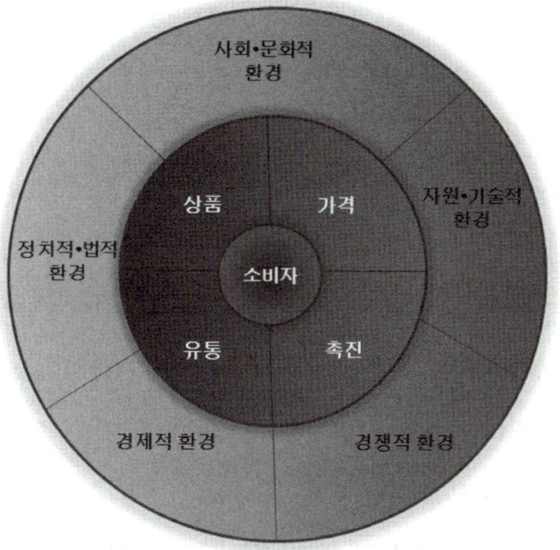

자료원: McCarthy, E. Jerome, and William D. Perreault, Jr.(1984). Basic Marketing, 8th ed., Richard D. Irwin, Inc.

Communication)으로 불리고 있다. 다음으로 직업재활시설의 입장에서 통제가 불가능한 요소인 마케팅환경 요소는 직업재활시설이 처한 경제적, 정치적, 사회적, 문화적, 경쟁적, 기술적 환경 등이다. 이를 바탕으로 McCarthy는 마케팅을 소비자의 만족을 위해 외부환경을 고려한 상황에서 4P, 즉, 제품, 가격, 유통, 촉진 활동을 전략적 관점에서 관리하는 것이라고 정의하고 있다.

Kotler and Keller(2008)는 마케팅을 다른 사람들과 함께 제품이나 가치를 창조하거나, 제공하거나, 교환하는 것을 통하여 소비자가 필요로 하고 원하는 것을 얻을 수 있도록 하는 사회적 경영과정으로 정의하고 있다. 마케팅을 통해 기업은 고객에게 실질적 가치를 제공하는 제품과 서비스의 조합을 설계하고 고객의 구매를 촉진하며 순수한 소비자욕구를 충족시켜주게 된다고 설명한다.

마케팅에 대한 공식적 정의는 1960년에 미국마케팅학회(American Marketing Association: AMA)에 의해 처음 제시되었으며, 1985년에는 현대적 개념의 마케팅에 대해 재정의하였다. 이후 2007년에 마케팅 개념을 새롭게 개정한 정의를 발표하여, 마케팅은 고객들(Customer and Clients), 협력자들(Partners), 그리고 더 나아가 사회 전반에 가치 있는 것을 만들고, 알리며, 전달하고, 교환하기 위한 활동과 일련의 제도 및 과정들이라고 정의하고 있다.

미국 마케팅학회의 마케팅 관점은 개인과 조직의 목적을 충족시킨다는 측면에서 소비자 관점(Consumer's Perspective)에서 마케팅 활동이다. 소비자를 대상으로 한 마케팅 조사와 분석을 통해 고객의 욕구를 만족시킬 수 있는 제품과 서비스를 개발하고 제공하는 것에 초점을 둔다. 직업재활시설 마케팅은 고객의 욕구와 일치되지 않은 제품과 서비스를 통해서는 성공할 수 없다. 고객의 욕구는 제품과 서비스를 이용하는 고객의 목적이나 이유 등에 따라 달라진다.

전체적으로 보아 **직업재활시설 마케팅은 직업재활시설에서 생산하고 있는 재화나 생산품을 구매하는 고객의 욕구를 만족시키는 활동으로서, 직업재활시설의 수익을 창출하기 위한 경영활동이라고 정의할 수 있다.** 이를 위해 직업재활시설은 제품이나 서비스의 생산, 가격 결정, 유통, 촉진과 같은 과정을 진행하는 것이다.

반면에 마케팅 하면 가장 많이 떠오르는 영업 또는 판매라는 개념은 실제 고객과의 접점에서 진행되는 판매행위를 말한다. 따라서 판매는 마케팅의 일부 개념이라고 볼 수 있다. 이러한 개념적인 차이에 대해 Drucker(1973)는 "마케팅의 목적은 판매노력을 불필요하게 만드는 것이다"라고 제안하는데, 이는 고객을 알고 이해하여 생산한 제품이 고객의 욕구에 딱 맞을 수 있도록 하는 것이기 때문에 궁극적으로 마케팅이 영업을 포괄하는 개념이라고 볼 수 있다.

다. 직업재활시설 마케팅의 핵심 개념

직업재활시설 마케팅활동을 원활하게 진행하기 위해서는 [그림 5-2]와 같은

[그림 5-2] 직업재활시설 마케팅의 핵심개념

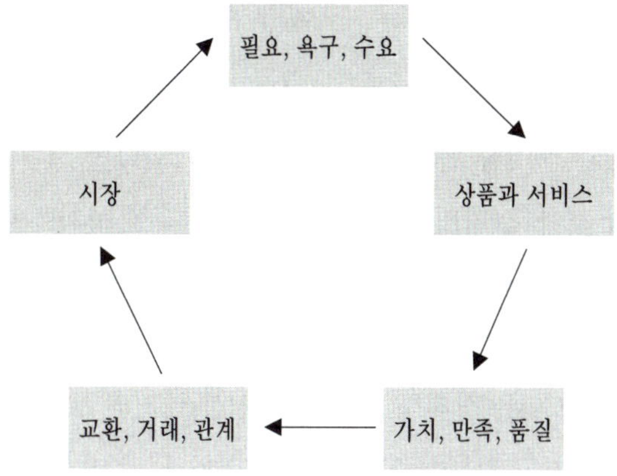

핵심 기본개념들에 대한 이해가 필요하다.

1) 필요, 욕구, 수요

인간의 필요와 욕구가 없다면 직업재활시설의 마케팅이 시작될 수가 없다. 필요와 욕구라는 용어는 정확히 구분되는 개념은 아니다. 또한 필요한 욕구가 있더라도 이에 대한 수요가 없다면 그것은 무의미하다. 각 개념들의 차이를 살펴보면 다음과 같다.

필요(Need)란 일정한 상태(Homeostasis)를 유지하길 원하는 인간의 기본적인 만족이 결핍된 상태(States of Felt Deprivation)를 말한다. 육체적인 필요로서 음식, 옷, 따뜻함, 안전 등이나, 사회적인 필요로서 소속이나 애정, 개인적인 필요로 지식이나 자기표현 등을 들 수 있을 것이다. 이러한 필요들은 마케팅담당자에 의해 개발되지 않으며, 인간체질의 기본적인 부분이다. 마케팅담당자는 소비자의 필요를 강제할 수 없으며, 필요에 대한 욕구를 개발, 충족시켜야 한다.

욕구(Want)는 인간의 필요를 충족시켜줄 수 있는 구체적인 수단에 대한 바람 또는 구체적인 대상물을 원하는 상태를 말한다. 이것은 개인이 속한 문화, 개인의 특성에 의해 달라질 수 있다. 배가 고플 때에 필요를 충족시켜 줄 수 있는 것은 음식인데 이에 대한 구체적인 대상물이 욕구이다. 한국인들은 불고기, 설렁탕, 김밥, 라면 등과 같은 것을 원할 것이고, 미국인들은 햄버거, 프렌치프라이, 샌드위치 등과 같은 것을 원할 것이다. 갈증을 느낀다면 사람에 따라 물, 콜라, 주스 등을 원할 것이다. 따라서 욕구는 사람들이 속한 사회에 따라 달라질 수 있으며 사람들의 필요를 만족시켜줄 수 있는 대상물을 통해 설명될 수 있다.

수요(Demand)라는 것은 특정 제품이나 서비스에 대한 욕구가 구매력 및 구매의지를 동반하고 있는 상태를 말한다. 사람들은 거의 무제한의 욕구를 가지고 있지만 그들이 가지고 있는 자원은 제한되어 있다. 소비자들이 가지고 있는 자원을 크게 구매력(Buying Power)과 구매의지(Buying Intention)로 구분해 볼 수 있다. 직업재활시설은 인간의 필요와 욕구에 따라서 제품과 서비스를 제공하지만, 소비자가 구매력과 구매의지를 둘 다 갖지 못하는 경우, 제품과 서비스는 소비가 되지 않는다. 소비자에 따라서는 구매력만 있고 구매의지가 없는 경우도 있을 수 있고, 구매의지는 있는데 구매력이 없는 경우도 있을 수 있다. 이 두 조건이 만족될 경우 직업재활시설에서 제공한 제품과 서비스를 소비자가 구매함으로 수요가 발생되게 된다. 이때 공급에 비해 수요가 부족하다면 수요를 촉진하는 것이 마케팅의 주요 목표가 될 것이다. 반면에 수요와 공급이 적절한 수준에서 유지된다면 현재의 상황을 유지하는 것이 마케팅의 주요 목표가 될 것이다. 상황에 따라서 수요가 기업의 공급능력을 초과할 수 있을 것이다. 이때는 가격조정, 역마케팅(Demarketing) 등과 같은 다양한 마케팅전략을 구사할 수 있을 것이다.

2) 제품과 서비스

제품과 서비스는 마케팅 주체인 직업재활시설이 소비자의 필요와 욕구를 만족시키기 위해 시장에 제공하는 대상물이다. 제품(Product)은 유형의 대상물만을 지칭하는 것이 아니다. 그래서 미국 마케팅협회의 마케팅정의에 따르면 교환의 대상으로서 제품을 아이디어, 유형재, 서비스(Ideas, Goods, Services)로 규정하고 있다. 그러나 일반적으로 이에 대한 구분을 제품과 서비스로 할 수 있다. 제품이란 TV, 자동차, 컴퓨터처럼 구체적인 유형의 형태로 제조된 것을 말한다. 반면에 서비스(Service)는 무형으로 판매를 위해 제공되는 활동이나 혜택으로서 소유권이 없는 것을 말한다. 은행, 의사의 성형수술, 비즈니스모델, 지적재산, 항공권 서비스, 여행제품 서비스, 호텔의 객실 서비스, 집수리 서비스 등 다양한 영역이 포함될 수 있을 것이다.

넓은 의미의 제품개념으로는 경험, 사람, 장소, 조직, 정보, 아이디어 등이 포함될 수 있다. 예를 들어 디즈니월드는 관광과 관련된 다양한 서비스와 제품을 결합하는 것을 통해 경험을 창출하고 각색하여, 소비자에게 판매할 수 있다. 현대에 와서는 제품과 서비스가 점차적으로 기업이 제공하는 것들을 소비자들의 경험을 통해 차별화되고 있다. 최근에는 테마관광지나 레스토랑이 단순한 관광지나 음식만을 경험하는 것 이상의 새로운 현장을 몸으로 체험할 수 있도록 발전되고 있다.

3) 가치, 만족, 품질

소비자들은 주어진 욕구를 만족시킬 수 있는 다양한 제품이나 서비스를 매일 접하게 된다. 소비자들은 이렇게 많은 제품과 서비스로부터 어떻게 제품을 고를 수 있는가? 소비자들은 다양한 제품과 서비스에 대한 가치 인식을 근거로 구매결정을 한다. 이때 제품이나 서비스를 소유함으로써 얻는 혜택과 그것을 얻기 위해 지불하는 비용이 있다. 고객의 입장에서 보면, 고객이 얻는 혜택(Benefit)과 이를 위해 지불하는 비용(Cost)의 차이가 있기 마련이다. 이를 고객가치(Customer Value)라고 한다. 여기서 말하는 혜택과 비용은 금전적, 시간적, 사회적, 심리적 요인들을 모두 고려해서 결정된다. 소비자들은 제품을 소유함으로써 얻는 혜택과 비용에 대해 정확하고 객관적으로 평가할 수 없는 경우가 많다. 그래서 각 소비자는 자신에게 인지된 가치(Perceived Value)를 근거로 행동하게 된다.

이렇게 구매된 제품은 고객에게 좋은 사용 경험을 가져다 줄 수 있기도 하며, 그렇지 못할 수도 있다. 소비자에게 전달된 제품의 인지된 성능과 소비자의 기대와의 차이에 따라 생겨나는 경험을 고객만족(Customer Satisfaction)이라고 한다. 소비자의 기대에 비해 제품의 인지된 성능이 낮을 때는 고객에게 불만족을 가져온다. 반면에 소비자의 기대와 제품의 인지된 성능이 일치할 때는 만족하게 된다. 또한 소비자의 기대보다 제품의 인지된 성능이 좋을 때는 소비자는 기뻐하게 된다. 시장에서 성과를 내는 직업재활시설일수록 고객에게 만족감을 주게 되고, 이렇게 만족한 고객은 다시 재구매(Repeat Purchase)를 일으키고, 다른 고객들에게 제품과 서비스에 대한 좋은 경험을 전하는 구전효과(Word-of-Mouth Effect)를 일으킨다. 뛰어난 직업재활시설일수록 고객에게 단순한 만족보다는 고객을 기쁘게 해서 감동을 주는 데 목표를 둔다.

좁은 의미로 품질(Quality)은 결점이 없는 것이라고 할 수 있다. 그렇지만 대부분 고객지향적인 기업들은 품질에 대한 좁은 정의보다는 넓은 정의를 받아들이고 있다. 미국품질관리협회(American Society for Quality Control)는 품질을 고객의 필요를 만족시키는 능력을 가진 제품이나 서비스의 총체적인 특색이나 특징이라고 정의하고 있다. 이 개념은 다분히 고객에 초점을 둔 것으로서 제품이나 서비스가 고객의 기대를 맞추거나 초월할 때 전체적인 품질수준이 달성될 수 있다고 보기 때문이다. 이런 측면에서 고객만족은 제품이나 서비스 품질(Quality)과 밀접하게 연결되어 있다.

최근에 많은 기업들은 총체적 품질관리(Total Quality Management: TQM) 프로그램을 경영활동에 적용하고 있다. 이 프로그램은 제품과 서비스, 마케팅 과정에서 나타난 품질을 지속적으로 개선하는 것이다. 왜냐하면 품질이 제품의 성능에 직접적인 영향을 주므로 고객만족에 기여하기 때문이다. 이제는 총체적 품질관리가 총체적 고객만족으로 바뀌고 있다. 품질은 고객의 필요로 시작하여 고객만족으로 끝맺기 때문이다.

4) 교환, 거래, 관계

인간이 필요와 욕구를 느낀다면, 이를 해결할 수 있는 방법들을 찾을 것이다. 이러한 방법으로 자가 생산(Self production), 강탈(Coercion), 구걸(Begging), 교환(Exchange) 등의 수단을 활용할 수 있을 것이다. 이 중에서 교환(Exchange)은 마케팅의 핵심 개념이다. 소비자가 교환을 통해 그들의 필요와 욕구를 충족시키고자 할 때 마케팅이 일어나기 때문이다. 교환은 가치 있는 그 무엇인가를 대가로 획득하였을 때 이루어진다. 교환은 구매자와 판매자, 교환품목, 제품에 대한 보상형태가 있어야 한다. 즉, 교환이란 소비자와 직업재활시설이 서로 제품이나 서비스에 대한 대가로 현금을 지불하는 것을 통해 이루어지는 과정이다.

교환과정을 통해 직업재활시설은 이윤, 소비자는 욕구충족이라는 목적을 달성할 수 있다. 교환이 이루어지기 위해서는 다음과 같은 다섯 가지 기준을 충족시켜야 한다(강상원, 2004).

- 최소한 둘 이상의 거래 당사자가 있어야 한다.
- 각각의 거래 당사자는 상대방이 그 가치를 인정하는 교환물품을 가져야 한다.
- 각각의 거래 당사자는 상호 의사소통과 교환 물품을 전달할 수 있는 능력이 있어야 한다.
- 각각의 거래 당사자는 교환에 따른 의사결정에 있어서 자유롭게 승인하거나 거절할 수 있어야 한다.
- 각각의 거래 당사자는 상대방과의 거래가 적절하고 바람직하다고 여길 수

있어야 한다.

거래(Transaction)는 조건, 시간, 장소에 대한 동의에 따라서 진행된 두 당사자 간의 가치의 거래를 의미한다. 즉, 직업재활시설에서 소비자에게 빵을 제공하고 이에 대한 대가로 소비자가 직업재활시설에 현금을 지급하는 것과 같은 것이다.

두 당사자 간의 거래마케팅은 관계마케팅(Relationship Marketing)이라는 폭넓은 아이디어의 일부이다. 마케팅담당자는 단기적이고 일회적인 거래를 넘어서서, 가치 있는 소비자, 유통업자, 딜러, 공급자 등과 장기적인 관계를 필요로 한다. 이것은 직업재활시설이 품질이 높은 제품과 서비스의 제공, 공정한 가격에 대한 약속, 지속적인 제품과 서비스의 전달을 통해 고객과 경제적이고 사회적인 강한 유대감을 형성하고자 하는 것이다. 점차적으로 마케팅의 목적이 1회 거래를 통해 최대한의 이익을 얻으려고 하는 목적에서 고객과 상호 당사자들 간에 도움이 되는 관계를 구축함으로써 이익을 극대화하려고 하는 방향으로 바뀌고 있다.

5) 시장

교환과 관계의 개념을 통해 시장(Market)이라는 개념을 생각해 볼 수 있다. 제품과 서비스에 대한 교환이 진행되려면 교환의 장소가 필요하기 때문이다. 시장은 제품에 대한 실제 또는 잠재적인 구매자의 집합이다. 특정한 필요나 욕구를 가지고 있는 구매자들은 교환과 관계형성을 통해 만족감을 서로 나눈다. 원래 시장은 교환의 두 주체인 판매자와 소비자가 만나 그들의 제품을 교환하는 곳이었다. 여기서 판매자는 마케터(Marketer)로서 개인 또는 직업재활시설 모두가 될 수 있다.

시장은 두 가지 측면의 집합체가 있다. 먼저, 소비자의 필요와 욕구를 충족시켜줄 수 있는 제품과 서비스의 집합체이다. 다음으로 제품과 서비스의 거래를 광범위하게 수행하는 사람들과 조직체의 집합체이다. 제품과 서비스를 제공하는 집합체들이 소비자들의 집합체들에게 제품과 서비스들을 제공하고, 고객은 이에 대한 대가로 돈을 제공한다. 이 과정에서 추가적으로 고객으로부터 고객과 시장에 관련된 정보가 직업재활시설에 전달된다.

라. 마케팅 개념의 발전

제조업이나 다른 서비스산업에서 마케팅은 생산지향적, 제품지향적, 판매지향적, 마케팅지향적, 사회지향적인 개념에서 최근 디지털지향적으로 발전되어 왔다. 마케팅개념은 시대에 따라 기업경영자의 사고와 기업환경이 달라지면서 변화되어 왔다. 이에 대해 Kotler와 Keller(2008)는 생산개념(Production Concept), 제품개념(Production Concept), 판매개념(Selling Concept), 마케팅개념(Marketing Concept), 사회적 마케팅개념(Societal Marketing Concept)으로 진화되어 왔다고 분석했다.

1) 생산지향적 마케팅개념 단계

생산지향적(Production-Oriented) 마케팅개념 단계는 제품에 대한 수요가 공급을 초과하는 시대에 나타난 마케팅개념이다. 1900년대 초에 등장한 개념으로 어떻게 하면 제품을 값싸게 많이 만들 수 있는가에 초점을 두고 있었다. 이 개념은 생산성향상과 원가절감에 초점을 맞추고 있으며, 경제학자인 Adam Smith가 주장한 이론에 근거를 두고 있다. 또한, 생산 활동의 노동 분업화를 통해 단위당 노동원가를 절감하고 생산성을 증진시키고, 규모의 경제(Economies of Scale)를 달성하는 데 목적을 두고 있다.

이 시대에 포드자동차의 창업주인 헨리 포드(Henry Ford)는 미국 미시건 주의 하이랜드 파크에서 대규모 자동차 생산라인을 도입하고 '모델 T'라는 자동차를 생산하는 데 이 개념을 활용하였고, 노동 분업을 위해 테일러가 제시한 과학적 관리법을 활용했다. 그 당시 기업의 관심은 판매보다는 대량생산에 집중되었고, 고객에 대한 관심은 부차적인 기능이었다. 고객의 욕구는 중요하게 취급되지 못했으며, 기업이 주도권을 갖는 판매자시장(Seller's Market) 중심으로 구성되었다. 기업의 판매부서는 별다른 역할을 하지 못했다. 이 시기의 마케팅 개념은 생산부서나 재무부서의 관리자들을 통해 결정된 제품과 가격에 따라 제품을 시장에 판매하는 역할만을 수행하는 기능을 담당했다.

2) 제품지향적 마케팅개념 단계

제품지향적(Product-Oriented) 마케팅개념 단계는 생산지향적 마케팅개념이 한계상황에 도달하면서 시작되었다. 기업의 공급이 증가하면서 재고가 남아도는 상황이 발생하기 시작했기 때문이다. 이러한 상황에서 기업은 다른 기업들보다 우수한 품질의 제품을 내놓는다면 소비자들이 이를 선호할 것(Good product will sell itself)이라는 가정에서 출발하였다. 기업은 소비자들은 품질만 좋으면 충분히 만족할 것이라고 기대하게 되었다. 여기서 기업이 말한 우수한 품질의 기준은 소비자입장이 아닌 기업의 입장에서 본 것이다. 시장에서 마케팅활동에 근거를 둔 품질 개선보다는 기업의 연구개발부서에서 우수한 제품을 개발하는 데 초점을 두고 있었다.

기업들이 고객욕구에 대한 분석 없이 기업입장에서 제품을 너무 강조한 결과, 고객이 자사제품을 외면하는 것을 소비자의 무지 탓으로 돌리기도 했다. 이처럼 이 시기의 마케팅개념은 생산부서에서 만들어진 제품을 시장에서 잘 판매하는 데 관심을 두었던 시기이다.

3) 판매지향적 마케팅개념 단계

판매지향적(Sales-Oriented) 마케팅개념 단계는 생산능력과 유통능력의 지속적인 발전과정에 따라 나타난 개념이다. 이 시대는 소비자들에게 여러 회사들에서 생산된 다양한 대체품들 중에서 선택할 수 있는 기회를 제공하였다. 기업은 경쟁자들로 인해 적정수준을 넘는 재고를 갖게 되었으며, 시장의 주도권 또한 생산자에서 소비자로 넘어가게 되어 판매자시장에서 구매자시장(Buyer's Market)으로 변화되었다.

기업은 여러 부서들 중 판매부서의 기능을 가장 중요하게 생각했다. 그 이유로, 소비능력을 초과한 생산능력 때문에 과잉재고 상황에 처하게 된 기업들은 판매효율이 낮아서 문제가 발생한다고 보았기 때문이었다. 또한, 기업이 적극적인 판매와 촉진활동을 하지 않으면 소비자들이 구매를 하지 않는다고 가정하고 있던 시기이다. 따라서 기업은 다양한 촉진도구와 판매기법을 활용하여 소비자를 설득할 필요성을 느끼게 되었으며, 어떤 제품이든 충분한 판매노력을 기울이면 판매량을 늘릴 수 있다고 생각하였다.

이 단계에서 기업은 판매될 수 있는 제품을 만들지 않고, 이미 만들어진 제품을 판매해야 했기 때문에 공격적 판매(Hard sell)와 비도덕적인 판매방법을 활용하는 경우가 많았다. 이를 고압적 마케팅(High Pressure Marketing)이라고 부르기도 한다. 기업은 판매 자체가 목적이었기 때문에 소비자가 제품을 구매한 이후의 만족여부에는 관심을 두지 않았다. 결국 단기적으로 효과는 있었지만, 장기적으로 판매저항으로 인한 고객의 이탈을 가져오게 되었다.

4) 마케팅 지향적 마케팅개념 단계

마케팅 지향적(Marketing-Oriented) 마케팅개념 단계는 판매지향적 마케팅개념 단계에서 공격적 판매와 비도덕적 판매방법으로 인해 더 이상 소비자를 설득할 수 없게 되면서 나타났다. 이 시기는 소비자의 구매선택권이 강화되었으며,

기업은 고객의 필요와 욕구에 깊은 관심을 갖게 된 시기이다.

기업은 그 목표달성 여부를 시장에 있는 소비자의 욕구를 파악하고 이들에게 만족을 전달해 주는 활동을 얼마나 경쟁자보다 효율적으로 진행할 수 있는가에 초점을 두게 되었다. 이 단계는 저압적 마케팅(Low Pressure Marketing)이라고도 한다. 이제는 소비자들의 진정한 욕구를 인지하고 이를 효율적으로 충족시키기 위해 노력할 때만 소비자들을 만족시킬 수 있고 판매가 가능한 시대가 되었기 때문이다.

이 단계에서는 과거의 판매지향적 마케팅개념 단계에서 제품을 현금으로 바꾸고자 하는 판매자욕구에 초점이 맞추어진 내부지향적인 마케팅에서 고객 및 시장의 욕구를 중심으로 하는 외부지향적인 마케팅으로 바뀌었다.

이 시기의 마케팅은 소비자의 필요와 욕구에 초점을 두고 제품의 생산, 유통, 소비와 관련된 모든 활동이 진행되었다. 더 나아가 제품생산에서 유통, 판매 후 사후관리까지 전 단계에서 하나의 일치된 전략을 구사하는 통합적 마케팅전략을 구사하는 데 초점을 두게 되었다.

5) 사회지향적 마케팅개념 단계

사회지향적(Societal) 마케팅개념 단계는 사회 전체적인 이익과 복지 증진의 중요성이 부각되면서 등장하였다. 기업은 소비자는 물론 사회 전체의 복지문제인 환경오염, 자원부족, 인구문제, 세계적 기아 및 빈곤 등에 관심을 가져야 하는 시대가 되었다. 현대에 와서는 기업을 둘러싸고 있는 이러한 환경의 변화가 급속하게 진행되고 있다. 그 결과로 기업의 마케팅 의사결정 시에도 사회의 관심사를 고려할 필요성이 더욱 강조되고 있다. 소비자의 필요 및 욕구충족, 기업의 이윤추구, 사회 전체의 이익과 복지를 조화시킬 필요성이 더욱 커졌기 때문이다. 이제는 팔릴 것을 만들어서 파는 단계를 넘어 사회적으로 복지를 증진시키는 좋은 제품을 만들어서 판매하는 시대가 된 것이다. 이와 같은 상황에서 환경 친화적인 에코마케팅(Eco-Marketing)이나 그린마케팅(Green-Marketing)이 등장한 것이다.

마. 직업재활시설 마케팅 믹스

마케팅에서 말하는 전통적인 4P는 제품(Product), 가격(Price), 유통(Place), 촉진(Promotion)이라고 볼 수 있다. 직업재활시설은 환경에 대해서는 통제력이 없는 반면에 4P에 대해서는 통제가 가능하다. 따라서 이 네 가지 변수에 대해 예산 및 전략을 어떻게 수립하느냐에 따라 직업재활시설의 경영 성과가 상당히 달라진다. 그래서 4P를 마케팅 믹스 변수라고 부른다.

4P를 구성하는 가장 기본적인 핵심 변수는 제품이다. 마케팅의 대상이기 때문이다. 제품은 직업재활시설의 시장 제공물 일체를 의미하는 것으로 고객의 욕구를 충족시켜 주며 시장에서의 주의, 획득, 사용, 혹은 소비를 목적으로 제공되는 모든 것이라 정의할 수 있다. 자동차, 책, 신발, 계란 등과 같은 물리적인 유형 제품, 헤어드레싱, 연주회, 휴가 등과 같은 무형의 서비스, 대통령이나 국회의원 후보 등과 같은 사람 혹은 이들이 제시하는 정책, 자기 지역을 찾아오도록 혹은 투자하도록 하는 휴가 목적지나 투자 유치지와 같은 장소(국가, 지방자치단체, 도시 등), 혹은 심지어 적십자나 자선단체와 같은 조직의 활동도 마케팅의 대상이 된다는 점에서 제품이라 할 수 있다.

직업재활시설은 소비자에게 제품을 제공하고 가격을 받는 대가로 존속하고 성장한다. 제품은 일반적으로 유형재와 서비스의 결합물이다. 직업재활시설에서 마케팅에 초점을 맞추는 경우에는, 제품 대신에 상품이라는 용어를 사용한다.

제품은 마케팅 믹스 요소 또한 다양한 요인들로 구성되며, 제품은 각각 구성요인에 대한 종합적인 의사결정의 결과물이다. 가격은 구매자들이 제품에 대하여 평가하는 가장 기본적인 결정기준이다. 아주 간결하면서도 명료한 것이 가격의 의미이다. 가격이란 특정의 제품/서비스를 구입하는 대가 혹은 반대급부로 제공되는 돈의 양을 의미한다. 보다 크게 말하면 제품/서비스를 구입해 사용함으로써 얻게 되는 편익의 대가로 지불되는 가치의 합계라 할 수 있다. 가격은 매우 다양한 이름을 가지고 있다. 아파트 사용자 임대료, 학교에 내는 등록금, 의사에게 내는 진료비, 교통수단 이용 요금, 은행 대출 이자, 고속도로 통행료, 국가에 내는 세금 등이 모두 다른 이름이다. 이 세상의 모든 제품들 중에서 가격이 표시되지 않는 제품은 거의 없다.

소비자들은 가격이 마케팅의 다른 활동들에 미치는 영향에도 반응한다. 또한 최근 들어 서비스의 등장이 증대하면서 서비스 가격결정도 중요한 문제로 부각되고 있다. 유통은 직업재활시설에서 가장 취약한 부분이다. 유통이란 소비자가 제품/서비스를 재가공 혹은 소비를 할 수 있도록 해 주는 데 관여하는 기관 혹은 조직을 의미한다. 쉽게 이야기하자면 장애인생산품 판매시설의 역할을 하는 조직이다. 길거리 구멍가게, 24시간 편의점, 할인점, 백화점, 전통시장, TV 홈쇼핑 채널, 인터넷 쇼핑몰 등이 모두 유통기관에 포함된다.

유통경로는 제품 또는 서비스를 최종의 사용 또는 소비가 가능하도록 만들어 주는 과정에 관여하는 상호의존적인 조직체들의 집합체이다. 유통경로관리의 문제는 유통경로구조의 설계와 유통경로 구성원 관리의 문제로 구분할 수 있다. 유통경로구조의 설계는 어떤 부류의 유통경로 구성원들로 유통경로를 구성할 것이며, 이들에게 유통경로기능을 어떻게 배분시킬 것인가에 대한 계획이다. 유통경로의 설계와 함께 경로시스템 구성원들의 충원 및 관리도 중요한 문제이다. 촉진 활동이란 소비자에게 직업재활시설의 제품/서비스, 기업, 가격, 구입할 수 있는 유통점 등에 관한 정보를 전달하는 기능을 한다. 즉, 마케팅 커뮤니케이션을 촉진이라 할 수 있다. 이러한 촉진 활동은 매우 다양한 매체와 다양한 방법을 통해 정보가 전달되기 때문에 촉진 믹스 프로그램을 별도로 구성해 운영해야 한다. 촉진 믹스 프로그램은 직업재활시설이 광고 조합한 프로그램을 의미한다. 이때 광고란 확인 가능한 조직, 즉 직업재활시설이 비용을 지불하고 자사의 아이디어, 제품, 서비스를 비인적 매체를 통해 제시하거나 촉진시키는 활동을 의미한다.

판매촉진 활동이란 제품/서비스의 판매를 확대하거나 구매를 고무시키기 위해 사용하는 단기적인 인센티브제공 활동을 말한다. PR이란 'Public Relations'를 줄인 말로 비용을 지불하지 않고 대중매체를 이용해 기업의 호의적인 기사를 내보내거나 좋은 직업재활시설 이미지를 구축하거나 혹은 직업재활시설에 대한 잘못된 소문을 바로잡고, 가십거리, 행사 등을 알리는 활동을 말한다. 그리고 개인판매는 판매를 할 목적으로 직업재활시설 종사자들이 직접 한 사람 혹은 복수의 구매자들에게 제품/서비스에 대한 정보를 대화를 통해 일대일로 전달하는 활동을 의미한다.

2. 직업재활시설의 마케팅 특성과 전략

가. 마케팅특성과 전략의 이해

직업재활시설에서는 마케팅하기 위한 인적, 물적, 예산적 자원들을 무한히 가지고 있지 않다. 따라서 특정 상황과 자원, 그리고 목표하에서 적절한 마케팅 전략을 수립해야 한다. 이를 달성하기 위해 직업재활시설은 경영 전략을 수립하면서, 각 영역별로 전략과 더불어 마케팅 부문에서는 마케팅전략으로 구체화된다.

전략(Strategy)이라는 개념은 원래 고대 그리스에서 장군이 쓰는 군사전략이라는 용어로 사용되었다. 제2차 세계대전 이후에 기업의 환경변화가 급격해지고, 이에 대한 적절한 대응 전략을 찾게 되면서 경영학에서 이를 도입하여 활용하고 있다.

직업재활시설에서 전략은 일반적으로 세 가지 수준에서 세워질 수 있다. 먼저 전사적 수준의 전략으로 전체 조직을 위한 전반적 전략이다. 직업재활시설에 종사하는 모든 종사자가 대상이 된다. 다음으로 사업부 수준의 전략으로 전사적 수준의 전략에 따라 각각의 사업부에서 수립되는 전략을 말한다. 마지막으로 기능 수준의 전략으로 일반적 의미의 부서(Department) 전략이다. 마케팅, 인사, 생산 등과 관련된 수준의 전략이며, 여기서는 마케팅 부서의 전략이 기능별 전략 수립의 관심 대상이다.

경영에서 전략의 개념은 직업재활시설의 미션에서부터 시작된다.

직업재활시설의 미션은 직업재활시설이 왜 존재해야 하는가, 무엇을 해야 하는가, 어떻게 해야 하는가와 관련된 내용이다. 직업재활시설은 기본적이며 장기적인 미션을 설정하고, 직업재활시설의 미션에 따른 목표를 결정하고, 이들 목표를 달성할 수 있도록 직업재활시설의 의사결정을 진행하고 자원을 배분을 해야 한다. 이것은 직업재활시설이 생각하는 핵심 가치(Core Values), 사명(Mission) 또는 비전(Vision)이 포함되어 있어야 하며, 조직문화(Organization Culture)를 통해 직업재활시설의 종사자들을 응집시키고 열정을 불어넣는 기능을 하게 된다.

[그림 5-3] 전략적 경영의 과정

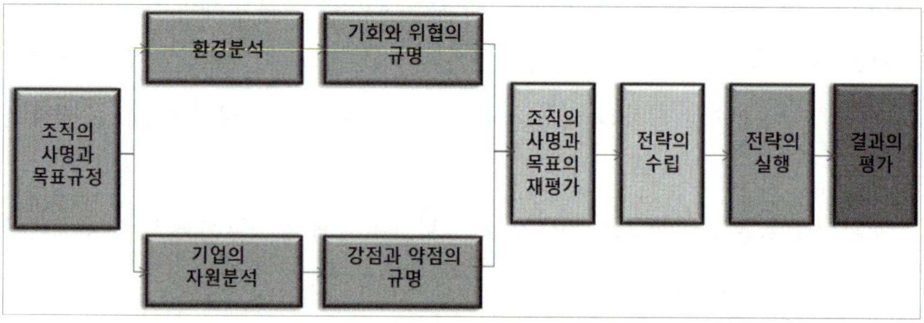

자료원: Robbin, S.P. and D. A. DE Cenzo, *Fundamentals of Management*, 2nd ed., Prentice-Hall, 1988.

전략과 관련하여, 전략의 하위 용어로서 전술(Tactics)이라는 용어가 있다. 전략이 장기적이며 직업재활시설 전체의 나아갈 방향을 다루고 있는 것에 비해, 전술은 단기적이며 범위가 협소한 것으로 전략을 달성하기 위한 구체적인 실행방법을 말한다.

기업에서 전략적 경영이 진행되는 과정을 살펴보면 [그림 5-3]과 같다.

나. 직업재활시설의 미션 규정

조직은 직업재활시설이 지향하는 목적을 성취하기 위해 존재한다. 목적을 성취하기 위해서는 직업재활시설이 사업하는 영역에 대해 명확한 파악하고 있어야 한다. 이것을 구체적으로 표현한 것이 직업재활시설의 미션이다. 직업재활시설의 미션은 직업재활시설의 핵심가치(Core Values)를 통해 직업재활시설의 장래 설계를 기술해 놓은 것을 말한다. 핵심가치는 조직을 리드하는 근본적이고 열정적이며 지속적인 원칙을 말한다. 결국 직업재활시설의 미션은 직업재활시설이 장기적으로 하려고 하는 것과 되려고 하는 것이 무엇인가를 말한다. 이것은 우리가 현재 하고 있는 사업은 무엇이고, 미래에 지향해야 할 사업은 무엇인가에 대한 인식을 할 수 있도록 도와준다. 사업을 처음 시작하는 대부분의 직업재활시설들은 명확한 사명을 가지고 있지만, 직업재활시설이 성장을 하거나 새로운 사업으로 인해 직업재활시설의 미션이 불명확해지는 경우가 많다. 이럴 경우 새로운 환경변화에 대한 적응을 어렵게 만들 수 있다.

직업재활시설의 미션을 세우기 위해서는 먼저, 다음과 같은 질문들을 고려할 수 있을 것이다(안광호 외, 2002).

- 우리 직업재활시설은 어떤 사업을 하고 있는가?
- 우리 직업재활시설은 영리 혹은 비영리를 위한 것인가?

• 우리의 고객은 누구인가?
• 우리의 사업이 고객들에게 어떤 가치를 제공하는가?
• 우리 사업이 앞으로 어떻게 될 것인가?
• 우리 사업이 앞으로 어떻게 되어야 할 것인가?

이러한 질문에 응답하는 것은 단순해 보이지만 매우 어려운 과제이다. 직업재활시설은 미션을 의식적으로 문서화할 필요가 있다. 이것을 미션선언문(Mission Statement)이라고 부른다. 미션선언문은 조직의 목적, 즉 조직이 성취하고 싶은 것을 기술한 것이다. 명확한 미션선언문은 보이지 않는 손의 역할을 하게 된다. 그 결과 조직 구성원들의 생각과 행동의 지침을 제시하게 된다.

직업재활시설의 미션선언문이 명확할수록 구성원들에게 목표를 정확하게 부여할 수가 있기 때문이다. 직업재활시설의 미션선언문은 가능하면 시장지향적인 개념으로 표현되어야 한다. 일부 직업재활시설들은 제품의 관점에서 근시안적 미션선언문을 만드는 경우를 볼 수 있다. 예를 들어 '우리 직업재활시설은 빵과 쿠키를 생산해서 판매한다'와 같은 경우이다. 그렇게 되면 직업재활시설이 제공할 수 있는 많은 사업영역을 놓치게 되는 결과를 가져올 수 있다. 고객의 입장에서 이해될 수 있는 사명일수록 해야 할 일이 명확해진다. 그렇다고 해서 사명이 너무 광범위하거나 지나치게 좁아서도 안 된다.

바람직한 미션선언문은 다음과 같은 조건을 가져야 한다. 첫째, 의미가 있고 구체적이면서 동기유발을 할 수 있어야 한다. 많은 직업재활시설의 미션선언문들이 홍보의 목적으로 만들어져서 구체성이 결여되고 업무를 수행하는 데 지침을 제시하지 못하는 경우가 있다. 둘째, 직업재활시설의 미션선언문은 직업재활시설이 창출하기 위해 노력하는 고객 및 고객 경험에 초점을 맞추어야 한다. 직업재활시설의 미션선언문은 더 많은 매출이나 이익을 올리는 것으로 기술되어서는 안 된다. 매출과 이익은 고객을 위해 가치를 창출한 대가로 얻어지는 것일 뿐이다. 이와 같이 미션선언문은 명료하고, 간결하며, 의미가 있고, 영감을 줄 수 있는 것으로 장기적으로 추구 가능한 것이어야 한다.

다. 직업재활시설의 목표 설정 및 환경 분석

직업재활시설의 미션은 이를 실현할 수 있는 구체적인 직업재활시설의 목표로 만들어져야 한다. 직업재활시설의 목표는 미션을 구체적인 용어로 표현한 것이다. 직업재활시설에 따라서는 이를 비전(Vision)으로 표현하기도 한다. 직업재활시설의 목표는 계층적인 목표로 개발되어야 한다.

계층적 목표는 사업 목표와 마케팅 목표로 개발된다. 이와 같은 목표들은 구체적이며, 계량적이고, 실현 가능하면서도, 다른 목표들과 상치가 되지 않는 것이어야 한다.

직업재활시설이 추구할 수 있는 대표적인 목표들의 기준은 장애인 고용률, 임금상승, 이윤, 매출, 시장점유율, 품질, 고객만족, 직원복지, 사회적 의무와 같은 것들이 될 수 있다. 그렇기 때문에 직업재활시설의 목표는 사업의 범위와 기간을 포함한 구체적인 숫자로 표현하는 것이 좋다. 예를 들어 단순히 '투자수익률을 증가시킨다'보다는 '3차 연도까지 수익률을 10% 증가시킨다'와 같은 구체적인 내용으로 표현되어 있어야 한다.

환경 분석은 마케팅계획의 가장 기초적인 분석이다. 환경 분석은 마케팅 의사결정을 하기 위해 '우리는 어디에 있는가?'에 대한 마케팅정보를 수집하는 조사과정으로 볼 수 있다.

직업재활시설의 마케팅에 영향을 미칠 수 있는 환경적 요인들은 크게 거시적 환경요인, 미시적 환경요인으로 구분할 수 있다. 거시적 환경요인이란 직업재활시설이 속한 산업을 둘러싸고 있는 요인들이다. 이 요인들은 장기간에 걸쳐서 변화되며, 직업재활시설이 통제할 수 없는 요인으로 직업재활시설과 산업 전반에 걸쳐 영향을 미친다. 다음으로 미시적 환경요인은 직업재활시설이 목표를 달성하기 위해 마케팅활동을 수행할 때, 영향을 미치는 직접적이고도 관련성이 높은 환경요인들이다. 이 요인들은 어느 정도 통제가 가능한 과업 환경요인과 전적으로 통제가 가능한 내부환경요인으로 나뉜다. 과업환경이란 마케팅활동의 수행에 직접적으로 영향을 미치는 외적 환경요인이며, 내부환경은 직업재활시설 내부의 부서들과 마케팅활동 간에 영향을 미치는 직업재활시설의 내적 환경요인이다.

환경 분석을 통해 직업재활시설은 시장에 대한 분석과, 주요 경쟁자의 강점과 약점을 확인할 수 있다. 또한 마케팅 환경요인들의 영향을 평가함으로써, 마케팅활동의 성공과 실패의 과거 기록을 분석해 볼 수 있다. 이를 통해 직업재활시설은 강점과 약점, 기회와 위협 요인을 파악하고 적절한 전략을 수립할 수 있다.

직업재활시설의 거시적 환경과 과업환경을 분석을 하고, 직업재활시설의 내부자원에 대한 분석을 하고 나면, 직업재활시설의 사명과 목표의 적절성을 평가하기 위해 다음 단계의 분석을 하게 된다. 이를 SWOT 분석이라고 한다. SWOT 분석은 직업재활시설의 내부자원 분석을 통해 나타난 결과를 바탕으로 직업재활시설이 가지고 있는 강점(Strength)과 약점(Weakness)을 분석하고, 외부 환경분석을 통해서 직업재활시설의 기회(Opportunity)와 위협(Threat) 요인에 대한 규명을 하는 방법이다.

SWOT 분석을 통해 직업재활시설은 조직이 나아가야 할 방향을 평가하게 된다. 강점과 약점은 직업재활시설의 내부자원 요인에 대한 평가이다. 대표적인 기준은 자본력, 기술력, 인적 및 물적 자원, 경쟁우위요소, 소비자들의 직업재활시설과 제품에 대한 인식 등이다. 이들 기준이 경쟁자에 비해 우위가 있을 때 강점이 된다. 반면에 이들 요인들이 경쟁자에 비해 열등하거나 충분하게 확보되어 있지 않을 때는 직업재활시설의 약점이 된다.

기회와 위협은 직업재활시설의 외부적인 정치, 경제, 사회・문화 요인에 대한 평가이다. 인구통계학, 사회·문화적 변화, 경제적 변화, 정치와 법률적 변화, 기술적 변화, 생태적 변화 등 거시 환경요인의 변화, 고객, 공급자, 중간상 및 경쟁자의 변화에 따른 과업 환경의 변화가 중요한 고려요인이 될 수 있다. 이런 요인들이 직업재활시설에게 우호적으로 변한다면 직업재활시설에게 기회 요인이 될 수 있다. 반면에 불리하게 변한다면 직업재활시설에게 위협 요인이 될 수 있다.

SWOT 분석에서 제시된 결과를 중심으로 강점은 살려서 경쟁력을 강화시키고, 약점은 보완하여 위험을 회피하거나 감소시키게 된다. 또한 외부환경으로부터 발생하는 기회를 살리고, 사업의 방향성을 제시할 뿐만 아니라 불확실한 환경에서 나타날 수 있는 위험을 억제하거나 제거하게 된다. 이를 통해 직업재활시설의 미션과 목표가 실현가능성이 있는지, 수정할 필요가 있는지에 대해서 점검하는 것이다. 만일 전체적인 방향 전환이 필요하다면, 분석 작업을 처음부터 다시 시작해서 명확한 직업재활시설의 사명과 목표를 세우도록 해야 한다.

SWOT 분석과 평가를 통해 나타난 직업재활시설의 내부와 외부요인에 대한 환경 분석을 통해서 각 직업재활시설은 전략을 개발하게 된다. 직업재활시설에서 세울 수 있는 전략은 직업재활시설 전체수준의 전략, 사업부 단위의 전략, 개별제품 또는 서비스수준의 전략이 세워진다.

직업재활시설은 기존제품을 가지고 현 시장에 더 깊이 침투함으로써 성장을 추구하거나 다각화를 통한 기존 제품시장을 벗어나 신규 사업을 시작하거나 인수함으로써 성장할 수 있는 대안을 전략으로 선택할 수 있다. 각 대안에 전략적 시사점을 살펴보면 다음과 같다.

- 시장침투(Market Penetration) 전략: 기존시장에 더 많이 판매하는 방법으로 성장을 추가하는 전략이다. 이미 익숙한 시장과 제품이기 때문에 일반적으로 알려진 광고 또는 인적 강화 판매 전략을 사용한다.

- 시장개발(Market Development) 전략: 기존제품을 새로운 시장에 판매함으로써 성장을 추구하는 방법이다. 새로운 시장을 개발하거나, 새로운 세분시장으로 진출하는 방법을 들 수 있다.
- 제품개발(Product Development) 전략: 기존시장에서 신제품을 개발, 판매하여 성장을 추구하는 전략이다. 새로운 제품의 개발, 새로운 서비스 옵션을 부가하거나 프로그램 개발, 새로운 경험을 할 수 있는 제품이나 서비스의 개발 등을 진행할 수 있다.
- 다각화(Diversification) 전략: 기존시장과는 다른 새로운 시장에서 신제품을 개발, 판매하여 성장하고자 하는 방법이다. 제품과 시장이 모두 생소하기 때문에 상대적으로 위험이 높은 전략이다.

위에 언급된 것들은 주로 성장 전략이지만, 수요를 축소시키는 전략도 개발할 수 있다. 직업재활시설은 여러 가지 이유로 일부 제품과 시장을 포기할 수도 있기 때문이다. 즉 시장 환경이 변화되거나, 경험이 부족한 시장에 진출했거나, 대상 시장의 성장속도가 너무 빠른 경우이다.

라. 직업재활시설 마케팅계획의 수립 및 평가

직업재활시설의 미션에서 시작하여 목표를 세우고, 환경 분석을 수행한 후, 적절한 전략을 수립했다면 다음 단계에서는, **구체적으로 마케팅계획을 수립하는 것이다. 이 과정에서는 각 제품별로 시장에 대한 자세한 분석과 더불어 마케팅믹스 실행전략을 세워야 한다. 이를 위해서 구체적인 마케팅 및 제품 목표를 설정하고, 표적시장을 선정하고, 차별화 포인트를 발견해 마케팅믹스전략을 수행해야 한다. 구체적인 마케팅믹스전략은 제품전략, 가격전략, 유통전략, 촉진전략을 수립해 실행하는 것이다.**

시장세분화(Market Segmentation)는 여러 유형의 고객, 제품, 욕구들로 구성이 된 시장에서 직업재활시설에 가장 좋은 기회를 주는 세분시장(Market Segment)을 찾아내는 방법이다. 즉 전체 시장을 욕구, 특성, 구매행동 등에서 유사한 소비자집단으로 나누는 과정이다. 시장을 세분화하기 위해서는 다양한 세분화 변수를 사용할 수 있다. 대표적인 변수들은 인구 통계적 변수, 지리적 변수, 심리 묘사적 변수, 행동적 변수 등이 있다. 이들 변수들을 활용해서 마케터는 직업재활시설의 마케팅 프로그램 개발에 유용한 시장세분화 기준을 선택하고, 마케팅프로그램을 개발해서 활용할 수 있어야 한다.

다음으로 목표시장(Market Targeting)을 선택해야 한다. 시장세분화를 통해서 나누어진 세분시장 중 직업재활시설이 하나 또는 그 이상의 세분시장을 선택하는 것이다. 이는 각 세분시장의 매력도를 평가한 기준으로 선택이 된다. 세분시장의 매력도는 직업재활시설 입장에서 가장 큰 이익을 실현하고, 가치를 창출하며, 그 이익과 가치를 유지할 수 있는 세분시장이어야 한다.

마지막으로 포지셔닝(Positioning) 전략을 수립해야 한다. 제품의 포지션은 소비자의 마음속에서 경쟁사들과 비교하여 자사제품이 차지하는 위치를 말한다. 자사제품이 차지하는 위치가 독특할수록 차별화된 포지셔닝을 진행할 수 있다. 즉 목표 소비자의 마음속에 경쟁제품들과 비교하여 명확하고, 차별화되고, 바람직한 위치에 자사제품을 위치시킬 수 있다. 구체적으로 포지셔닝하는 전략으로 사용될 수 있는 것은 마케팅 믹스 전략이다. 그것은 어떠한 제품을 만들어 제공할 것인가, 어느 정도 가격 수준과 가격전략을 활용할 것인가, 어떤 유통경로를 통해서 제품을 판매할 것인가, 어떤 마케팅 커뮤니케이션 활동을 진행할 것인가와 밀접한 관련이 있다.

앞에서 살펴본 방법들에 의해 구체적인 실천전략인 마케팅믹스 실행전략이 수립되면 그 전략을 실행해야 한다. 실행을 하지 않는다면 세웠던 전략은 무용지물이 된다. 성공적으로 전략을 실행하기 위해서는 적절한 조직구조를 만들고, 전략이 변화되면 여기에 맞는 조직구조의 변화가 필요하다. 그리고 적절한 스케줄을 작성하고, 마케팅 프로그램을 실행하게 된다.

전략을 실행한 후에는 전략적 마케팅계획이 경영자가 원하는 만큼의 성과를 달성했는지에 대한 평가가 필요하다. 평가는 마케팅계획서의 목표와 비교하여 차이를 발견하기 위한 것이다. 평가결과에 따라 계획이 효과적으로 나타날 수 있지만, 수정이 필요한 경우도 있다. 이때는 직업재활시설의 미션부터 시작해서 전체적으로 전략적 마케팅계획의 결과에 대한 검토가 필요하다.

3. 직업재활시설 생산품의 가격결정

가격(Price)이란 소비자가 자신의 필요와 욕구를 충족하기 위해 제품을 선택하려 할 때 소비자가 그에 상응하는 금전적인 대가를 지불하는 것을 말한다. 금전적인 대가는 돈 또는 다른 제품이나 서비스 등을 포함한 보상물일 수도 있다. 특별히 금전적인 대가로 돈 대신에 다른 제품이나 서비스를 제공하는 것을 물물교환(Barter)이라고 부른다. 이러한 측면에서 가격은 시장에서의 제품에 대한 교환가치로 특정제품을 선택함으로써 얻게 되는 혜택의 부가된 가치이다.

가격은 다른 요소들보다 소비자의 반응을 신속히 이끌어내는 중요한 요인이다. 직업재활시설은 가격변경을 통해 해당제품에 대한 수요를 증가시키거나 감소시킬 수 있다. 따라서 가격은 다른 경쟁 조직과의 경쟁관계에서 가장 많이 활용하는 수단이며, 의사결정 문제에서 가장 골치 아픈 문제이기도 하다. 어느 정도의 가격을 받는 것이 소비자들을 설득시키고, 직업재활시설 제품의 가치를 잘 전달할 수 있는가를 결정하기가 쉽지 않기 때문이다.

제품 개발, 유통망 구축, 광고 및 판촉활동 등과 같은 마케팅믹스 요소들은 비용(Cost)을 발생시키지만, 가격은 직업재활시설의 수익(Revenue)과 이익

(Profit)을 결정하는 유일한 요소이다. 다른 마케팅믹스 요인들은 환경변화에 즉각적으로 대처하는 데 많은 시간과 노력이 필요하지만 가격은 즉각적인 대응이 가능하기 때문이다. 따라서 단기적인 마케팅전략을 구사하는 데 유용한 수단으로 사용된다.

가격은 제품의 다른 마케팅믹스 요소에 비해 쉽게 변화시킬 수 있고, 가장 빠른 반응을 얻을 수 있는 장점이 있다. 그래서 성수기가 되어 제품에 대한 수요가 피크일 때는 수요를 감소시키기 위해서 가격을 올리기도 하며, 수요가 적은 비수기에는 가격을 극단적으로 내리는 경우도 있다. 이렇게 함으로써 성수기의 수요가 비수기로 옮겨가게 한다.

가격은 소비자가 제품을 판단하는 데 있어 중요한 역할을 한다. 소비자는 제품에 대한 준거가격을 부정확하게 알고 있거나 제한된 정보만을 가지고 있는 경우가 많기 때문에 제시된 가격에 의해 제품을 판단할 가능성이 많아진다. 또한 제품의 무형성으로 인해 가격을 통해 품질을 판단하는 경향이 있다. 가격결정과 관리는 단회적으로 진행될 수 있는 마케팅믹스 요인이 아니다. 신제품의 출시, 기존 제품의 수정, 경쟁 환경의 변화, 비용구조의 변화 등이 발생하면 이에 따른 적절한 가격결정과 전략을 수립해야 한다. 제품을 시장에 출시하려면 적절한 가격을 결정해야 한다. 그러나 가격결정은 다음과 같은 다양한 요인들에 의해 영향을 받는다.

가. 가격결정요인

가격결정 요인은 직업재활시설의 내부요인과 외부요인으로 나누어진다. 직업재활시설의 내부요인은 직업재활시설의 목표, 마케팅믹스, 원가, 조직으로 구성되며, 외부요인은 시장과 수요, 가격민감성, 경쟁상황, 정치나 법과 같은 기타 외부환경으로 구성된다.

1) 내부요인

가) 기업의 목표

직업재활시설이 추구하는 목표와 이에 따른 마케팅 목표는 가격결정의 가이드라인을 제시한다. 직업재활시설의 목표는 시장에서 직업재활시설이 달성하려는 위치 차원에서 접근할 수 있다. 즉, 시장에서 차지하는 직업재활시설의 이미지 차원에서 목표를 세우는 것이다. 직업재활시설의 목표가 명확할수록 가격결정은 용이하다. 직업재활시설이 생존, 이윤극대화, 매출극대화, 시장점유율 극대화, 제품품질의 주도권 등과 같이 구체적이고 수량적인 목표를 세운 경우에는 더 구체적인 가격결정 요인을 가지고 있다고 볼 수 있다.

- 생존(Survival): 설비가 남아돌거나, 경쟁이 치열하거나, 시장 환경이 변하거나, 소비자의 욕구가 변화되고 있는 경우에 직업재활시설은 생존의 문제를 안게 된다. 환경이 변해서 생존이 문제가 되는 경우에는 이익, 매출, 시장점유율 등보다는 생존이 더 중요한 기업의 목표가 된다.
- 이윤극대화(Profit Maximization): 같은 제품이라도 가장 높은 마진을 가져올 수 있는 프로그램을 기반으로 높은 가격을 책정하는 방법이다. 이윤극대화는 장기 이윤의 극대화, 분기 이윤이나 연간 이윤과 같은 현재 이윤의 극대화 등을 기준으로 한다.
- 매출극대화(Sales Maximization): 마진은 적더라도 대량판매를 통해 매출을 최대로 높일 수 있는 가격을 결정하는 방법이다. 일반적으로 저가격을 선택하는 방법을 활용한다. 매출을 늘릴 수만 있다면 할인정책을 사용하는 전략을 사용하기도 한다.
- 시장점유율 극대화(Market-Share Maximization): 마진이나 매출보다는 특정 세분시장에서 제품 이용자 수를 늘리려는 전략이다. 직업재활시설은 종종 시장의 매출이 정체되거나 감소하게 되면 이 목표를 추구한다. 따라서

시장점유율을 극대화하려고 한다면, 더 많은 사람들이 이용할 수 있도록 하는 가격전략을 내놓을 가능성이 있다.

- 제품품질 주도(Product-Quality Leadership): 제품품질의 주도권을 갖기 위해 제품구성을 고급제품 중심으로 구성하는 것이다.
- 기타 목표(Other Objectives): 직업재활시설은 특별한 목표를 달성하기 위해 가격 전략을 사용할 수 있다. 직업재활시설은 목적에 따라 다른 경쟁사의 시장진출을 막기 위해서 가격을 낮게 설정할 수도 있다. 직업재활시설의 경우 고객과 사회 전반에 대한 책임감을 중시하는 가격 목표를 추구함으로써 높은 이익을 얻을 가능성을 포기할 수도 있다.

위와 같은 전략들은 직업재활시설의 다른 마케팅믹스 전략과 조화가 되도록 해야 한다.

나) 마케팅믹스

가격은 마케팅믹스 전략의 하나이다. 가격은 다른 마케팅믹스 전략과 연계하여 일관되고 효과적인 마케팅 프로그램으로서 효과를 발휘할 수 있도록 결정되어야 한다. 유통전략, 제품전략, 가격할인과 같은 판매촉진전략 등과 연관된 전략이 필요하다. 가격을 설정하는 데 있어서 마케팅전략은 각 마케팅믹스 요소에서 추구하는 방향에 맞게 설정되어야 한다.

다) 원가

원가에 따른 가격결정은 가격의 하한선을 결정하는 요인이다. 직업재활시설이 일시적으로 경쟁사와 가격 경쟁에서 우위를 점하기 위해서, 시장점유율을 높이기 위해서, 또는 현금의 유동성을 확보하기 위해서 비용보다 낮게 제품의 가격을 책정할 수도 있다. 그러나 장기적으로는 원가 이하의 제품을 판매한다면 직업재활시설의 생존에 직접적인 영향을 미치게 된다. 따라서 직업재활시설은 제품과 관련된 직・간접비용을 신중하게 분석할 필요가 있다. 직업재활시설의 경우 정부나 지방자치단체로부터 예산 지원을 받기 때문에 원가를 추정하는 것이 쉽지 않다. 제품은 제조 기업처럼 최종 생산물인 제품으로 결정되지 않고 이를 수행하기 위한 다양한 투입요소들의 결합이기 때문이다. 그래서 단순한 원재료의 투입보다는 종사자들의 시간투입, 고객들이 느끼는 제품의 가치 등이 원가를 결정하는 더 중요한 요인이 된다. 원가를 결정하는 요인에는 다음과 같은 것들이 있다.

- 고정비(Fixed Costs)는 직업재활시설의 생산 활동이나 판매 활동과 관계없이 발생하는 비용이다. 고정비에는 직업재활시설이 제품을 팔지 않는다고 하더라도 발생하는 건물 임대료, 감가상각비, 설비, 보험료, 자본원가, 이자, 장애근로자에 대한 급여, 유지 및 보수비 등이 포함될 수 있다.
- 준변동비(Semi-Variable Costs)는 직업재활시설의 생산 활동이나 판매 활동과 관계없이 일정하게 발생하는 고정비와 제품판매량에 따라 단위당 일정비율로 증가하는 변동비로 구성된다. 예를 들어 추가적인 설비증가, 초과근무, 부수적인 인원고용에 따라 지불되는 임금 또는 보수 등이다. 전형적인 준변동비는 단계적으로 발생하는 경향을 보인다.
- 변동비(Variable Costs)는 직업재활시설의 생산 활동이나 판매 활동에 비례해서 발생하는 비용이다. 제품을 구매한 소비자의 수가 증가할 때마다 발생되는 재료비와 인건비 등이 그 예이다.

원가에 의해서 가격을 결정할 때는 손익분기점(Break-Even Point) 분석을 활용한다. 손익분기점은 '어느 정도 제품을 판매하는 경우, 수익과 비용이 같아지는가'에 대한 분석이다. 이것은 몇 명 정도의 소비자에게 제품이 팔아야 되는

지에 대한 기준을 제공해 준다.

라) 조직

조직 내의 고려사항은 가격결정을 조직 내에서 누가 결정해야 하는가에 관련된 문제가 중요하다. 규모가 작은 직업재활시설의 경우 시설장이 결정하는 경우가 많다. 반면에 규모가 큰 직업재활시설의 경우 판매담당 관리자, 마케팅담당자들이 결정하게 된다.

2) 외부요인

가) 시장과 수요

제품의 수요(Demand)는 가격에 따른 탄력성과 이에 따라 나타나는 수요량을 말한다. 여기서 말하는 수요량은 특정 가격을 제시했을 때, 소비자가 제품을 선택하려고 하는 양을 말한다.

가격과 수요량의 변화 관계를 수요의 가격탄력성(Price Elasticity of Demand)이라고 한다. 이것은 가격 변화에 따른 제품 수요량의 변화로 측정된다. 일반적으로 가격이 상승하면 수요량이 감소하며, 가격이 하락하면 수요량이 증가하는 경향을 보인다. 가격변화에 따라 수요량이 감소하거나 늘어나는 양이 작을수록 수요에 대한 가격탄력성이 작게 나타난다. 반면에 변화량이 클수록 수요에 대한 가격탄력성이 크게 나타난다. 수요의 가격탄력성은 아래와 같이 표현된다.

$$\text{가격탄력성} = \frac{\text{판매량의 변화율}}{\text{가격의 변화율}} = \frac{\dfrac{\text{가격변경 후 판매량} - \text{가격변경 전 판매량}}{\text{가격변경 전 판매량}}}{\dfrac{\text{변경 후 가격} - \text{변경 전 가격}}{\text{변경전 가격}}}$$

수요의 가격탄력성에 대한 평가는 −1을 기준으로 계산된 값을 평가한다. −1

인 경우를 단위탄력적, -1보다 작은 경우는 탄력적, -1에서 0 사이인 경우를 비탄력적이라고 한다. 단위탄력적인 경우는 가격의 변화율만큼 판매율이 변화하므로 총수익에는 변화가 없다. 탄력적일 경우에는 가격을 인하하면 총수익이 늘어나고, 가격을 인상하면 총수익이 줄어든다. 비탄력적일 경우에는 반대로 가격을 인하하면 총수익이 줄어든다. 수요의 가격탄력성이 비탄력적으로 나타나는 이유는 첫째, 경쟁제품이나 대체품이 없거나 소수일 때, 둘째, 소비자가 제품가격이 높음을 인식하지 못할 때, 셋째, 자사제품이 경쟁제품과 비교하여 차별화된 특성을 가지고 있어 독특한 가치(Unique Value)가 있을 때, 넷째, 소비자의 제품 선택습관에 대한 변화가 서서히 발생할 때, 다섯째, 소비자들이 고가격을 고품질과 연관시켜 고가격제품을 선택하고자 할 때, 여섯째, 다른 사람이 제품의 비용을 부담할 때와 같은 상황 가운데 나타난다. 경우에 따라서는 수요의 가격탄력성이 0 이상의 양(+)의 값으로 나타날 수도 있다. 이 경우는 가격이 품질의 척도로 인식되어서 소비자가 고가격의 제품을 높은 품질의 제품으로 지각할 때 발생한다.

가격민감성(Price Sensitivity)에 따라 가격결정이 달라질 수도 있다. 가격민감성은 독특한 가치효과, 대체재 인지효과, 사업지출효과, 최종편익효과, 총지출효과, 비용분배효과, 매몰투자효과, 가격품질효과 등이 있다(Kotler 외, 2010).

- 독특한 가치효과(Unique Value Effect): 직업재활시설에서 제공하는 제품과 서비스가 경쟁사의 그것과는 다르다고 소비자에게 지각시킴으로써 가격경쟁을 회피할 수 있다. 직업재활시설은 고객에 대하여 보다 많은 편익과 더 높은 가치를 제공하고 있다는 점을 제시하는 것이다.
- 대체재 인지효과(Substitute Awareness Effect): 고객들이 선택할 대안이 있다는 것을 알지 못한다면, 구매행동에 아무런 영향을 미치지 않는다. 대

체재는 개인소득의 변화에 따른 수요의 소득탄력성과 다른 제품의 가격변화에 따른 수요의 교차가격 탄력성을 통해 파악할 수 있다. 수요의 소득탄력성(Income Elasticity of Demand)은 개인소득이 변화되었을 때, 제품에 대한 수요의 변화이다. 개인소득이 증가할 때 제품은 일반적으로 수요가 증가하는 경향이 있다.

- 사업지출효과(Business Expenditure Effect): 다른 사람이 계산서를 지불할 때 고객이 가격에 대해 덜 민감한 것처럼, 누가 비용을 지출하는가에 따라 가격민감성이 달라진다.
- 최종편익효과(End-Benefit Effect): 제품가격이 최종편익(End Benefit)의 총비용에서 높은 비율을 차지할 때 고객은 가격에 대해 더 민감해진다.
- 총지출효과(Total Expenditure Effect): 제품에 대하여 많은 액수를 지출할수록 고객은 제품가격에 대해 더 민감해진다.
- 비용분배효과(Shared Cost Effect): 다른 누구와 함께 구매비용을 분담하는 경우에 소비자는 가격에 대하여 그렇게 민감하게 생각하지 않는다.
- 매몰투자효과(Sunk Investment Effect): 현재 자기가 사용하는 제품에 투자한 구매자는 가격 때문에 제품을 바꾸지 않을 가능성이 높다.
- 가격품질효과(Price Quality Effect): 소비자는 가격을 품질과 동일시하는 경향이 있다. 특히 제품에 대한 사전경험이 없을 경우에 더욱 그러하다. 일반적으로 높은 가격은 누구나 지불할 수 없기 때문에 제품의 권위를 더해준다.

나) 경쟁상황

시장의 수요가 가격의 상한선을, 원가가 가격의 하한선을 결정하게 된다. 그러나 그 사이에 경쟁자의 가격이나 직업재활시설의 가격에 대한 경쟁자의 반응에 따라서 가격결정이 영향을 받는다. 이 경우 시장 내의 경쟁 기업의 수가 얼마나 되는가, 경쟁기업들의 규모나 시장점유율은 어느 정도나 되는가, 직업재활시설과 경쟁사의 원가구조는 어떠한가, 제공되는 제품의 품질이 어느 정도인가, 지금까지 가격관리를 어떻게 해 왔는가, 소비자들은 경쟁제품에 대해 어떠한 반응을 하는가에 따라 결정된다. 경쟁은 다음과 같은 세 단계로 나뉠 수 있다.

- 직접경쟁(Direct Competition): 같은 제품을 취급하는 경우에 경쟁하는 관계를 말한다. 같은 지역에 있는 직업재활시설이나 동일제품을 생산하는 기업들이 직접경쟁 제품이다.
- 간접경쟁(Indirect Competition): 직업재활시설에서 제공하려는 서비스를 다른 형태로 제공하는 경우이다.
- 소득경쟁(Income Competition): 소비자가 현재 주어진 소득으로 어떤 제품을 구매할 것인가에 관련된 영역들에서 제품들 간의 경쟁이다.

직업재활시설은 경쟁자의 제품에 대한 가격과 품질을 비교한 후 제품의 가격을 결정할 수 있다. 제품의 판매량은 경쟁사의 가격에 의해 좌우될 수 있으며, 경쟁사의 판매량도 직업재활시설의 가격에 따라 반응이 다르게 나타날 수가 있다. 특별히 서비스가 표준화되어 있는 제품은 경쟁이 가격을 결정하는 주요 요소로서 역할을 할 수 있다.

직업재활시설은 경쟁력에 따라서 경쟁사와 비슷한 수준으로 가격을 맞출 수도 있다. 경쟁자와 비슷한 수준으로 가격을 맞추는 것은 제품의 질이 비슷할 때 가격차이로 인한 고객의 잘못된 판단을 줄이는 데 효과가 있다. 반면에 직업재활시설의 제품이 경쟁력이 있다고 판단한다면, 더 높은 가격을 책정할 수도 있다. 특별히 직업재활시설이 경쟁사에 비해 상대적인 차별화 포인트를 가지고 있다면, 높은 가격을 책정하여도 큰 문제가 되지 않을 수가 있다. 이러한 점에 대해서 고객들은 높은 가격을 지불할 의향이 있을 경우가 많기 때문이다. 차별화는 직업재활시설의 이미지, 차별화된 서비스, 시장에서의 평판 등을 통해 확보될 수 있다.

다) 기타 외부 환경

제품을 개발하여 판매하는 직업재활시설은 자율적으로 가격을 설정하기도 하지만 인플레이션, 호경기, 경기후퇴, 금리 등과 같은 경제적 요인과 정부의 정책이나 법적 요인들에 영향을 받는다. 인플레이션이나 호경기 또는 금리가 낮은 경우에는 일반적으로 가격을 높게 설정하게 된다. 반면에 경기 후퇴나 불경기, 금리가 높아지는 경우에는 가격을 낮게 설정하게 된다.

또 어떤 품목의 경우에는 정부의 정책이나 법적 규제로 인해 가격결정에 있어 크게 영향을 받을 수 있다. 이런 경우 정부나 법의 규제는 가격책정에 영향을 미치는 중요한 요소로서 역할을 하게 된다. 정부의 규제는 물가관리 차원에서 가격의 동결을 요구하기도 하고, 사회적으로 바람직하지 못하다고 생각하는 제품에 대해서는 수요를 억제하기 위해 세금을 부가하거나 일정수준 이상의 가격을 유지하도록 유도하고 있다.

나. 가격결정법

직업재활시설이 처한 환경과 상황에 따라 가격을 결정하는 방법은 원가가산기준 가격결정법, 손익분기점기준 가격결정법, 경쟁기준 가격결정법, 고객가치기준 가격결정법 등으로 나뉠 수 있다.

원가가산기준 가격결정법(Cost Plus or Mark-Up Pricing)은 단위당 원가에 단위당 희망하는 마진을 더한 금액으로 책정하는 방법이다. 즉 직업재활시설이 제품의 생산, 유통, 판매 등에 소요되는 비용을 충당할 수 있는 그 이상의 가격을 받으려고 하는 방법이다. 이 방법은 간단하고 계산하기 쉽기 때문에 가장 흔히 사용하는 방법이다.

먼저 단위당 원가에 해당하는 부분은 변동비나 준변동비 형태의 직접비(Direct Cost), 고정비 형태의 간접비(Overhead Cost)로 나누어진다. 이것을 단위당 원가로 계산하는 것이다. 따라서 가격은 다음과 같은 형태로 결정된다.

$$\text{단위당 원가} = \text{단위당 직접비} + \text{단위당 간접비} = \text{단위당 직접비} + \frac{\text{간접비}}{\text{예상 판매량}}$$

$$\text{판매가격} = \frac{\text{단위당 원가}}{1 - \text{마진율}}$$

이 방법은 적용하기는 쉬우나, 몇 가지 한계점을 갖는다. 첫째는 다양한 종류의 원가를 고려하지 않거나 이들 원가는 생산 단위가 달라짐에 따라 변화한다는 사실을 반영하지 못하고 있다. 둘째는 시장의 수요가 무시되어 계산된다. 시장에서 소비자들이 기대하는 가격과 가치를 고려하지 않고 직업재활시설의 내부적인 요인만을 고려해 가격을 결정한다.

손익분기점 분석(Break-Even Point Analysis)은 주어진 직접비와 간접비에서 최소한의 투자비용만을 회수하는 데 필요한 가격 및 매출수준을 추정하는 방법이다. 손익분기점을 분석하기 위해서는 손익분기점(Break-Even Point)을 계산해야 한다. 손익분기점은 수익과 비용이 일치하여 순이익이 0이 되는 판매량 또는 매출액이다. 손익분기점은 다음과 같이 계산된다.

$$(p - vc)b - fc = 0$$

$$b = \frac{fc}{(p - vc)}$$

p =제품 판매가격, vc =단위당 직접비, fc =단위당 간접비, b =손익분기점의 판매량

경쟁기준 가격결정법(Competition Based Pricing)은 직업재활시설이 제품의 제공에 소요되는 비용측정이 어려운 경우이거나 시장에서 경쟁기업의 반응이 불확실한 경우에 사용될 수 있다. 기업은 주요경쟁기업의 가격을 파악한 후 그와 동일하게 가격을 정하거나, 경우에 따라서는 가격을 높거나 낮게 결정한다. 이 방법은 후발 직업재활시설이나 상대적으로 적은 규모의 직업재활시설이 선도적인 직업재활시설의 가격을 따라 가격을 결정할 때 주로 일어난다. 주요한 가격전략을 살펴보면 다음과 같다.

- 모방 가격전략: 제품의 판매가격을 업계의 평균수준에서 결정하는 전략이다. 주로 제품이 동질적이거나 차별성이 거의 없는 경우에 사용할 수 있다.
- 대등 가격전략: 경쟁기업의 가격수준이나 일반적으로 통용되는 시장가격 수준에 맞추어 자사의 제품가격을 결정하는 방법이다. 제품의 차별성이 거의 없어 판매자와 구매자가 시장상황을 잘 알고 있는 완전경쟁 시장인 경우에 주로 사용한다.
- 상대적 저가전략: 경쟁기업에 비해 가격을 낮게 설정하는 전략이다. 이 전략의 단점은 소비자가격 외에는 제품의 차별성이 없는 것으로 인식할 가능성이 높다. 또한 소비자들이 가격에 지나치게 민감하게 반응할 가능성이 높아지며, 경쟁기업도 가격경쟁에 뛰어들 가능성이 높아진다.
- 상대적 고가전략: 시장에서 형성된 가격보다 오히려 높은 가격으로 진입하는 것이다. 제품이 우수하거나, 그 분야에 상당한 명성을 가지고 있을 때 쓸 수 있는 방법이다. 이 방법의 단점은 경기의 영향을 많이 받는다는 점이다.

제품을 선택할 때 더 나은 가치를 추구하는 소비자가 증가하면서 등장한 방법이 고객가치기준 가격결정법(Consumer Based Pricing)이다. 원가가산기준 가격결정법의 가격결정 출발점이 제품이라면, 고객가치기준 가격결정법은 소비자가 지각하는 가치에 따라 제품의 가격을 결정하는 방법이다.

고객가치기준으로 가격을 결정하기 위해서는 먼저, 표적시장의 소비자의 욕구와 가치에 대한 고객의 지각을 분석해야 한다. 하지만 소비자들이 생각하는 제품의 가치를 측정한다는 것은 쉬운 일은 아니다. 조사를 통해 제품에 대한 고객가치가 높게 나타났다면 가격도 높게 결정할 수 있다. 반면에 낮게 나타났다면 가격을 낮추는 방법이나 제품의 가치를 높이는 방법을 생각해 볼 수 있다. 소비자가 지각하는 가치를 높이는 방법은 같은 효용을 지닌 제품을 경쟁기업에 비해 더 저렴한 가격으로 제공하거나 경쟁기업보다 약간 높은 가격에 더 좋은 제품을 제공하는 것이다. 또는 직업재활시설의 브랜드 자산의 가치를 높이는 방법이다. 브랜드자산의 가치는 독창적인 제품, 신뢰성 있는 제품, 적절한 촉진프로그램을 통해 높아질 수 있다.

고객가치에 영향을 미치는 요인 중 하나는 소비자가 인식하고 있는 준거가격(Reference Price)이다. 준거가격은 소비자에게 제시된 제품의 가격이 높고 낮음을 인식하는 데 사용되는 기준가격을 말한다. 소비자는 자주 구매했던 제품의 가격, 과거에 지불한 가격, 유사 제품의 가격 등을 통해서 준거가격을 형성한다. 즉, 소비자가 과거에 경험했던 가격에 기초하여 형성되거나, 정보수집 과정에서 적절한 가격을 형성하게 되는 판단기준 가격이다.

제품의 생산과 공급은 직업재활시설이 생산계획을 세우고 판매하지만 다양한 관련 공급업자의 영향을 받는다. 직업재활시설의 생산계획은 장애근로자, 소비자, 기타 공급업자 등의 영향을 받는다. 이런 측면에서 가격은 경직성이 높고, 제품을 판매하는 협력업체에 의존성이 높다. 따라서 이러한 요소들을 고려해서 현재까지는 다음과 같은 원가가산기준 가격결정법을 많이 사용하고 있는 상황이다.

$$\text{제품의 가격} = \text{직접비} + \text{간접비} + \text{이윤}$$

다. 가격전략

1) 시장진입을 위한 가격전략

새로운 제품을 개발해 시장에 진입하고자 할 때 쓸 수 있는 가격전략은 초기고가 가격전략과 시장침투 가격전략이 있다.

가) 초기고가 가격전략

초기고가 가격전략(Skimming Pricing)은 새로운 제품을 시장에 내 놓을 때 신제품이 지니고 있는 편익을 수용하고자 하는 소비자층을 대상으로 가격을 높게 설정하는 정책이다.

초기고가 가격전략은 새로운 제품이 소비자들이 열망하는 명백한 특성을 갖추고 있거나, 수요의 탄력성이 매우 낮을 때 사용된다. 또한 경쟁자의 진입이 용이하지 않거나, 기존의 제품에 비해 신제품이 지니고 있는 가치가 현저히 높을 때 사용된다.

초기에 수요가 많지 않고, 차별화된 제품을 개발 운영하는 비용이 많이 들 경우에 사용할 수 있는 방법으로, 초기에 제품 개발 및 운영에 들어가는 비용을 회수하면서도 높은 이윤을 확보할 수 있다. 이러한 가격을 수용할 수 있는 소비자층은 혁신자(Innovator)에 해당한다.

가격에 민감하지 않은 혁신소비자층의 소비가 완료되면 기업은 점차 가격을 내려 일반 소비자를 대상으로 제품을 내놓게 된다. 일반적으로 고가격이면 고품질의 서비스가 포함된 제품일 것이라는 소비자의 기대에 부응하는 전략이다. 하지만 이를 실행하기 위해서는 충분한 수요를 창출할 만큼 시장여건이 조성되어 있는지를 검토해 보아야 한다. 이와 관련된 특징을 살펴보면 다음과 같다.

- 소비자들이 고가격을 고품질의 징표로 해석해야 한다.

- 출시 초기 고가격에도 즉시 구매할 잠재고객이 충분히 존재해야 하며, 이익을 볼 수 있어야 한다.
- 고가격으로 인해 고마진이 발생되는 경우 경쟁자들의 진입이 원활하지 않아야 한다.
- 가격을 낮추는 것이 판매량을 증대시키거나 원가를 절감하는 데 미미한 영향을 미쳐야 한다.

나) 시장침투 가격전략

시장침투 가격전략(Market-Penetration Pricing)은 새로운 제품의 가격을 표적시장의 기대가격보다 상대적으로 낮게 책정하여 시장에 진입하는 전략이다. 이 전략은 시장에 신속히 새로운 제품을 침투시키고, 단기간에 매출을 올리면서 높은 시장점유율을 창출하기 위한 목적으로 진행된다. 또한 신규로 조성된 시장에 경쟁기업의 시장 진입을 억제하는 목적으로도 사용된다. 새로운 제품에 대해 대량수요가 존재하고, 수요가 탄력성이 높으며, 규모의 경제로 상당한 비용 절감이 가능하고, 제품에 대한 치열한 경쟁이 이미 존재하거나 예상될 때 취할 수 있는 전략이다.

2) 가격조정전략

시장에서 가격을 조정하거나 설정하는 전략으로는 패키지가격, 유인가격, 관습가격, 단수가격, 단일·변동가격, 가격층 형성 가격, 상시저가와 High- Low 가격, 이미지가격, 할인 및 공제가격 등이 있다.

가) 패키지가격

패키지가격(Package Pricing)은 보통 묶음가격(Product Bundle Pricing)으로 불리는 전략이다. 이는 교차판매(Cross-Selling)를 촉진시키기 위한 가격전략으로 관련성 있는 제품을 패키지 형태로 판매하는 방법이다. 패키지가격은 개별품목을 구입하는 것보다 일괄구매를 통해 저렴하게 묶어서 판매하는 방법을 사용한다. 따라서 소비자의 입장에서는 개별 품목 구매보다는 패키지 여행제품을 선택할 가능성이 높아진다. 직업재활시설이 공공기관을 상대로 조달하는 경우도 유사 제품을 패키지로 입찰하는 경우가 많기 때문에 제품개발이나 마케팅에서 이를 우선적으로 고려해야 한다. 패키지 가격설정은 개별 구성요소의 원가를 파악한 다음 총액을 계산하고, 개인당 원가를 계산한다. 여기에 적정 마진으로 10% 정도를 부가하는 방법으로 산출한다.

패키지를 구성하는 형태는 다음과 같다(이유재, 2011).

- 묶음가격(Price Bundling): 둘 또는 그 이상의 제품이나 서비스를 특별한 가격의 패키지 형태로 소비자에게 제공하는 마케팅전략이다.
- 순수 묶음가격(Pure Price Bundling): 서비스 제품의 경우 패키지로만 구매할 수 있도록 하고, 개별적으로 구매할 수 없도록 가격을 책정하는 방법이다.
- 혼합 묶음가격(Mixed Price Bundling): 하나 또는 그 이상의 제품을 개별적으로도 구입할 수 있도록 하면서 패키지로도 구매할 수 있도록 가격을 책정하는 방법이다. 개개의 옵션 품목을 서로 연결하면 이용할 가능성이 상대적으로 높기 때문에 혼합 묶음 가격을 많이 사용한다. 이처럼 옵션을 포함한 패키지로 제품을 구매하면 따로따로 구매할 때보다 더 저렴한 가격을 이용할 수 있는 장점이 있다.

나) 유인가격

유인가격(Loss-Leader Pricing)은 한정수량의 제품을 매우 저렴하게 제공함으로써 잠재수요를 유인하고 수요를 증대시키는 방법이다. 이것은 식료품이나 백화점 유통에서 '미끼전략'으로 알려져 있는데, 소비자의 관심을 유인하고, 이들에게 더 나은 제품까지 구매하도록 유인하려는 목적이 있다. 유인가격으로 선정된 제품은 한 면으로는 잠재수요를 이끌어 내는 데는 도움이 되지만, 불신을 초래할 수 있는 단점도 있다. 직업재활시설의 경우 공공기관 초기 우선구매 시 우선구매 제품 외의 제품을 판매할 전략으로 활용할 수 있는 가격전략이다.

다) 관습가격

관습가격(Customary Pricing)은 소비자들이 습관적으로 제품을 오랫동안 일정금액으로 구매했기 때문에 습관화된 가격이다. 이 가격은 실제 제품의 원가가 상승되었을지라도 가격이 크게 변동되지 않고 가격수준이 유지되고 있는 상태이다.

라) 단수가격

단수가격(Odd Pricing)은 제품가격을 조금 낮추어 가격대를 다르게 느끼게 함으로써 심리적으로 싸게 느끼도록 하는 가격전략이다. 단수가격 전략의 목적은 소비자들에게 제품의 가격이 정확한 계산에 의해 가장 낮게 책정되었다는 인식과 함께 소비자의 제품 선택 가능성을 높일 수 있는 장점이 있다.

마) 단일 · 변동 가격

단일가격(One Pricing)은 가격설정 초기에 동일한 수량을 구매하는 소비자에 대해서 같은 가격을 매기는 것을 의미한다. 반면에 변동가격(Flexible Pricing)은 유사한 소비자가 동일한 수량을 구매할 때 상이한 가격을 매기는 것을 의미한다. 단일가격은 모든 소비자가 항상 동일한 가격으로 구매하기 때문에 직업재활시설이 소비자를 접촉하는 데 있어 신뢰를 확보할 수 있고 불만의 여지를 줄일 수 있다. 반면에 변동가격은 제품을 대량구매 하는 소비자의 협상력에 따라 최종가격이 결정되는 방식이기 때문에 직업재활시설과 대량구매를 하는 소비자 간에 교섭력이 중요하다.

바) 가격층 형성 가격

가격층(Price Lining)은 제품 가격이 옵션의 선택이나 일정 등의 조정에 따라서 20만 원에서 40만 원대로 변동이 된다면, 가격대를 20만 원, 25만 원, 30만 원, 40만 원 형태로 층을 만드는 것을 말한다. 가격층을 형성하는 가격을 사용하면 단일가격에 의한 판매보다 더 많이 판매하는 것이 가능하다. 이는 특정 가격층에 대한 집중적인 구매를 가능하게 하기 때문이다. 또한 가격층에 따라 가격대를 분할시켜 놓으면 소비자에게 자신에게 맞는 적당한 가격대의 제품을 촉진시키는 효과가 있어 구매를 촉진시킬 수 있다.

사) 상시저가와 High-Low 가격

상시저가(Every Day Low Price: EDLP) 가격은 주로 이마트, 월마트 같은 소매점에서 많이 사용하는 전략이다. 이 전략은 항상 낮은 가격을 유지함으로써 고객에게 저렴하게 물건을 팔고 있다는 이미지를 전달한다. 이와 같은 가격 전략은 직업재활시설에서는 잘 사용하지 않으나, 상황에 따라서는 상시저가라는 것을 명확하게 함으로써 전략적인 승부를 할 수도 있을 것이다.

High-low 가격은 상시저가의 가격 대안으로 사용할 수 있는 방법이다. 즉 일부 제품에 대해서는 상대적으로 낮은 가격을 다른 제품에 대해서는 높은 가격을 제시하는 방법이다. 상시저가로 했을 경우 직업재활시설 전체적으로 적정 마진이 확보되지 않을 수 있는데, 제품에 따라 마진이 적고 많음을 평균적으로 계산하면 적정한 마진 이상을 확보할 수 있다는 장점이 있다.

아) 이미지가격

이미지가격(Image Pricing)은 품격 또는 권위가격(Prestige Pricing)이라고 한다. 소비자들은 제품의 가격을 제품 품질의 척도로 생각하는 경향이 있다. 따라서 고가격은 고품질과 동일하다는 생각을 갖는 것이다.

자) 할인 및 공제가격

할인 및 공제(Discounts and Allowances) 가격은 기본 가격에서 차감해 주는 방법이다. 대표적인 방법들을 살펴보면 다음과 같다.

- 거래할인(Trade Discount): 이는 기능할인(Functional Discount)이라고도 한다. 제품에 대한 촉진, 판매 등의 활동을 직업재활시설 대신에 구매자가 수행했을 때 이에 대한 대가로 구매자에게 제시되는 가격에서 차감해주는 전략이다.
- 현금할인(Cash Discount): 제품을 구매할 때 일정기간 내에 외상이나 어음이 아닌 현금으로 지불했을 때 정가에서 일정액을 차감해 주는 방식이다. 어음을 할인하기 위한 이자지급분이나 외상매출 회수비용을 줄이고 유통성을 확보하기 위해 주로 사용한다.
- 계절할인(Seasonal Discount): 제품은 계절에 따라 수요변화가 심하다. 성수기 때는 정상가격 또는 가격인상을 통해서 제품을 판매하고, 비수기 때는 정상가격에서 할인하는 전략을 말한다.
- 공제(Allowances): 주로 중간 유통업자를 대상으로 하는 것인데, 직업재활시설의 판매 지원 프로그램에 참여하는 업체를 대상으로 가격을 할인해 주는 촉진공제(Promotion Allowances), 인쇄광고지에 직업재활시설의 제품을 게재하는 것과 같은 형태로 협동광고(Cooperative Advertising)를 진행할 때 광고비용을 분담하는 광고공제(Advertising Allowances) 등이 있다.

3) 가격차별화 전략

가격차별화(Price Discrimination)는 구매자, 구매량, 구매 타이밍에 따라 가격을 달리해서 받는 것을 말한다.

가) 구매량에 따른 가격차별화

구매량에 따른 가격차별화를 수량할인(Quantity Discount)이라고 한다. 이는 소비자들의 대량구매를 유도하기 위해 일정 규모 이상을 구매할 경우 정가에서 일정금액을 감해주는 방식이다. 할인은 구매규모(금액 또는 수량)에 기초하여 이루어진다. 타이밍에 따른 가격 차별화전략의 제품은 성수기와 비수기, 주말과 주중에 따라 수요의 변화가 심한 특성을 가지고 있다.

나) 타이밍에 따른 가격차별화

① 이용시간에 따른 가격차별화

이용시간에 따른 차별화는 성수기, 비수기 또는 주말, 주중에 제품을 이용하는가에 관한 것이다. 소비가 되지 않은 제품은 이용시간이 지나면 소멸되므로 공급능력에 맞게 수요를 탄력적으로 조정해야 한다.

이에 대한 차별화 전략으로 가격차별화를 많이 사용한다. 예를 들어 성수기에는 제품가격을 정상가격 이상으로 받음으로써 수요를 억제하는 디마케팅 전략을 사용한다. 반면에 비수기에는 가격을 대폭 할인함으로써 수요를 증진시키는 전략을 사용한다. 그렇게 되면 성수기에 이용하고자 하는 소비자들이 비수기나 주중으로 그들의 수요를 옮기게 된다.

실제로 소비자들에 따라서는 이용시간대에 따라 가격에 대한 민감도가 다르게 나타난다. 청소년, 노년층의 경우에는 주중기간에 해외 여행제품의 가격이 저렴하기 때문에 주중기간에 제품을 이용한다. 다른 연령층이나 직장인들은 주말기간을 낀 여행제품의 가격이 비싸더라도 주말기간에 제품을 선택하려고 한다. 레스토랑의 경우에도 점심시간에 가격할인을 하면 가격에 민감한 고객들이 점심 시간대에 방문하고, 가격에 덜 민감한 고객들이 저녁 시간대에 방문하게 된다.

따라서 이용시간에 따라 가격차별화를 수행하면 상대적으로 수요가 적은 시간에는 성수기의 수요를 이동시키거나, 이전에 가격이 비싸서 이용하지 못했던 소비자를 대상으로 신규수요를 창출하는 것이 가능하다. 수요가 많은 때에는 수요를 억제함으로써 공급능력에 맞게 고객을 유치하는 것이 가능해진다.

② 구매시간에 따른 가격차별화

제품은 성수기와 비수기, 주말과 주중에 따라 수요변화가 크기 때문에 이를 해결하는 방안으로 등장한 것이 예약시스템을 활용해 티켓을 미리 구매하도록 하는 방법이다. 이는 주로 호텔이나 항공사를 중심으로 활용된다.

③ 구매자에 따른 가격차별화

소비자는 소득수준, 나이, 교육수준, 생활스타일, 추구하는 편익 등의 변수에 따라 다른 세분시장으로 구분할 수 있다. 구매자에 따른 차별화는 이런 소비자의 특성에 따라 가격차별화를 수행하게 된다.

대표적으로 나이에 따라 어린이나 노인, 학생에게는 항공료, 관광지의 입장료를 다르게 받는 경우를 들 수 있다. 또한 직업에 따라 각종 할인혜택을 줄 수도 있다. 직업재활시설의 경우 공공기관별로 제품별 예정가격을 결정해 놓고 입찰이나 발주를 하는 경우가 있다. 이런 경우 직업재활시설은 제품의 정상가격보다 낮거나 높게 참여하게 된다.

④ 제품등급에 따른 가격차별화

제품은 동일한 프로그램 내용으로 운영되더라도 그 안에 있는 항공기 좌석과 같은 교통수단의 수준, 호텔의 객실수준, 식·음료수준 등에 따라 제품의 등급이 달라질 수 있다.

4. 직업재활시설의 유통관리

유통(Place)은 제품이 생산자인 직업재활시설로부터 소비자에게 옮겨가서 구매가 일어나도록 하는 과정이다. 이러한 과정을 다른 말로 마케팅경로(Marketing Channel) 또는 유통경로(Distribution Channel)라고 한다. 유통은 직업재활시설과 소비자 사이에 존재하는 인격적, 장소적, 시간적 차이를 이어주는 역할을 담당하게 된다.

흔히 유통경로란 제조업체로부터 최종소비자(혹은 기업고객)에게로 상품 및 서비스를 이동시키는 과정에 참여하는 조직체나 개인들로 유통경로는 원유의 파이프라인과 비교될 수 있는데, 유통경로를 통한 상품 이동과정에 참여하는 경로구성원에는 제조업자, 중간상(Intermediaries 혹은 Middlemen), 구매자들이 포함된다.

여기서 중간상은 유통경로상에서 제조업자와 소비자 사이에서 활동하는 조직체나 개인들이다. 중간상의 역할은 도매상이나 소매상에 의해 수행될 수 있다. 도매상(Wholesalers)은 최종소비자에게 판매하지 않고, 주로 소매상이나 다른 도매상, 기업고객들에게 판매하는 중간상을 의미하고, 소매상(Retailers)은 주로 최종소비자들에게 상품을 판매하는 중간상을 말한다. 중간상 이용시의 이점은 첫째, 제조업자는 중간상을 이용하여 거래의 경제성을 달성할 수 있다. 둘째, 중간상의 이용은 제조업자가 최종사용자들과 직접 거래하는 것보다 이들에게 더 많은 시간효용, 장소효용 및 소유효용을 제공한다. 제조업자가 중간상을 이용하면 추가적인 비용이 발생되지만, 이러한 비용의 증가는 중간상이 제공하는 효용들에 의해 상쇄된다. 유통의 궁극적인 목표는 5R이라는 다섯 가지 목적을 달성하는 데 있다. 이는 소비자들에게 적절한 제품(Right Product)을, 적절한 시간(Right Time)에, 적절한 가격(Right Price)으로, 적절한 양(Right Quantity)을, 적절한 장소(Right Place)로 이동시켜 제공하는 것이다.

가. 유통의 형태

제품의 유통은 제조업자→도매상→중간상→소매상→최종소비자에 이르는 경로가 대부분이다. 직업재활시설의 경우에는 각 유통단계별로 전문적인 기능을 구축할 수 없기 때문에 유통경로가 짧아지게 된다.

직업재활시설의 제품 판매는 직접 또는 간접적인 유통경로를 거치게 된다. 직접 유통경로는 공급자에서 직접 소비자로 전달되는 통로이다. 간접 유통경로는 장애인생산품판매시설, 소매상, 중간상 등을 통해서 직업재활시설의 제품을 판매하게 된다.

1) 직접 유통경로

직접 유통경로는 직업재활시설이 판매시설과 같은 유통업체를 거치지 않고 직업재활시설이 생산하는 제품을 소비자에게 직접 판매하는 경우이다. 직업재활시설의 경우 우편, 전화, 인터넷을 이용하며, 판매원이 방문해서 판매하기도 한다. 특별히 인터넷은 직접 유통경로 선택에 지대한 영향을 미치고 있다. 직접 판매를 위한 유통경로로 인터넷을 개설하여 판매하는 방법을 많이 사용한다.

직접 유통경로는 여러 가지 측면에서 장점이 있다. 먼저 직업재활시설의 측면에서는 업무처리가 단순해지며, 수수료를 지불하지 않아도 되고, 고객과의 판매협상과 판매가격 유지에 융통성이 있고, 수요를 직접 통제하고 확인할 수 있는 장점이 있다. 반면에 소비자에게 다양한 광고와 판촉 전략으로 알려야만 소비자가 직접 유통경로를 이용할 수 있도록 유도할 수 있다. 그러나 직업재활시설의 경우 구매자가 공공기관이고 직원의 수가 많지 않다는 점을 고려한다면 직접판매보다는 우선구매 수행기관인 한국장애인개발원이나 장애인생산품 판매시설 등을 통한 간접 유통을 활성화할 필요가 있다.

2) 간접 유통경로

간접 유통경로는 직업재활시설과 소비자 사이에서 소매상, 중간상, 장애인생산품 판매시설, 중증장애인생산품 우선구매 대행기관 등이 제품을 유통시켜 주는 형태이다. 간접 유통경로를 거치게 되면 제품 공급업자에게는 수수료가 나가는 대신에 많은 수의 소비자와 거래를 할 수 있고, 중간상으로부터 수집된 소비자에 대한 정보를 활용할 수 있는 장점이 있다. 반면에 거래를 하면서 수수료가 나가게 되고, 중간상과 제품 공급업자 사이에 어느 쪽이 구매력이 큰가에 따라서 다양한 조건에 맞추어 가격협상을 해야 하는 상황에 처하게 된다.

나. 물적 유통(Physical Distribution)

최근 들어 물류비용이 갈수록 증가함에 따라 효율적인 물적 유통의 관리가 마케터의 중요한 의사결정영역으로 대두되고 있다. 물류관리의 중요성은 마케팅 총비용에서 물류비용이 상당부분을 차지하고 있다는 사실에서 알 수 있다. 물적 유통이란 원자재, 재공품, 완제품 및 관련정보를 발생지점에서 소비지점까지 효율적이고 효과적으로 흐르도록 계획·실시·통제하는 과정으로 좁은 의미로는 판매를 위해 생산지에서 소비지까지 상품이 이동되는 과정을 관리하는 개념이다.

효율적 물류관리시스템의 도입은 물류비용을 현저히 절감시킬 수 있다. 물적 유통은 마케팅비용을 절감시킬 수 있는 중요한 영역일 뿐 아니라 고객수요를 창출하기 위한 전략적 도구로 사용될 수 있다.

직업재활시설은 효율적인 물적 유통의 도입으로 보다 나은 고객서비스나 보다 저렴한 상품가격을 제공함으로써 더 많은 고객을 확보할 수 있다. 그러나 비효율적인 물적 유통시스템은 고객이 원하는 시점에 상품을 공급하지 못함으로써 고객을 감소시키는 원인이 될 것이다. 직업재활시설은 최소의 비용으로 최대의 고객서비스를 제공하는 것을 물적 유통의 목표로 삼는다.

물적 유통의 목표 중 하나는 고객에 대한 서비스를 향상시키는 것이다. 그러므로 직업재활시설은 고객이 원하는 물류서비스 수준을 파악하여 경쟁사보다 더 나은 물류서비스를 제공해야 한다. 직업재활시설이 고려해야 할 주요 고객서비스 요소들로는 재고이용가능성, 서비스제공능력, 서비스의 질을 들 수 있다.

직업재활시설은 최소의 물류비용으로 고객이 원하는 서비스를 제공할 수 있어야 한다. 이를 위해 주요한 물류비용 항목들을 파악하고 이들을 합한 총 비용을 최소화해야 한다.

1) 개별 물적 유통기능의 관리

물적 유통시스템은 관련된 기능들의 집합으로 구성된다. 물류관리자는 주문을 어떻게 처리하고, 생산된 제품을 어떤 지역에 보관하며, 어떤 운송수단을 이용해야 하며, 제조업자, 중간상, 고객 간의 연계를 위해 어떤 정보시스템이 필요한지에 관한 결정을 내린다.

가) 주문처리(Order Processing)

물적 유통은 고객의 주문으로부터 시작되고, 신속하고 효율적인 주문처리, 이익증대와 고객만족을 실현할 수 있다. 직업재활시설은 여러 단계를 거치는 주문처리 과정이 신속하고 정확하게 이루어져야 한다.

나) 창고(Warehousing)

직업재활시설은 최적의 저장창고를 결정해야 하고 수요의 중심지에 위치해야 한다. 직업재활시설은 판매될 때까지 생산된 제품을 보관해야 하지만, 물류에서의 저장기능은 생산과 소비가 이루어지는 시점과 장소가 일치하지 않기 때문에 필요하다. 직업재활시설은 최적의 저장창고의 수를 결정해야 하며, 여러 지역에 많은 저장창고가 위치할수록, 고객에 대한 상품배달이 보다 신속하게 이루어질 것이다. 그러나 보다 많은 입지의 확보는 창고운영비를 증가시킨다. 그러므로 직업재활시설은 유통비용과 제공될 고객서비스의 수준 간에 균형을 맞출 필요가 있다.

다) 재고(Inventory)

재고수준은 고객만족에 영향을 미친다. 직업재활시설은 고객의 수요에 즉각적으로 대응하기 위해 충분한 재고를 유지하고자 한다. 그러나 재고수준의 증가에 따라 고객에 대한 서비스 수준은 향상되지만 비용도 함께 증가한다.

직업재활시설은 재고량의 증대가 재고비용의 상승을 상쇄할 만큼 매출과 이익의 증대로 연결되는지를 알아야 한다.

라) 수송(Transportation)

직업재활시설의 수송의사결정은 고객만족에 영향을 미치는 것으로 중요한 운송수단은 철도, 트럭, 해상, 항공, 파이프라인 등이 있다.

마) 정보시스템(Information System)

보다 효율적인 물적 유통관리를 위해 컴퓨터를 사용하는 정보시스템을 도입하는 직업재활시설들이 늘어나고 있다.

국내유통은 그동안 점포규모의 영세성, 운영의 전근대성으로 인한 낮은 생산성, 제조업체 주도의 경로구조 등과 같은 특성으로 인해 다양한 도・소매업태를 위한 정보시스템 개발에 어려움이 있었다. 그러나 소득수준 향상에 따른 소비자욕구의 다양화 및 개성화, 가격을 중시하고 합리적 소비를 원하는 중산층 소비자들의 확대 등으로 인해 신업태 개발의 필요성이 증대되었다. 또한 1996년 국내유통시장의 완전개방으로 외국 선진유통업체의 국내진출이 가속화됨에 따라 국내유통업체들은 신업태의 도입이 유통시장에서의 경쟁우위유지에 중요함을 인식하였다.

이와 같은 유통환경의 변화는 재래시장, 백화점, 슈퍼마켓 중심의 기존 유통체계에서 벗어나 편의점, 할인점이 등장하는 계기가 되었다. 2000년대에 들어 정보혁명과 사이버공간의 대두에 따라 소비자들은 상품이나 서비스를 획득하는 방법이 보다 다양해지고 있다. 소비자들은 가정에서 온라인 점포를 방문하여 상품과 서비스를 선택하고 주문할 수 있게 된 것이다. 이에 따라 온라인 소매상은 전통적인 오프라인 기반 소매상들을 크게 위협하고 있다.

2) 유통경로설정

많은 제품들이 제품수명주기상의 성숙기에 들어서 제품의 차별화가 힘들어지고 신제품들이 계속 쏟아져 나옴에 따라 직업재활시설들은 소매점의 제한된 진열공간에 자사제품을 진열하는 것이 갈수록 어려워지고 있다. 중간상들은 보다 높은 마진을 요구하거나 중간상들의 촉진활동에 따른 비용의 많은 부분을 제조업자가 부담하도록 요구하였다. 이에 따라 많은 직업재활시설들은 마케팅활동을 보다 쉽게 통제할 수 있는 유통경로를 구축하려는 노력을 하게 되었다.

유통경로 대안들 중 가능한 한 가장 수익성이 높으면서 표적고객에게 효과적으로 도달할 수 있는 대안을 선택해야 한다. 이를 위해 경로관리자는 유통경로를 체계적으로 설계해야 할 것이다.

유통경로의 설계 과정은 [그림 5-4]와 같이 5단계로 구성되어 있다. 각 단계

[그림 5-4] 유통경로의 설계 과정

에 대한 세부적인 내용을 살펴보면 다음과 같다.

유통경로 설계의 첫 단계는 소비자가 유통경로로부터 원하는 욕구가 무엇인가를 파악하는 것이다. 유통경로와 관련한 소비자의 욕구는 입지의 편의성, 대기시간, 제품의 다양성 차원에서 살펴볼 수 있다.

- 입지의 편의성(Locational Convenience)은 중간상들이 시장 내에 분산되어 있는 정도를 말한다. 중간상들이 시장 내에 많이 분산되어 입지가 편리해질수록 접근성이 뛰어나기 때문에 적절한 제품을 찾기 위해 돌아다니는 소비자의 여행거리와 제품 탐색비용이 감소된다. 일반적으로 중간상들은 소비자의 눈에 잘 띄는 큰 도로나 교통요지에 위치하는 것이 좋다. 요즘에는 제품에 대한 정보를 수집하는 데 인터넷을 많이 활용하기 때문에 인터넷 홈페이지에 적절한 정보를 소개하고, 구매까지 이어질 수 있도록 설계가 되어야 한다.
- 대기시간(Waiting Time)은 소비자가 제품을 주문한 후에 제공받는 데까지 걸리는 시간이다. 예를 들어 인터넷으로 제품을 구매한 소비자가 집에서 받아보는 데까지 걸리는 시간이 짧다면 그만큼 만족도가 높아질 것이다.
- 제품의 다양성(Product Variety)은 직업재활시설의 제품구색에 해당하는 용어이다. 이는 일괄구매(One-Stop Shopping)를 할 수 있도록 함으로써 소비자들이 정보탐색 노력과 교통비를 절감할 수 있게 하는 것을 말한다. 어느 소비자도 몇 가지 제품을 구입하기 위해서 여러 곳을 돌아다니기를 좋아하는 경우는 없다. 가능하면 중간상에서 원하는 제품을 모두 구매할 수

있도록 제품을 다양하게 갖추어 놓을 필요가 있다. 최근 할인점이 급성장하는 이유는 많은 소비자들이 저렴한 가격의 제품을 구매하는 대신 낮은 서비스, 불편한 점포위치, 평범한 실내장식 등의 낮은 경로서비스를 기꺼이 수용하고자 하기 때문이다. 물론 직업재활시설 제품의 가격이 경쟁사의 유통경로를 통해 공급되는 제품가격과 동일하다면 고객은 이들 중 보다 나은 서비스를 제공하는 유통경로를 선호하게 될 것이다.

3) 유통경로

가) 소매상

(1) 소매상의 정의와 기능

소매상은 개인적 혹은 비영리적 목적으로 구매하려는 최종소비자에게 재화나 서비스를 판매하는 것에 관련된 활동을 수행하는 상인으로 정의된다. 따라서 소매상의 고객은 영리기업, 또는 최종기관구매자가 아닌 최종소비자이다. 소매상은 최종소비자와 직접 접촉한다는 점에서 직업재활시설의 판매성과에 큰 영향을 미치는데, 이들은 소비자에게 다음과 같은 유통기능을 제공한다. 첫째, 소비자가 원하는 상품구색을 제공한다. 소매상은 여러 공급업자들로부터 제품을 제공받아 다양한 상품구색을 갖춤으로써 소비자들에게 제품선택에 소요되는 비용과 시간을 절감할 수 있게 하고 선택의 폭을 넓혀준다. 소매상이 소비자에게 제공하는 상품구색의 폭과 깊이는 소매상의 마케팅전략에 따라 달라진다. 가령, 전문점은 상품구색의 폭이 좁은 대신에 깊이가 있고 할인점은 구색의 폭이 넓은 대신에 깊이는 얕다. 대체로 백화점은 구색의 폭이 넓고 깊이가 있다.

둘째, 소비자에게 필요한 정보를 제공한다. 소매상은 소매광고, 판매원 서비스, 점포 디스플레이 등을 통해 고객에게 제품관련 정보를 제공하여 소비자들의 제품구매를 돕는다.

셋째, 신용정책을 통하여 소비자의 구매비용부담을 덜어주는 금융기능을 수행한다. 소매상은 신용정책을 통하여 소비자의 구매비용부담을 덜어주는 금융기능을 수행한다. 즉, 소매상은 제조업체를 대신하여 소비자와의 거래에서 발생하는 여러 비용을 부담한다든지 고객에게 신용이나 할부판매 등의 기능을 수행하는 것이다.

넷째, 소비자에게 애프터서비스의 제공, 배달, 설치, 사용방법의 교육 등과 같은 다양한 고객 서비스를 제공한다. 소매시장의 경쟁이 갈수록 치열해지는 최근에는 소매상이 제공하는 이러한 서비스가 제품구매에 결정적인 역할을 하는 경우가 많다. 장애인생산품의 경우 장애인복지법의 장애인생산품판매시설이 일부 이 역할을 하고 있다.

(2) 소매업의 유형

소매상은 최종소비자들의 다양한 욕구를 충족시켜야 하므로 여러 가지 형태의 소매점들이 계속 출현하였다.

소매상의 규모에서 보면 연간 매출액이 3천만 원 미만의 가족생계형인 구멍가게에서 연간 매출액이 8조 원 이상에 이르는 롯데백화점과 같은 거대 소매기구까지 매우 다양한 규모의 소매상들이 존재한다. 업태별로 보면 전근대적인 재래시장이나 구멍가게에서부터 현대적인 소매업태인 백화점, 할인점, 편의점, 회원제 창고형 도·소매업 등의 다양한 업태들이 소매시장에서 경쟁하고 있다. 또한 소매업은 일반적으로 유형점포에서 이루어지는 활동으로 생각되지만, 방문판매, 자동판매기, 우편·전화·TV 등을 이용한 통신판매, 온라인 마케팅 등과 같은 무점포 소매상에 의해서도 수행된다.

㉮ 점포 소매상

점포 소매상들은 소매점포 믹스전략에 의해 여러 가지 업태로의 분류가 가능하다. 일반적으로 소매점포 믹스전략은 입지, 상품구색, 서비스, 가격수준, 영업시간 등의 통합된 조합에 따라서 매우 다양하게 수립될 수 있기 때문에 다양한 점포 소매상의 유형이 존재하게 된다.

점포 소매상에는 편의점, 슈퍼마켓, 전문점, 할인점, 백화점, 회원제 도매클럽, 슈퍼마켓, 할인점, 창고소매업의 장점을 결합한 소매업태인 하이퍼마켓, 상설할인매장인 아울렛, 카탈로그 쇼룸, 전문할인점 등이 있다.

㉯ 무점포 소매상(Non-Store Retailing)

무점포 소매상은 비교적 최근에 각광받는 소매업태로서, 쇼핑시간의 여유가 없는 소비자들에게는 시간을 절약해 주는 시간효용을 제공해 주며, 소매업자 입장에서는 점포비용의 절감, 입지조건에 관계없이 목표고객의 높은 접근용이성, 고객의 잠재수요 자극 등의 이점이 있다. 무점포 소매상의 분류로 측정 가능한 반응(가령, 소비자들로부터의 주문이나 문의)을 얻거나 거래를 성사시키기 위해 한 가지 혹은 그 이상의 광고매체를 사용하는 쌍방향 의사소통의 마케팅 시스템이 있는데 영어약자로 DM이라고 표현하는 다이렉트 마케팅(Direct Marketing)과 사용되는 커뮤니케이션 수단에 따라 통신(우편)판매(Direct Mail), 텔레마케팅(Telemarketing), 텔레비전마케팅(Television Marketing), 온라인 마케팅(On-Line Marketing) 등으로 나누어진다. 영업사원을 이용한 방문판매는 가장 오래된 역사를 가진 무점포형 소매업이다.

나) 도매상

국내에서의 도매상은 유통분야 중에서 가장 낙후된 분야 중의 하나이다. 우리나라의 경우 도매상이 낙후된 이유는 근본적으로 국토가 협소한 까닭으로 제조업자와 소매상이 도매상을 거치지 않고도 직접 최종고객과의 접촉이 가능하기 때문이다. 또 제조업자의 수직계열화 욕구가 강력하여 도매상이 자체적으로 발전할 수 있는 기반을 상실했기 때문이기도 하다. 또한 요즈음에는 소매상들이 대형체인화 되어 감으로써 소매상의 체인본부가 도매상의 기능인 조달과 배분의 기능을 자체적으로 수행해 가고 있는 점도 도매상의 발전을 막고 있는 요인이다.

(1) 도매상의 정의와 기능

유통경로에서 구조적으로 가장 복잡한 부문이 도매업이다. 도매업이 무엇인지 정확하게 규정하기 어려울 정도로 다양한 형태의 도매상이 존재하고 있다. 도매상은 중개상, 상인, 배급업자, 중간상 등의 다양한 이름으로 불리고 있고 상인도매상, 제조업자대리점, 판매대리점, 브로커, 커미션 상인 등 형태에 있어서도 다양하기 때문에 용어상의 문제에 혼란이 가중되고 있다. 일반적으로 도매상을 재판매 또는 사업을 목적으로 구입하는 고객에게 상품이나 서비스를 판매하고 이와 관련된 활동을 수행하는 상인으로 정의하고 있다. 도매상은 유통경로에서 불필요한 경로구성원이며 단지 소매상을 지원하기 위해서만 존재한다는 견해도 있지만 도매상은 유통경로에 참여한 다른 유통기구와 마찬가지로 생산과 소비를 조절하는 고유의 유통기능을 수행한다.

도매상의 기능은 제품의 생산과 소비 사이에서 발생된 장소와 시간의 불일치를 해소시켜주는 역할을 수행함으로써 부가가치를 창출, 소유권이전, 물적 소유, 촉진, 금융, 위험부담, 협상, 주문, 지불활동 등의 경로기능을 수행한다. 이와 같이 도매 기능이 경로효율성을 향상시킨다면, 도매상은 유통경로상에서 계속 존립할 것이다. 이는 도매상 무용론에도 불구하고 꾸준히 증가하고 있는 도매상 수와 도매상들의 거래금액에서도 살펴볼 수 있다. 만약 도매상이 유통기능을 수행하지 않는다면 제조업자나 소매상 등의 다른 유통경로구성원이 이를 대신 수행할 수밖에 없는 것이다.

(2) 도매상의 유형

도매상에는 다양한 유형이 존재하고 있으나 크게 제조업자 도매상, 상인 도매상, 대리인 및 브로커로 나누어진다. 제조업자 도매상은 독립적인 도매상이 아니며 제조업자에 의해 직접 소유·운영된다. 이 같은 유형의 도매상으로는 판매지점이나 판매사무소를 들 수 있다.

제조업자는 재고통제와 원활한 판매 및 촉진관리를 위해 자사 소유의 판매지점이나 사무소를 설치한다. 판매지점은 일반적으로 재고를 보유하며 목재업과 자동차장비 및 부품산업에서 흔히 볼 수 있다. 판매사무소는 재고를 보유하지 않으며 건조상품과 실용잡화류 산업에서 자주 볼 수 있다.

상인도매상은 취급하는 상품의 소유권을 가지는 독립된 사업체로서 가장 전형적인 형태의 도매상이다. 다양한 유형을 갖지만 거래고객에게 제공하는 서비스 정도에 따라 완전서비스 도매상과 한정서비스 도매상으로 대별된다.

완전서비스 도매상(Full-Service Wholesalers)은 유통경로상에서 물적 소유, 촉진, 협상, 위험부담, 주문, 지불 등 거의 모든 유통활동을 수행하며, 소매상 고객들을 위해 재고유지, 판매원 지원, 신용제공, 배달, 경영지도와 같은 종합적인 서비스를 제공하기도 한다.

한정서비스 도매상(Limited-Service Wholesalers)은 거래고객들에게 소수의 전문적 서비스만을 제공하는 도매상이다. 즉, 완전서비스 도매상은 유통경로에서 수행되는 대부분의 도매상기능을 제공하지만, 한정서비스 도매상은 이들 기능 중 일부만을 전문적으로 수행한다. 주요형태는 현금거래 도매상, 트럭도매상, 직송 도매상, 진열 도매상 등이 있다.

대리점과 브로커는 거래되는 제품에 대한 소유권을 보유하지 않으며 단지 거래를 촉진시키는 역할만을 수행한다는 점에서 상인도매상과 차이가 있다. 이들은 상품매매를 촉진하고 거래성사의 대가로 판매가격의 일정비율을 수수료로 받는다. 대리점은 구매자나 판매자 한쪽을 대표하며, 이들과 장기적인 거래관계를 갖는다. 브로커는 구매자와 판매자 간의 거래를 중개하는 것이 주 기능으로 재고를 유지하지도 않고 금융에 관여하지도 않으며 따라서 거래에 대한 위험부담을 지지 않는다. 즉, 그들은 구매자와 판매자 사이의 거래를 촉진시키는 역할만을 수행한다.

다) 유통 경로 대안 평가

표적고객이 기대하는 경로서비스가 파악되면, 이를 충족시킬 수 있는 최적의 경로대안을 개발하는 단계로 들어간다. 일반적으로 직업재활시설은 요구되는 경로서비스 수준이 서로 다른 세분시장들을 파악하고 이들 가운데 일부 세분시장들을 표적시장으로 선정해야 한다.

각 표적세분시장별로 최소의 경로비용으로 표적소비자의 기대서비스 수준을 충족시킬 수 있는 경로대안을 개발·선택해야 한다. 유통경로대안의 개발에서는 유통경로의 길이를 어느 정도로 할 것인가와 각 경로단계별로 어떤 유형의 중간상을 포함시킬 것인가 등이 고려된다. 몇 개의 가능한 경로대안을 파악한 기업은 각 경로대안의 매력도를 평가하여 장기적인 경로목표를 가장 잘 충족시킬 수 있는 대안을 선택해야 한다. 각 경로대안의 평가에 사용되는 평가기준에는 경제성, 통제력, 적응성 등이 있다.

유통경로대안의 경제성에 대한 평가에서는 각 경로대안으로부터 기대되는 판매수준과 판매하는 데 드는 비용을 추정하는 것으로 나누어진다.

먼저 직업재활시설의 종사자를 이용하는 직접유통경로와 중간상을 활용하는 간접유통경로로부터 기대되는 매출수준을 비교해 보아야 한다. 대부분의 마케팅담당자는 직접유통경로의 이용이 더 많은 매출을 올릴 것으로 믿는다.

직업재활시설의 종사자는 자사제품만을 판매하며 판매방법에 대한 충분한 교육을 받는다. 그들은 자신의 미래가 직업재활시설의 성과에 달려 있으므로 고객의 욕구충족을 위해 최선의 노력을 기울일 것이며, 고객들은 직업재활시설과의 직접거래를 보다 선호할 수 있다. 이러한 이유로 인해 직업재활시설은 직접유통경로가 보다 바람직한 대안일 것으로 생각한다.

한편 간접경로대안이 직접경로대안보다 더 많은 매출을 올릴 수도 있다. 중간상들은 많은 능력이 있는 판매사원들을 보유할 수 있으며, 제공되는 마진율에 따라 직접경로보다 더 적극적인 판매노력을 기울일 수 있다. 어떤 고객은 특정회사의 영업사원과의 거래보다는 여러 제조업체의 제품들을 함께 취급하는 중간상과의 거래를 보다 선호한다. 또한 어떤 중간상은 많은 기존 거래선을 이미 확보하고 있어 시장침투를 용이하게 한다. 또한 각 경로대안의 마케팅활동을 어느 정도 통제할 수 있는지에 대해서도 고려해야 한다.

일반적으로 간접유통경로는 직접경로보다 경로활동에 대한 통제가 어렵다. 간접경로 내의 각 중간상들은 자신의 이익극대화에 주로 관심을 갖는 독립사업체이다. 그러므로 중간상들은 거래규모가 큰 기업들의 상품에 판매노력을 집중하거나 특정 거래기업의 판촉활동에 비협조적일 수 있다.

환경적응성(Adaptive Criteria)은 경로구성원들이 유통환경변화에 공동으로 대처하려는 적극적 노력 정도를 평가하는 것으로 환경변화에 효과적으로 대처하기 위해서는 경로구성원들의 거래활동에 대한 강한 몰입(Commitment)이 요구된다.

각 경로대안들을 비교・평가하여 가장 바람직한 경로대안이 결정되면, 마케터는 경로구성원으로 포함될 개별중간상들을 선택해야 한다. 대체로 직업재활시설은 표적시장이 요구하는 경로서비스를 가장 잘 제공할 능력이 있는 중간상들을 선택하기를 원할 것이다. 그러나 직업재활시설이 원하는 중간상을 선정할 수 있는 능력은 직업재활시설에 따라 다르다.

직업재활시설은 정기적으로 각 경로구성원의 성과를 성과표준(가령, 판매할당량, 평균재고수준, 고객배달시간, 파손품에 대한 처리, 판촉노력에 대한 협조, 고객에 대한 서비스 등)과 비교하여 평가 작업을 수행해야 한다. 마케터는 높은 성과를 보인 경로구성원에 대해서는 보상하고, 실적이 나쁜 경로구성원에 대해서는 지원책을 강구하거나 새로운 경로구성원으로 대체해야 한다.

라) 유통경로 관리

직업재활시설은 선택된 중간상들이 자사제품 판매에 최선을 다할 수 있도록 동기부여를 지속적으로 할 필요가 있다. 중간상의 협력을 얻기 위해서는 긍정적인 동기부여 수단과 부정적인 동기부여 수단을 적절히 사용한다. 긍정적인 동기부여수단으로는 높은 마진, 특별 가격할인, 프리미엄 제공, 협동광고 지원금, 디스플레이 지원금 등을 활용한다. 부정적인 동기부여수단으로는 마진의 삭감, 제품 최종확인(Confirmation)의 지체, 거래관계의 종식 등을 활용할 수 있다. 이와 더불어 직업재활시설은 공동으로 제품과 관련한 목표, 전략, 판매원 교육, 광고 및 판촉활동을 계획하고 실행하는 장기적인 협력관계(Long-Term Partnership)를 유지해 나가는 것도 좋은 방법이다.

마) 유통경로갈등의 관리

유통경로는 여러 경로구성원들로 구성된 시스템이므로 경로구성원들도 공통의 경로목표를 달성하기 위해 상호의존적 관계를 갖는다. 따라서 각 경로구성원은 경로 전체의 목표를 달성하기 위해 다른 구성원들의 협력을 필요로 한다. 만약 경로구성원들 간에 이해의 상충으로 인해 경로갈등이 발생한다면, 경로구성원들은 자신의 파워와 영향력을 행사하거나 다른 해결방안을 사용하여 이를 해소해야 할 것이다. 적절하게 관리되지 않은 갈등은 개별 경로구성원 및 경로 전체의 성과를 감소시키게 된다. 경로선도자의 주요한 역할의 하나는 경로구성원들 간의 협력을 최대화하고 갈등을 최소화하도록 영향력을 행사하는 것이다.

갈등은 바람직하지 못한 결과를 가져오는 역기능이 있으나 상황에 따라서는 갈등이 경로구성원들 간의 관계를 발전시키고 성과를 높이는 순기능을 하기도 한다. 일반적으로 알려진 경로갈등(Channel Conflict)의 원천은 크게 수평적 갈등과 수직적 갈등으로 나뉜다.

수평적 갈등(Horizontal Conflict)은 유통경로상의 동일한 단계에 있는 중간상들로서 둘 이상의 소매상들이나 둘 이상의 도매상들 간에 발생하는 갈등이다. 주로 같은 제품을 서로 상대방의 지역에 판매하려고 하면서 생기는 갈등이 많다. 이를 영역 불일치(Domain Dissensus)라고 한다.

수직적 갈등(Vertical Conflict)은 유통경로상의 서로 다른 단계에 있는 구성원들로서 제품 공급업자와 도매상 간, 도매상과 소매상 간에 발생하는 갈등이다. 경로구성원들이 추구하는 목표 불일치(Goal Incompatibility), 생각하는 기대가 각기 다른 형태로 나타나는 지각 불일치(Perceptual Difference), 불충분한 커뮤니케이션 등에 의해 발생된다.

5. 직업재활시설에서 판매촉진

가. 촉진의 개념

직업재활시설은 좋은 제품을 개발하고 매력적인 가격을 결정하여, 적절한 유통경로를 통해서 제품을 고객인 소비자에게 전달해야 한다. 이를 위해서 직업재활시설은 현재 고객뿐만 아니라 잠재고객과 끊임없이 정보를 주고받는 의사소통 과정을 거쳐야 한다. 마케팅 커뮤니케이션(Marketing Communication)은 전통적으로 촉진(Promotion)이라고 불려왔다. 마케팅 커뮤니케이션은 '직업재활시설이 생산한 제품을 소비자들이 구매하도록 할 목적으로 제품에 대한 정보를 소비자들에게 제공하거나 소비자들을 설득할 목적으로 진행하는 직업재활시설의 모든 마케팅 노력'이라고 할 수 있다. 이런 의미에서 마케팅 커뮤니케이션의 목적을 3가지로 정리해 볼 수 있다. 즉, 제품에 대한 정보를 제공하는 정보제공 목적, 제품에 대한 호의적인 태도를 가지고 설득하는 호의적인 태도 설득 목적, 최종적으로 소비자의 행동에 영향을 주어 구매를 이끌어내는 영향력 행사 목적이다.

촉진을 위해서는 광고, 홍보 이외에도 판매촉진이나 인적판매와 같은 적극적인 촉진 방법을 활용할 수 있다. 판매촉진은 제품이나 서비스의 판매를 촉진하기 위한 비교적 단기적인 동기 부여 수단의 총칭으로 광고는 장기적으로 제품이나 서비스의 구매 이유를 제공하는 데 목적이 있는 반면 판매촉진은 바로 지금 시점에 구매할 이유를 제공하는 촉진방법이다.

판매촉진에는 시장에서 소비자의 반응을 보다 빠르게 또는 강하게 촉진하기 위한 여러 가지 방법들이 사용된다.

직업재활시설이 일반적으로 이용할 수 있는 마케팅 커뮤니케이션 수단은 오프라인 매체와 온라인 매체로 나누어 볼 수 있다. 오프라인 매체는 광고, 판매촉진, 홍보, 인적 판매, 물리적 환경, 옥외광고, 브로슈어, 전단광고, 텔레마케팅, 다이렉트 메일 등이 있다. 온라인 매체는 배너광고, 바이러스 마케팅, 시리얼 마케팅, 삽입형 광고, 검색엔진, 대화방, 이메일마케팅, SNS(Social Network Service), 개별화된 웹사이트를 들 수 있다. 이 외에도 구매시점전시, 파트너십 형태의 제휴 프로그램, 마일리지 형태의 로열티 프로그램도 있으며 이들은 온라인과 오프라인 형태가 섞여 있어서 구분이 모호하다.

대표적인 형태의 마케팅 커뮤니케이션 수단들의 차이점을 간단히 살펴보면 다음과 같다.

광고(Advertising)는 제품을 소개하는 광고를 제작하고, 직업재활시설이 광고비를 부담하여, 광고매체를 통해 소비자에게 알리는 것을 말한다. 주요 광고매체로 전통적인 4대 매체인 TV, 신문, 잡지, 라디오와 옥외광고 등이 있다.

판매촉진(Sales Promotion)은 제품의 구매를 촉진하기 위한 단기적인 동기부여 수단을 말한다. 주요 수단으로는 구매시점 전시(Point-Of-sale Purchase displays: POP), 가격할인, 쿠폰 등이 있다.

PR 또는 공중관계(Public Relations)는 직업재활시설이 자사의 이미지를 제고한다든지, 자사에 대한 호의적인 평판을 얻거나 비호적인 평판을 제거 내지 완화시키려는 커뮤니케이션 활동을 벌이는 것을 통해 직업재활시설과 직·간접적으로 관련이 있는 여러 유형의 집단들과 좋은 관계를 유지하는 것을 말한다.

인적 판매(Personal Selling)는 제품의 판매를 목적으로 하는 기존 또는 잠재고객에 대한 판매제시(Sales Presentation) 또는 대화 등을 통해 진행하는 개인적인 커뮤니케이션을 말한다. 주로 판매 프레젠테이션이 사용되지만 박람회, 업종별 전시회(Trade Show) 등의 행사도 활용한다.

나. 판매촉진의 특성

판매촉진수단은 직업재활시설이 설정하는 특정 목표에 따라 다양하게 사용될 수 있다. 직업재활시설은 판매촉진을, 신규소비자에게는 시험구매를 유도하기 위하여 사용하고 자사제품에 대하여 충성도가 높은 소비자에게는 적절한 보상을 제공하며, 충성도가 그다지 높지 않은 소비자에게는 반복구매를 조장하기 위한 목적으로 사용할 수 있다.

신규 시험구매자는 그 제품이 속해 있는 범주의 제품을 전혀 사용해 본 적이 없는 소비자, 타사상표에 충성도가 높은 소비자, 상표를 빈번히 바꾸어 구매하는 소비자의 세 가지 유형으로 구분해 볼 수 있는데, 일반적으로 판매촉진은 상표를 빈번히 바꾸어 구매하는 소비자집단에 중점을 두는 전략을 사용한다. 그 이유는 제품을 사용해 본 적이 없는 소비자들이나 타사상표를 주로 사용하고 있는 소비자들은 자사의 판매촉진에 대하여 그다지 주의를 기울이지 않을 뿐만 아니라 판매촉진에 대한 반응도 미미하기 때문이다. 상표 전환자들(Brand Switchers)은 일반적으로 낮은 가격이나 가격에 비해 효용이 높은 제품을 항상 찾아다닌다. 그러나 상표충성도가 높은 고객들은 가격할인이나 기타 판매촉진에 별로 관심이 없는 경우가 많다. 따라서 직업재활시설은 판매촉진을 통해 상표 간의 차이가 크지 않은 시장에서 단기간에 높은 판매반응을 얻을 수는 있지만, 장기간에 걸친 지속적 시장점유율의 증가 및 유지를 달성하기는 어렵다. 반면 상표 간의 차이가 상당히 큰 시장의 경우, 판매촉진은 시장점유율을 보다 장기적으로 변화시킬 수 있다.

대부분의 기업들은 판매촉진을 경쟁사 제품에 대한 상표충성도를 깨뜨리는 수단으로 생각하며 광고는 자사의 상표충성도를 높이는 도구로 생각한다. 따라서 마케팅담당자의 중요한 업무 중의 하나가 바로 판매촉진과 광고에 각각 촉진예산을 어떻게 할당할 것인가에 대한 문제를 해결하는 것이다.

촉진예산 중 판매촉진예산을 다 할당한 후 나머지를 광고예산에 돌리는 것은 상당한 위험을 수반한다. 왜냐하면 광고예산을 줄이는 것은 소비자의 상표충성도를 낮추는 결과를 초래할 수 있기 때문이다.

직업재활시설이 하나의 상표에 대하여 장기적으로 가격할인을 실시하면 소비자들은 그 상표를 싸구려로 생각하기 시작한다. 따라서 곧 많은 소비자들이 그 상표를 판매촉진실시 기간에만 사게 되는 경향이 있다. 잘 알려진 선두기업의 경우 마케팅담당자는 판매촉진을 자주 사용하지 않는데 그 이유는 선두기업의 경우 이미 상당한 시장점유율을 확보하고 있기 때문에 가격할인 같은 판매촉진은 이미 자사 상표를 사용하고 있고 향후에도 자사상표를 구입할 소비자들이 어차피 구입할 자사의 제품을 싸게 살 수 있도록 하는 결과만을 초래할 가능성이 높기 때문이다.

판매촉진은 일반적으로 광고와 달리 장기간에 걸친 소비자의 선호와 상표에 대한 충성도를 끌어내기가 어렵다. 즉 판매촉진은 오직 단기적인 판매효과를 가져다주며 그 효과는 오래 지속되기 어렵다. 그러나 시장점유율이 낮은 제품을 가지고 있는 직업재활시설은 판매촉진을 매우 유용한 수단으로 사용하는데, 그 이유는 낮은 시장점유율을 가진 직업재활시설들은 시장선두기업처럼 많은 광고예산을 사용할 수 없기 때문이다. 또한 낮은 시장점유율을 가지고 있는 직업재활시설들은 중간상들에게 가격할인 등을 제공하지 않으면 자사제품을 진열할 수 있는 공간조차 얻기가 힘들고 또한 소비자들에게 사은품을 제공하거나, 가격할인 등의 촉진수단을 사용하지 않으면 소비자들이 자사제품을 구매하지 않을 가능성이 높기 때문에 판매촉진을 중요한 촉진수단으로 사용하고 있다. 따라서 소규모의 직업재활시설은 시장점유율을 높이기 위한 수단으로 가격경쟁을 자주 사용한다.

판매촉진은 일반적으로 광고나 인적판매와 같이 사용되는데, 촉진의 내용이 광고를 통하여 소비자들에게 알려져야 하며 효과적인 판매촉진은 광고의 효과를 같이 상승시킬 수도 있다. 중간상과 판매원 촉진은 직업재활시설의 인적판매 과정을 지원해 줄 수 있다. 판매촉진을 사용하는 데 있어서 직업재활시설은 목표를 설정하고, 적합한 방법을 선택하고, 가장 효과적인 프로그램을 개발하고, 개발된 프로그램을 사전 테스트한 후 실제로 시행한 뒤 그 결과를 평가하는 절차를 수행한다.

판매촉진의 목표는 매우 다양하다. 소비자 판촉의 목표는 단기적 판매의 증대, 장기적인 시장점유율 증대를 목표로 하고 소비자들이 신제품에 대한 시험구매를 유도하는 것일 수도 있고, 소비자들이 경쟁사 제품을 구매하지 못하도록 하는 것일 수도 있고, 또는 자사상표에 대한 충성도가 높은 소비자들을 지속적으로 자사제품의 고객으로 유지하기 위한 것일 수도 있다. 중간상의 판촉은 새로운 품목의 판매, 자사제품 재고량의 유지, 넓은 진열 공간을 확보하는 데 있다. 판매원 판촉의 목적은 신제품 판매, 새로운 거래 대리점 개척을 통한 판매경로 확대에 있다.

1) 판매촉진 수단들

판매촉진의 목표들을 달성하기 위하여 사용될 수 있는 판매촉진의 수단은 여러 가지다. 촉진프로그램을 수립하기 위해서는 해당 제품이 속해 있는 시장의 형태, 판매촉진의 목표, 경쟁상황, 그리고 각 수단의 비용과 효과성 등을 검토할 필요가 있다.

소비자를 대상으로 하는 판매촉진 수단에는 다음과 같은 것들이 있다.

- 견본(Sample): 직업재활시설에서 생산하는 제품을 무료 또는 저렴한 가격으로 이용할 수 있도록 하는 것이다.
- 쿠폰(Coupon): 가격할인권이나 무료이용권 등과 같이 특정한 제품을 구매할 때 일정한 혜택을 받을 수 있는 쿠폰을 제공하는 것이다.
- 리베이트(Rebate): 다른 말로 현금반환이라고 하는데, 일정기간 구매한 금액을 기준으로 일정비율을 현금으로 돌려주는 방식이다.
- 프리미엄(Premium): 직업재활시설에서 경품 및 사은품과 같이 특정제품의 구매에 대한 감사의 뜻으로 제공되는 증정품이다.
- 콘테스트(Contest): 직업재활시설에서 생산하는 제품을 구매하는 소비자들이 행운이나 추가적인 노력을 통해서 제품이나, 가격할인권 등을 취득할 수 있는 기회를 제공하는 것이다.
- POP(Point Of Purchase): 직업재활시설에 들어선 소비자에 대한 설득을 목적으로 하는 촉진물로서 모빌, 배너, 포스터, 가격 카드 등을 말한다.
- 시연(Trial): 직업재활시설에서 생산하는 빵이나 쿠키의 무료시식회 등을 통해 실제로 제품을 맛보게 함으로써 소비자의 구매 욕구를 환기시키고 구매를 설명하는 것이다.
- 스페셜티(Specialty) 촉진: 직업재활시설의 시설명, 메시지, 로고 등이 인쇄된 소형 제품을 이용한 촉진이다. 달력, 개업기념 볼펜, 라이터 등이 그

예이다.

- 단골고객보상(Customer Compensation): 직업재활시설에서 생산하는 제품을 지속적으로 구매하는 단골 고객의 이용도에 따라 현금이나 다른 형태의 보상을 제공하는 것이다. 대표적으로 항공사의 마일리지 프로그램이나 상용고객 우대프로그램(Frequent Flyer Program)을 들 수 있다.
- 우선구매제도(Preferential Purchase System): 노동시장에서의 취약계층의 일자리를 창출하기 위하여 이들이 생산한 생산품이나 서비스를 공공기관이 우선적으로 구매하도록 하는 시스템으로 미국의 와그너오데이법, 한국의 중증장애인생산품우선구매특별법이 그 예이다.

인터넷 판매촉진 도구로 사용되는 것을 살펴보면 다음과 같다.

- 샘플(Sample): 소비자들로 하여금 시험구매를 유도하기 위해 무료로 제공하는 견본이다.
- 쿠폰(Coupon): 구매되는 제품에 적용될 할인액과 할인조건 및 유효기간 등을 명시한 작은 쪽지증서이다. 인터넷에서 사이버 쿠폰을 제공하고 있으며, 소비자들이 언제든지 인터넷에 접속하여 마우스를 몇 번 클릭함으로써 쿠폰을 얻을 수 있다. 요즘에는 쿠폰만을 전문적으로 제공하는 사이트도 생겨났다.
- 가격할인(Price-off Deal): 제품가격을 일시적으로 인하시키는 형태의 촉진도구이다.
- 리베이트(Rebate): 제품을 구매한 소비자가 구매를 증명하는 영수증 등을 직업재활 시설에 보내면 직업재활시설이 구매가격의 일정액을 돌려주는 것을 말한다.
- 보너스 팩(Bonus Pack): 정상가격에서 제공할 수 있는 것보다 많은 제품의

내역이나 추가적인 혜택을 제공하는 것이다.

- 사은품(Premium): 제품을 구매할 때 무료로 제공되는 일종의 선물이다.
- 경연(Contest)과 추첨(Sweepstake): 모든 소비자에게 소정의 상금이나 제품을 제공하는 방법이다. 경연은 어느 정도 소비자의 노력과 지식이 요구되나 추첨은 온전히 운에 의해 해결되는 것이 차이점이다. 보통 배너광고 등에 숨겨진 정보에 관한 힌트를 제공하고, 소비자가 이 힌트를 기억했다가 맞추면 상금을 주는 방식을 사용한다.
- 이벤트(Event): 직업재활시설이 특정 이벤트를 주선하고 지원하는 것이다. 요즘 온라인을 통한 이벤트가 관심을 끌고 있는데, 많은 사람들이 모일 수 있는 행사나 프로그램 등을 주선하여 관심을 끌고 있다.
- 공동마케팅(Co-Marketing): 제휴촉진(Tie-in Promotion)이라고도 하며 둘 이상의 직업재활시설이 협동하여 판매를 강화하기 위해 벌이는 활동이다.
- 체험마케팅(Experiential Marketing): 소비자에게 즐거운 체험을 안겨줌으로써 제품이나 서비스의 판매를 촉진하고자 하는 방법이다. 멀티미디어, 동영상, 애니메이션 등을 활용해 인터넷 쇼핑몰을 감각적이고 감성적으로 꾸미고, 오락적인 요소를 충분히 가미하여 소비자가 즐거운 마음으로 쇼핑을 즐기게 하는 것이다.
- 바이러스 마케팅(Virus Marketing): 컴퓨터의 바이러스처럼 퍼져 나가는 소비자의 구전효과를 활용하는 방법이다. 구전활동이 활발한 계층에 대하여 신제품을 먼저 소개하고 인센티브를 제공함으로써 그들이 다른 사람들에게 신제품을 추천할 수 있도록 하는 방법을 사용한다. 추천마케팅(Referral Marketing), MGM(Members-Get-Members) 프로그램과도 비슷한 방법이다.
- 커뮤니티 마케팅(Community Marketing): 클럽 마케팅이라고도 하며 직업재활시설이 소비자 커뮤니티를 구축하고 지원함으로써 그들의 사회적 네트

워크를 활용하여 제품을 판매하는 것이다. 회원 간에 관광정보를 서로 교환할 수 있는 사이트를 개설하는 방법들을 활용한다.

- 소셜커머스(Social Commerce): 페이스북, 트위터 등 SNS(Social Network Service)를 통해 이루어지는 전자상거래의 일종으로 2005년 11월 야후를 통해 처음 사용되면서 확산되기 시작했다. 소셜 쇼핑(Social Shopping)은 특정 제품이나 서비스에 일정 참가자 이상이 구매 신청을 하면 가격을 할인(보통 50% 정도)해주는 비즈니스 모델로, 2008년 10월 미국 시카고에 설립된 온라인 할인 쿠폰 업체 그루폰(Groupon)이 처음 만들어 성공을 거두었다. 소매업체에 크게 이익이 되지 않으나 광고수단이 없는 소규모 업체들이 광고 효과 때문에 활용한다. 대표적인 소셜커머스 업체인 그루폰은 2010년 현재 세계 35개국 300여 개 도시에 진출해 있다. 국내의 경우 소셜커머스 업체가 2010년 초 처음 도입되었으며, 티켓몬스터, 쿠팡, 쿠펀지, 세일폰, 쿠폰모아 등이 운영 되고 있다.

직업재활시설은 총체적 판매촉진프로그램을 개발하기 위하여 몇 가지 의사결정을 내려야 한다.

첫째, 판매촉진 규모 결정이다. 촉진이 성공적으로 수행되기 위해서는 최소한 어느 정도의 인센티브가 필요한지를 결정해야 한다. 직업재활시설들은 과거의 판매촉진경험에 대하여 실제 자료를 근거로 연구하여 인센티브의 수준을 합리적으로 결정할 수 있어야 한다.

둘째, 판매촉진 조건 결정이다. 인센티브는 모든 일반 대중들에게 제공할 수도 있지만 특정 표적집단에만 제공할 수도 있다.

셋째, 촉진프로그램의 방식 결정이다. 촉진프로그램을 어떤 방식으로 소비자들을 상대로 전개할 것인가를 결정해야 한다. 예를 들어 할인쿠폰을 사용하기로 결정한 후 할인 쿠폰을 포장에 부착하는 방법, 광고지에 같이 실어 보내는 방법, 우편으로 전달하는 방법 등 다양한 방법들 중에서 판매증대효과를 가장 높일 수 있는 방법을 선택하여야 한다.

넷째, 촉진기간 결정이다. 만약 판매촉진기간이 너무 짧으면 촉진을 통하여 판매효과를 기대할 수 있는 다수의 소비자가 구매기회를 잃게 될 수도 있고, 또한 판매촉진기간이 너무 길면 소비자들이 언제든지 촉진에 참여할 수 있다고 생각하기 때문에 소비자들의 즉각적인 행동을 기대할 수 없게 된다.

다섯째, 판매촉진예산 결정이다. 대부분의 직업재활시설들은 판매촉진과 관련된 예산을 책정하기 어렵다. 하지만 판매촉진을 하기 위해서는 예산 수립이 반드시 필요하며, 판매촉진의 예상효과와 비용을 고려하여 측정할 수 있는 목표를 달성할 수 있도록 예산을 책정하는 것이 바람직하다.

2) 판매촉진 수단의 효과측정

직업재활시설들은 판매촉진을 실행한 후 그 효과가 어떻게 나타나는지를 단순히 매출액의 증감 정도로만 파악하는 경우가 많다. 그러나 판매촉진 수단의 효과를 정확하게 측정하지 않는다면 직업재활시설에서 집행했던 판매촉진 예산이 적절하게 사용되었는지, 원하는 만큼의 효과가 나타났는지를 알 수가 없다. 이는 다음번에 판매촉진을 실행할 때 좋은 의사결정에 대한 기초자료를 상실하는 것과 같다.

판매촉진의 효과를 측정하는 방법은 세 가지 정도가 있다. 첫째, 실시 전, 실시 중, 실시 후의 판매량을 비교하는 방법을 사용하는 것이다. 일반적으로 어떤 판매촉진 수단을 실행하기 전에 비해서 시장점유율이 증가했다가 실시 후에는 실시 이전보다도 시장점유율이 떨어지는 경우가 많다. 이런 상황은 언뜻 보면 판매촉진을 실시할 때는 성공적으로 보이지만 전체적으로 보면 실패일 가능성이 높다. 왜냐하면 판매촉진 기간에 직업재활시설 미래의 제품에 대한 수요까지 끌어들여 소비자들이 집중적으로 자사의 제품을 구매했다는 것을 보여준 결과일 가능성이 높기 때문이다. 아니면 판매촉진의 실행으로 인해 기업의 제품에 대한 품질의 인식이 저하되어 오히려 이미지가 나빠졌다는 증거일 수도 있다.

둘째, 직업재활시설이 소비자 조사를 통해 판매촉진 결과를 평가해 볼 수도 있다. 즉 판매촉진이 소비자들에게 직업재활시설 제품을 얼마나 잘 기억하게 하고, 제품의 특성을 얼마나 잘 알게 하였으며, 소비자의 의사결정에 어떻게 영향을 주었는지를 설문을 통해 평가할 수도 있다.

셋째, 판매촉진 수단의 가격할인 폭, 판매촉진 기간, 판매촉진 수단 등을 변화시켜 가며 매출이나 기타 소비자의 반응을 측정하는 실험적인 방법을 통해서도 판매촉진 수단의 효과를 측정해 볼 수 있다.

다. PR(Public Relations)

1) PR의 개념

PR은 Public Relations(공중관계)의 약자로 공중, 즉 직업재활시설과 관련된 모든 집단과의 관계를 우호적으로 구축하기 위한 모든 노력을 지칭한다. 직업재활시설과 관련된 공중들에는 현재 제품을 이용하고 있는 소비자 이외에도 잠재고객, 이해관계자, 이용자, 지역주민, 언론, 정부 및 공공기관, 시민단체 등 직업재활시설 환경을 구성하는 모든 집단이 해당된다.

PR은 홍보(Publicity)보다 훨씬 넓은 개념이다. 홍보는 비용을 들이지 않고 직업재활시설이나 제품을 매체의 기사나 뉴스로 소비자에게 알리는 것만을 지칭한다. 구체적으로 PR은 홍보활동 이외에도 기업의 대언론관계 활동, 직업재활시설에 대한 이해를 돕기 위한 사내·외적 커뮤니케이션, 국회의원들의 입법활동이나 정부 관료들의 규제에 직접적 또는 간접적으로 영향을 미치기 위한 합법적인 설득활동, 경영층에게 사회적 이슈나 회사 이미지에 관하여 조언을 하는 일 등을 모두 포함한다.

광고나 판매촉진과 비교해 볼 때, 제품에 대한 직접적이고 상업적인 메시지를 제공하는 것과는 달리 PR은 직업재활시설이나 제품에 대한 우호적인 이미지를 개발 및 유지시키려는 비상업적인 메시지를 전달하는 방법이다. 즉 PR은 직업재활시설과 관련된 공중들을 대상으로 직업재활시설에 대한 호의적이지 못한 소문, 이야기, 사건, 사고 등을 줄이거나 공포가 되지 않게 함으로써 직업재활시설의 호의적인 이미지를 개발하고 유지하기 위한 전략적인 기업의 접근 방법이다.

PR은 광고에 비해 여러 가지 측면에서 장점이 있다. 광고에 비해 저렴하거나 비용이 거의 들지 않으며, 상업적이지 않은 메시지를 제공하기 때문에 소비자들에게 거부감이 많지 않다. 따라서 직업재활시설 내의 PR 부서는 회사 내에서 중요한 역할과 위치를 차지하고 있다. 직업재활시설에 따라서는 전문적인 PR 프로그램을 개발하고, 외부 협력업체와 협력을 통해서 체계적으로 전개하고 있다. PR의 가장 큰 단점은 광고 등과 같은 다른 커뮤니케이션 수단에 비해 효과 측정이 어렵고, 그 결과가 장기간에 걸쳐 나타난다는 점일 것이다.

2) PR의 종류와 수단

최근에는 PR을 마케팅 차원에서 접근하면서 마케팅 PR로서 홍보나 마케팅 기법들이 개발되어 활용되고 있다. 마케팅 PR은 PR의 전략과 전술을 활용하여 커뮤니케이션을 촉진시키는 방법이다. 이것은 소비자와 직업재활시설 그리고 제품 간의 바람직한 관계를 만들어 가는 것이다. 최근에는 직업재활시설들이 다른 장애인복지 활동을 후원하거나 개최하는 형태로 문화마케팅 활동을 많이 수행하고 있다.

몇 가지 주요한 PR 수단을 살펴보면 다음과 같다.

- 홍보(Publicity): 언론사에서 뉴스 가치가 있는 사항을 무료 형식으로 매체

에 소개하면서 자연스럽게 직업재활시설의 이미지나 제품을 알리는 효과를 얻게 하는 방법이다.

- 스폰서십(Sponsorship): 직업재활시설이 지역의 문화행사팀과 같은 개인이나 기관에게 직접적으로 돈, 사람, 장비 등을 제공하는 것을 말한다. 직업재활시설의 브랜드 이미지를 상승시켜 매출을 증대시키는 목적이 있다.
- PPL(Product Placement): 특정한 영화나 TV 드라마 또는 프로그램에 직업재활시설의 장소나 제품 등을 제공하여 대중에게 노출시키는 것이다.

우리나라 기업들은 효과적인 PR을 위해서 언론관계, 조직문화 형성, 고객만족 캠페인, 이미지관리, 사보제작 등과 같은 PR 활동을 주로 해왔다. 직업재활시설도 판매활동을 활성화하기 위해서는 이러한 PR 활동을 전략적으로 수립해야 할 것이다.

3) PR의 관리 과정

효과적인 PR을 관리하는 과정은 다음과 같은 단계를 통해 진행된다.

가) 목표의 설정

PR의 첫 번째 단계는 직업재활시설의 PR 목표를 선정하는 것이다. PR담당자는 PR을 통해 궁극적으로 직업재활시설이 얻고자 하는 것이 무엇인가를 상세하게 결정해야 한다. PR의 목적으로 제품에 대한 인지도 제고, 정보제공, 신뢰도제고, 유통업자 및 판매조직의 판매활동의 지원, 그리고 광고비용의 절감 등을 생각해 볼 수 있다.

나) PR의 메시지 및 전달수단의 선택

목표가 결정되면 다음 단계로 메시지가 될 만한 이야깃거리를 찾아내야 한다. 뉴스거리가 될 만한 것들을 직업재활시설 내에서 찾아내어 가치가 있는 정보를 제공할 수 있는 이야깃거리로 만들어, 언론매체에 제공한다. 뉴스거리로 충분하지 않은 경우에는 뉴스로서 가치가 있는 행사를 주최하거나 후원을 하는 방법을 생각해 볼 수 있다.

다) PR 계획의 실행

PR 전달수단에 대한 프로그램 계획이 수립되면, 구체적인 실행계획과 스케줄에 따라 PR을 실행한다. 이 과정에서 PR은 기술적으로 실행에 옮겨야 한다. 화제가 될 만한 것이 아니면, 대부분의 경우에는 별로 중요하지 않은 이야기들이기 때문에 언론에서는 이런 이야기를 다룰 필요성을 느끼지 못한다. 따라서 매체 담당자들과도 평소에 친분관계를 유지하고, 호의적인 관계를 유지하는 것이 좋다. 또한 장애인의 날과 같은 기념식을 적극 활용하는 것도 좋은 방법이다.

라) PR의 효과측정

PR의 효과를 측정하는 것은 광고의 효과를 측정하는 것보다 더 어렵다. PR이 다른 커뮤니케이션 수단들과 함께 사용되는 것이 보통이고, 그 결과가 직접적으로 보이지 않기 때문이다. 가장 손쉬운 방법은 직업재활시설의 제품이 매체에 노출된 횟수를 측정하는 것이다. 하지만 이 방법은 소비자가 어느 정도 노출됐는지를 직접 측정하는 방법이 아니어서 만족할 만한 측정방법은 아니다. 가능하면 PR 캠페인 결과에 따라서 제품이나 기업에 대한 소비자들의 인지도, 지식, 태도가 어떻게 변화가 되었는가를 측정하는 것이 좋다.

라. 인적판매

인적판매(Personal Selling)란 직업재활시설 종사자가 고객에게 대면접촉 방법을 통하여 직업재활시설의 제품을 구매하도록 설득하는 일련의 커뮤니케이션 활동이다. 인적 판매는 다른 커뮤니케이션 수단에 비해 전달할 수 있는 정보의 양, 상황에 적합한 설득, 구매로 연결할 수 있는 측면에서 가장 강력한 수단이다. 미국에서 판매되는 소비재의 경우 회사의 인적 판매를 통해 판매가 이루어지는 비율이 55% 이상이며, 중개상, 전화판매, 컴퓨터를 이용한 판매, 카탈로그 판매를 합친 것보다 높다.

기업이나 협회 등의 단체고객은 구매의사결정과정이 복잡하고 구매과정에 결정적인 역할을 하는 의사결정권자나 자격이 있는 구매자를 확인하기가 쉽지 않다. 인적판매는 촉진믹스의 한 구성요소이므로, 광고, 홍보 및 판매촉진 등의 다른 촉진믹스 도구들과 함께 관리되어야 한다. 즉 직업재활시설은 소비자들의 반응단계에 따라 인적판매 및 다른 촉진믹스 요소에 대한 마케팅자원의 배분을 달리해야 할 것이다.

1) 인적판매과정

인적판매과정은 크게 준비단계, 설득단계, 고객관리단계의 3단계로 구성된다. 준비단계는 관련 자료의 분석을 통해 가능고객을 탐색하고 이들에 대한 접근방법을 찾아내는 것으로 고객예측과 사전준비 단계로 구성된다.

설득단계는 잠재고객에게 접근을 시도하여 제품을 소개한 다음 소개된 제품에 대한 고객반응으로부터 고객의 저항 및 불만사항을 파악하여 이를 조정하고 구매권유를 통해 구매계약 또는 구매를 완료하는 과정으로 접근, 제품소개, 의견조정, 구매 권유의 단계로 구성된다.

고객관리단계는 반복구매가 이루어지도록 고객을 지속적으로 관리하는 과정으로 사후관리 단계로 구성된다. 인적판매과정은 잠재고객을 탐색하는 단계인 고객예측(Prospecting)으로부터 시작된다. 고객 자료, 판매기록, 소개명부, 전화번호부 등을 통해서 잠재고객을 탐색하는 단계로 잠재고객의 목록이 완성되면 이들의 시장잠재력을 평가해야 한다. 직업재활시설은 잠재고객의 경제적 능력, 구매의도, 그리고 구매결정 권한 등에 대해 평가해야 한다. 구매평가에 의해 얻어진 유망고객 가능성에 관한 정보는 효과적인 판매를 위한 유용한 원천이 된다.

사전준비(Preparing)는 잠재고객에게 효과적으로 제품을 소개하는 데 필요한 구체적 자료를 추가적으로 수집하고 정리하는 단계로 직업재활시설은 잠재고객 각각의 개성이나 욕구, 그리고 현재 사용하는 상표 등에 관한 정보를 수집해야 한다.

직업재활시설은 사전 준비단계에 많은 시간과 노력을 할애하는데, 그 이유는 잠재고객 개개인에 대한 충분한 자료를 확보한 판매원들이 보다 효과적으로 그들의 욕구에 맞는 제품을 소개하고 정확한 의사소통을 할 수 있기 때문이다. 잠재고객에 대한 구체적 정보는, 고객관리 대장, 판매사원, 이전구매기록, 신용평가, 신문, 관찰 등의 다양한 방법을 통해 획득될 수 있다.

접근(Approaching)은 자사제품을 소개하기 위해 고객을 만나는 과정으로 접근은 고객의 구매의도 형성에 있어 중요한 역할을 하는데, 이는 직업재활시설 종사자의 첫인상이 제품태도에 큰 영향을 미치며 오랜 기간 지속되기 때문이다. 따라서 직업재활시설 종사자는 처음으로 잠재고객과 대면할 때, 제품구매의 유도보다는 지속적인 관계형성에 더욱 치중해야 한다. 그러기 위해서는 직업재활시설 종사자는 잠재고객을 자주 방문하여 친숙성을 갖게 하는 노력이 필요하다. 효과적인 접근방법의 하나는 소개받은 사람을 언급하는 것으로, 이는 잠재고객에게 신뢰감을 갖게 한다는 장점이 있다. 잠재고객에게 접근하는 방법은 판매원의 능력, 회사의 자원, 잠재고객의 특성에 따라 달라질 수 있다.

제품소개(Presenting)는 제품이나 서비스의 특성과 장점을 포함한 각종 정보를 잠재고객에게 전달하는 단계로 제품을 소개하는 동안, 판매원은 잠재고객으로 하여금 제품에 대한 강한 호기심과 매력을 느낄 수 있도록 함으로써 이들의 구매 욕구를 자극하여야 한다.

제품의 시연(Demonstration)은 고객의 구매 욕구를 자극하는 데 효과적인 방법의 하나로 제품소개과정에서 판매원은 소비자의 의문점이나 의견을 경청함으로써 잠재고객의 정확한 욕구를 파악하는 것이 무엇보다도 중요하다. 또한 제품소개는 객관적인 자료를 근거로 이루어져야 하며 소비자의 반응에 따라 이에 적합한 즉흥적 설명을 하는 순발력을 요구한다. 판매원은 시험구매를 해보도록 반복적으로 권유함으로써 제품에 대한 관심을 높이고 고객의 잠재된 불만요인이 표출되도록 할 필요가 있다.

의견조정(Handling Questions & Objections)은 제품소개와 구매설득과정에서 발생할 수 있는 부정적 영향을 해소시키기 위해 객관적인 정보를 제공하고 소비자의 불안요인을 해결하는 단계로 의견조정 단계에서 판매원은 고객의 질문에 대한 성실한 답변과 자사제품의 차별적 이점에 대한 설명을 통해 자사제품에 대한 부정적 태도형성과 구매거부의 발생가능성을 방지해야 한다.

구매권유(Closing)는 잠재고객의 구매의도를 물어보는 단계로 소비자들은 즉각적으로 구매의도를 나타내기도 하며 망설일 수도 있는데, 주저하는 고객에 대해서는 원인 파악, 대처방법, 대안제시를 통해 보다 바람직한 상황으로 유도해야 한다. 그러나 구매권유단계에서 강압적인 구매설득은 소비자들로 하여금 제품에 대해 부정적인 태도를 갖게 할 수 있으므로 그 권유 시기나 방법에 대해 섬세한 주의를 기울여야 한다.

성공적인 판매계약으로 판매과정이 종결되는 것은 아니다. 판매과정에서 직업재활시설 종사자의 중요한 역할 중 하나는 사후관리이다. 판매 후 상품배달과 설치가 적절히 이루어졌는지 파악하고 고객에게 제품에 대한 교육을 시키는 단계로 철저하고 지속적인 사후관리는 고객의 만족도와 상표 충성도를 높임으로써 제품의 재구매를 유도할 수 있다. 사후관리가 중요한 또 다른 이유는 고객 욕구의 변화를 파악하고 만족한 고객이 다른 잠재고객들에 대한 호의적인 구전을 유발시킬 수 있다는 것이다.

2) 판매직원관리

인적 판매에 가장 중요한 역할을 하는 사람은 종사자이다. 판매를 담당하는 직업재활시설 종사자는 다양한 역할을 하게 된다. 첫째, 정보원으로서 역할을 수행한다. 고객에게 정보를 제공함과 동시에 고객으로부터 정보를 입수한다. 둘째, 교육자의 역할을 한다. 고객만족을 위한 영업활동 과정의 새로운 기법이나 서비스 또는 경영효율화를 위한 새로운 서비스가 등장할 때에 고객에게 정보를 제공하고 설명을 한다. 셋째, 이익관리자로서 역할을 한다. 고객의 제품 주문을 받아 판매하는 기능만 하는 것이 아니라 제품의 판매행위가 이루어졌을 경우 발생하는 이익을 고려하여 이익을 극대화할 수 있는 방법으로 영업 관리를 하게 된다. 넷째, 기획자의 역할을 한다. 영업을 잘할 수 있도록 다양한 아이디어를 창출하여 판매를 진행하는 역할을 수행한다. 다섯째, 컨설턴트의 역할을 한다. 고객에게 제품이나 서비스에 대한 정보를 제공하여 고객을 설득하고 문제가 발생했을 경우 문제해결을 위한 자문 역할을 수행한다. 여섯째, 의사결정자의 역할을 한다. 고객의 불만이나 제품의 문제를 파악하고 신속한 처리를 위한 의사결정자로서 역할을 한다. 일곱째, 직업재활시설의 홍보 역할을 한다. 고객과 의사소통을 하는 과정에서 직업재활시설을 알리고, 고객과의 긍정적인 관계를 유지한다. 여덟째, 품질관리자의 역할을 한다. 고객의 욕구에 따라 자사제품을 적절하게 제시하고 최적의 제품에 대한 부가가치를 극대화할 수 있도록 서비스제품의 품질관리를 담당한다. 아홉째, 설득자의 역할을 한다. 고객을 설득하여 구매력을 증진시키고, 소비행동을 바꿀 수 있도록 설득하고, 고객의 불만을 줄이기 위해 노력한다. 열째, 서비스 제공자의 역할을 한다. 제품의 판매 이외에도 부가적으로 서비스를 제공하여 제품 자체와 부가적 제품을 포함하는 패키지 제품을 판매한다(이희천, 한진수, 2006).

이와 같은 역할을 하는 유능한 판매직원을 선발하고, 유지하는 것이 인적 판매의 성공에 결정적인 역할을 한다.

3) 판매관리

판매관리는 매출의 극대화를 실현하기 위한 판매와 관련된 조직을 효율적으로 관리·통제하는 과정으로 다른 마케팅믹스 요인들과 상호의존적이므로 이들 간에 시너지효과가 극대화되도록 이루어져야 한다.

판매관리과정은 크게 판매목표의 설정, 구체적 실천계획의 수립, 목표와 성과 간의 차이에 대한 평가의 3단계로 구성된다. 판매목표의 설정은 직업재활시설 전체 목표와 부합되고 합리적으로 설정되도록 해야 한다. 직업재활시설의 목표가 이익, 시장진입, 시장지위의 구축, 혁신성 중 어느 것인지에 따라 판매목표가 달라진다.

잠재적 매출규모의 파악과 특정 기간 동안의 예상매출액을 토대로 판매예산을 수립해야 하고 직업재활시설은 먼저 자사제품의 시장(매출)잠재력의 규모가 어느 정도인지를 파악해야 한다. 정확한 매출 잠재력의 추정은 예상매출액의 예측, 매출목표의 달성을 위한 판매비용의 할당, 판매원 성과의 평가 등을 위한 지침이 된다.

직업재활시설에서 판매담당자는 제품의 판매잠재력을 파악하는 데 있어 산업전체의 잠재판매액 및 실제 판매액, 자사의 잠재판매액과 실제 판매실적 등을 함께 조사해야 한다. 다음으로 특정기간 동안에 예상되는 제품이나 제품라인의 판매량이나 판매액을 추정해야 하는데, 이는 판매활동의 계획과 수행의 기본적인 방향을 제시하여야 한다. 예상판매액이 추정되면, 이를 실현시키기 위해 투입되어야 할 판매예산을 결정하는 단계로 들어간다. 판매예산은 예상판매액, 다른 마케팅 기능(광고, 판매촉진 등)에 할당되어야 할 비용 등을 고려하여 수립되어야 한다.

판매예산에 포함되는 주요 항목들은 다음과 같다. 첫째, 판매 직원들에 대한 보상이다. 판매 직원들은 그들의 판매성과에 따라서 급료, 수수료, 보너스 또는 이러한 요소들이 결합된 형태의 보상이 지급되며, 판매예산 가운데 가장 큰 비중을 차지한다. 직업재활시설의 경우, 예산의 제한으로 인하여 판매에 대한 인센티브나 다른 방안의 보상을 고려할 수 있다. 둘째, 판매 직원들이 판매성과를 달성하기 위해서 지출되는 출장비, 숙박비, 식사비 등의 비용이다. 대부분의 판매 직원들은 고객상담을 위해서 먼 거리를 이동하기 때문에 이동과 숙식에 필요한 제반비용들이 소요된다. 셋째, 고객의 유지와 접대에 필요한 비용이다. 이러한 비용은 판매 직원들이 영업활동을 하는 데 있어 동기부여와 자신감을 제공해 줌으로써 판매조직의 활기를 불어넣는 역할을 한다. 넷째, 판매보조 비용으로서, 판매원은 고객의 제품구매를 설득하기 위해서 자사제품의 차별적 특성을 증명하는 안내서와 보조도구가 필요하다.

목표달성을 위한 실행계획수립은 설정된 판매목표를 달성하기 위해서 구체적인 실행계획을 수립하는 단계로 판매조직의 구축, 판매원의 선발·훈련·보상에 관한 의사결정이 포함되어야 한다.

판매조직의 구축은 직업재활시설에 적합한 판매조직을 구축해야 하는데, 각 시설들이 처해 있는 경쟁상황, 시장환경, 성취해야 할 목표에 따라 그 형태가 달라질 수 있다.

판매조직은 기업과 시장을 연결시키는 고리의 역할을 하므로 고객의 욕구를 효율적이고 완벽하게 충족시킬 수 있도록 설계되어야 한다. 또한 판매조직은 마케팅믹스 요소들 간에 조화가 이루어지도록 설계되어야 한다.

목표와 성과 간의 차이에 대한 평가는 판매목표달성을 위한 실행계획에 따라 판매 직원은 판매활동을 수행하며, 수행된 판매활동은 사전에 설정된 목표와 비교된다. 즉, 목표와 실제성과를 비교 평가하고 이들 간의 차이가 발생할 경우 이러한 차이의 원인이 무엇인지 진단하여 향후 계획 수립에 반영하여야 한다.

판매 직원의 판매노력을 평가하는 데 있어 직업재활시설은 판매 직원의 실제 판매실적, 판매실적의 달성을 위해 투입된 노력의 정도, 실적에 영향을 미친 환경적 요인의 세 가지 요소를 고려해야 한다. 직업재활시설은 양적 기준인 판매성과와 질적 기준인 판매노력과 판매환경을 모두 고려하여 판매원의 판매성과를 평가하고 차기의 판매목표를 설정하는 것이 바람직하다.

6. 직업재활시설 마케팅 전략으로서 우선구매제도

가. 우선구매제도 개념

우선구매제도는 중증장애인 생산품의 판매촉진(Promotion)을 위해 도입된 적극적 우대조치의 하나이다. 판매촉진은 특정 제품의 조기판매 또는 다량판매를 도모하기 위해 중간도매상이나 소비자 또는 판매원들에게 제공하는 단기적이고 직접적인 유인수단으로서, 광고와 인적판매 및 홍보활동을 제외한 일체의 촉진활동을 말한다. 유사제품이 범람하는 경쟁시장에서 판매촉진은 제품이나 서비스의 구매를 고무시키는 추가적인 유인수단이 된다. 판매촉진은 무엇보다 제품에 대한 단기적 촉진효과와 호의를 창출하는 데 초점을 두고 설계된다.

소비시장에서는 지난 수년 이래 판매촉진이 급격히 증가추세를 보이고 있다. 이는 내적요인과 외적요인의 관점에서 그 배경을 찾을 수 있다.

내적요인으로는 첫째, 경영자들이 촉진을 효과적인 판매수단으로 받아들이고 있으며, 둘째, 제품관리자들이 많은 판매고 증가압력을 받고 있기 때문이다. 또 외적요인으로서 첫째, 경쟁상표의 수가 증가하고, 둘째, 경쟁자들이 자주 촉진수단을 사용하며, 셋째, 많은 경쟁상표들이 거의 유사하며, 넷째, 소비자들이 보다 할인가격 지향적이며, 다섯째, 광고비의 상승과 매체의 잡음요소, 법적 제약 등으로 광고의 효율성이 점차 떨어지기 때문이다.

판매촉진 수단은 그 구체적인 목적이 각기 다르지만, 기본적으로 신규사용자를 유인하고, 단골고객들에게 보답하며, 일반사용자들의 재구매율을 증가시키는 데 목적이 있다.

판매촉진의 목표를 유형별로 살펴보면, 먼저 소비자촉진은 대량구매자극, 비사용자의 사용유도, 경쟁상표 고객의 자사상표 고객으로의 전환 등의 목적이 있다. 중개상의 경우는 새로운 품목의 취급과 재고수준의 증가, 비성수기의 구매유도, 관련품목의 확대취급 유도, 경쟁적 촉진의 보완, 소매상의 상표충성도 고양, 신규소매점 진출 등의 목적이 있다. 판매촉진의 경우는 신제품이나 신형모델의 지원 증대, 고객탐색 활동의 강화, 비성수기의 판매강화 등의 목적이 있다.

기업들은 흔히 판매촉진을 인적판매나 광고 등의 다른 촉진노력과 연관하여 부가적인 촉진수단으로 사용하는 경향이 있다. 그러나 때로는 판매촉진을 지원하기 위하여 광고나 인적판매를 사용하기도 한다.

이와 같은 판매촉진은 대상에 따라 중간상, 소매상, 판매원 촉진 유형으로 구분할 수 있으며 우선구매제도는 주로 중간상과 소매상, 즉, 공공기관의 조달업무를 수행하는 조달청과 개별공공기관을 대상으로 설계된다. 따라서 중증장애인들의 생산품 판매촉진유형을 결정할 때 제품의 특성, 시장의 특성, 유통방법, 비용/효과적인 측면을 종합적으로 검토한 후에 결정해야 하는데 사실상 우선구매제도 외에 시장경쟁력 있는 방법은 제한될 수밖에 없다.

우선구매제도를 판매촉진 방법으로 가장 먼저 도입한 미국의 경우도 중증장애인들에게 수익성이 있는 작업을 제공하기 위하여 그들이 만든 생산품의 판매촉진의 일환으로 도입한 것이다.

나. 미국의 우선구매제도(Javits-Wagner-O'Day Act)

미국의 장애인 생산품 마케팅은 1938년 우선구매제도인 와그너-오데이법(Wagner-O'Day Act)이 제정되기 전까지는 보호작업장이 주로 종교단체 등에서 설립하여 운영되었기 때문에 정상적인 마케팅보다는 자선조직에 의해 판매가 이루어졌다.

그러나 1935년 전국상업보호법에 의한 공산품공정거래법이 시행되고 보호작업장은 자선조직에 의한 판매가 더 이상 어렵게 되자 보호작업장의 생산품판매를 위한 별도의 법령을 제정해 줄 것을 연방정부에 요청하고 이에 의해 법률이 만들어지면서 마케팅이 이루어지기 시작했다.

따라서 오늘날 미국의 장애인 생산품은 80%가 우선구매제도로 와그너-오데이법에 의해 국가나 지방자치단체에 조달품목으로 납품되고 있기 때문에 이 제도를 중심으로 살펴보았다.

1938년 제정된 이 법률은 시각장애인들이 만든 상품을 연방정부에 판매하는데 우선권을 주는 제도였으나 1971년 개정을 통해 법 적용을 중증장애인으로 확대한 Javits-Wagner-O'Day Act(JWOD)으로 개칭되었다. 동 법률은 시각장애인 및 중증장애인을 고용하고 있는 지역사회재활프로그램(Community Rehabilitation Program: CRPs)에서 중증장애인이 생산한 물품이나 서비스를 국가가 우선적으로 구매하도록 하는 법률이다. 2006년 11월 27일 JWOD 프로그램에 대해 강력하고 보다 통일된 정체성을 제공하며 프로그램 이름과 시각장애인 또는 중증장애인의 능력 사이의 관계성을 보여주기 위해 JWOD의 의사결정기구인 시각 및 중증장애인 구매위원회(Committee for Purchase From People Who Are Blind or Severely)가 심의, 결정한 주요변화는 동 법률하에 운영되는 프로그램의 포괄적인 명칭을 "JWOD 프로그램"에서 "AbilityOne 프로그램"으로 수정하면서 2007년에서 2009년까지의 새로운 전략목표를 다음과 같이 제시하고 있다.

첫째, 시각장애 또는 중증장애인을 위한 고용기회를 최대한 확대한다.

AbilityOne 프로그램하에 임금 향상, 이익, 이동성 향상 및 개인적 직무만족을 포함하여 시각장애 또는 중증장애인들을 위한 고용 기회 확대를 계속해 나아가며 이를 위한 획기적인 방안들을 마련한다.

둘째, 우선구매제도의 소비자 만족을 극대화하는 전략을 추진한다.

AbilityOne 프로그램이 소비자가 원하는 상품과 서비스의 선호 자원이 되기 위해서는 우선구매제도의 소비자인 정부기관의 만족도를 높이는 것만이 유일한 대안이라는 전략으로 이에 대한 적극적인 만족방안을 마련하여 추진할 것을 제시하고 있다.

셋째, 과정 및 절차가 효과성과 효율성을 담보할 수 있는 전략을 추진한다.

절차와 과정의 합리화 및 자동화, 그리고 프로그램의 완전성을 위한 노력과 함께 의사소통을 향상시킴으로써 AbilityOne의 효율성과 효과성을 높일 수 있도록 한다.

넷째, 효율적인 의사소통 및 정보 공유 전략을 추진한다.

효과적인 의사소통과 정보 공유를 통해 민간, 의회, 연방 기관, 장애 사회, 그리고 다른 AbilityOne Program 관련자들 사이에 AbilityOne 프로그램에 대한 인식과 이해 및 선호를 증진시킬 수 있는 방안들을 마련하여 추진한다.

마지막으로 적극적인 시장 개발전략을 추진한다.

AbilityOne 프로그램이 시각장애 또는 다른 중증장애인들의 욕구를 충족시키는 고용 기회를 확대하기 위하여 연방 소비자들에게 최고 가치의 상품과 서비스를 제공할 수 있는 기존 시장을 확대하고 새로운 시장을 전략적으로 개발한다.

최근 이 위원회는 AbilityOne 위원회(U.S. AbilityOne Commission)로 개칭되었으며 AbilityOne Program의 운영조직 및 구조는 [그림 5-5]와 같다.

[그림 5-5] AbilityOne Program의 운영구조

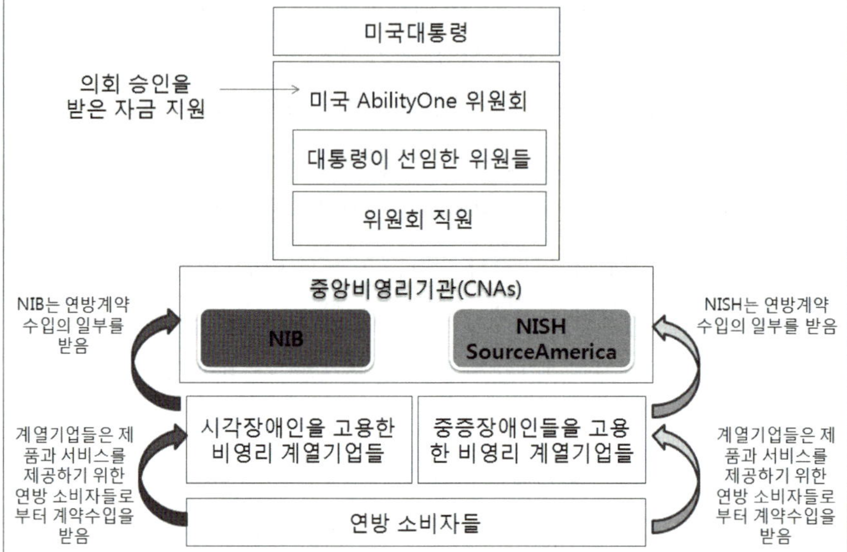

자료 : GAO (2013). Employing People with Blindness or Severe Disabilities : Enhanced Oversight of AbilityOne Program Needed. United State Government Accountability Office. p. 5.

따라서 이 제도를 이해하기 위해서는 동 법률의 핵심적인 내용으로 법 적용 대상인 중증장애인의 개념과 우선구매 적용 규정, 그리고 추진체계에 대해 정리할 필요가 있다.

1) 법 적용대상

JWOD법 적용대상은 시각장애와 중증장애로 이 장애인들이 이 법률에 의해 우선구매 생산품이나 서비스에 참여하는 비영리기관의 직접 노동 시간 중 적어도 75%가 수행된 것이어야 한다고 규정하고 있다. 동 법률에서 정의하는 시각(Visual)장애는 교정시력이 20/200을 초과하지 않는 자나 시야의 정도가 20도 미만의 제한을 가진 자나 부류를 의미하며, 중증장애(Persons with Significant

Disabilities)는 주요 일상생활 활동 중 한 가지 혹은 그 이상을 현저히 제한하는 신체적 또는 정신적 손상(Impairment)을 가진 사람들과 그러한 손상의 기록이 있거나 그러한 손상을 가진 것으로 간주되는 사람을 뜻한다. 여기서 신체적 또는 정신적 손상이 의미하는 것은 ① 어떤 생리학적 장애나 조건, 외모의 변형, 또는 다음 신체기관들에 한 가지 또는 그 이상의 영향을 주는 해부학적 손실, 예를 들어 신경학적, 근골격적, 특수감각기관들, 발성기관을 포함한 호흡기계, 심혈관(관상동맥)계, 생식기, 소화기, 비뇨생식기, 혈액과 림프계, 피부 그리고 내분비적 손실 또는 ② 정신지체, 기질적 두뇌 증후군(Organic Brain Syndrome), 정서적 혹은 정신적 질병, 그리고 특수한 학습장애들과 같은 정신 혹은 심리적 장애나 ③ 정형외과적, 시각적, 음성 및 청각 손상들, 뇌성마비, 간질, 근이영양증(근 디스트로피), 다발성 경화증, 암, 심장질환, 당뇨, 그리고 약물 중독과 알코올 중독 같은 어떤 질병들과 상태들을 포함한다.

또한 주요 일상 활동은 자기 보호, 손으로 하는 작업의 수행, 보행, 보기, 듣기, 말하기, 숨쉬기, 학습하기(배우기), 그리고 일하기와 같은 기능을 포함하며, 어떤 장애의 기록을 가졌다는 것은 일상 활동의 일부 혹은 대부분에 상당한 제약을 주는 정신적 혹은 신체적 장애를 가졌던 적이 있거나 가진 것으로 잘못 분류되었던 경험을 의미한다. 장애를 가진 것으로 간주된다는 것은 ① 주요 일상 활동을 현저히 제한하지는 않으나 기관(고용기관)에 의해 그러한 제약을 가진 것처럼 취급되는 정신적 또는 신체적 장애, ② 단지 어떤 장애에 대한 타인의 태도의 결과로서 일상 활동을 상당히 제약하는 신체적 혹은 정신적 장애, ③ 본 정의에서 정의되지 않은 장애이지만 기관에 의해 어떤 장애를 가진 것처럼 취급되는 것을 의미한다.

따라서 동 법률에서 정의하는 중증장애인은 신체적 혹은 정신적 장애 및 기타 시각 등의 장애로 인해 고용에 있어 본질적인 장애를 가지거나 장애로 인해 정상적인 경쟁고용에 참여하기 어려운 자로 정의할 수 있다. 그러나 최근 이 법의 적용대상 정의에 대해 시대에 뒤떨어지는 정의로서 현대화되어야 함을 주장하면서, 특히 경쟁고용 가능성의 배제와 지속적인 지원에 대한 중요성을 인식하여야 한다는 주장이 제기되고 있다. 따라서 법 적용대상을 연방 기관의 사회보장국 또는 직업재활국 등에서 장애를 가진 것으로 간주되고 장애에 근거한 지원이나 급부를 받는 사람이라면 모두가 법 적용대상으로 확대되어야 하며 직접 노동 시간 75%도 중증장애 또는 시각장애인이 가능한 직무의 양을 한정하여, 결국 중증장애 또는 시각장애인들이 보다 도전적이고 가치 있는 지위로 나아가는 것을 방해한다는 비판이 제기되고 있다.

2) 우선구매 및 우선권 규정(위임공급자 우선권 규정)

JWOD법은 정부기관에 의해 요구된 구매 목록의 상품이나 서비스가 동 법률에서 규정하고 있는 정부기관이 요구하는 기본 기간 안에 공급이 가능할 경우 시각장애인 또는 다른 중증장애인을 고용한 비영리기관으로부터 위원회가 설정한 가격으로 우선적으로 조달하도록 명령한다. 또한 동 법률은 연방 교도소 산업체(Federal Prison Industries, Inc.)를 제외하고 정부가 요구하는 발주 목록에 있는 상품 및 서비스에 관하여 다른 어떤 공급자들보다 우선권을 가진다.

또한 JWOD법은 시각장애인을 고용한 유자격 비영리기관들과 중증장애인을 고용한 비영리기관들에 의해 생산·판매되도록 허가된 상품을 정부가 구매할 때는 시각장애인을 위한 유자격 비영리기관에서 생산·판매되는 물품들에 그 우선권을 주도록 규정하고 있다.

그리고 동법에서 규정하는 정부(Government)는 국방부나 행정부와 같은 연방기관과 체신기관, 국방부가 관할하는 기관과 법률적인 지사를 포함한 모든 기관을 의미하며 주(State)기관은 콜롬비아 특별지구, 푸에르토리코, 버지니아섬, 괌, 사모아 그리고 태평양 섬을 포함한 모든 미국영토의 지역을 포함한다.

3) 추진체계

와그너-오데이법의 추진체계는 [그림 5-5]와 같이 AbilityOne 위원회(U.S. AbilityOne Commission)와 NIB(National Industries for Blind), Source-America(종전 NISH, National Industries for the Severely Handicapped)와 같은 중앙비영리기관(Central Nonprofit Agency: 이하 CNA)과 CRPs으로 구성된다.

가) AbilityOne 위원회

1971년 동 법률 개정과 함께 PL228에 의해 설립된 연방 독립기구로 동 위원회는 대통령에 의해 임명되는 15명의 위원들로 구성되며, 위원들은 각 정부 부처나 기관(미농림성, 국방성, 육군성, 해군성, 공군성, 교육성, 통상성, 법무성, 노동성, 재향군인 정무성 그리고 일반서비스국)을 대표하는 사람들과 시각장애인의 고용 관련 문제에 정통한 1인, 다른 중증장애인 고용 관련 문제에 정통한 사람 1인, 시각장애인을 위한 유자격 비영리기관에 고용된 시각장애인들의 대표 1인, 중증장애인을 고용하고 있는 유자격 비영리기관에 고용된 중증장애인들의 대표 1인으로 구성된다.

동 위원회는 동 법률과 관련된 최고 의사결정기구로 다음과 같은 의무와 역할을 한다.

첫째, 비영리기관의 CRPs프로그램에 적절하다고 판단되는 상품이나 서비스(Products and Services) 품목의 결정 및 리스트 작성
둘째, 조달계약 정부기관 및 중앙비영리기관 및 비영리기관 지정
셋째, 상품과 서비스에 대한 공정한 가격결정
넷째, 기타 JWOD 수행에 필요한 규칙이나 규정 제정

나) 중앙비영리기관

중앙비영리기관은 NIB와 SourceAmerica(NISH)를 의미한다. NIB는 1938년 시각장애인 보호작업장의 기술지도, 업무조정역할을 담당하기 위한 시각장애인을 위한 전국 조직이며 SourceAmerica는 1971년 중증장애인 보호작업장의 기술지원과 업무 조정역할을 담당하기 위한 중증장애인 전국조직으로 설립되었다. SourceAmerica는 Virginia의 Vienna에 중앙 사무소가 있으며 California, Washington, Virginia, Georgia, Texas, Illinois에 지방 사무소를 두고 있다. SourceAmerica는 관계된 비영리기관들에게 법률적 지원, 정보기술 지원, 엔지니어링, 재정 및 기술 지원, 입법상의 인력 개발 지원, 의사소통 및 공공 관련 기술, 광범위한 훈련 프로그램 등을 지원하고 있다.

2013년 7월 1일 NISH에서 SourceAmerica로 명칭을 바꾸게 되었는데 Source-America의 CEO인 Bob Shanberin는 명칭을 바꾼 것은 중증장애인을 위한 옹호에 대한 기관의 미션과 초점을 보다 더 명확히 설명하기 위한 것이라고 밝혔다. 즉, 중증장애인은 단순히 고객기반을 확장하기 위한 중요한 질적 자원을 생산하는 노동인력으로서뿐만 아니라 SourceAmerica가 하는 모든 사업의 영감의 자원이며 중요한 포커스라는 것이다.

SourceAmerica는 1,200여 개의 지역사회중심 비영리기관 네트워크 및 중증장애인들이 생산하는 상품과 서비스가 필요한 연방정부 및 민간영역 사이의 중요한 연결고리가 되고 있다.

SourceAmerica의 미션과 기능은 NISH와 동일하고, 사업개발, 계약관리, 법령 및 규정 지원, 의사소통 및 공공 관련 자료들, 정보기술지원, 엔지니어링 및 기술지원, 성공적인 비영리기관 관리를 위해 필요한 확장된 전문 훈련들을 제공한다. AbilityOne 프로그램에 더하여 SourceAmerica는 중증장애인을 위한 고용기회를 확장하기 위해 다음과 같은 노력도 함께하고 있다(www.nish.org).

첫째, 국방부 계약자들 및 상업적 회사들과의 파트너십,

둘째, 고용, 품질, 리더십 및 개발에서의 세계적 수준의 훈련,

셋째, 서민 옹호,

넷째, 경제적 지원,

다섯째, 경제적 역량강화를 위한 교육,

여섯째, Quality Work Environment(이하 QWE) Initiative: 비영리기관들과 함께 중증장애인들이 자신의 고용 잠재력을 극대화하도록 역량강화하는 것,

일곱째, 진로를 찾아가는 경로: 지적 및 발달장애를 가진 청소년과 성인들을 그들의 기술, 흥미 및 능력에 맞는 직업과 그들의 지역사회에 있는 직업들에 연결시킬 수 있도록 역량을 강화하는 고용 프로그램,

여덟째, 상이군인 노동인구 계획 및 연구이다.

SourceAmerica와 NIB는 동 법률에 의해 다음과 같은 역할과 기능을 수행하도록 되어 있다.

① JWOD법에 근거하여 우선구매에 참여하게 되는 비영리기관 선발

② 비영리기관의 자격과 능력을 평가하고 비영리기관들에 대한 관련 자료와 유자격 비영리기관으로서의 상태, 상품이나 서비스 능력, 그리고 위원회가 요청하는 다른 관련 정보들을 위원회에 제공

③ 위원회가 요구할 경우, 연방 계약 기관으로부터 발주 정보와 같은 것을 획득하여 발주 목록에 포함하기 위해 위원회로부터 추천을 받은 상품 또는 서비스의 적합성 결정이나 상품이나 서비스의 기초 공정시장 가격을 형성하거나 공정시장 가격 변동

④ 위원회에 의해 요청되는 지원정보와 함께 비영리기관으로부터 발주하기

위한 적합한 상품이나 서비스를 위원회에 추천

⑤ 위원회에 의해 요청되는 지원정보와 함께 발주 품목에 포함되도록 제안된 상품이나 서비스의 초기 공정가격을 위원회에 추천

⑥ 비영리기관 사이에 정부기관으로부터 받은 주문을 위원회의 정책 기준에 의해(직접 배정, 하청 또는 다른 수단에 의한) 분배

⑦ 발주를 공평하게 할당할 수 있도록 비영리기관에 대한 필요한 기록과 자료들을 보관(유지)

⑧ 상품이나 서비스의 공급에 대한 계약 이행 보증을 위해 비영리기관에 대한 감독과 원조

⑨ 시장조건 변동에 따라 적정 수준에서 발주 목록의 배정된 상품이나 서비스의 가격 변화를 추천

⑩ JWOD와 관련 법규정 이행을 확인하기 위해 비영리기관의 활동을 모니터하고 점검

⑪ 위원회에 의해 권한이 주어지면 비영리기관에서 제공된 상품이나 서비스를 제공하기 위해 연방 계약 기관과 함께 계약에 참여

⑫ 위원회가 제시를 요구할 때 해당 비영리기관들은 완전한 최초 인증서에 대한 원본 제출

⑬ 9월 30일 이전에 회계 연도를 마감하는 참여 비영리기관들은 매년 12월 15일까지 완전한 연간 인증서의 원본을 재검토하고 위원회에 제출

⑭ 기타 지역사회재활프로그램(CRPs)을 위해 작업을 수행하는 데 필요한 작업보장구의 개발과 보급, 직원들의 교육・훈련, 원가계산・임금계산, 산업공학, 마케팅 및 마케팅 연구, 재활서비스, 공공교육(Public Education) 및 공공정책(Public Policy)입안, JWOD에 대한 대중인식개선을 포함한 기타 행정기능의 수행

또한 중앙 비영리기관들은 우선구매 관련 상품이나 서비스의 승인과 관련하여 상호합의하에 상품 또는 서비스를 적절한 CRPs에 배당하여 다음 발주 목록에 첨가 가능한지 평가하도록 결정해야 한다. 단 예외적으로, SourceAmerica가 그 품목에 관심을 표명하거나 NIB가 시각장애인우선권을 행사할 때는 NIB에 우선 배당해야 하며 SourceAmerica는 NIB가 요청할 경우 시각장애인 우선권을 행사 혹은 포기 결정할 때 필요한 구매 정보를 NIB에 제공해야 한다. NIB는 이러한 결정을 보통 30일 안에 NISH에게 통고해 주어야 하며 두 비영리기관이 그 결정 시한을 연장하도록 동의하지 않는다면 구매 정보를 받은 후 60일을 넘기지 않아야 한다. 기간 연장이 합의되지 않은 경우 위원회에 결정을 의뢰해야 한다. 이때 만약 NIB가 한 상품에 대한 시각장애인 우선권을 행사할 경우, 위원회와 NISH에 즉시 통고해야 하며 위원회가 NIB의 조정 이상의 지연 때문에 승인 기간을 연장시키는 경우가 아니라면 통고 후 9개월 안에 발주 목록에 그 상품을 포함시키겠다는 계획서를 제출해야 한다. 승인 기간의 만료 직후 위원회는 NISH의 상품에 대해 재승인을 한다.

또한 중앙 비영리기관들은 위원회로부터 특정 상품과 서비스 제공을 승인받은 비영리기관들에게만 정부 주문품을 할당해야 한다. 위원회가 특정 상품이나 서비스를 둘 혹은 그 이상의 비영리기관에 승인한 경우 중앙 비영리기관은 그 기관들 사이에 공평하고 평등한 방법으로 주문품들을 할당해야 하며 JWOD 프로그램 참여를 촉진하기 위해 중앙 비영리기관은 비영리기관들에게 수수료를 부과한다. 요금은 JWOD 프로그램을 통해 비영리기관이 정부에 판매한 것을 근거로 계산한다. 요금은 위원회에서 승인한 요금 한도를 초과할 수 없다. 이 법률 시행초기에 수수료는 4%였으나 기금 적립금이 누적되어 2006년부터 3.5%로 조정되었다.

다) 비영리기관(CRPs)

동법에 의한 비영리기관은 일반적으로 보호작업장을 의미하는 것으로 동 작업장은 1998년 재활법(the Rehabilitation Act) 개정과 함께 동법 제7조에서 나타나고 있는 지역사회프로그램(Community Rehabilitation Program: CRPs)의 역할과 기능을 하고 있는 것으로 나타나고 있다.

즉, 동법에서 나타나고 있는 지역사회재활프로그램은 진로지도를 비롯한 다음 사항을 포함하는 장애인의 고용의 기회를 극대화시킬 수 있는 직업재활서비스를 직접적으로 제공하는 것을 의미한다.

이런 비영리기관들의 우선구매와 관련되어 먼저 JWOD법률에 의해 우선구매 상품이나 서비스를 납품하기 위해서는 다음과 같은 자격조건을 갖추어야 한다.

첫째, 개별적으로 비영리기관들은 중앙비영리기관을 통해 법인의 임원이나 주지사가 서명하여 서면 발송된 다음의 서류들을 위원회에 제출한다.

① 담당 주 직원의 서명과 날짜가 명시된 법인 단체 정관의 사본

② 법인의 임원이 입증한 정관이나 규정 사본

③ 만일 법인 단체의 정관이나 규정이 비영리기관의 전체 수입의 어떠한 부분도 어떤 주주나 개인이 영리를 위해 사용하지 않는다고 충분히 진술하지 않고 있다면 비영리 기관의 전체 수입은 어떤 주주나 다른 개인에게 어떠한 이득을 발생시키지 않을 것이라는 취지의 진술이 포함된 법인조직의 비영리기관에 대한 그 주의 제정법의 공인된 사본이나 비영리기관의 전체 수입은 어떤 주주나 다른 개인에게 어떠한 이득을 발생시키지 않을 것이라는 취지로 법인 임원이 공인한 단체를 정부단체가 승인한 결의안 사본을 제출

④ 주 소유 혹은 주 경영 비영리단체, 또는 주 제정법에 의해 설립되거나 권한이 주어진 비영리단체는 중앙비영리단체를 통해 주가 완전히 소

유한 법인체의 임원이나 비영리기관을 직접적으로 경영하는 기관의 임원이 서명하여 서면 발송된 적절한 다음의 서류를 위원회에 제출

- 시각장애인 또는 다른 중증장애인을 위한 비영리기관의 설립을 입증하거나 인가한 주 제정법의 공인된 사본
- 주 소유의 법인체의 경우 법인체 규정에서 공인된 규정사본을, 주나 지방정부기관의 경우는 수정된 법규의 공인된 사본, 경영 절차, 비영리기관의 설립 통지 또는 다른 유사 서류

둘째, 위원회는 제출된 서류들을 검토하고 만일 수용 가능하다면 JWOD법하에 그 비영리기관을 인증했음을 서면으로 복사본과 함께 중앙 비영리기관에 통고하며 비영리기관은 두 개의 적절한 최초인증서가 위원회에서 오면 중앙비영리기관에게 해당 최초인증서 2부를 제출해야 한다.

또한 비영리기관은 자격 유지를 위해 다음과 같은 조건을 갖추어야 한다.

첫째, JWOD법하에 자격을 유지하기 위해서는 상품이나 서비스를 공급하도록 허가된 각 비영리기관은 NIB와 SourceAmerica의 요구를 지속적으로 따라야 하며 각 비영리 기관은 중앙비영리기관에 매년 회계연도 마감인 9월 30일까지의 적절한 연간 인증서의 완전한 2부를 11월 15일까지 제출해야 한다.

둘째, JWOD 프로그램에 참여하는 각 비영리기관은 다음과 같은 역할을 충실히 수행해야 한다.

① 정부의 주문을 따라서 정확하게 상품이나 서비스를 공급한다.

② 노동부 장관에 의해 명령된 적절한 보상, 고용 및 직업적 건강과 안전 기준을 따라야 하며, 시각장애 또는 다른 중증장애를 가진 유자격 노동자의 승진에 의해 발생된 비영리기관 내의 공석을 채우도록 하는 조

치도 포함해야 한다.

③ JWOD 법이나 수정 법규의 목표를 조장하기 위해 위원회가 명령한 지도나 요구들을 따라야 한다.

④ 위원회나 비영리기관을 대표하는 중앙비영리기관의 대리인에게 적절한 시간에 점검을 받을 수 있는 기록을 생성하고 유지해야 한다.

⑤ 각 노동자들이 비영리기관에서 일한 직접 노동시간 기록을 보관해야 한다.

⑥ 직접 노동을 수행하는 시각장애인의 각각에 대해 시각적 예민함 그리고 각 눈의 시야, 교정시력, 그 평가를 할 수 있는 자격을 가진 사람의 서명 혹은 주나 지방 정부 단체에 의해 시각장애로 판명된 사람임을 보여주는 서면보고서가 포함된 서류를 보관해야 한다.

⑦ 직접 노동을 수행하는 시각장애인 개인에 대한 각각의 서류 내에 정상적인 경쟁 고용을 할 수 있는 능력에 대한 연간 재검토가 포함되어야 한다. 연간 재검토는 그러한 결정을 내릴 수 있는 훈련이나 경험을 통해 자격을 가진 사람에 의해 서명되어야 한다.

⑧ 주 고용서비스, 고용자 집단 등과 관련한 지역단체 서비스와의 연계를 포함하기 위해 비영리단체에 의한, 또는 비영리단체를 위한 계속적인 배치프로그램을 유지해야 하며 능력이 있고 통상의 경쟁적 고용을 원한다고 판단되는 개인들은 그러한 고용을 얻을 수 있도록 도움을 받아야 한다.

⑨ JWOD 프로그램에 근거하여 제공된 상품이나 서비스에 대해 정부로부터 지불을 받는 즉시, 동 위원에서 규정하는 수수료를 중앙비영리단체에 지불해야 한다.

셋째, JWOD 프로그램에 참여하고 있는 중증장애인을 고용하고 있는 각 비영리기관은 상기의 요구사항 외에도 중증장애에 관한 파일에 다음과 같은 정보를 유지해야 한다.

① 장애의 성격이나 정도, 또는 해당 개인이 중증장애를 갖고 있는 사람이라고 인정할 수 있는 장애요인들, 또는 주정부나 지방정부기관이 인증한 장애 또는 장애들에 대한 증명서를 반영한 면허가 있는 외과의사, 정신과의사 또는 자격이 있는 심리학자가 서명한 보고서

② 각 개인이 통상의 경쟁 고용에 참여할 수 있는 능력이 있는지를 기술하고 있는 보고서

이러한 보고서들은 장애가 있는 사람들의 업무 잠재력, 흥미, 적성 그리고 능력을 평가할 수 있는 훈련과 경험을 가진 자격 있는 사람 또는 사람들이 서명을 해야 하며 보통 적어도 사전평가와 매년 발행되는 재평가로 구성이 된다. 비영리단체에 2년 미만의 기간 동안 있었던 사람들에 대한 서류는 사전승인 보고서와, 적절한 경우, 그 다음해의 연간 재평가에 포함되어야 하며 비영리단체에 2년 또는 그 이상 있었던 사람들에 대한 서류는 적어도 2개의 최근 연간 재평가에 대한 보고서들을 포함해야 한다.

또한, 하청계약과 관련하여 비영리기관들은 다음 사항을 준수해야 한다.

첫째, 비영리단체들은 JWOD법하에서 정부에 공급하는 물품, 서비스에 사용되는 자재나 부품들을 구입함에 있어 폭넓은 경쟁을 추구해야 한다. 비영리단체들은 JWOD법하에서 정부에 공급하는 물품, 서비스에 사용되는 자재나 부품들에 대해 다년간 계약에 들어가기에 앞서 그들의 중앙비영리단체를 통해 위원회에 고지하여야 한다.

둘째, 각 비영리단체는 타 비영리단체와 소규모 사업체와 최대한의 하청계약을 체결함으로써 JWOD법하에 물품이나 서비스 제공을 효율적으로 수행하고 시각 또는 다른 중증장애가 있는 사람들의 고용을 최대화하는 것 모두와 양립해야 한다.

셋째, 비영리단체는 조달목록에 있는 물품을 생산하거나 서비스를 제공하는 과정 일부분에 대해 하청계약을 할 수 있다. 단 이 과정의 일부분은 시각장애가 있거나 다른 중증장애가 있는 사람들의 고용을 창출하는 주 비영리단체에 의해 보유되어야 한다. 물품의 생산이나 서비스 제공의 한 부분을 위한 하청계약은 그 물품이나 서비스가 발주목록에 추가될 수 있도록 요청할 때 위원회의 감정을 받아야 하며 하청계약의 현저한 수정을 위해서는 위원회에 사전 승인을 받아야 한다.

넷째, 비영리단체는 생산과정 전체나 주문의 일부분에 대해 위원회의 사전 승인이 없이 하청계약을 해서는 안 된다.

비영리단체가 상기의 자격유지사항이나 기준을 위반했을 때는 중앙비영리단체의 조사를 받아야 하며, 중앙비영리단체는 관련 비영리단체에 이러한 사실을 고지하고 사실진술 및 증거를 제출할 수 있는 기회를 제공해야 한다. 중앙비영리단체는 조사 후 사실을 권고사항과 함께 위원회에 보고해야 하며 이러한 사건을 조사함에 있어, 위원회는 추가증거를 제출하도록 요구하거나 직접 조사를 수행할 수 있다. 위원회의 결정이 지연될 경우, 위원회는 해당 중앙비영리단체로 하여금 비영리단체에 대한 할당을 일시적으로 연기하도록 지시할 수 있으며 만약 비영리단체가 이러한 규정 위반을 시정하지 못할 경우, 위원회는 비영리단체에게 이 사건에 대해 진술할 기회를 부여한 후에 비영리단체의 JWOD 프로그램의 참가자격을 박탈할 수 있다.

라) 우선구매(발주 및 배정)과정

일단 상품이나 서비스가 발주 목록에 포함되면 중앙 비영리기관은 계약 기관에게 각 주문에 대한 배당 청구 없이 비영리기관에 직접적으로 주문을 할 수 있는 권한을 주며 이러한 과정을 직접 주문과정이라 한다. 이러한 경우에, 중앙

비영리기관은 비영리기관에 직접적으로 송달된 주문에 필요한 평균 제작소요 시간을 상술한다. 이 방법은 이중 출하를 견적하고 주문 과정에 요구되는 시간을 절감하기 때문에 언제나 사용할 수 있다.

일단 주문이 되면, 중앙 비영리기관은 채무 상환 연기 승인을 위한 최소한의 요구들을 지키기 위하여 제작 소요시간 내에 비영리기관으로부터 겪게 되는 어떠한 변화들을 계약 기관에게 계속적으로 알린다. 간혹 주문이 충분한 제작 소요시간을 제공하지 않는 경우, 중앙 비영리기관이나 비영리기관은 승인받아야 하는 출하(배달) 또는 납품 일자를 연장하도록 요구할 수 있다. 만일 출하(배달) 또는 납품 일자의 연장이 가능하지 않다면 계약 기관은 중앙 비영리기관에게 적절하게 통고해야 하며 중앙 비영리기관에게 재배정하거나 동법에서 규정한 바에 따라 상업적 공급자로부터의 조달을 승인한 구매 예외를 발행할 수 있다.

또한 계약 기관은 비영리기관에 발행된 모든 주문에 관한 관련 사본을 중앙 비영리기관에게 즉각적으로 제공하며 서면으로 된 직접 주문 인가증은 중앙 비영리기관에 의해 철회될 때까지 효력을 갖는다.

배정과정은 직접 주문 인가증이 발행되지 않으면 계약 기관은 아래 열거된 내용을 담은 배정 관련 서면 요청서를 해당 중앙 비영리기관에 제출하며 배정의 요구는 최소한 다음 내용을 포함한다.

① 상품의 경우: 이름, 제고 번호, 최신 명세서, 물량, 개당 가격, 운송의 납품 장소와 시간

② 서비스의 경우: 요청된 서비스의 형태와 장소, 최신 명세서, 완수할 업무, 측정된 크기(Volume), 완료 시간

또한 계약 기관은 중앙비영리단체가 답변할 수 있는, 그리고 비영리단체가 물품이나 서비스를 공급할 수 있는 충분한 시간을 두고 주어진 주문에 대한 할

당을 요구하여야 한다. 만약 조달품목에 있는 물품이 연방교도소산업체의 “Schedule of Product”에도 있다면 계약 기관은 비영리단체에 직접적으로 주문을 하기 전에 연방교도소산업체로부터 재고를 공급받아야 한다.

중앙비영리단체는 계약 기관으로부터 의뢰서를 받는 즉시 해당 비영리단체에 할당을 해야 하고 그 주문은 중앙비영리단체나 비영리단체로 직접 전해지도록 하되 이 경우 복사본을 즉시 중앙비영리단체로 제공하도록 지도해야 하며 이때 중앙비영리단체는 할당에 대한 요청에 즉각 응답해야 한다. 할당요청이 지킬 수 없는 일정을 제시할 경우, 중앙비영리단체는 가능하다면 계약 기관이 승인해야 하는 정정을 요구하거나 또는 본 법에서 규정하는 것과 같이 상업적인 공급자로부터의 조달을 허가하는 구매 예외를 발행해야 한다.

그리고 계약기관들은 발주목록에 있는 물품에 대한 안정된 수요를 유지할 수 있도록 장기주문계약을 적극적으로 검토하여 시각장애나 다른 중증 장애를 가지고 있는 사람들의 고용안정과 업무능력의 개발을 보장하는 데 도움이 되도록 해야 하며 산하 단체들이 JWOD 프로그램하의 물품이나 서비스에 대한 계약을 체결함에 있어 법이 허용하는 가장 긴 계약기간을 사용하도록 하여 이러한 계약의 체결이나 갱신에 드는 시간과 비용을 최소화하도록 해야 한다.

군용전매물품의 주문에 대한 구매절차는 중앙비영리단체들로부터 얻을 수 있다. 허가된 판매점들(군대매점, 군거래소 그리고 정부나 단체의 이와 유사한 기관들)은 주문된 군용전매물품을 책임지고 있는 중앙비영리단체에게 판매점들이 주문을 전달해야 하는 비영리단체나 중앙비영리단체의 대행자를 지정하도록 요구해야 하고 허가된 판매점들은 실행 가능한 최대한 넓은 범위의 군용전매물품을 비축하고 있어야 한다. 허가된 판매점들은 그들이 비축하고 있는 군용전매물품과 동등한 상용품목을 비축할 수 있으나, 예외적으로 군대매점은 현저한 수요가 있는 동등의 상용품목을 비축함에 있어 개별매점단위로 예외를 인정받지 못하면 독점적으로 있는 군용전매물품을 반드시 비축해야 한다.

그리고 중앙비영리단체나 개별비영리단체가 정부주문의 계약조건을 따르지 못했을 경우에, 계약기관은 주문을 취소하기 전에 조정을 협상하기 위해 가능한 모든 노력을 해야 한다. 계약조건을 따르지 못하여 정부주문이 취소가 될 경우, 중앙비영리단체는 이 사실을 고지받아야 하며, 가능하면 주문을 재할당하도록 요구받아야 한다. 중앙비영리단체는 위원회에 모든 주문취소와 그 이유를 보고해야 한다.

또한 위원회가 발주 목록에서 상품이나 서비스를 삭제하도록 중앙비영리기관이 요청을 결의한다면 즉시 위원회의 직원에게 통고해야 한다. 발주 목록의 항목의 삭제를 요청하는 결정에 도달하기 전에 중앙비영리기관은 그 관련된 상품이나 서비스의 공급을 희망하거나 공급 가능한 비영리기관이 없다는 것을 확실히 해야 한다. 정부가 그 문제의 항목을 더 이상 조달하지 않는 예외의 경우 위원회는 발주 목록에서 항목을 삭제하기 전에 관련 상품이나 서비스의 공급을 희망하거나 공급 가능한 다른 중앙비영리기관 소속 비영리기관들이 없다는 것을 확실히 해야 하며 그 항목 삭제 결정에 관계없이 비영리기관이 보유하고 있는 주문 상품의 생산은 완성하도록 요구될 것이다. 이때 서비스의 경우는, 비영리기관의 서비스 중단 이후에 계약기관이 그 서비스 연속을 보장할 수 있도록 하기 위해 비영리기관은 서비스 종결 날짜의 90일 이전에 서비스 수행 중단 계획을 계약 기관에게 통고해야 한다. 만일 JWOD 프로그램에 참여하고 있는 어떠한 비영리기관도 정부에게 특정 상품이나 서비스 공급에 대한 가능성이나 희망이 없는 경우 또는 만일 위원회가 시각장애인 또는 다른 중증 장애인을 고용한 한 비영리단체로부터 특정 상품이나 서비스의 조달이 더 이상 용이하지 않다는 결론을 내린 경우에, 위원회는 중앙비영리기관으로부터의 요청 없이 발주 목록에 있는 항목을 삭제할 수 있다. 그러한 행위를 고려했을 때 위원회는 관련 중앙비영리기관, 비영리기관이나 관계된 기관들 그리고 계약 기관과 상의해야 할 것이다.

CRPs에서 생산하는 생산품은 크게 상품과 서비스로 구분되며 상품의 경우는 〈표 5-1〉과 같이 사무용품, 청소용품, 철물 및 페인트 용품, 야외용품, 가정용품, 양호 및 개인 용품으로 총 7,000여 종의 세부적인 생산품을 생산하고 서비스는 행정보조, DB관리, 음식서비스, 청소용역, 상업 및 시설관리, 재활용, 물자배급(물류), 정원관리, 전화센터, 우편 분류 및 우편서비스, 세탁, 창고 및 배달, 연방문서서비스, 주문식서비스, 기타일반지원서비스 등 3,500여 종의

〈표 5-1〉 미국 장애인 생산품 및 서비스 현황

구 분	품 목	품 명
생산품	사무용품	볼펜 및 필기도구, 형광펜, 용지, 칠판, 클립, 라벨, 파일, 파일박스, 달력, 다이어리, 바인더, 클립보드, 서류가방, 컴퓨터디스켓, CD, 테이프, 컴퓨터 액세서리, 프린트 토너 카트리지, 사무용 액세서리, 펀치, 커트기, 스탬프, 시계, 봉투, 박스, 기타 사무기구 등
	청소용품	자루걸레, 물걸레, 브러시, 청소용 압착기, 스펀지, 수세미, 패드 청소복, 타월, 환경안전표지판, 솔, 환경용품, 청소용 세제, 일회용기저귀, 플라스틱가방, 주방용품, 샤워 및 세차용품, 흡착제 등
	철물 및 페인트 용품	전기용 테이프, 각종 전등, 용구가방, 각종 공구세트, 드릴, 줄자, 압축 스프레이, 줄, 매트, 소방용 호수 등, 각종 수성 및 유성 페인트 등
	야외용품	각종 농기구, 눈 제거용 기구, 애견용품, 텐트, 슬리핑백, 미국국기 등
	가정용품	각종 매트릭스, 베개, 책장, 책상, 의자, 칸막이, 회의용 테이블, 응접 테이블, 각종 거울, 컴퓨터용 가구
	양호 및 개인 용품	각종 양호 밴드, 거즈, 양호 솜, 개인 및 가정양호용품 세트, 치료용 팩, 수술용 장갑, 안전조끼, 안전모, 각종 우의, 칫솔, 치실, 치약, 샴푸, 빗, 물비누, 비누 등
서비스	서비스	행정보조, DB관리, 음식서비스, 청소용역, 상업 및 시설관리, 재활용, 물자배급(물류), 정원관리, 전화센터, 우편 분류 및 우편, 전화교환, 세탁, 창고 및 배달, 연방문서서비스, 주문식서비스, 기타 서비스 등
전체 종류	상품	7,500여 종
	서비스	4,000여 종

* 출처: JWOD products and service list, www.JWOD.org. 2013.

서비스가 제공되고 있다.

다. 한국의 우선구매제도

우리나라는 지난 1989년 장애인복지법 전면개정시 제31조(제작품의 판매)에서 장애인복지시설 등에서 장애인이 제작한 물품의 구매요구가 있을 때에는 최대한 그 요구에 응하도록 노력해야 한다고 규정하고 장애인복지시설은 제37조(장애인복지시설)에서 장애인재활시설, 장애인요양시설, 장애인유료복지시설, 장애인이용시설, 장애인직업재활시설, 점자도서관, 점서 및 녹음서 출판시설까지를 포함하였다. 그러나 동 법률은 구체적인 구매에 대한 시행령이나 시행규칙이 없었기 때문에 법 적용의 효과가 없어 1999년 2월 8일 장애인복지법을 다시 한 번 전면 개정하여 동법 제40조(생산품의 구매)에서 국가의 우선구매 및 수의계약을 규정함으로 사실상 장애인 생산품 우선구매제도를 도입하였고 동 법률은 2007년 전면 개정되면서 제44조와 제45조에서 우선구매와 수의계약제도 외에 생산품인증제도를 규정하였다.

동 법률 제44조(생산품의 구매)는 국가 및 지방자치단체, 그 밖의 공공단체는 그 소요물품 중 보건복지가족부 장관이 정한 품목 및 물량의 범위 내에서 매년 그 품목과 물량을 정하여 장애인복지시설, 장애인복지단체에 생산을 의뢰하거나, 동 물품의 구매요구가 있을 경우에는 이를 우선적으로 구매할 것을 규정하였다.

그러나 2008년 중증장애인생산품 우선구매 특별법이 제정되고 이 법률에 의해 우선구매제도가 시행된 이후 장애인복지법의 우선구매 규정은 2012년 개정되어 제44조(생산품 구매)는 "국가, 지방자치단체 및 그 밖의 공공단체는 장애인복지시설과 장애인복지단체에서 생산한 물품의 우선 구매에 필요한 조치를 마련하여야 한다"로 개정되었다.

한국의 우선구매제도는 현재 중증장애인생산품 우선구매 특별법에 의해 시행되고 있다.

이 법률은 장애인복지법에 장애인생산품 우선구매제도가 중소기업이나 여성기업, 보훈단체에 비해 제도의 적용과 운영현황이 극히 미진하여 법 형식이나 우선구매적용기준의 실효성을 담보할 수 있는 특별법 제정의 필요성이 꾸준히 제기되자 (사)한국장애인복지시설협회 직업분과위원회가 법 제정을 위한 연구용역을 대구대학교 직업재활및보조공학연구소(책임연구원: 나운환 교수)에 의뢰하여 2004년 12월 법안을 만들어 2005년 열린우리당 유시민, 장향숙 의원에게 의원발의를 요청하였으나 특별한 이유 없이 차일피일하여 한나라당 정화원 의원을 통해 법안이 발의되어 2008년 2월 19일 국회 본회의를 통과하였다. 이 법률의 제정배경과 법안의 주요내용, 추진체계는 다음과 같다.

1) 제정배경

이 법률은 근본적으로 중증장애인의 실업률을 해소하기 위한 일자리 창출이 주요 목적으로 재정배경은 다음 네 가지로 요약된다.

첫째, 장애인의 실업률은 비장애인에 비해 높으며 중증장애인은 더욱 심각하다.

지난 2011년 한국보건사회연구원이 추정한 15세 이상 장애인의 경제활동 참가율은 ILO기준을 적용할 경우 38.5%로서 2011년 5월 기준 우리나라 전체인구 15세 이상 경제활동 참가율 62%에 비해서는 23.5% 낮은 수치를 나타내고 있다. 또한 실업률은 ILO기준을 적용할 시 7.8%로 2011년 5월 우리나라 전체 실업률 3.2%에 비해 2.5배 정도 높은 수치이다. 그러나 장애 때문에 경제활동을 포기한 비경제활동 장애인구를 고려하면 실업률은 비장애인보다 5-6배 정도 높은 것으로 추정된다.

따라서 이 결과만을 분석해 볼 때 자발적 실업자 중에 약 5-6만 명은 일할 의사는 있으나 중증장애로 취업을 포기한 것으로 추정되고 이 장애인과 ILO기준의 8만 실업자 중의 상당수는 보호고용 대상으로 추정할 수 있기 때문에 현재 1만 3천여 명의 장애인이 보호고용 되어 있는 현실은 한국의 장애인 고용에 대한 차별현상, 경제활동 참가 장애인의 저조 등의 문제를 감안하지 않더라도 심각한 문제가 있는 것으로 분석된다.

둘째, 중증장애인의 고용지원을 위한 정책적 지원이 현저히 부족하다.

우리나라 장애인들의 고용지원을 위한 정책적 지원의 대표적인 사례는 장애인고용촉진 및 직업재활법과 장애인복지법이다. 그러나 이 법률들은 주로 경쟁고용이 가능한 장애인을 대상으로 하고 있다. 장애인복지법의 직업재활시설과 생산품 우선구매규정정도가 중증장애인들의 고용을 지원하는 정책적 지원이나 미국, 영국, 독일, 스웨덴 등의 국가들이 주로 중증장애인들을 위한 법률들을 제정하고 있는 것에 비해 현저히 부족하다.

장애인의 고용을 지원하기 위한 정책, 즉 적극적 우대조치(Affirmative Action)는 경쟁고용이 가능한 장애인을 위한 접근이 아니라 경쟁고용이 가능하지 않은 중증장애인들을 위한 제도라는 측면에서 우리나라는 지나치게 경증장애인 중심으로 정책적 지원이 이루어지고 있다. 오히려 경증장애인은 노동시장 진입전의 장벽, 예를 들어 교육이나 능력개발에서의 정책적 지원이 필요하며 고용에 있어 정책적 지원은 주로 노동시장 진입과정에서의 차별을 당할 수 있는 중증장애인들을 위해 다양한 방안들이 마련되어야 한다.

셋째, 장애인생산품 우선구매제도는 가장 저비용의 복지를 추구하는 수단이다.

2003년 미국의 우선구매 중앙단체인 NISH가 Mathew Greenwald & Associates, Inc에 의뢰하여 우선구매 제도를 통해 취업을 하고 있는 중증장애인 5,179명을 대상으로 우선구매제도의 고용이 정부의 사회보장 급여지출이나 사용에 영향을 주는지를 평가하였는데 이 평가에서 우선구매제도에 의한 장애인 고용은 장애인 근로자에게 지급되는 사회보장 급여의 감소를 통해 연방 및 주 정부는 약 15.7백만 달러를 절약하는 것으로 나타났고 소득세 및 급여세를 통해 총 15.8백만 달러에 해당하는 금액을 정부에 납입하도록 하였다. 따라서 우선구매제도는 5,179명의 장애인 근로자들을 고용함으로써, 31.5백만 달러에 대한 정부 예산 절감효과를 가지며 연간 근로자당 6,084달러를 절감하는 것으로 분석되었다. 우리나라의 경우도 이 법률의 제정으로 직업재활시설이 활성화되고 중증장애인들이 근로자로 전환되면 기초생활보장법의 급여의 감소와 각종 사회보장비의 절감효과와 국민생산력 증대라는 효과를 기대할 수 있을 것이다.

넷째, 중증장애인 생산품 우선구매는 중소기업이나 여성기업 우선구매보다는 우선되어야 한다.

우선구매제도는 적극적 우대조치의 대표적인 정책이다. 따라서 이 제도의 존재 이유는 그동안 많은 차별을 받아 왔기 때문에 민주사회에서 평등이 주지되지만 그동안의 차별을 단시간에 해소하기 위한 방안의 하나로 적용되는 것이다. 물론 우리나라의 중소기업이나 여성기업주가 대기업이나 남성기업주들에 비해 차별 받아 왔던 것은 사실이며 이들을 위한 우선구매 제도의 필요성은 당연하다.

그러나 우리사회에서 장애인, 그 가운데서도 중증장애인만큼 노동시장에서 차별받아 온 계층이 있는가? 왜 미국을 비롯한 서구사회가 우선구매제도를 적용하면서 중증장애인들에게 가장 우선구매의 우선권을 주는지는 이 제도의 취지가 그동안의 차별을 보상하기 위한 것이기 때문이다.

따라서 현 장애인복지법의 우선구매제도로 중증장애인들의 고용을 촉진하는 우선구매 조치로는 현저히 부족하기 때문에 중소기업이나 여성기업주보다는 우선되는 우선구매 명령제도를 근간으로 하는 법률제정이 필요하며 이를 위해 중소기업이나 여성기업주들을 지원하는 법률과 형식이 다른 특별법으로 제정되어야 하는 것이다.

2) 주요내용

동 법률은 2008년 2월 19일 제정되어 3월에 공포된 후 6개월 후 시행에 들어간 법률로 제정목적은 중증장애인들을 고용하는 직업재활시설 등의 생산품에 대한 우선구매를 지원함으로써 중증장애인의 직업재활을 돕고 국민경제발전에 기여하는 것이다. 이 법률에서 중증장애인에 대한 용어는 그동안의 장애인복지법이나 장애인고용촉진 및 직업재활법에서 규정하는 중증장애인이 단순한 기능적 분류라는 점을 고려하여 현재의 정의를 최대한 보완하여 규정하고 있다. 즉, 중증장애인은 장애인복지법 제2조 제2항에 따른 장애의 종류 및 기준에 해당하는 자 중 ① 지적장애인・자폐성장애인・정신장애인・호흡기장애인・언어장애인, ② 1급 내지 3급에 해당하는 뇌병변장애인・심장장애인, ③ 1급 또는 2급에 해당하는 시각장애인・지체장애인・청각장애인・신장장애인・간질장애인・간장애인・안면장애인・장루・요루장애인, ④ 손가락에 장애가 있는 3급의 지체장애인, ⑤ 1급 또는 2급에 해당하는 시각장애인・지체장애인・청각장애인・신장장애인・간질장애인・간장애인・안면장애인・장루・요루장애인에 해당하는 장애를 2가지 이상 가진 장애등급 3급에 해당하는 장애인이다. 중증장애인생산품은 장애인복지법 제58조 제1항 제3호에 따른 장애인 직업재활시설과 같은 법 제63조에 따른 장애인복지단체 중 이 법률 제9조에 따라 보건복지가족부장관으로부터 지정을 받은 생산시설(이하 "중증장애인생산품시설"이라 한다)에서 생산된 제품 및 동 생산시설에서 제공하는 노무용역 등의 서비스로 규정하였다.

동 법률은 우선구매를 촉진하기 위한 방안으로 제4조(중증장애인생산품 우선구매촉진에 관한 계획의 수립)와 제6조(중증장애인생산품 우선구매지원), 제7조(공공기관의 구매촉진), 제17조(다른 법률과의 관계)에서 관련사항을 규정하고 있다. 먼저 제4조는 보건복지가족부장관은 매년 초에 이 법률 제5조에 따른 중증장애인생산품우선구매촉진위원회의 심의를 거쳐 중증장애인생산품의 우선구매촉진을 위한 계획(이하 "우선구매촉진계획"이라 한다)을 수립하고 이를 추진할 것을 규정한다. 우선구매촉진계획에는 다음 각 호의 사항이 포함되도록 규정하였다.

1. 중증장애인생산품 우선구매촉진을 위한 기본목표 및 추진방향
2. 중증장애인생산품 우선구매촉진을 위한 제도의 개선 및 지원사항
3. 중증장애인생산품 조달에 관한 사항
4. 중증장애인생산품시설 운영에 관한 사항
5. 그 밖에 중증장애인생산품 우선구매촉진을 위하여 대통령령으로 정하는 사항

또한 제6조는 실효성 조치와 지원에 대해 규정하고 있는데 ① 보건복지부장관은 공공기관이 중증장애인생산품을 구매함에 있어서 불합리한 차별적 관행이나 제도를 행할 경우 이의 시정을 요구하여야 하며, ② 보건복지부장관은 중증장애인생산품의 구매증대를 위하여 공공기관에 우선구매를 요구할 수 있으며 해당 공공기관은 이에 응하여야 하며, ③ 국가 및 지방자치단체는 대통령령으로 정하는 바에 따라 중증장애인생산품시설의 설치 또는 운영에 필요한 비용을 지원할 수 있도록 규정하였다.

제7조는 공공기관의 구매촉진을 위하여 규정하여 ① 공공기관의 장은 중증장애인생산품에 대한 구매를 우선적으로 촉진하여야 하며, ② 공공기관의 장은 대통령령으로 정하는 바에 따라 중증장애인생산품의 구매계획과 전년도 구매실적을 보건복지부장관에게 제출하여야 한다. 이 경우 구매계획에는 대통령령으로 정하는 비율 이상의 중증장애인생산품 구매목표를 제시하여야 하며, ③ 공공기관은 중증장애인생산품을 수의계약으로 구매할 수 있으며, 제11조 제1항에 따른 중증장애인생산품 업무수행기관에서 동 계약을 대행할 수 있다.

④ 제4항에 따른 수의계약의 절차 및 방법 등에 관하여는 관계 법령에 따르며, ⑤ 공공기관의 장은 소속 기관에 대한 기관평가를 실시할 때 중증장애인생산품 구매실적을 반드시 포함하도록 실효성을 확보하기 위한 사항을 규정하고 있다. 여기서 공공기관은 중소기업진흥 및 제품구매촉진에 관한 법률 제2조 제8호에 따른 공공기관을 의미한다.

제20조는 중소기업이나 여성기업과 같은 우선구매 적용의 다른 대상기관보다 우선권을 규정하고 있다. 즉, 이 법은 중증장애인생산품 우선구매와 관련하여 다음 각 호에 의한 규정보다 우선하여 적용한다.

1. 「중소기업제품 구매촉진 및 판로지원에 관한 법률」 제5조에 따른 구매계획의 작성 및 같은 법 제17조에 따른 기술개발제품 등에 대한 우선구매
2. 「여성기업지원에 관한 법률」 제9조에 따른 공공기관의 우선구매

그러나 이 조항은 위반 시의 벌칙규정이 없기 때문에 법률적인 효력은 의문시되나 조달청이 업무를 수행하는 데 상당한 지침이 될 수는 있을 것이다.

이 법률은 중증장애인에 대한 적극적 우대조치인 만큼 적용대상을 엄격히 관리해야 할 필요가 있는데 이 법을 적용받기 위해서는 반드시 이 법률 제9조(중증장애인생산품시설의 지정)에 의해 지정받도록 규정되어 있다. 이 외에도 중증장애인생산품 우선구매 제도의 활성화를 위하여 제8조(중증장애인생산품의 품질인증)와 제14조(교육), 제15조(포상), 제16조(세제지원), 제17조(국·공유재산 무상대부) 등을 규정하고 있다.

3) 추진체계

동 법률에 의한 **우선구매를 추진하기 위한 체계는 이 법률의 주관부처인 보건복지부, 이 법률 제5조의 중증장애인생산품 우선구매촉진위원회, 제11조의 중증**

장애인생산품 업무수행기관, 중증장애인생산품시설로 이루어진 체계이다.

가) 보건복지부

보건복지부는 이 법률의 주관부처로서 제4조에 따른 중증장애인생산품 우선구매촉진에 관한 계획 수립, 제5조의 중증장애인생산품우선구매촉진위원회의 설치, 운영, 중증장애인생산품의 인증과 중증장애인생산품시설의 지정, 중증장애인생산품 업무수행기관의 지정과 지도, 감독 등의 역할을 하면서 중증장애인생산품 우선구매제도의 모든 사항을 총괄하는 체계이다.

나) 중증장애인생산품 우선구매촉진위원회

이 법률 제5조에 의해 구성되는 심의·의결기구로 동 위원회는 보건복지부차관에 의해 임명되는 7인의 위촉직 위원과 당연직위원을 포함 20인 이내 구성되며, 당연직 위원들은 기획재정부, 교육부, 안전행정부, 문화체육관광부, 산업통상자원부, 고용노동부, 여성가족부, 국토교통부, 국가보훈처, 중소기업청, 조달청 소속의 고위공무원단에 속하는 공무원 중에서 소속기관의 장이 지명하는 사람 각 1인과 위촉직 위원은 이 법 제11조에 따른 중증장애인생산품 업무수행기관의 장을 포함하여 장애인 관련 학식과 경험이 풍부한 자 7인으로 이 중 3인 이상은 장애인으로 구성된다.

동 위원회는 동 법률과 관련된 최고 의사결정기구로 다음과 같은 의무와 역할을 한다.

첫째, 공공기관이 우선구매할 상품이나 서비스 품목 및 구매비율의 결정
둘째, 조달계약 공공기관 및 조달 납품 대상시설의 지정
셋째, 중증장애인생산품의 인증기준 및 방법의 결정
넷째, 중증장애인생산품시설의 지정기준 및 방법의 결정

다섯째, 중증장애인생산품 제도 및 운영에 관한 사항

여섯째, 우선구매촉진계획 수립에 관한 사항

일곱째, 그 밖에 중증장애인생산품 우선구매와 관련하여 대통령령으로 정하는 사항

다) 중증장애인생산품 업무수행기관

이 기관은 이 법률 제11조에 규정된 기관으로 새로이 설립하는 것이 아니라 지정하도록 규정하고 있다. 이 기관은 이 법률에서 규정되고 있는 우선구매와 관련한 사항을 총괄적으로 수행하는 중앙기관으로 동 법률에 의해 다음과 같은 역할과 기능을 수행하도록 되어 있다.

첫째, 중증장애인생산품 우선구매촉진 계획의 수립 지원

둘째, 중증장애인생산품 품목확대를 위한 조사・연구

셋째, 중증장애인생산품 시설의 지정에 따른 사업의 지원과 수의계약 대행

넷째, 중증장애인생산품시설에 대한 기술개발의 지원

다섯째, 중증장애인생산품시설의 판매촉진지원

여섯째, 중증장애인생산품시설 직원에 대한 교육・훈련・연수

일곱째, 보건복지가족부장관이 중증장애인생산품의 구매를 위해 위탁하는 사업

여덟째, 생산품 품질인증 및 디자인 개발지원

마지막으로 그 밖에 중증장애인생산품의 구매촉진을 위한 사업

라) 중증장애인생산품 시설

이 법에 의한 중증장애인생산품 시설은 장애인복지법 제58조 제1항 제3호에 따른 장애인 직업재활시설과 같은 법 제63조에 따른 장애인복지단체 중 이 법이

대통령령으로 정하는 시설의 기준과 중증장애인의 고용비율 및 품질요건 등을 갖추어 보건복지가족부장관의 지정을 받은 시설이다. 따라서 이 시설의 주된 역할과 기능은 장애인복지법에서 규정하고 있는 직업재활시설의 역할과 기능을 수행해야 할 것이다.

제6장 각국의 직업재활시설 현황과 과제

1. 한국

한국에서 직업재활시설은 중증장애인 고용대안으로서 중증장애인의 안정적인 직업생활을 지원하고 사회통합의 목표를 달성하기 위하여 1981년 「심신장애자복지법」과 1986년 '자립작업장 설치운영계획'에 의해 22개의 보호작업장이 설치되면서 본격화되었다.

1981년 제정된 「심신장애자복지법」이 1989년 전부개정, 1999년 전부개정, 2007년 일부 개정됨에 따라 직업재활사업과 직업재활시설 정의와 기준에 있어 변화가 있어 왔다.

직업재활시설의 운영기준은 법의 개정에 따라 조금씩 변화되는 양상을 보이고 있는데, 먼저 1982년 「심신장애자복지법」 및 동법 시행규칙 제17조 [별표 2]에 의한 직업재활시설의 입소기준은 "심신장애자근로시설의 입소기준은 직업의 종류, 입소자의 경력 등을 감안하여 당해시설에서 결정하되, 지나치게 장기간 입소하여 재활의욕이 저해되지 아니하도록 하여야 한다"고 제시하고 있다.

이후 1989년 「장애인복지법」으로 전부개정되면서 심신장애자복지시설이 장애인복지시설로 명칭이 변경되었고, 심신장애자근로시설이 직업재활시설로

〈표 6-1〉 장애인복지법 개정에 따른 직업재활시설 주요 변화

연도	근거 법 및 주요 내용
1981년	심신장애자복지법 제15조(심신장애자복지시설) 1. 지체불자유자재활시설: 지체불자유자를 입소 또는 통원하게 하여 그 재활에 필요한 상담・치료 또는 훈련을 행하는 시설 2. 시각장애자재활시설: 시각장애자를 입소 또는 통원하게 하여 그 재활에 필요한 지식・기능을 습득하게 하거나 상담 또는 훈련을 행하는 시설 3. 청각・언어기능장애자재활시설: 청각장애자 또는 음성・언어기능장애자를 입소 또는 통원하게 하여 그 재활에 필요한 상담・치료 또는 훈련을 행하는 시설 4. 정신박약자재활시설: 정신박약 등의 정신적 결함이 있는 자를 입소 또는 통원하게 하여 이를 보호함과 동시에 그 재활에 필요한 상담・지도 또는 훈련을 행하는 시설 5. 심신장애자요양시설: 심신장애자로서 항상 돌보아 주어야 할 자를 입소하게 하여 상담・치료 또는 요양을 행하는 시설 6. 심신장애자근로시설: 심신장애자로서 취업이 곤란하거나 생활이 곤란한 자를 입소 또는 통원하게 하여 필요한 훈련을 행하고 직업을 주어 자활시키는 시설 7. 점자도서관: 무료로 또는 저렴한 요금으로 시각장애자가 점자간행물을 열람하는 시설 8. 점자출판시설: 무료로 또는 저렴한 요금으로 시각장애자에게 점자간행물을 제공하기 위하여 이를 출판하는 시설
1989년	장애인복지법 제37조(장애인복지시설) 5. 장애인직업재활시설: 장애인을 입소 또는 통원하게 하여 직업을 주어 자활시키는 장애인근로시설과 취업이 곤란한 장애인에게 필요한 훈련을 행하여 직업을 주는 보호작업장
1999년	장애인복지법 제19조(직업재활) ① 국가와 지방자치단체는 장애인이 자신의 적성과 능력에 따라 적절한 직업에 종사할 수 있도록 하기 위하여 직업지도, 직업능력평가, 직업적응훈련, 직업훈련, 취업알선, 고용 및 취업후지도등 필요한 시책을 강구하여야 한다. ② 국가와 지방자치단체는 장애인 직업재활훈련이 원활히 추진될 수 있도록 장애인 적합직종 및 재활사업에 관한 조사・연구를 촉진하여야 한다. 장애인복지법 제48조(장애인복지시설) 3. 장애인직업재활시설: 일반고용이 어려운 장애인이 특별히 준비된 작업환경에서 직업훈련을 받거나 직업생활을 영위할 수 있도록 하는 시설 * 장애인복지법 시행규칙 [별표3] – 장애인작업활동시설: 작업능력이 극히 낮은 장애인에게 주기능으로 작업활동, 일상생활훈련 등을 제공하여 기초작업능력을 습득시키고, 부기능으로 작업능력평가 및 사회적응훈련 등을 실시하는 시설 – 장애인보호작업시설: 직업능력이 낮은 장애인에게 주기능으로 직업훈련 및 일거리 등을 제공하여 보호적 조건에서 생산활동에 참여하게 함으로써 이에 상응하는 노동의 대가를 지급하고, 부기능으로 직업알선 등을 실시하는 시설 – 장애인근로작업시설: 직업능력은 있으나 사회적 제약 등으로 취업이 어려운 장애인에게 주기능으로 근로의 기회를 제공하여 생산활동에 참여하게 함으로써 최저임금 이상을 지급하고, 부기능으로 직업알선 등을 실시하는 시설 – 장애인직업훈련시설: 직업훈련을 받고자 하는 장애인에게 주기능으로 직업능력평가, 사회적응훈련 및 직업훈련 등을 일정기간 실시하여 직업능력을 향상시키고, 부기능으로 직업알선 및 사후지도 등을 실시하는 시설 – 장애인생산품판매시설: 주기능으로 장애인생산품의 판매활동을 대행하고, 부기능으로 장애인생산품에 관한 상담, 홍보, 판로개척 및 정보제공 등을 실시하는 시설
2004년	장애인복지법 제19조(직업재활) ① 국가와 지방자치단체는 장애인이 자신의 적성과 능력에 따라 적절한 직업에 종사할 수 있도록 하기 위하여 직업지도, 직업능력평가, 직업적응훈련, 직업훈련, 취업알선, 고용 및 취업후지도 등 필요한 시책을 강구하여야 한다.

연도	근거 법 및 주요 내용
	② 국가와 지방자치단체는 장애인 직업재활훈련이 원활히 추진될 수 있도록 장애인 적합 직종 및 재활사업에 관한 조사·연구를 촉진하여야 한다. 제48조(장애인복지시설) 3. 장애인직업재활시설: 일반 고용이 어려운 장애인이 특별히 준비된 작업환경에서 직업훈련을 받거나 직업생활을 영위할 수 있도록 하는 시설 * 장애인복지법 시행규칙 제32조 [별표3] – 장애인작업활동시설: 작업능력이 극히 낮은 장애인에게 주기능으로 작업활동, 일상생활훈련 등을 제공하여 기초작업능력을 습득시키고, 부기능으로 작업능력평가 및 사회적응훈련 등을 실시하는 시설 – 장애인보호작업시설: 직업능력이 낮은 장애인에게 주기능으로 직업훈련 및 일거리 등을 제공하여 보호적 조건에서 생산활동에 참여하게 함으로써 이에 상응하는 노동의 대가를 지급하고, 부기능으로 직업알선 등을 실시하는 시설 – 장애인근로작업시설: 직업능력은 있으나 사회적 제약 등으로 취업이 어려운 장애인에게 주기능으로 근로의 기회를 제공하여 생산활동에 참여하게 함으로써 최저임금 이상을 지급하고, 부기능으로 직업알선 등을 실시하는 시설 – 장애인직업훈련시설: 직업훈련을 받고자 하는 장애인에게 주기능으로 직업능력평가, 사회적응훈련 및 직업훈련 등을 일정기간 실시하여 직업능력을 향상시키고, 부기능으로 직업알선 및 사후지도 등을 실시하는 시설 – 장애인생산품판매시설: 주기능으로 장애인생산품의 판매활동을 대행하고, 부기능으로 장애인생산품에 관한 상담, 홍보, 판로개척 및 정보제공 등을 실시하는 시설
2007년	제21조(직업) ① 국가와 지방자치단체는 장애인이 적성과 능력에 맞는 직업에 종사할 수 있도록 직업 지도, 직업능력 평가, 직업 적응훈련, 직업훈련, 취업 알선, 고용 및 취업 후 지도 등 필요한 정책을 강구하여야 한다. ② 국가와 지방자치단체는 장애인 직업재활훈련이 원활히 이루어질 수 있도록 장애인에게 적합한 직종과 재활사업에 관한 조사·연구를 촉진하여야 한다. 제58조(장애인복지시설) 3. 장애인직업재활시설: 일반 작업환경에서는 일하기 어려운 장애인이 특별히 준비된 작업환경에서 직업훈련을 받거나 직업 생활을 할 수 있도록 하는 시설 * 장애인복지법 시행규칙 제32조 [별표4]
2010년	제21조(직업) ① 국가와 지방자치단체는 장애인이 적성과 능력에 맞는 직업에 종사할 수 있도록 직업 지도, 직업능력 평가, 직업 적응훈련, 직업훈련, 취업 알선, 고용 및 취업 후 지도 등 필요한 정책을 강구하여야 한다. ② 국가와 지방자치단체는 장애인 직업재활훈련이 원활히 이루어질 수 있도록 장애인에게 적합한 직종과 재활사업에 관한 조사·연구를 촉진하여야 한다. 제58조 (장애인복지시설) 3. 장애인 직업재활시설: 일반 작업환경에서는 일하기 어려운 장애인이 특별히 준비된 작업환경에서 직업훈련을 받거나 직업 생활을 할 수 있도록 하는 시설 * 장애인복지법 시행규칙 제41조 [별표4] – 장애인보호작업장: 직업능력이 낮은 장애인에게 직업적응능력 및 직무기능 향상훈련 등 직업재활훈련 프로그램을 제공하고, 보호가 가능한 조건에서 근로의 기회를 제공하며, 이에 상응하는 노동의 대가로 임금을 지급하며, 장애인 근로사업장이나 그 밖의 경쟁적인 고용시장으로 옮겨갈 수 있도록 돕는 역할을 하는 시설 – 장애인근로사업장: 직업능력은 있으나 이동 및 접근성이나 사회적 제약 등으로 취업이 어려운 장애인에게 근로의 기회를 제공하고, 최저임금 이상의 임금을 지급하며, 경쟁적인 고용시장으로 옮겨갈 수 있도록 돕는 역할을 하는 시설

*출처: 법제처(2014). 법제처 홈페이지(http://www.moleg.go.kr).

분류되며 근로시설과 보호작업장 두 가지 유형으로 처음 분류하게 되었다.

1991년 「장애인복지법」 시행규칙 제37조 [별표 2]에서 직업재활시설을 장애인근로시설과 장애인보호작업장의 2개 유형으로 구분하며, 시설설비 기준과 사업내용, 종사자 배치기준 등을 제시하였다.

또한 2000년 「장애인복지법」 전부개정에 의해 직업재활시설이 장애인작업활동시설, 장애인보호작업시설, 장애인근로작업시설, 장애인직업훈련시설, 장애인생산품판매시설의 5개로 세분화되었다. 이러한 변화의 주된 이유는 장애정도에 따라 세분화해서 서비스의 질을 높이고자 하였다. 때문에 기존 생활시설의 직업재활프로그램으로 운영되던 것들이 장애인작업활동시설로 등록되게 되었으며, 일반고용이 어려운 중증장애인에게 보다 더 많은 고용의 기회를 제공하게 되었다. 따라서 직업재활시설 운영기준에서는 지역사회 에거주하는 장애인, 즉 재가장애인에 대한 고용기회 확대를 위해 시설장애인의 비중이 50%를 넘지 않도록 함으로써 직업재활시설 유형 확대의 주요 목적을 실현하고자 하였다. 결과적으로 이를 계기로 직업재활시설이 양적으로 발전하게 된 것은 분명하다.

그러나 직업재활시설이 중증장애인의 고용확대를 위한 장임에도 불구하고, 기대했던 만큼 중증장애인의 고용이 증가하지 못하고, 직업재활시설 유형마다의 특성 구분이 모호해지면서, 2000년부터 이루어진 직업재활시설과 직업재활기금사업의 직업재활시설평가에서 지속적으로 유형 재편에 대한 문제가 지적되어 2007년 다시금 직업재활시설 유형을 장애인보호작업장과 장애인근로사업장의 2개 유형으로 재분류하게 되었다.

직업재활시설은 2013년 1월 현재 전국에 478개소가 설치・운영되고 있으며, 근로작업시설은 56개소, 보호작업장은 422개소이다. 서울지역의 직업재활시설이 전체의 23.2%를 차지하여 가장 많이 설치되어 있으며, 제주지역이 1.9%로 상대적으로 직업재활시설 수가 적게 분포되어 있다.

근로장애인의 수는 지속적으로 증가하고 있으며, 2008년 10,422명에서

〈표 6-2〉 2012년도 직업재활시설 지역별 현황 (단위: 개소, %)

구분	서울	부산	대구	인천	광주	대전	울산	세종	경기	강원	충북	충남	전북	전남	경북	경남	제주	계
보호작업장	100	21	28	25	13	12	11	1	56	29	15	15	15	14	28	33	6	422
근로사업장	11	1	4	3	4	2	1	0	12	4	1	0	2	1	3	4	3	56
계	111	22	32	28	17	14	12	1	68	33	16	15	17	15	31	37	9	478
비율	23.2	4.6	6.7	5.9	3.6	2.9	2.5	0.2	14.2	6.9	3.3	3.1	3.6	3.1	6.5	7.8	1.9	100

출처: 한국장애인개발원(2013). 2013 장애인백서. 제14장 직업재활.

〈표 6-3〉 근로장애인 및 중증장애인 수 (단위: 개소, 명, %)

구분	2010년	2011년	2012년
시설 수	394	456	478
근로장애인 수 (A)	11,282	12,870	13,758
중증장애인 수 (B)	10,976	12,032	12,879
중증장애인 비율(B/A×100)	97.3	93.5	93.6

출처: 한국장애인개발원(2013). 2013 장애인백서. 제14장 직업재활.

〈표 6-4〉 근로장애인 장애유형 (단위: 명, %)

구분	지적	자폐성	지체	정신	시각	뇌병변	청각	기타	계
인원	9,820	544	1,359	756	479	377	297	126	13,758
비율	71.3	4.0	9.9	5.5	3.5	2.7	2.2	0.9	100

출처: 한국장애인개발원(2013). 2013 장애인백서. 제14장 직업재활.

24.2% 증가하여 2013년 13,758명으로 확대되었고, 직업재활시설 수는 2008년에 비해 23.8% 증가하였다. 또한 직업재활시설의 중증장애인 비율은 2013년 93.6%로 2011년과 비슷한 수준을 보이고 있어 직업재활시설은 중증장애인의 직업재활에 중요한 기능을 하고 있다고 볼 수 있다.

직업재활시설의 근로장애인 유형을 살펴보면, 장애인직업재활시설 전체장애인 13,758명 중 지적장애인이 9,820명(71.3%)으로 가장 높은 비율을 차지하

〈표 6-5〉 중증장애인생산품시설 생산 현황(중복응답) (단위: 개소, %)

구분	주요 생산품목	시설수	백분율
가구(2.4%)	가구류	12	2.4
인쇄류 (14.3%)	인쇄물(경인쇄, 라벨인쇄류, 기타인쇄, 실크인쇄, 옵셋인쇄 등)	45	8.9
	판촉물인쇄, 명함, 달력, 카드 등	7	1.4
	현수막	22	4.3
사무 용품류 (13.4%)	복사용지류, 감열지, 중질지, 신문용지 등	14	2.8
	사무용지류	22	4.3
	문서파일류	8	1.6
	재생토너, 재생카트리지	16	3.1
	행정봉투, 봉투류	8	1.6
공예류 (3.6%)	도자기류	10	2.0
	공예품(구슬공예, 한지공예, 칠보공예, 하회탈, 비누꽃 등)	8	1.6
식품류 (16.0%)	떡류(떡, 떡케이크, 한과류)	4	0.8
	농산물(채소류, 버섯류), 과실류, 달걀, 벌꿀 등	16	3.1
	제과제빵(빵, 쿠키, 케이크), 웰빙스낵, 호두과자 등	33	6.5
	농산물 가공품(고춧가루, 김치 등)	11	2.2
	드립백(커피, 허브차)	4	0.8
	유지류(참기름, 들기름), 볶음깨, 황토소금 등	5	1.0
	육가공품	4	0.8
	조미김, 해조류	4	0.8
전기류 (4.3%)	자동제어반, 수배전반, 배전반·제어장치 등	17	3.3
	조명기구, LED	5	1.0
생활용품류 (25.9%)	비누, 천연비누 등	26	5.1
	세제류, EM세제, EM발효액 등	8	1.6
	커튼, 버티컬블라인드, 침구류 등	6	1.2
	향낭, 양초, 향초	5	1.0
	종이컵	7	1.4
	화장지류	20	3.9
	피복류(의류, 런닝셔츠, 모자, 넥타이, 양말, 슬리퍼, 수의 등)	19	3.7
	장갑류	21	4.1
	종량제봉투, PP포대, PE봉투	20	3.9
서비스 (3.9%)	DM발송	11	2.2
	세탁서비스	18	3.5
	청소용역, 소독/방역, 세차	11	2.2
	화초, 화훼류	7	1.4
기타(11.4%)	기타	58	11.4

출처: 한국장애인개발원(2013). 2013 장애인백서. 제14장 직업재활.

고 있고, 지체장애인 1,359명(9.9%), 정신장애인 756명(5.5%), 자폐성 544명(4.0%), 시각장애 479명(3.5%) 등의 순으로 지적장애인과 자폐성장애인이 전체의 3/4을 차지하고 있다.

또한 직업재활시설에서는 앞서 설명한 것과 같이 장애인의 유형, 장애정도, 연령별 특성과 당해 시설에서 수행중인 업종의 특성을 반영하여 개별재활계획을 수립하여 훈련 및 교육프로그램을 실시하고 있으며, 이러한 재활프로그램 이외 특정 제품을 생산 및 제조하여 납품하거나 판매하는 직업활동도 함께 이루어진다. 직업재활시설에서 생산하고 있는 제품의 유형을 살펴보면, 1차산업에서부터 3차산업인 서비스업에 이르기까지 다양하게 나타나고 있다. 생산품목으로는 생활용품류가 25.9%로 가장 많고 식품류가 16.8%, 인쇄류가 14.8%의 순으로 나타나고 있다.

직업재활시설은 직업재활사업의 하나이고, 또 직업재활사업은 장애인복지사업의 일부이다. 장애인복지사업은 2005년 중앙정부에서 지방자치단체로 이양되어 지방자치단체 중심으로 사업이 이루어지고 있다. 따라서 사업에 대한 예산의 편성과 운영은 지방자치단체의 자율성에 기초하여 운영하도록 하고 있으며, 지방자치단체를 통하여 인건비 및 사업비 명목의 예산지원이 이루어지고

[그림 6-1] 직업재활시설 전달체계

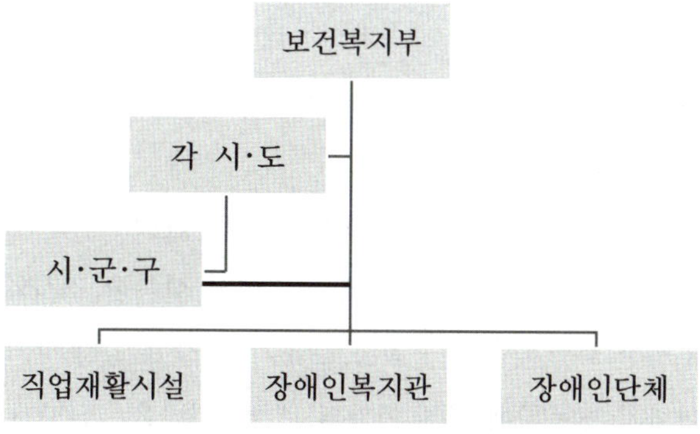

있다. 때문에 각 지방자치단체의 재정자립도에 따라 지방비의 예산지원 정도의 차이가 발생하는 문제점이 있다.

직업재활시설의 전반적인 운영방향과 지침은 주무부처인 보건복지부에서 담당하며, 정책방향을 수립하는 역할을 한다. 17개 시·도에서는 시·군·구와 협력하여 직업재활시설의 세부 운영지침을 마련하고 인건비 및 사업비 등을 지원하고 관리하는 역할을 한다. 또한 직업재활시설 운영관련 현황을 보건복지부에 보고하고, 직업재활시설의 운영 및 사업현황에 대한 평가를 담당한다. 직업재활시설에서는 재활프로그램 및 보호고용 등 실제적 서비스를 제공하는 역할을 담당하며, 시·도 및 시·군·구로부터 예산을 지원받고 정기적인 보고를 하고 관리를 받는다.

2. 미국

미국의 보호작업장 유형은 허가를 관장하는 노동부 임금국에서 최저임금에 의해 정규작업장(Regular Program), 작업활동 센터(Work Activity Center), 평가 및 훈련프로그램(Evaluation or Training Program)으로 구분하였으나 1992년 재활법 개정 후는 지역사회재활프로그램(Community Rehabilitation Programs: CRPs)으로 변경하고 역할과 기능을 진로지도를 비롯한 종합적인 재활서비스를 제공하는 기관으로 정의하면서 재활시설인증위원회(CARF)의 인증결과에 따라 지원을 하는 시스템으로 변화되었다.

직업재활시설과 관련된 전국적인 실태조사는 1976년 미국 보건, 교육 및 복지성(HEW)이 Greenleigh Associates에 의뢰해서 실시한 조사와 1975년 미국 노동부가 조사한 이후에는 전국적으로 조사된 적이 없다. 1976년 조사에 따르면, 1974년까지 노동부에 의해 인가된 보호작업장은 2,500개소이며 연간

41만 명 이상의 장애인이 보호고용되어 있는 것으로 나타났다. 이 수는 1978년 미국인구 1억 2천 7백만 명의 0.36%에 해당하며 장애인 수의 1.92%에 해당한다(Haveman, Halberstadt & Burkhauser, 1984). 이러한 수치는 노동부에 의해 최저임금 면제가 승인된 곳만 포함되었기 때문에 실제적인 숫자는 보호작업장 2,500여 개소와 41만 명 이상의 장애인이 있는 것으로 보고하고 있다.

1973년 재활법 개정으로 중증장애인에게 우선적으로 서비스가 제공되도록 개선되고 보호작업장의 역할과 지원이 확대됨으로 1973년 보호작업장 근로자의 임금에 대한 연방 및 주의 보조금 비율을 보면 정규작업장은 21.3%, 작업활동센터 61%, 훈련 및 평가프로그램 29.5%인 것으로 나타나고 있다(Greenleigh Associates, 1976). 이 1976년 조사결과는 모든 보호작업장 장애인의 평균 시간당 임금은 최저임금의 35%에 그쳤고 전체 보호작업장 장애인의 소득은 독신자 빈곤선의 약 23%, 정신지체 보호작업장 장애인의 소득은 독신자 빈곤선의 약 15.5%에 지나지 않았다. 따라서 보호작업장에 고용된 장애인의 2/3가량이 수입보조나 기타 형태의 정부 지원을 받았다는 사실은 놀라운 일이 아니다. 이런 보호작업장의 훈련과 평가에 속한 20%의 장애인들이 경쟁고용을 위해 직업배치되었지만, 매년 약 12%의 정규보호작업장 장애인, 그리고 약 7%의 직업활동센터의 내담자들이 경쟁고용을 위해 직업 배치되었다.

1975년 조사는 2,766개의 노동부 인가 보호작업장에 대해 층화 추출한 보호작업장에 대한 조사로 결과를 요약하면, 작업장당 평균 장애인 수는 67명이었고 62-75%의 수용률을 보였으며, 장애인의 이직률은 47%였다. 또한 전체 장애인 수는 174,200명과 일일 140,000명에게 서비스를 제공하였고, 연간 전체 보호작업장에서 410,800명에게 서비스를 제공하였다. 연간 182,000명의 장애인에 대한 서비스가 종료되거나 전이되는 것으로 추정되었으며, 장애유형별 구성은 정신지체 53%, 정신질환 19%, 시각장애 10%로 나타났다. 대부분의 장애인은 중증장애를 지니고 있으며, 약 반수의 장애인은 이차적 장애를 지니고 있었다. 장애인의 약 1/3은 특수학급을 마쳤고 16%는 7년 교육 연한, 그리고 단지 1/4이 고등학교 혹은 동등학력을 지녔다. 보호작업장의 작업 유형들로는 포장(66%), 라인조립(64%), 품질관리(35%), 제품대조(34%), 기계조립(30%) 등으로 나타났으며, 보호작업장 1개소 평균 4가지 다른 작업들을 수행하고 있는 것으로 나타났으나, 시각장애인 보호작업장은 상대적으로 다양성을 보이지 않았다(Whitehead, 1979).

미국에서의 최근 직업재활시설에 대한 실태가 전국적으로 조사된 적은 없으며 주별로 그 실태를 파악할 수 있으나 와그너-오데이법에 의해 우선구매를 실시하는 시설에 대해서는 NISH나 NIB를 통해 그 실태를 파악할 수 있다.

2014년 현재 미주리 주에는 90개의 직업재활시설이 있으며 약 7,000명의 장애인 근로자와 900여 명의 비장애인 근로자가 일을 하고 있다. 2014년 근로장애인의 시간당 평균임금 3.33달러(미주리주 2014년 시간당 최저임금 7.35-7.50달러의 50% 수준)를 지급하고 있는 것으로 나타났다(MASWN, 2005).

미국은 1938년 와그너-오데이법(the Wagne-O'Day Act)을 제정하여 직업재활시설에서 시각장애인들이 만든 상품을 연방정부가 우선 구매하도록 하였고 동 법률은 1971년 자비트와그너-오데이법(the Javits-Wagner-O'Day Act: JWOD)으로 개정되어 중증장애인들이 훈련 및 고용을 하는 모든 보호작업장으로 확대되어 지금까지 미국 보호작업장의 판로를 보장하는 제도로 정착되고 있다. 동 제도에 의해 우선구매를 하고자 하는 직업재활시설은 매년 NIB(National Industries for Blind)과 SourceAmerica(구 NISH)에 신청하여야 하며 이 기관들은 직업재활시설에 대한 지원과 인증을 하는 시스템으로 운영되고 있다. 따라서 미국 직업재활시설 전체는 아니지만 우선구매를 하는 직업재활시설에 대한 실태는 이들 단체에 가입된 시설을 통해 살펴볼 수 있다.

2013년 12월 30일 미국의 장애인생산품과 관련된 직업재활시설 수는 〈표 6-6〉과 같이 SourceAmerica, NIB을 합쳐 모두 약 676개에 이르며 중증장애

〈표 6-6〉 AbilityOne 관련 현황

구 분		수	비 고
CRPs 수	중증장애인	583	미국의 경우 약 37개 주에서 시각장애인을 위한 별도의 프로그램을 가지고 있음. 기타는 NISH와 NIB외의 장애인 비영리기관에서 우선 구매하는 기관 수
	시각장애인	93	
근로장애인수	중증장애인	44,233	
	시각장애인	5,571	
시간당 임금		$12.09	
AbilityOne프로그램에 의해 고용된 중증장애인 전체 수		125,597	

*출처: NISH(2012). NISH Annual Report.
NIB(2013). NIB Annual Report.
AbilityOne(2014). AbilityOne Annual Report.
e list, www.JWOD.org, 2007.

인 13만여 명, 시각장애인 5,000여 명이 근로하고 있으며 시간당 임금은 약 12.09달러이다. 또한 최근 AbilityOne프로그램은 통합고용을 적극 활용하면서 이 프로그램에 의해 고용된 장애인의 약 30%가 통합고용으로 전이된 것으로 나타나 직업재활시설의 궁극적인 목적은 통합고용이라는 사실을 잘 증명해 보여주고 있다.

미국의 장애인생산품을 생산하는 직업재활시설에 근로하는 중증장애인의 유형을 보면 〈표 6-7〉과 같이 지적/발달장애 45%, 정신장애 32%로 77%가 정신장애와 관련된 것으로 나타나고 있다.

미국 직업재활시설 설립은 누구나 설치할 수 있는데 연방이나 주의 지원을 받기 위해서는 CARF의 인증을 받아야 한다. 2014년 5월 현재 캐나다, 스페인 인증기관을 포함 약 23,000여 개 기관의 50,000여 개의 관련 프로그램 및 서비스가 인증되었다. CARF의 인증을 받는다는 것은 직업재활시설 운영에 대한 국제적인 기준을 충족한다는 것이며 미국의 경우는 예산을 지원하는 연방, 주, 민간보험, 후원금에 있어 절대적인 기준이 되고 있다. 즉 보험회사와 연방이나 주

〈표 6-7〉 CRPs에 근로하는 장애인 유형

장애	유형
지적/발달장애	45%
정신장애	32%
근육병장애	8%
청각 · 언어 장애	4%
기타지체장애	5%
시각장애	4%
신경손상	4%
뇌손상	2%
기타(중복포함)	1%
	100%

*시각장애는 별도의 시설에 5,571명이 근로하고 있기 때문에 실제 차지하고 있는 비율은 더 높다고 보아야 한다.
*출처: NISH(2012). NISH Annual Report.

는 CARF의 인증을 급여제공의 적격기준으로 보고 있기 때문에 직업재활시설 인증제도가 가장 잘 정착되어 있다.

3. 독일

독일은 제2차 세계대전 후 급속한 경제성장과 더불어 심각한 노동력 부족사태에 직면하게 되면서 장애인의 노동력에 관심을 가지게 되었고, 당시 연방노동부는 이를 위해 기존 직업재활시설의 개축과 증설에 많은 지원을 하게 되었다. 본래 보호작업장은 일반적 작업환경하에서 일할 수 없는 장애인을 취업시키는 것으로, 수용시설이 아닌 통근시설이며, 특정의 장애인만을 취업시키는 것이 아니라 원칙적으로 통근가능한 지역 내의 모든 장애인들에게 개방된 시설이었다. 이러한 보호작업장은 먼저 민간차원에서 설립되었으므로 설립목적이나 운영방식 등이 상당이 다양하다. 많은 보호작업장이 작업치료적 차원에서 설립되었으며,

장기고용을 목적으로 설립된 생산중심의 기업형 보호작업장은 소수에 불과했다. 이렇게 생겨난 보호작업장은 그 후 각 보호작업장의 목적이나 형태에 따라서 다양하게 발전하게 되었다.

이러한 과정 속에서 1974년 4월 29일 중증부상자의 노동, 직업 및 사회통합을 위한 법률인 「중증장애인법(Schwerbehindertengesetz)」이 제정되어 ① 장애의 종류나 원인에 관계없이 모든 중증장애인을 대상으로 하고, ② 의무고용율은 16인 이상 공사(公私)기업의 6%로 상향조정하며, 대상금(독일에서 장애인 고용 대신에 납부(Alternative der Beschaeftigung)하는 것으로 우리나라의 부담금에 해당됨)을 100DM로 인상하며, ③ 해고로부터 보호하고(중앙복지사무소–Hauptfuersorgestelle의 승인이 필요함), ④ 장애인수권 대표의 청문권을 부여하며, ⑤ 장애인의 근로와 관련된 도움을 제공하고, ⑥ 장애인 보호작업장(Werkstatt fuer Behinderte: WfB)의 설치를 규정하면서 보호작업장은 장애인 보호고용제도 가운데 중추적인 역할을 담당하게 되었다. 동법에 따라 보호작업장의 성격과 시설기준 등이 명료해졌고, 일정한 기준을 충족하는 보호작업장에 대한 보호의 내용도 보다 정비되고 충실해졌다. 1974년 중증장애인법에는 구체적인 시설요건 등에 관해 언급하였고, 1980년에는 보호작업장령(Werkstättemnverordnung Schwerbehindertengesetz)이 공포되어 세부적인 내용이 규정되었다.

1974년 법률은 1986년 7월 24일 개정을 통해 먼저 개념상 많은 혼란을 야기한 직업수행 능력의 저하(Die Minderung der Erwerbsfaehigkeit)라는 개념을 장애의 정도(Grad der Behinderung)라는 개념으로 변경시켰고, 해고의 위험을 줄이기 위해 그 규정을 강화하였으며, 고용주의 부담을 덜어주기 위해 6개월의 별도휴가를 5일로 줄였고, 대상금을 150DM로 인상하였으며(현재는 월 200DM를 납부함) 장애인 수권대표의 법적 지위를 향상시키고 보호작업장의 지원확대 필요성을 규정하였다.

또한 동 법률은 2001년 7월 1일 사회법전 9편 2부로 개정되어 다음과 같은 사항을 새로이 규정하게 된다.

첫째, 적어도 20개 이상의 직무를 가진 공공 및 민간 고용주들은 상시근로자 수 중 5% 이상의 중증장애인을 고용하여야 하며(일부 연방기관은 6%) 그렇지 않으면 미고용수 만큼의 조정금을 납부해야 한다. 조정금액은 달성된 고용률에 따라 차등적으로 적용된다.

둘째, 중증장애인들을 위한 특별한 해고보호

셋째, 기업에 있어서 중증장애인들의 이해를 대변할 중증장애인 대표의 대리

넷째, 개별적으로 필요한 경우 중증장애인들의 직업생활 진입을 위한 기타 지원들

그리고 중증장애인법 혹은 사회법전 9편에 따르면 모든 고용주들은 비어 있는 일자리를 충원할 때 중증장애인 혹은 준중증장애인이[3] 고용될 수 있는가에 대해 검토해야 한다. 뿐만 아니라 다음과 같은 조치를 통해서 일자리를 장애에 맞도록 개조할 것을 명시하고 있다.

첫째, 필요한 기술적 작업보조도구를 통한 작업장의 장치

둘째, 작업공간, 시설, 기계 및 작업공구를 장애에 적합하도록 개조 및 유지

셋째, 취업을 통해 중증장애인들이 그들의 지식, 능력을 완전하게 발휘할 수 있도록 해야 함

넷째, 취업을 통해 중증장애인들이 직업적 발전을 촉진하고 지속적인 직업교

3 독일은 장애 정도가 30% 이상 50% 미만인 경우 곧바로 중증장애인 판정을 받을 수 없지만 이 사람이 장애로 인하여 노동시장에서 고용이 어려울 경우 중증장애인의 지위를 부여해준다. 독일어로는 Gleichgestellte.

육에의 참여가 가능할 수 있게 해야 함

다섯째, 중증장애인은 장애에 맞도록 파트타임 근무를 요구할 권리를 갖는다.

여섯째, 상기의 지원에도 불구하고 일반 경쟁고용에 참여할 수 없는 장애인들을 위해 보호작업장에서의 고용기회를 확대하고 다른 근로자들과 마찬가지로 최저임금이나 보험 등의 차별을 없앨 것을 규정하고 있다.

따라서 독일의 직업재활시설은 경쟁고용과 마찬가지로 경쟁고용되지 않는 장애인들을 위한 기회균등과 지원을 명확히 규정하고 있다.

독일의 직업재활시설 유형은 역할과 기능에 따라 직업적응훈련, 직업훈련, 그리고 작업활동의 세 영역으로 나누어지는데 직업적응훈련에 해당하는 훈련센터나 적응훈련에 해당하는 직업재활훈련센터와 직업재활클리닉은 직업재활시설로 보기보다는 우리나라의 직업능력개발센터와 장애인복지관 직업재활센터로 보는 것이 적절하며 보호작업장만이 우리나라 직업재활시설에 해당한다고 볼 수 있다.

보호작업장은 직업재활과 장기적 고용기회의 제공이라는 두 가지 기능을 동시에 가지고 있으나 사실상 직업재활을 통한 일반 노동시장으로의 복귀는 별로 이루어지지 못하고 있다. 장기적인 고용기회를 제공한다는 측면에서 보면 보호작업장도 경제성이 강조될 수밖에 없고, 그 과정에서 직업재활의 측면이 등한시될 수밖에 없다. 이런 점들을 보완하기 위하여 독일은 보호작업장을 일반상품시장에서 다른 이윤 추구형 경영체로부터 보호하기 위하여 다음과 같은 지원을 하고 있다.

첫째, 시설의 건축비와 확장, 그리고 변경 시 보조금 지급

둘째, 시설 운영에 따른 경상경비 보조

셋째, 훈련수당의 지급

넷째, 보호작업장의 일거리 확보 등이 포함된다.

1980년도까지 보호작업장의 건축비는 연방정부와 주정부로부터 약 12억 DM를 지원받았고, 그 이후로 의무고용률 미달성 기업이 납부한 부담금에서 건축비와 보조금 등이 지급되고 있다. 보호작업장 입소판정 중에 있거나 직업훈련을 받고 있는 장애인에 대해서는 훈련수당이 지급되며, 보호작업장에 취업하고 있는 장애인에게는 보수가 지급된다. 이들에게 지급되는 보수는 일반 근로자의 1/6 내지 1/3 수준이다.

2002년 입소판정 중에 있는 자는 사회법전 제9편 40조에 의해 3개월간, 직업훈련을 받는 장애인에게는 2년간 급여가 제공된다. 작업활동을 하는 보호작업장의 장애인 근로자는 2002년 월 평균 125유로의 임금과 보호작업장 장애인 근로자의 참여에 관한 규칙에 의한 월 평균 26유로의 고용촉진수당 등을 포함해 325유로를 받고 있다. 그리고 작업활동을 하는 장애인에 대하여는 다른 근로자와 마찬가지의 법적 상태를 유지하여 건강보험, 연금, 산재, 실업보험 등에 가입되어 있다(www.bmas.bund.de, 2004).

2010년 말 독일 가구조사에서 나타난 중증장애인의 수는 약 960만 명이며, 일상생활에 제한을 받는 만성질환자는 720만 명으로 중증장애인의 노동참여율은 58%로 장애가 없는 사람의 참여율 83%보다는 상당히 낮은 수치이며 의무고용률의 경우도 2010년 4.5%로 의무고용률을 채우지 못하고 있다(www.bmas.bund.de, 2014).

직업재활시설인 보호작업장에 고용되어 있는 장애인 근로자는 〈표 6-8〉과 같이 2008년 12월 현재 약 701개소에 약 279,500여 명의 장애인이 고용되어 있다. 보호작업장은 사회법전 제9장 97조에 의해 정부지원을 받고 있는데 최근 이 지원금은 점차 증가하고 있다. 2008년의 경우 3천 4백만 유로가 보호작업장에 지원되었으며 보호작업장 근로장애인의 월 평균임금은 168유로이며 월 36

〈표 6-8〉 보호작업장에서 근무하고 있는 장애인 근로자 수

구 분	장애인 근로자 수
1984	75,000
1985	87,700
1986	94,800
1987	102,600
1988	108,800
1989	114,000
2001	195,000
2004	202,000
2006	236,000
2008	279,500(701개 작업장)

*출처: Federal Ministry of Labour and Social Affairs, 2010.
wwww.bmas.bund.de, 2014.

유로의 고용촉진수당을 받고 있다.

4. 일본

일본에서 초기 직업재활시설은 빈곤자에 대한 풍속퇴폐방지, 치안유지의 목적으로 명치 초기부터 대도시를 중심으로 실시되었다. 예를 들면 1870년에 경도의 국민수산장이 설립되었고, 1871년에 대판부에 대빈원, 1872년에 동경부에 양육원이 설립되었으며 이 수산시설에서는 주로 양돈, 성냥상자 제조, 종이봉투 제조 등의 작업이 이루어졌다. 양육원은 당초 일할 수 없는 장애인의 보호가 목적이었으나 장애인에 대한 보호비용의 보충을 위해 수용장애인 중 일할 수 있는 장애인들이 일을 시작한 것이 계기가 되었으며 초기 수산내용은 기계조립, 양재, 편물, 제차(製茶), 목공, 질세공 등이었다. 또한 급격한 산업혁명으로 많은 노재

자(勞災者)가 발생하고 많은 장애인이 발생되자 민간사회사업 분야에서 철도노재장애인에 대한 수산사업이 출현되어 최초 민간분야 수산시설이 1904년(명치 37년)에 津田龜次郎이 창설한 철도보양원이 설치되었다. 동 철도보양원은 철도종업원으로 공무수행 중에 불구폐질자(장애인)가 된 장애인의 생활안정과 정신위안을 위해 개설되어 대정 6년 3월에 법인허가를 받았다. 당시 종업원은 20명으로 수산과목은 미싱재봉, 제화, 양말제조 등으로 일일평균 강습자는 48명이었다.

제2차 대전 후 1946년에 연합군 의해 칙령 제 27호가 발표되면서 군사원호원이 폐지되고 그 업무 중 직업보도에 관한 것은 노동성 직업안정국, 의료에 관한 것은 후생성 의무국, 그 외의 원호는 후생성 사회국으로 각각 이관되었다.

1947년에 노동성은 신체장애인 직업안정요강을 입안하는 한편 후생성은 약 5,000만 엔의 예산으로 신체장애인 수용 수산시설을 9개의 도도부현(都道府縣)에 12개소를 설치했다. 그리고 그 다음해인 1948년 2월에 후생성은 상이자 생활원호에 관한 건을 발표하여 의료재활이 끝났으나 특수보호가 필요한 상이자의 원호로서 수산시설이 병설된 수용시설을 국고보조로 설치 운영하기로 결정했다.

한편 후생성은 농아자와 신체장애인을 포함한 법안을 구상하여 신체장해자복지법 제정 촉진위원회를 결성하여 법안작성에 들어가 1949년 12월에 신체장해자복지법이 성립되었고 동법에서 정부는 신체장애인 갱생(재활) 원호시설을 설치하도록 규정하고 있으며 수산시설로 갱생(재활)시설의 하나로 규정하였다.

1951년 身體障害者福祉法이 시행될 당시 수산시설은 일본 전국에 21개소로 정원은 10명부터 100명이었으며 종목은 양재, 인쇄, 수리, 목공, 축산 등이 주종을 이루었다.

신체장해자복지법에는 정신지체인이 제외되어 있었기 때문에 정신지체인에 대한 정부시책은 1960년 정신박약자복지법이 나올 때까지 아동복지법을 근거로 정신지체아 시설을 운영했으며 재가가 어려운 성인정신지체인은 생활보호법을 근거로 구호시설 등에 입소되었다. 정신지체아 시설에서는 직업지도가 학습지도, 생활지도와 병행해서 실시되었으나 1953년부터 1954년에 걸쳐 노동과학연구소가 정신박약아의 직업 적정(適正)과 작업능력에 관한 연구를 실시하여 정신지체인의 작업범위와 작업의 전제조건에 대한 연구보고서를 내놓았다. 이 연구보고서를 근거로 후생성은 1956년에 일정 직업보도 과목에 대해서는 그 설비비용의 50%를 국고 부담으로 할 것을 결정한 정신박약자 시설 내 직업보도 실시요강을 통달했으며 이를 근거로 직업보도를 실시한 시설은 1959년에 81개 시설에서 255종 이상의 직종을 실시했다. 그러나 직업훈련을 받은 정신지체아의 취업은 어려웠으며 매년 시설 내 연령초과자가 증가함에 따라 정신지체인 종합입법제정에 관한 요구가 점점 확대되어 1959년 「정신박약자 복지대책 요강 작성위원회」가 후생성과 민간단체의 합동으로 조직되었으며 본 위원회는 다음과 같은 정신박약자 복지법 제정방향을 제시하였고 이를 근거로 1960년 정신박약자복지법이 제정되고 1964년에 정신박약자 수산시설 설치 및 운영요강이 결정됨에 따라 수용시설 내 수산시설 설치가 가능하게 되었다.

1967년 신체장해자복지법을 개정하면서 신체장해자복지심의회에 개정을 위한 의견을 조회한 결과 다음과 같은 이유로 복지공장의 필요성이 제기되어 규정되고 동 법률에 의해 1972년에 복지공장 운영지침이 제정되었다.

첫째, 노동능력이 있는 신체장애인은 될 수 있는 한 일반기업에 고용시켜 사회복귀시키는 것이 바람직 하지만 장애가 중증이라 고용과 함께 건강관리, 일상생활의 도움이 필요하다. 그러나 기업체는 공장설비, 그 외 부대시설을 신체장애인에게 맞게 정비하기 위해서는 많은 투자가 필요하므로 고용을 기피하게 된다.

둘째, 현재 중증의 신체장애인에게 직업을 주어 재활시키는 것을 목적으로 설립한 수산시설이 있으나 이곳은 장애인이 한 사람의 독립된 노동인으로서 사회생활을 영위할 수 있다고 기대할 수 없다.

셋째, 따라서 노동능력은 있지만 신체장애의 상황, 통근사정 등에 있어 일반기업에 고용되는 것이 곤란한 신체장애인들에게 노동기회를 주어 생산활동에 종사케 해 한 인간으로서 생활할 수 있도록 원조하는 것이 필요하다.

넷째, 복지공장은 이와 같은 문제를 해결하여 중증장애인의 사회복귀를 위한 유일한 수단이라 규정한다.

이와 같은 규정을 근거로 복지공장이 설립되기 시작하였으며 1972년 제정한 복지공장 운영지침 제1조는 설치목적을 신체장애자로서 직업능력은 있으나 직장의 설비, 구조, 통근시의 교통사정 등으로 일반기업에 고용이 어려운 자에게 직장을 제공하고 생활지도와 건강관리 하에 건전한 사회생활을 하도록 함을 규정하고 있다.

복지공장 설치주체는 도도부현 또는 사회복지법인으로 하며, 경영주체는 사회복지법인을 원칙으로 하고, 종업원은 20명이상을 기준으로 하며, 직원은 시설장과 직원, 간호사(수용인 경우), 촉탁의사를 두고 있으며, 연 2회 이상 건강진단을 하고, 비상재해대책을 갖추도록 하고 있다.

이와 같은 수산시설과 복지공장에 대한 사항들은 2006년 4월 1일 개정된 신체장해자복지법에서 장애인복지센터 B형으로 통합되어 운영되고 있다.

2008년 후생노동성의 장애아·자실태조사에 의하면 일본의 장애인 총 수(18세 이상)는 3,483천 명이다. 이것은 18세 이상의 인구 1천 명당 34.8명으로, 즉 인구 천 명당 약 35명이 어떠한 장애를 가지고 있다는 것이며 장애인을 장애유형별로 보면 지체부자유가 1,760천 명(50.5%)로 가장 많으며 다음으로 내부장애 1,070천 명(30.7%), 청각·언어장애 343천 명(9.8%), 시각장애 310천 명(8.9%)이다. 또한 재택 장애아동은(18세 미만) 약 93,100명이며 장애유형별로 보면 지체부자유가 50,100명(53.8%)으로 가장 많고 내부장애 20,700명(22.2%), 청각언어장애 17,300명(18.6%), 시각장애 4,900명(5.3%)이다. 이것

〈표 6-9〉 2012년 말 취로계속지원 현황

	시설 수	근로장애인 수	월평균임금(시간급)
취로계속지원 A 형 (구 복지공장)	1,554	13,000	68,691(724)
취로계속지원 B 형 (구 수산시설)	7,938	129,000	14,190(176)

* 취로계속 지원 B형에는 소규모 작업시설이 포함된 수치임.
※ 출처: 후생노동성, 2014.

을 연령별로 보면 10-14세가 31,900명(34.3%)으로 가장 많고 2-9세 23,800명(25.6%), 15-17세 20,400명(21.9%), 0-4세 17,000명(18.3%)이다(mhlw.go.jp, 2014).

일본의 보호작업장은 수산시설, 복지공장, 제3섹터방식으로 운영되다가 2005년 신체장해자복지법 개정으로 취로계속지원 A형과 B형사업으로 재편되었다.

취로계속지원 A형과 B형의 현황은 〈표 6-9〉와 같이 2012년 12월 30일 취로계속지원 A형(구 복지공장)은 1,554개 시설에 약 13,000여 명이 근로하고 있으며 월 평균임금은 약 8만 9천 엔이고 취로계속지원 B형(구 수산시설)은 7,938개 시설에 약 12만 9천 명의 장애인이 근로와 훈련의 기회를 제공받고 있으며 평균임금은 약 1만 4천 엔이다.

취로계속지원 A형과 B형에서 생산, 판매하는 제품은 식료품, 봉제, 가죽제품, 문구류, 가구류, 화장품, 액세서리, 보건, 그릇류, 전자제품, 청소용품 등 다양한 생산품을 생산하고 있으며 최근에는 청소, 용역 등 서비스산업에도 진출하고 있다. 그리고 이 생산품은 2012년 제정되고 2013년 4월부터 시행에 들어간 장애자우선조달추진법[4]에 의해 마케팅지원이나 운영지원 등을 하고 있다.

4 이 법률은 장애인취로시설과 재택취업장애인의 취업을 지원하기 위하여 국가 및 지방자치단체 및 공공단체는 공공물품을 구매할 때 이들 단체를 대상으로 수의계약과 생산품을 우선적으로 구매하도록 규정한 법률이다.

일본의 직업재활시설 인증은 우리나라와 마찬가지로 장애자기본법과 장애자 사회참여지원시설의 설비 및 운영에 관한 기준에 의해 필요한 기준을 준수하여 신고하도록 하는 신고제도로 운영되고 있다. 그러나 지난 2000년 일본 사회복지법이 개정되면서 제78조(복지서비스의 질적 향상을 위한 조치) 규정에 의해 복지서비스의 질적 향상을 위하여 복지서비스 질의 공평하고 적절한 평가를 위한 조치를 하도록 규정함으로 평가제도가 도입되고 장애인 직업재활시설이 포함된 장애자복지센터 B형도 이 규정에 의해 평가를 받도록 되어 있다. 그러나 이 평가결과가 시설인증을 위한 시스템이라고 보기는 어렵고 목적에서도 제시한 바와 같이 장애인 직업서비스의 질적 향상을 목적으로 실시되고 있다.

참고로 직업재활시설인 장애인복지센터 B형은 장애자복지법 규정에 의해 도도부현(都道府縣)은 장애자 사회참가 지원시설을 설치해야 함을 규정하고 후생노동성 장관은 시설의 설치 및 운영에 관한 규정을 제정하고 사회복지법 제65조의 최저기준을 준수하도록 규정하고 있다. 여기서 사회복지법 제65조에서 규정하는 최저기준은 별도로 정하게 되어 있고 최근 개정된 장애자 사회참가지원 시설의 설비 및 운영에 관한 기준은 최저기준으로 건축면적, 설비 및 시설기준, 직원배치기준, 운영규정, 시설장의 책무, 위생관리 등을 규정하고 있다.

5. 영국

1900년 초 영국은 산업화와 세계대전으로 인한 산업재해 근로자와 전쟁부상자들을 위한 고용정책을 시작으로 장애인 고용정책이 시작되었다. 특히, 제1차 세계대전으로 수많은 시각장애인이 발생하여, 1920년 영국시각장애인연맹(the National League of the Blind and Disabled: NLBD)은 시각장애인법(the Blind Persons Act)을 제정하게 하고, 동법에 의해 시각장애인의 직업재활사업이 실시되었다. 이 외에도 1917년 상이군인을 위한 훈련학교가 설립되었으며, 1930년대에는 상이군인을 위한 직업알선을 위한 종합계획이 수립되었고, 1935년과 1937년 사이에는 장애인을 위한 여왕직업훈련학교, 성초이스 직업훈련학교 등이 설립되었다. 그러나 장애인재활서비스의 초점이 정상화(Normalization) 이념에 기초하면서, 작업을 통한 통합고용기회의 확대 등을 중점적인 정책으로 추진하였고, 중증장애인을 위해서는 보호고용에 대한 논의들이 본격적으로 진행되었다.

영국의 직업재활시설은 1941년 노동성이 장애인 고용을 위한 위원회를 설치하고 동 위원회가 장애인 고용을 위한 종합적인 계획을 마련하면서 경증장애인은 할당고용제도를 통해 경쟁고용정책을 중증장애인은 보호고용을 하는 국영기업체를 설립할 것을 제안하고 동 계획을 추진하기 위하여 1944년 장애인 고용법이 제정되었다. 동법 제 15조는 중증장애인에게 생산적이고 의미 있는 보호고용을 제공하고 훈련시키기 위해 보호고용을 위한 시설의 설립을 규정하고 동 규정에 의해 1945년 장애인 고용공사(Disabled Persons Employment Corporation Limited)를 설립하는 것으로 되어 있었으나 1946년 램프로이 공사(Remploy Ltd.)로 변경되어 설립되었고 이것이 최초의 직업재활시설이다.

1953년에는 장애인에 관한 제도의 전반적인 것을 재검토하기 위하여 피어슨 위원회가 설치되고 동 위원회에서는 1956년 보고서에서 보호고용을 취미적 작업 내지는 치료적 작업과 명확히 구분하여 취업하는 자에게 생계의 수단을 마련해 주기 위한 고용으로 정의함과 아울러 종래의 보호고용에 대한 책임이 지방자치단체의 권한 및 의무로 규정된 것을 노동성으로 이관하여야 한다고 보고하면서 보호고용에 대한 국가책임을 명확히 규정하고 활성화하기에 이른다. 이 보고서의 영향으로 1958년 장애인고용법이 개정되어 국가에 대하여 장애인 고용을 의무화하기에 이르고 장애인 보호고용을 하는 램프로이(Remploy)에 대한 전문적인 지원과 중증장애인의 생산성 향상을 위해 국가는 다양한 방법으로 지원할 것을 규정하여 램프로이가 전국적으로 직업재활시설을 설치, 확대하는 데 영향을 미친다.

1980년과 1986년 개정에서는 장애인고용위원회를 설치하였다. 동 위원회는 장애인에 대한 지역사회의 직업재활 서비스를 조사하기 위하여 지역사회의 전문지식과 기술을 활용하고 지역 고용주들이 장애인에 대한 고용정책을 긍정적으로 채택하도록 격려하고 용기를 불어넣어 주는 역할을 하면서 지역사회와 지역의 공공기관이나 민간 고용주들이 램프로이에서 생산품들을 구매할 수 있도록 지원하고 조언하도록 하고 있다. 이 위원회는 독립된 회장과 고용주, 근로자, 장애인고용에 관심을 가지고 있는 기타단체들의 대표를 포함하여 구성된다.

한편, 1944년 제정된 장애인고용법에 의해 20인 이상의 종업원을 고용한 고용주는 종업원의 3% 이상을 장애인으로 의무적으로 고용하도록 한 법률과 동 법률에 의해 엘리베이터 조작요원, 주차장 관리요원 등의 직종에는 장애인 이외의 자의 고용을 유보하는 유보직종제도를 시행해 왔으나 동 법률의 고용효과는 1994년 당시 일반기업체의 경우 80% 기업이 의무고용률을 달성하지 못했으며, 보건성도 1.4%인 68명의 장애인을 고용하였고 램프로이도 늘어나는 중증장애인을 고용하는 데 한계를 가지는 등 장애인 고용에 있어 많은 문제점이 노출되자 장애인 고용의 있어 근본적인 문제를 해결하기 위하여 1995년 장애차별법이 제정되게 된다.

이의 영향으로 중증장애인의 보호고용을 위한 직업재활시설인 램프로이에서도 장애인이라고 해서 보호고용상태에서 반복적인 작업만 해야 된다는 인식은 변화해야 하며 매주 3,000명 이상의 사람들이 장기간의 요양을 필요로 하는 질병으로 인해 직장을 떠나고 있으며 이들 중 90%가 결코 이전 작업장으로 돌아오지 못하고 있기 때문에 장애인들에게 보다 폭넓게 고용의 기회가 제공되어야 한다는 인식이 확대되었다. 따라서 1999년초 램프로이 이사회는 Bourton Group에 컨설팅을 의뢰하여 주요 문제점을 도출하게 되는데 이 보고서는 램프로이의 문제점으로 판매·마케팅 업무 중복, 세계적인 경쟁 격화 및 압력 증대, 현대적인 업무수행기법 미도입, 장애인근로자 결근율 상승, 고객중심주의 부재, 경영사업부의 생산목표 달성과 직업훈련부의 장애인직업능력개발 간의 마찰, 관리 중복, 램프로이 경영사업부별 사업계획 및 추진일정 상호조정 부재, 고객중심의 가격전략 부재를 지적하였고 다음과 같은 외생요인을 지적하였다

첫째, 보호고용 대상 장애인의 수요증가, 즉 1999년 노동성의 노동력 조사결과 경제활동이 가능한 630만 명의 장애인 중 34만 7천 명이 실업상태에 있으며 300만 명이 경제 비활동으로 분류되고 있음을 지적하였다. 둘째, 제조업 중심에서 서비스업 중심으로 산업구조가 변화되고 있으며, 셋째, 학습장애인 및 정신(건강) 장애인이 급격히 증대되며 특히 이들은 지속적인 지원 없이는 경쟁고용시장에 진입할 수 없는 장애인이라는 것이다(www.remploy.co.uk).

따라서 램프로이는 이 보고서를 근거로 2000년 새로운 목표와 추진전략을 발표하였다. 제시된 램프로이의 새로운 목적은 장애인에 대해 좀 더 많은 고용기회를 제공하고 램프로이 내외에서 장애인 개인의 직업능력개발·발전을 도모하는 데 지원하며 램프로이와 연계고용(Interwork) 참여 사업주의 장애인 고용능력을 확대하며 램프로이의 현대화와 직업재활시설의 확대를 통해 궁극적으로 장애인의 실업을 해소하겠다는 것이다. 추진전략은 새로운 마케팅에 의해 이익·매출을 증대시키고, 장애인의 인적자원개발을 통해 직업능력을 극대화시키며, 새로운 판로(매출처) 개발 및 합리적인 생산관리를 통한 미사용 생산능력 활용을 극대화하는 것이다. 또한 신규투자에 의한 직업재활시설의 신설 및 기존 네트워크를 현대화하며, 생산적인 기능과 직업능력개발훈련을 각기 독립적으로 운영하여 탄력적인 조직운영과 관리비용 절감, 관리조직을 극소화하겠다는 것이다.

이 추진전략은 램프로이의 운영원칙에서도 반영되고 있는데 2007년 램프로이의 운영원칙은 다음과 같다(www.remploy.co.uk).

첫째, 램프로이는 노동시장에서 완전통합을 통해 장애인의 독립성을 최대한 확보한다.

둘째, 램프로이의 목표는 장애인들의 주류화 고용을 최대한 확대하는 것이다.

셋째, 램프로이는 지역사회와 관련 장애인 기관간의 적절한 파트너십을 통해 함께 성장해 나간다.

넷째, 램프로이는 장애인의 고용결정은 전문적인 과정과 토론을 기반으로 한 본질적인 참여를 중요시한다.

다섯째, 램프로이는 장애인의 고용기회를 확대하는 것을 가장 중요한 목표로 인식하고 있다.

여섯째, 램프로이는 노동시장이나 산업의 변화와 지역사회의 지속적인 요구에 따라 역동적으로 변화한다.

일곱째, 램프로이는 장애인의 고용기회를 확대하기 위해 설계된 프로그램과 정부 정책을 기반으로 하여 현실적인 노동시장과 장애인들의 욕구를 최대한 조화시킨다.

여덟째, 장애인들이 현실적인 직무수행과정에서 효과적으로 직무를 유지하도록 최대한의 지원을 한다.

마지막으로 램프로이는 성공적인 직무수행이 가능하도록 필요한 장비와 맞춤식 지원을 통해 그들의 잠재능력을 완전하게 발휘할 수 있도록 지원한다.

영국의 직업재활시설은 램프로이가 총괄적인 관리를 하고 있기 때문에 램프로이의 현황을 통해 살펴볼 수 있으며 램프로이의 유형은 직접적인 고용과 지원고용유형이 있다. 1946년 설립 초기에는 4개 시설에 270명이 고용되었으나 1958년 법 개정 이후 램프로이는 자체의 시설 외에도 재가고용이나 보호산업그룹을 통해 지역 내의 기업체 등에 그룹으로 나가서 근로를 하고 이들에 대한 지도, 감독과 임금은 램프로이가 지급하는 일종의 연계고용을 운영하면서 활성화되었다. 1976년에는 전국적으로 87개의 시설에 8,248명이 고용의 기회를 제공받았고 많은 장애인들이 재가고용이나 보호산업그룹에서 고용의 기회를 제공받았다.

1976년 당시 램프로이에 근로하는 장애인들은 주 5일 40시간의 노동에 최저 임금 이상의 임금과 각종 복지수당, 노동조합 가입이 허용되는 등의 규정이 적용되었으며 전체적인 재정구조는 생산품 판매가 30-40%이고 국가지원 60-70%이며 건물, 기계, 설비 등에 소요되는 자금을 융자해 주는 등의 지원을 하였다.

2012년 3월 기준으로 영국의 노동연령 인구(16세-64세)는 약 8백만 명이며 이 가운데 21%가 장애를 가진 것으로 나타났다(Papworth Trust, 2012). 영국 노동연금부의 Family Resource Survey(이하 FRS)에 따르면 〈표 6-10〉과 같이 장애 출현율의 변화는 크게 없는 상태이며 2010년 현재 영국 장애인 수는 약 천만 명을 넘는다. 영국 전체 인구의 거의 1/5이 어떤 유형이나 정도로든 장애를 가지고 있다는 말이다. 또한 장애인 가운데 83%는 후천적 원인으로 인한 장애를 가진 것으로 나타났다(Papworth Trust, 2012).

램프로이는 정부보조금과 자체 수익으로 운영되어 왔으며 영국 전역에 34개의 지사를 두고 구직자들에게 능력개발 서비스를 제공해 왔다. 2013년 램프로이에서 발간한 지사 보고서(Branching Out)에 따르면 지난 4년간의 성과를 보았을 때 램프로이 고용서비스를 통해 약 5만여 개 이상의 통합고용 환경 일자리

〈표 6-10〉 영국 장애인 현황(2003년~2010년) (단위: 백만 명)

구 분	전 체	성 인	아 동
2003	10.4	9.7	0.7
2004	10.1	9.5	0.7
2005	10.1	9.5	0.7
2006	10.8	10.1	0.7
2007	10.4	9.8	0.7
2008	10.6	9.8	0.8
2009	10.8	10.1	0.7
2010	10.9	10.1	0.8

출처: 노동연금부(2011). Family Resource Survey(FRS).

를 찾았으며 2012년 한 해 동안 영국 내 많은 대기업들과 협력하여 장애인과 소외계층 사람들이 17,835개의 직업을 찾도록 도와주었다.

2011년부터 다양한 장애 및 건강조건을 가진 사람들을 위해 Asda, Marks & Spencer, Morrisons, Sainsbury's, Tesco와 함께 3,297개의 직업을 찾아주는 성과를 보였다. 램프로이는 Work Choice 제도를 통해 장애인 취업기회 제공과 안정된 고용을 보장해 왔다. 또한 램프로이의 전문 직업재활팀(Specialist Vocational Rehabilitation Team)을 통해 6개월간의 직장 정신건강 지원서비스(Workplace Mental Health Support Program: 이하 WMHSP)도 제공해 왔는데 2011년까지 1,000여 명의 직업을 잃을 위기에 처한 사람들에게 서비스를 제공하였고 이용자 가운데 91%가 직장을 유지하는 성과도 보였다(Remploy, 2014).

그러나 고용된 장애인에 대한 투자비용이 너무 과도하여 재정문제가 심각해지자 영국 정부는 2007년 현대화 계획을 수립하고, 2012년 8월 램프로이 공장 54개소 가운데 35개소를 폐쇄하고 남은 18개 공장을 향후 민영화 또는 폐쇄하겠다는 계획을 밝혔다. 실제로 2012년 영국정부는 32개 램프로이 공장을 폐쇄하여 1,600여 명의 근로자들이 일자리를 잃었으며 2013년 7월 현재 200여 명 이하(12%)의 근로자들만이 새로운 직장을 찾은 것으로 알려졌다.

그동안 영국 정부는 연간 약 6,300만 파운드의 자금을 램프로이에 투자해 왔고, 이는 전체 전문장애인 고용서비스 예산 가운데 20%에 해당되는 금액이다. 이것은 영국 정부가 정부재원을 특수한 기관을 보조하는 데 사용하기보다 약 690만의 근로연령 장애인들을 위한 개별 고용지원 예산으로 사용하겠다는 정책 의지를 보여주는 것이라 할 수 있다. 그리고 이것은 분리고용이 아닌 통합 환경에서의 고용을 지속적으로 주장해 온 장애계의 의견이 받아들여진 결과이기도 하다.

그러나 경쟁고용이 어려운 중증의 장애인들 중에는 램프로이와 같은 보호고용 형태 일자리가 더 적합한 이들도 분명히 있고, 그동안 램프로이에 장기간 고용되어 안정적인 일자리를 유지했던 근로자들은 새로운 일자리를 찾아야 한다는 현실적인 문제를 안고 있어 이와 같은 영국의 램프로이 축소 방안은 현재 뜨거운 감자가 되고 있다.

램프로이에 고용된 장애인의 장애유형은 〈표 6-11〉과 같이 학습, 정신, 인지 장애인이 다수를 차지하고 있다.

램프로이의 조직구조는 5명의 실행이사와 5명의 사외이사로 구성되며 이사장은 사외이사 중에서 선임하며 사외이사는 이사회 회장과 협의하여 노동 및 연금부 장관이 위촉한다.

이사회의 기능은 사업계획 및 인수·합병정책을 수립하고 주요 고정자산 구입을 결정하며 추진실적을 점검한다. 램프로이의 통상적인 경영은 5명의 실행이사와 그룹별 부문 관리자가 연간 운영계획에 따라 경영하며 임금결정위원회가 정한 보수를 지급받는다.

램프로이의 주요생산품목은 자동차부품, IT제품, 가구류, 보건기기, 가정 및 세면위생용품, 지원서비스, 각종 서비스대행, 고객관리서비스, 포장 및 인쇄, 의류, 전자 및 기계제품 등의 상품과 서비스를 생산하며 QS9000, ISO9000-2, ISO9002, ISO14001, Q마크 인증 등을 받고 있는 경쟁력 있는 상품과 서비스를 생산하고 있다(Remploy Annual Report & Accounts, 2014).

〈표 6-11〉 영국 램프로이에 고용된 장애인들의 장애유형

장애유형	백분율
신체장애	27
학습, 정신, 인지장애	40
시각 및 청각장애	14
호흡기 및 심장장애	7
기타	12
계	100

*출처: www.remploy.co.uk, 2014.

6. 스웨덴

장애인 고용정책에 있어서 스웨덴은 적극적 노동시장정책이 그대로 용해되어 있다. 독일, 일본 그리고 우리나라와 같이 할당고용제(Quota System)를 채택하고 있지는 않지만, 신체적 · 정신적 손상으로 인해 일반노동시장에의 진입이 어려운 '정책적 배려대상자'(Priority Members)인 지적장애인, 정신장애인 및 중복장애인에 대한 고용기회 우선부여를 통해 직업을 통한 자아실현의 구체적인 실행수단을 마련해 놓고 있다. 그렇지 않고 자신이 가지고 있는 신체적 · 정신적 손상에도 불구하고 노동시장에서 비장애인과 동등하거나 비슷하게 경쟁할 수 있는 집단에 대해서는 장애인차별금지법을 통해 사회적 차별을 받지 않도록 법적 제도적 장치를 마련하고 있다. 더군다나 고용주의 선호도에 따른 직접적 차별뿐만 아니라 간접적 차별까지 규정해 놓고 있어 차별에 따른 피해구제의 범위를 넓혀 놓고 있다.

스웨덴에서 중증장애인들에게 보호고용의 장을 제공하는 직업재활시설은 삼할(Samhall)을 의미한다고 볼 수 있다. 삼할은 근로능력을 감소시키는 신체적 · 정신적 손상으로 인해 일반노동시장에서 근로기회를 가질 수 없고 다른 대책을 통해 그들의 일에 대한 욕구가 성취될 수 없을 때, 일할 기회를 제공하기 위하여, 1980년 당시 지방자치단체, 지방의회, 중앙노동시장국 등에서 운영하던 370여 개의 보호작업장, 사무근로자센터, 산업구호 등을 인수하여 1980년 정부가 100% 출자한 유한책임주식회사(Limited Liability Corporation)이다. 국가가 이를 통합해서 운영하려는 목적 중의 하나는 경제활동의 영역을 더 확대시키고 재정을 개선하여 국가 전체적으로 장애인을 포함한 직업의 공정한 분배를 달성하려는 것이다(곽태열, 2007).

삼할의 주된 과제는 장애인의 개인적 발전을 도모하는 의미 있는 일자리를 제공하는 데 있다. 개인발전을 위한 검증절차의 하나로서 일거리가 주어지기도

하고 훈련과 훈련생의 지위가 부여되기도 한다. 그러한 목적은 일상 근로생활에서 요구되는 경쟁력을 개발시켜주고 자기 자존감을 강화시키며 전문적 기술수준의 증진 및 일반노동시장에서 보다 나은 일자리를 제공하는 데 있다. 근로자들은 삼할이 보유하고 있는 사업장에서, 삼할의 업무수행으로 간주되는 클라이언트의 일반 작업장에서, 다른 고용주에 의해 훈련생의 입장에서, 다양한 과제를 수행할 수 있는 기회를 부여받는다. 동시에 개인고용계획에 맞는 발전전략이 광범위하게 제공되는데 이는 다른 고용주에 의해 근로기회를 부여받는 데 도움이 될 수 있도록 하는 데 있다.

삼할의 기업방침은 경쟁노동시장에서 일자리를 구할 수 없는 장애인에게 고용기회를 주며 이들에게 기술을 습득시켜 일반 기업체로 전직시키는 데 있다. 삼할그룹은 소비자들의 요구에 맞는 제품을 생산하고 서비스를 제공한다는 면에서 일반기업체와 다른 점이 없다. 즉 품질, 가격, 적기납품 등 스웨덴 산업 내에 규정된 제조, 판매, 서비스의 경쟁논리가 그대로 적용된다. 다만, 대부분의 종업원이 장애인이므로 생산과정과 서비스용역에 더 많은 감독 절차가 필요하며 이를 보완하기 위하여 정부보조를 받고 있다. 그러나 이 보조금은 삼할제품의 출고가를 내리는 데는 결코 쓰이지 않으며 스웨덴 상법(The Swedish Cinoabues Act)에 따라 시장경쟁원칙을 그대로 적용받고 있다.

따라서 삼할의 경영목표는 다음 네 가지이며 이 요인에 따라 경영성과가 평가된다.

첫째, 장애인 고용자 수이다. 삼할 종업원의 90% 이상이 장애인이지만 700여 개 공장의 경영평가를 할 때 종업원의 어느 정도가 장애인 근로자인지는 주요한 경영평가의 자료가 되고 있다.

둘째, 우선순위를 부여한 장애인(중증) 취업비율, 동 삼할의 설립목적은 장애인의 일반고용으로의 전이이기 때문에 훈련된 장애인, 특히 중증장애인의 일반고용으로의 전이율이나 삼할 내에서의 중증장애인 비율은 경영평가의 주요한 자료가 된다.

셋째, 경영성과로 총 매출액과 순이익을 의미한다.

그러나 삼할은 최근 장애인 고용안정 기능에 대한 정부지원이 격감하고 직무적응, 전이사업장, 특별고용관리, 해고금지, 지역분산, 업종의 다양성, 직업훈련, 구조조정 금지, 시장적응 등의 사업전문화, 저임금 국가와의 치열한 국제경쟁, 서비스 분야 증가에 따른 사업확장 대응, 아웃소싱(Outsourcing)에 대한 필요성 증대, 삼할에 대한 부정적인 기업 이미지(보호작업장) 등의 새로운 도전을 받고 있다.

따라서 삼할은 2000년 새로운 비전을 통해 장애인의 고용 창출을 35,000명으로 향상시키고 고용 전이율 3～6%를 유지하며, 사업분야의 구성비를 제조업과 서비스 5 : 5로 조정을 제시하였다. 또한, 주문 생산이나 지역 연고위주의 하청·대리(Staffing or in-house) 생산을 늘리고 직업훈련·직업재활서비스를 증대시키고 사회적 인식 개선을 위해 적극적인 활동을 제시하고 있다. 2005년 스웨덴 국회와 체결한 운영계획에도 이러한 비전이 구체적으로 나타나 있는데 스웨덴 국회는 삼할에 대한 운영보조금 지급을 결의하면서 아울러 삼할이 수행해야 하는 부대조건을 제시하고 있다. 한편, 국립노동시장위원회는 정부가 추진하는 장애인 관련시책에 대해 다양한 지원을 아끼지 않을 뿐만 아니라 정부와 공동으로 책임질 것을 서약하였는데 2005년 말 당시 상호 체결했던 협약의 구체적인 내용은 다음과 같다.

첫째, 삼할 내 총 근로장애인에게 24.4백만 시간의 근로기회 제공

둘째, 적어도 고용장애인 중 5% 정도가 일반노동시장으로 전이될 것

셋째, 적어도 신규채용인력의 43%는 정책배려대상자(지적장애인, 정신장애인 및 중복장애인)를 고용할 것

넷째, 삼할을 떠나 일반노동시장에 진입하는 여성장애인 고용증대를 위한 대

책을 마련할 것

다섯째, 아래 사항에 대해 한 달에 한 번씩 보고하되, 모든 보고는 성인지적(性認知的) 보고가 되도록 할 것

- 근로자 수 및 근로시간
- 일반노동시장에 전이된 장애인 수 및 그중에서 임금보조를 받는 장애인 수
- 신규채용 수 및 그중에서 정책배려대상자 채용비율

결과적으로 삼할은 일반 재화생산업체나 서비스 용역회사들의 경비절감을 위해 지방공장이나 사무실을 축소하려고 하는 데 반해 전국에 있는 장애인들에게 취업기회를 제공해야 한다는 기본임무가 있기 때문에 이와는 달리 다양하게 분포된 지역적 특성을 고려해야 하며 중소도시에 맞게 재화생산과 서비스사업도 달라지게 된다. 삼할은 2014년 현재 전국 200여 개의 작은 소도시에 약 370여 개의 사업장을 운영중이며, 21,400여 명의 장애인들이 고용되어 있다. 삼할은 2000년 후반부터 분리고용이 아닌 통합고용이나 일시고용에도 역점을 두면서 2012년 1,000여 명의 장애인을 통합고용으로 전이시켰으며 다음과 같은 긍정적인 효과를 창출하고 있다.

첫째, 삼할은 노동시장과 기업에 유능한 노동력을 공급하는 역할을 수행한다.

경기침체 이전에도 장애인이 경쟁노동시장에 취업하기란 대단히 어려웠으며, 오늘날과 같이 전례 없는 고도의 실업상태에서는 더 많은 장애인들이 삼할과 같은 장애인 고용사업체를 찾게 된다. 이들에게 더 많은 고용기회를 제공하기 위해서는 기업경영 면에서 더욱 효율성을 제고시켜야 하며 재활서비스 등 내부적인 일을 더욱 충실히 해야 한다. 이렇게 함으로써 더 많은 장애인 근로자를 일반기업으로 전직시킬 수가 있고 새로 고용되는 장애인에게 일자리를 제공하게 되는데 삼할이 이러한 역할을 충실히 수행함으로써 장애인 근로자의 인적자원화에 기여하고 있다.

둘째, 장애인이 유능한 근로자가 될 수 있음을 인지하게 하고 있다.

삼할의 경영목표는 노동과 재활이다. 직장을 갖고 있는 장애인은 노동시장에서 똑같은 자격으로 사회에 참여하게 되는 것이다. 시장여건(Market Condition) 하의 노동, 즉 시장원리에 맞는 생산과 서비스를 제공하는 노동은 장애인 종업원들에게 자신감과 자유라는 인간 본래의 권리를 맛보게 하며 이것은 다른 사회생활에서도 많은 도움이 된다. 작업환경을 좀 더 개선하여 장애인 개개인의 특성에 맞는 일자리가 주어진다면 노동시장에서 장애인들이 취업할 수 있는 기회는 훨씬 많아질 것이다. 삼할은 이와 같은 장애인의 능력을 세상에 알려주는 계기가 되었으며 다른 기업주들에게도 장애인의 특성과 생산성을 조화시킬 수 있다는 가능성을 보여주었다.

셋째, 삼할의 존재의의는 노동시장과 경제계(Business Society)에 직접, 간접으로 이익을 제공하면서 사회에 적극 참여하고 있다는 점이다. 이것은 개인뿐 아니라 정치, 경제 면에서도 가치가 있다. 또한 삼할은 장애인 개개인에게는 노동이 자신들의 발전을 위한 좋은 기회가 되겠지만 사회활성화에도 크게 기여하고 있다는 사실을 보여주었다. 즉, 삼할운영은 사회, 노동시장정책과 장애인정책을 함께 수행하게 되므로 장애인들에게 공평한 기회배분(Equal Distribution)이라는 명분을 주게 되고 정치적으로는 유익한 점이 많다. 800여 개 작업장은 지리적인 여건으로 경영상 문제가 있지만 지방활성화 정책에도 일조를 하고 있다. 제품개발, 생산성 향상, 품질향상, 그룹작업편성 및 재활서비스 면에서 삼할이 스웨덴 산업발전에 기여한 바는 대단히 크며 돈으로 환산할 수 없을 정도의 공헌을 하였다.

삼할은 2014년 현재 370여 개의 사업장에 21,400여 명의 장애인들이 근로하고 있으며 이들 중 40%는 상품생산, 60%는 서비스 용역이나 이 비율은 점점 더 서비스 인력으로 전환을 계획하고 있다.

삼할에 근로하는 장애유형은 〈표 6-12〉와 같이 지체장애 34%, 지적장애

〈표 6-12〉 삼할에 고용된 장애인의 유형

장애유형	백분율
지체장애	34
지적장애	17
정신질환	16
약물복용	10
기타 신체질환	17
심장·혈관이상	3
청각장애	2
시각장애	1
계	100

* 출처: 조성렬(2003). 삼할방문보고서. 미간행보고서.

17%, 정신질환 16%, 약물복용 10%, 기타 신체질환 17%, 심장·혈관이상 3%, 청각장애 2%, 시각장애 1%로 나타나 신체와 정신장애가 상당부분 차지하고 있는 것으로 나타나고 심장장애 3%로도 눈여겨볼 만한 사항이다.

삼할의 운영과 조직은 연례정기모임, 이사회, 보상위원회 등의 체계로 구성되어 있다.

가. 연례정기모임(Annual General Meeting, AGM)

주요한 대외적 관계에서 발생할 수 있는 논의는 연례정기모임에서 이루어지고 이는 근본적으로 중앙정부와 삼할 간의 공식적인 의사소통방식의 일환으로 간주될 수 있다. 물론 연례정기모임에서 결정된 사항에 따라 실제 업무진행에 있어 삼할이 중앙정부로부터 포괄적 업무수행을 위임받았다고 볼 수 없다. 그것은 구체적 업무처리에 있어 중요사항에 대해서는 업무진행과정에서도 여전히 중앙정부에 의한 일종의 개입이 허락되기 때문이다. 연례정기모임에서는 이사회를 구성하고, 구성된 이사회를 이끄는 이사장이 삼할 운영의 주요 의사결정자로서 역할을 하게 된다. 그러한 역할을 원활하게 수행하기 위하여 다양한 위원회를 두어 재정투명성, 고위직에 대한 관리행정을 합의적으로, 투명하게 수행하려는 의지를 엿볼 수 있다.

연례정기모임은 정부지침에 따라 당해 연도 4월 30일 이전에 개최되며, 정부소유기업정책에 발맞추어 일반인에게도 공개된다. 국회의원들은 이에 참석할 자격을 가지며 국회사무국에도 연례정기모임에서 보내는 특별한 공지가 전달된다. 삼할과 밀접한 관련이 있는 국회의원들은 개별적으로 초청된다. 그렇지 않은 경우는 일반 언론매체를 통한 광고와 삼할 웹사이트를 통해 참석토록 초청된다. 이에 따라 일반적으로 참석되는 대상은 아래와 같다.

- 국회의원
- 중앙정부(기업・에너지・통신부) 대표
- 삼할 이사진
- 삼할 회계감사인
- 공공기관, 클라이언트 및 다양한 장애인단체 대표들

사업과 관련된 다양한 문제를 결정하기 위한 이러한 연례정기모임은 스웨덴 기업법의 규정에 따라 이루어진다. 덧붙여, 이사회와 회계감사인에게 지불되는 보상(Remuneration)이 이루어진다. 이 모임에서 통상 삼할의 운영과 관련되는 세미나까지 이루어지는데 2006년 세미나의 주제는 '모든 사람을 위한 역동적인 노동시장'으로 설정하여, 국회, 중앙정부, 삼할 이사진, 산업체 및 노조 등에서 패널로 광범위하게 참여하는 형태로 진행되었는데 200명 정도가 참석하였다.

또한, 연례정기모임에서는 삼할의 이사진을 지명하는데 이들 구성원 중에서 의장이 선출된다. 회계감사인단은 연례정기모임에서 지명하는 회계법인과, 스웨덴 국립회계원(Swedish National Audit Office)과 공동작업을 수행할 회계감사인과 부감사인을 포괄한다. 마지막으로 동 모임에서 삼할의 운영방향과 재정목표를 수립한다.

나. 이사회 운영(Board of Samhall)

정부는 이사진이 삼할의 운영에 도움이 될 수 있는 전문성을 갖춘 사람들로 구성되기를 바라기 때문에 삼할의 성장과 세계경제의 변화를 잘 읽을 수 있는 지식을 갖춘 전문가를 중요시 여긴다. 정부소유기업에 대한 행정과 관련하여 정부에서는 정부소유기업정책의 중요한 원칙에 대해 상세하게 기술해 놓았으며, 이사진 지명과 관련한 절차는 중앙정부의 하나인 "기업 · 에너지 · 통신부"의 국가소유기업과(State-Ownership Division)에서 담당한다. 새로운 이사진에 대한 지명과 결정은 관계 중앙부처, 삼할 이사장과 다른 이사들 등에 의해 진행된다. 이사진 결정은 기술, 배경, 연령과 성별 등을 총체적으로 고려하여 균형을 갖춘 인사적 조치가 이루어질 수 있도록 광범위한 충원기반하에서 이루어진다. 지명절차가 종료되면 지명은 행정지침에 따라 일반에 공개된다. 이사진은 연례정기모임에서 임명된 8명과, 노조에서 선임된 3명의 이사와 3명의 부이사(Deputies)로 구성된다. 2014년 현재 연례정기모임에서 임명된 이사 중 3명은 여성이다.

이사회는 관련법, 협회의 규정들 그리고 삼할에 대한 정부의 운영방침 등의 큰 테두리 내에서 삼할의 조직 및 사업운영과 관련된 행정에 대해 책임을 진다. 사업은 스웨덴기업법과 이사회의 업무수행지침에 발맞추어 이사회에 의해 진행된다. 이사회의 일차적인 업무과제는 전략적 역점사업 수립, 중요한 투자와 조직상의 중대한 변화에 대한 승인, 그리고 중앙정책 수립 등이다. 이와 함께 위기관리 및 통제절차를 의미하는 상황의 진행과정을 면밀히 모니터링한다. 이사회는 업무수행지침을 매년 개정할 수 있는데 이에는 이사장과 CEO의 책무, 이사회모임의 빈도 및 형식, 내·외부 재정보고와 이사회 및 CEO의 업무에 대한 평가 등과 관련된 중요한 이슈들을 규정한다.

이사회는 업무수행형태, 업무수행분위기, 특정한 수행능력과 관련한 업무성과에 대해 매년 평가를 실시한다. 다른 하부 위원회에 대한 업무평가도 아울러 이루어진다. 평가는 연례정기모임에서 지명된 이사장의 지휘 아래 이루어진다. 이사회는 또한 CEO의 업무수행결과에 대해서도 매년 평가한다. 이사회의 업무수행지침에 따라 이사회의 이사장은 이사회의 업무수행결과가 효율적으로 이루어졌는지, 의무를 다하였는지를 점검한다. 아울러 의장은 이사회가 의사결정을 하는 과정에서 충분한 문서자료와 정보를 받았는지를 점검한다.

다. 보상위원회(Compensation Committee)

이사회는 CEO에 대한 보상과 다른 고용조건과 관련된 이슈에 대해 이사회를 보좌하기 위하여 보상위원회를 둔다. 동 위원회는 또한 다른 고위급 관리직위와 그에 상응하는 직책에 대한 유상적 보상(Remuneration) 이슈를 다룬다. 동 위원회는 일 년에 두 번 개최되며 CEO나 관리자그룹의 연봉지침 등과 관련된 이슈들을 논의한다.

라. 회계감사위원회(Audit Committee)

이사회는 삼할의 회계, 재정보고 및 위기관리절차에 대한 통제와 투명성에 관한 인지도를 제고하고 재정보고의 질을 높이기 위하여 회계감사위원회를 둔다.

마. 회계감사단(Auditors)

정부소유기업에 대한 회계감사단을 선출하는 책임은 항상 그 소유주에게 있다. 구매에 관한 실무적인 업무는 이사회의 회계감사위원회의 상의 아래 회사관리 차원에서 이루어지지만, 구매절차와 관련된 각 단계들(구매기준, 선정과 평가)은 정부 사무국 직원에 의해 모니터링되고 마지막 결정은 연례정기모임에서 이루어진다. 회계감사단은 스웨덴 기업법에 따라 의무 4년의 임기기간 동안 협력하도록 되어 있다.

삼할의 주요 생산품목과 서비스는 생산품은 의료용품, 장애인 용품, 스포츠용품, 대기업 하청의 자동차, 포장, 가구생산 등 다양하며 서비스는 청소서비스, 재산관리서비스(Property Service), 가정서비스, 보장구서비스, 하청・대리(Staffing or In-house)서비스, 학교구내식당, 빌딩관리, 냉장음식, 문서관리 등이다.

또한 삼할에서는 생산품의 품질을 보장하기 위하여 다음의 3가지 품질확인 방법을 사용하고 있다.

첫째, 스웨덴 표준검사국이나 품질관리국과 같은 공인된 제3자 기관에서 품질보증, 둘째, 소비자가 감독하고 보증하는 방법으로 소비자가 검사하여 검사증 발급(ISO 9001 수준으로 확인), 셋째, 그룹에서 지명된 품질검사과정을 이수한 전문가에 의한 품질 보증 방법 등이다.

정부는 삼할의 설립목적 가운데 하나인 일반직장으로의 전직비율을 높이기 위하여 임금보조제도를 운영하고 있는데 전직한 장애인근로자 가운데 약 75% 정도가 임금 외에 다른 보조금을 받고 있어 고용사무소의 재정에 부담이 되고 있는 문제를 안고 있다. 삼할은 장애인근로자를 직접 고용하지 않고 지방고용사무소를 통하여 고용하고 있는데 그 이유는 지방고용사무소가 장애인의 기능장애 여부와 상태를 판단하기 때문이다. 삼할에서 일하는 장애인은 일반 근로자의 신분으로, 의무적으로 노동조합에 가입된다. 급여수준은 일반노동시장에서의 직종별 노동조합에 의해 이루어진 노동협약을 근거로 한다. 이들이 받는 급여수준은 평균적으로 일반 수준보다 10~15% 정도 낮은 편이고 이는 일반 노동시장으로의 전직을 방해하지 않기 위한 것이다. 삼할에서 전일근무가 가능한 장애인의 경우는 전일근무에 대한 임금 외에 보조금을 받지 않으며, 반일근무만 가능한 장애인의 경우는 반일근무에 대한 임금 외에 나머지 반은 장애수당으로 보조를 받고 있다. 삼할에서 근무하는 장애인은 근로자로서 모두 납세의 의무를 가지고 있다.

7. 직업재활시설의 과제

우리나라 직업재활시설은 지난 30년 동안 많은 양적인 성과는 이루었지만 직업재활시설이 중증장애인들의 보호고용과 경쟁고용으로의 전환을 위한 전환기적 성격의 훈련시설로서의 역할과 기능은 다하지 못하는 것으로 그동안의 평가결과에서 나타났다. 그러나 직업재활시설이 본연의 역할과 기능을 충실히 하지 못한 이유는 충분한 정책적 지원이나 예산의 뒷받침이 없었던 것도 있지만 다음과 같은 직업재활시설 운영의 문제가 노정되어 있었고 결국 이 문제가 직업재활시설이 해결해야 할 과제일 것이다.

가. 직업재활시설의 정체성 확립

직업재활시설은 당장 통합고용이 어렵거나 통합고용이 적합하지 않은 장애인들에게 통합고용으로의 전이나 보호고용을 제공하기 위해 훈련과 유급고용의 기능을 하는 비영리 시설이다. 그러나 직업재활시설이 갖는 기능은 사회적 경제를 구성하는 주요한 기반으로 생산품이나 용역의 생산과 판매를 포함한 사업적 방식을 활용하여 사회적 문제를 해결하는 사회적 기업과 같다. 직업재활시설은 영리와는 관계없이 사회문제만을 해결하고 이를 위해 존재하는 다른 비영리조직과는 다르다. 이러한 특성을 가진 직업재활시설은 장애인복지법 제58조에서 다른 비영리시설과 함께 장애인복지시설로 규정되어 있으며 이 규정에 의해 조직과 운영, 시설에 관한 모든 기준들이 설계되어 있다. 이런 상황에서 영리기능까지 담당해야 하는 직업재활시설은 정체성을 확립하는 데 기본적으로 제한점이 있다. 특히, 2008년 장애인복지법 개정으로 직업재활시설 유형이 근로사업장과 보호작업장으로 재편되기 전에는 시설유형이 세분화되어 있었으나 이 시설유형에 대한 명확한 기준이나 역할이 없었기 때문에 다른 비영리조직과 차이점이 없었고 정체성에 혼란이 있었던 것이 사실이다.

직업재활시설 유형이 재편된 것은 직업재활시설의 역할과 기능을 분명히 하고자 한 것이다. 즉, 직업재활시설은 단순한 비영리조직이 아니라 영리기능을 통해 장애인들의 일자리 창출과 통합고용으로의 전이를 목표로 하는 일종의 사회서비스로서 영리와 비영리 기능을 동시에 가지는 산업이라는 것이다.

직업재활시설이 설립목적을 달성하기 위해서는 비영리조직이지만 영리기능을 어떻게 잘 수행하느냐에 있다. 이를 위해서는 직업재활시설의 특성을 감안한 정체성 정립이 필요한데, 먼저 직업재활시설의 설치근거를 다른 비영리조직인 장애인복지시설과 동일하게 적용할 것이 아니라 별도의 설치근거가 필요하며 이 근거에 의해 시설과 운영에 관련한 세부적인 기준들이 마련되어야 할 것이다. 또한 직업재활시설 운영자도 비영리조직 운영형태를 벗어나 영리적인 기능을 할 수 있는 형태로 정체성을 확립하는 것이 필요할 것이다. 직업재활시설이 영리기능과 비영리기능을 어떻게 조율해야 하느냐는 일정한 기준을 정하기는 어렵고 시설유형에 근로 혹은 훈련하는 장애인 근로자의 특성에 따라 달라질 것이다. 한국 직업재활시설의 당면과제는 가장 먼저 시설의 정체성을 분명히 하고 정립하는 작업이 이루어져야 할 것이다.

나. 직업재활시설의 인증제도 도입

우리나라 직업재활시설은 일본과 마찬가지로 일정한 요건을 갖추어 지방자치단체에 신고함으로 직업재활시설을 설치·운영할 수 있도록 장애인복지법과 장애인복지법 시행규칙에서 규정하고 있다. 따라서 직업재활시설이 유형구분에 맞게 역할과 기능을 하느냐는 결국 이 법률과 시행규칙에 규정된 시설유형별 시설설치·기준, 설비, 적격대상 장애인과 생산이나 판매관리, 근로기준관리, 임금관리, 마케팅관리, 사례관리 등의 규정을 지키느냐에 달려 있을 것이다. 그러나 지난 2008년 시설유형 재편 시 인증제를 전제조건으로 하였지만 인증제가 도입되지 못함으로 시설유형 구분에 따른 시설 정체성과 운영의 질을 담보하지 못하고 있다. 더욱이 신고체계도 시, 군, 구청장에게 신고하도록 하고 있어 담당공무원이 요건을 확인하는 정도이지 실제 이 시설이 시설유형에 맞는 역할과 기능을 할 수 있느냐는 전혀 확인할 길이 없다. 물론, 2000년 이후 평가제도가 도입되어 일부 제어할 수 있는 방법이 있기는 하지만 일단 특정 시설유형으로 신고가 된 이후 평가결과를 토대로 시설유형을 변화시키기에는 우리나라 공공행정이나 예산제도가 쉽지 않다.

직업재활시설유형을 구분하는 이유는 장애정도와 특성, 직무요건에 따라 근로자의 노동능력도 다르기 때문에 이들에게 적용되어야 하는 직업능력개발이나 고용에 대한 지원방안도 달라야 하기 때문이다. 이를 위해 장애인복지법, 동법 시행규칙, 장애인복지사업안내 등에서도 설립기본여건에 대한 여러 가지 장치들을 문서화하고 있다. 예를 들어 시설면적, 최소 이용자기준, 설비 및 시설기준, 직원배치기준, 운영기준, 건강관리, 장부비치, 안전관리, 시설개방, 사업, 작업환경, 적격대상 장애, 임금관리, 시정조치, 생산이나 판매, 품질관리, 사례관리 등을 세부적으로 명시하고 있다. 그러나 신고를 담당하는 지방자치단체 공무원들이 신고서류를 토대로 허가할 수밖에 없는 상황이기 때문에 실제 시정조치사항이 있다 하더라도 이를 개선하는 것은 쉬운 문제가 아니다.

따라서 직업재활시설신고에 따른 요건과 시설유형에 맞는 적격성 확인을 위하여 인증제도입은 반드시 이루어져야 하며 인증을 위한 인증형식, 인증기관, 인증과정, 인증결정 및 인증기준을 만들 필요가 있다.

만약, 인증제를 하지 않고 현재와 같이 시설 신고제가 유지된다면 시설 유형에 따른 역할과 기능의 제한은 물론이며 전체적인 직업재활시설의 정체성도 담보하지 못할 것이다. 따라서 시설인증제를 도입해야 하는 당면과제를 안고 있다.

다. 직업재활시설 수의 확대

한국에서 통합고용이 어려운 장애인들을 위한 보호고용, 즉 직업재활시설의 필요량이 어느 정도인지 추정하는 것은 쉬운 문제가 아니다. 그러나 우리나라보다 50년 이상 앞서 직업재활사업이 시작되고 보호고용사업이 활성화된 국가들의 예를 통해 그 필요량은 추정할 수 있다. 직업재활시설의 필요량은 국가의 직업재활이나 노동시장 상황에 따라 상당한 차이가 있겠지만 대체로 전체 장애인 수의 1-4%에 어떤 방식이든 국가의 지원에 의한 보호고용 기회가 제공되고 있다. 즉, 통합고용 여건이 좋은 국가의 경우는 1%, 그렇지 않은 국가는 그 수가 당연히 늘어날 것이다. 우리나라의 경우 보호고용 사업이 시작된 것이 지난 1986년 이후라고 본다면 적어도 1% 이상은 보호고용 기회가 제공되어야 하지만 의무고용 비율도 채우지 못하고 있다. 즉, 2014년을 기준으로 보면 2만 5천 명에서 3만 명 정도의 장애인에게 직업재활시설에서 보호고용이나 훈련의 기회가 제공되어야 그 수요를 충족할 수 있는 것으로 추산된다. 그러나 2014년 현재 약 600여 개 시설에서 1만 4천 명에게 기회가 제공되고 있기 때문에 약 0.5% 정도가 보호고용기회를 제공받고 있어 필요한 장애인이 서비스를 제공받기에는 절대적으로 부족하다.

또한 직업재활시설은 지역적으로도 서울이나 광역시단위에 집중되어 있고 시설유형도 고루 분포되어 있지 않다 보니 직업재활시설이 시설유형에 맞게 신고 되기보다는 편의적으로 신고가 되어 경증, 중증장애인이 동일 직업재활시설에서 보호고용되어 있고 노동에 따른 적절한 임금을 제공받지 못하거나 적절한 훈련기회가 제공되고 있지 못하는 것으로 나타나고 있어 기회를 제공받지 못하는 장애인이 체감하는 보호고용 기회는 더욱 열악하게 느낄 수 있을 것이다. 따라서 우리나라 직업재활시설의 큰 당면과제는 현재의 부족한 직업재활시설 수를 점차 증대시키면서 시설의 기능과 역할을 제대로 수행할 수 있도록 하는 것이다. 즉, 무작정 시설 수를 늘리기보다는 지역별, 장애유형별, 생산품목 및 관리 등을 모두 고려한 체계적인 시설확대가 필요한 것이다. 이를 위해 직업재활시설의 장기적 발전방안에 대한 종합적인 계획이 수립되어야 하며 이 계획을 토대로 점차적인 시설 확대를 추진해야 할 것이다.

라. 직업재활시설 유형 간의 전이와 유상적인 보호고용 기능 활성화

지난 1999년 장애인복지법 개정과 2000년 시행규칙 개정에서 시설유형을 세분화한 의도는 시설 간의 자연스러운 전이와 연계를 유도함으로 시설이 대형화하는 것을 막고 자연스럽게 지역사회에 많은 시설설치를 유도하여 중증 재가 장애인들에게 고용기회를 제공하고자 한 것이었다. 그러나 평가결과에서는 실제 경쟁고용이나 다른 시설로의 전이는 거의 이루어지지 않는 것으로 분석되었고 생활시설에서 운영하는 직업재활시설의 경우 재가 장애인들에게 적극적으로 기회를 제공하지 않음으로 시설유형구분을 다양화한 효과가 나타나지 않았다. 결국, 직업재활시설 유형구분의 다양화는 시설의 수를 확대하는 것에는 기여하였지만 실제 장애인들이 경쟁고용으로의 전이나 능력개발을 통해 임금 향상이 뒤따르는 보호고용형 시설로의 전이가 이루어지지 않음으로 또 다른 생활시설이나 복지관 프로그램으로 전락되고 있는 것으로 분석되었다. 이에 2008년 시설유형을 장애인 근로사업장과 보호작업장으로 구분하고 작업활동프로그램을 설치하도록 하여 자연스러운 전이가 이루어지도록 하였으며 직업재활시설의 생산성을 어느 정도 담보하여 장애인들에게 유상적인 보호고용기능을 수행하도록 하였다. 그러나 시설유형 재편 후 유상적인 보호고용기능은 어느 정도 활성화되고 있는 것으로 분석되고 있으나 작업활동프로그램참여자의 보호작업장으로의 전이는 그 효과가 크지 않은 것으로 보인다. 따라서 한국 직업재활시설이 장애인들에게 활발하게 일자리를 제공하여 훈련의 장을 제공하기 위해서는 보호작업장이나 근로사업장과 연계된 작업활동프로그램 설치와 이를 토대로 훈련생이 근로자로 자연스럽게 연계가 이루어질 수 있도록 시설들이 체계를 갖추어야 하며 생산성을 담보할 수 있는 방안들을 강구하여 직업재활시설이 고용기회의 장으로서 역할을 할 수 있도록 해야 할 것이다.

마. 생산직종의 다양화와 우선구매제도 연계

미국, 영국, 독일 등의 국가에서 직업재활시설의 주요 생산업종은 2차 산업보다는 50% 이상이 서비스 산업이다. 우리나라 전체적인 산업구조도 2차 산업에서 3차 산업으로 바뀌고 있기 때문에 신체 노동력 중심의 생산성이 떨어지는 중증장애인들은 2차 산업보다는 3차 산업이 이윤 추구에서 많은 장점을 가질 수 있다. 그러나 우리나라 직업재활시설은 80% 이상이 제조업에 진출해 있으며 이 중 40%는 단순임가공이다. 즉, 신체 노동력 중심의 생산성이 떨어지는 장애인들에게는 가장 취약한 산업을 대상으로 하고 있다는 것이다. 또한 생산품목의 마케팅을 지원하기 위하여 중증장애인생산품우선구매특별법이 제정되기 전에는 장애인복지법에서 국가나 지방자치단체의 우선구매를 규정하고 18개 품목의 일정 비율을 우선구매할 것을 장애인복지법 시행규칙에서 규정하였지만 약 29%의 시설만이 우선구매품목을 생산하고 있고 이들 시설들도 전량 조달납품을 하지 못하였다.

즉, 우리나라 직업재활시설은 중증장애인들에게 유급의 고용기회를 제공하기 위한 대상품목이나 서비스를 적절하게 선정하지 못하고 마케팅 지원도 제한적으로 이루어지고 있다. 이는 직업재활시설이 제 기능을 하지 못하는 주된 요인이었다.

직업재활시설 유형 재편으로 직업재활시설들이 운영능력을 확보할 것이라고 생각하는 것은 잘못된 생각이다. 시설유형 재편이 시설의 운영 능력을 제고하기 위한 하나의 방안임은 분명한 사실이지만 근본적인 시설운영 능력을 개선하기 위해서는 운영비의 현실적 지원이나 마케팅에 있어 적극적 우대조치가 반드시 이루어져야 한다. 이미 우리나라의 경우 운영비를 현실적으로 지원하는 방법은 정부 예산구조나 장애인들의 예산 요구 방식에 비추어볼 때 무리가 있기 때문에 마케팅에 있어 적극적 우대조치인 우선구매제도를 조기에 정착시키는 것이 직업재활시설이 제 기능을 하는 데 중요한 관건이다. 따라서 직업재활시설 생산품의 품질인증이나 경영컨설팅도 중요하지만 마케팅의 본질적인 문제인 우선구매제도에 대한 획기적인 정책구현이 어느 때보다도 중요하다. 따라서 중증장애인 생산품 우선구매특별법을 실효성 있게 개정할 필요가 있으며 이 개정안에는 적용대상을 보다 분명하게 하고 업무수행기관을 법률에 규정하고 단체수의계약제도의 도입이나 우선구매제도 수행을 위한 예산확보 방안 등의 내용들이 담겨져야 할 것이다.

바. 직업재활시설 근로장애인의 근로기준법 적용에 대한 방안 마련

장애인 노동기본권 문제에서 근로기회 청구권과 함께 비중 있게 논의되는 문제 중의 하나는 최저임금 적용제외와 관련한 문제이다. 그러나 이 임금문제보다 우선적으로 고려되어야 할 사항은 근로자로서 최소한의 근로조건을 규정하고 있는 근로기준법 적용문제이다. 근로기준법은 우리나라 통상적인 근로자에게 적용되는 최소한의 근로조건을 규율하는 법률이다. 그러나 직업재활시설은 통상적인 근로조건에서 근로하기 어려운 장애인을 대상으로 하는 법률이기 때문에 근로기준법에서 어떻게 규정할 것인가는 대단히 민감하고 중요한 부분이다. 그리고 이것이 전제되어야 직업재활시설이나 근로장애인의 완전한 보호고용의 장이 될 수 있을 것이다. 미국의 경우도 우리나라 근로기준법과 같은 공정노동기준법(the Fair Labor Standards Act: FLSA)에서 장애를 가진 노동자의 최저임금, 노동시간 등의 근로기준을 별도로 규정하여 보호작업장에서 근로하는 근로장애인의 근로조건을 보호하고 있다. 따라서 직업재활시설 근로장애인을 어떤 방식으로 근로자로 정의하며, 임금, 근로조건, 복리후생 등의 근로조건을 어떤 기준으로 규정할 것인지에 대한 공론화와 이를 근거로 한 근로기준법 개정방안이 마련되어야 한다.

[부록 1] 장애인복지시설 설치 · 운영 신고서 예시(별지 제20호 서식)

접수번호	접수일	처리기간 10일

신청인	법 인 명	대표자 성명
	주 소	전화번호
시 설 개 요	명 칭	시설종류
	소재지	전화번호
	시설장의 성명	주민등록번호
	설치연월일	이용정원 명

시 설 설 비 내 역	거 실	㎡	사 무 실	㎡	재 활 실	㎡
	재활상담실	㎡	집단활동실	㎡	직업훈련실	㎡
	조 리 실	㎡	목 욕 실	㎡	세 탁 장	㎡
	건 조 장	㎡	화 장 실	㎡	도 서 실	㎡
	오 락 실	㎡	자원봉사실	㎡	강 의 실	㎡
	강 당	㎡	운 동 장	㎡	대 지	㎡
	기 타					

직 원	정 원	사회복지사 자격증소지자	예 산	수입총액	지출총액
	명	명		원	원

「장애인복지법」 제59조제2항 및 같은 법 시행규칙 제43조제1항에 따라 위와 같이 장애인복지시설의 설치 · 운영을 신고합니다.

년 월 일

신고인 (서명 또는 인)

특별자치도지사 · 시장 · 군수 · 구청장 귀하

신고인 (대표자) 제출서류	1. 정관 1부(법인인 경우만 해당합니다) 2. 시설운영에 필요한 재산목록 1부 3. 사업계획서 및 예산서 각 1부 4. 시설의 운영에 관한 규정 각 1부 5. 시설의 평면도(시설의 층별 및 구조별 면적을 표시하여야 합니다)와 설비구조내역서 각 1부	수수료 없음
담당 공무원 확인사항	1. 법인 등기사항증명서(법인인 경우만 해당합니다) 2. 시설의 장의 주민등록표 초본 3. 건물등기부 등본 4. 토지등기부 등본	

행정정보 공동이용 동의서

본인은 이 건 업무처리와 관련하여 담당 공무원이 「전자정부법」제36조에 따른 행정정보의 공동이용을 통하여 위의 담당 공무원 확인 사항중 제2호를 확인하는 것에 동의합니다. * 동의하지 아니하는 경우에는 신청인이 직접 관련 서류를 제출하여야 합니다.

신고인 (서명 또는 인)

210mm×297mm[일반용지 60g/㎡(재활용품)]

[부록 2]기능보강사업 국고보조금 교부신청서 점검표 및 별지서식

시설명 : 　　　　　　　　　사업명 : 　　　　　　　　　점검일 : 20 　.　.

구 분	수 행 자	구 비 서 류	점 검 내 용	점 검 결 과
예 산	시·도지사	○국고보조금	○국비 ○지방비 ○자부담	적정□ 부적정□ 적정□ 부적정□ 적정□ 부적정□
공 통	시·도지사	○국고보조금교부신청서	○유무 ○보조사업기간 ○직인 날인	유 □ 무 □ 적정□ 부적정□ 유 □ 무 □
		○사업검토의견서	○유무 ○사업계획 타당성 ○사업수행능력 ○자부담확보 방안 – 기부승락서 – 이사회의결 등 ○직인 날인	유 □ 무 □ 적정□ 부적정□ 적정□ 부적정□ 적정□ 부적정□ 유 □ 무 □
	법 인 (대표이사)	○보조사업수행계획서	○유무 ○직인 날인	유 □ 무 □ 유 □ 무 □
신·증축	법 인 (대표이사)	○시설 신·증축 등 보조사업 수행 계획서 ※부지가 필요한 경우	○유무 ○설치장소 ○부지 확보방안	유 □ 무 □ 적정□ 부적정□ 적정□ 부적정□
		–설치도서(배치도, 평면도)	○유무 ○건물용도	유 □ 무 □ 적정□ 부적정□
		–공사비 내역서	○유무 ○건물구조	유 □ 무 □ 적정□ 부적정□
			○건물규모(사업량)	적정□ 부적정□
			○소요비용 ○세부 산출근거	적정□ 부적정□ 적정□ 부적정□
			○재원조달방법	적정□ 부적정□
			○편의시설 설치 – 생활관 – 재활관 – 목욕탕 – 화장실 등	적정□ 부적정□
			○사업별 추진일정	적정□ 부적정□
	기술직공무원, 감 리 원	○설계검토의견서	○유무 ○관계자 날인	유 □ 무 □ 적정□ 부적정□
	법 인 (대표이사)	○부동산 등기부등본 ※부지가 필요한 경우	○유무 ○소유권 – 법인소유 여부 등 ○근저당(부채 등)	유 □ 무 □ 적정□ 부적정□ 적정□ 부적정□
장비보강	법 인 (대표이사)	○사업수행계획서	○유무 ○장비유형 구분(의료, 직업재활, 기타장비)	유 □ 무 □ 적정□ 부적정□
		– 설치도서(배치도, 평면도) ※부지 및 설계도가 필요한 경우	○부지 확보방안	적정□ 부적정□
	기술직공무원, 감 리 원	○설계검토의견서 ※설계도가 필요한 경우	○유무 ○관계자 날인	유 □ 무 □ 유 □ 무 □
	법 인 (대표이사)	○부동산 등기부 등본 ※부지가 필요한 경우	○유무 ○소유권 ○근저당(부채 등)	유 □ 무 □ 적정□ 부적정□ 적정□ 부적정□
임차료 지원	법인 (대표이사)	○사업수행계획서	○유무 ○장애인 접근성 및 시설의 독립성	유 □ 무 □ 적정□ 부적정□
	법인 (대표이사)	○임대차계약서 사본 ○부동산 등기부등본	○유무 ○근저당설정 또는 전세권설정	유 □ 무 □ 적정□ 부적정□

[별지 제2호 서식] : 기관 및 법인 공통

장애인직업재활시설 기능보강사업 국고보조금 교부신청서

보건복지부장관(시・도지사, 시・군・구청장) 귀하

장애인복지법 제81조 및 보조금의예산및관리에관한법률 제16조의 규정에 의하여 다음과 같이 국고보조금의 교부를 신청합니다.

20 . . .

시・도지사(시・군・구청장, 법인대표) ㊞

1. 보조사업자에 관한 사항
   ○ 사업자 종류 : 지방자치단체 □ 사회복지법인 □ 사단법인 □ 기타 법인 □
   ○ 사업자 명칭 :
   ○ 사업자 대표 :

2. 시설에 관한 사항
   ○ 시설종류 :
   ○ 시 설 명 : (☎ - -)
   ○ 소 재 지 :
   ○ 시 설 장 : (☎ - -)

3. 사업에 관한 사항
   ○ 사업종류 : 신축 □ 증축 □ 개보수 □ 장비구입 □ 임차료 □
   ○ 사 업 명 :
   ○ 사업목적 :
   ○ 사 업 량 :
   ○ 사업장소 :
   ○ 사업기간 : 20 . . .~ . . . (년 개월)
   ○ 사 업 비 : 천원 (계속사업인 경우 총기간 사업비 천원)
   - 국 고 : 천원
   - 지방비 : 천원 (시도 천원, 시군구 천원)
   - 자부담 : 천원

붙임 1. 장애인직업재활시설 기능보강사업 국고보조금 교부신청에 따른 의견서 1부.
2. 장애인직업재활시설 기능보강 국고보조사업 수행계획서 1부.
3. 기타 필요서류

[별지 제3호 서식] : 기관 및 법인 공통

장애인직업재활시설 기능보강사업 국고보조금 교부신청에 따른 의견서

1. 보조사업자에 관한 사항

○ 사업자 명칭 :

○ 사업자 대표 :

2. 시설에 관한 사항

○ 시 설 명 : (☏ - -)

○ 시 설 장 : (☏ - -)

3. 사업에 관한 사항

○ 사업종류 : 신축 □ 증축 □ 개보수 □ 장비구입 □ 임차료 □

○ 사 업 명 :

○ 사 업 량 :

○ 사업장소 :

4. 사업에 관한 의견

○ 사업의 필요성 :

○ 사업장소의 적정성 :

○ 사업량의 적정성 :

○ 사업비의 적정성 :

○ 사업전망 :

○ 건축부지의 건축허가 가능여부 등 검토사항 :

○ 기타 국고보조사업 수행과 관련한 의견 등 :

시・도지사(시・군・구청장, 법인대표)

[별지 제4호 서식] : 기관 및 법인 공통

장애인직업재활시설 기능보강 국고보조사업 수행계획서

(신축, 증축, 개보수)

1. 시설 현황

○ 시 설 명 : (대 표 자 :)
○ 시설소재지 : (전화번호 :)
○ 입소자현황 : 정원 명, 현원 명(20 . . . 현재)
○ 건물현황 (기존건물)

용 도 별	건축년월일	건 물 구 조	연 면 적 (㎡)	비 고
계				
거 실 물리치료실 기 타				

※ 법인 명의 건물등기부 및 건축물대장과 일치토록 작성

2. 보조사업 수행계획

○ 사 업 목 적 :
○ 사업의 필요성 :
○ 사업의 효과 :
○ 사업추진일정 :
○ 사 업 규 모 :

용 도 별	사업규모	사 업 비 (천원)				산출내역
		계	국 고	지방비	자부담	
계						
거 실 물리치료실 기 타						

* 시설보강 대상 면적을 용도별로 구분 기재(설계도면과 일치하여야 함)
* 사업비는 "계" 란만 기재

○ 신청자의 자산과 부채에 관한 사항
○ 보조사업 수행경비 중 자체부담금 확보계획(단위 : 천원)

총사업비	경비부담자	부담금액	부 담 방 법	비 고

* 경비부담 명의의 기부승낙서, 인감증명서 첨부

○ 보조사업 수행으로 인한 수입금에 관한 사항
○ 보조사업 수행으로 인한 **장애인 고용 확대** 및 **임금 향상**에 관한 사항

시 • 도지사(시 • 군 • 구청장, 법인대표)

[별지 제5호 서식] : 기관 및 법인 공통

기술직공무원(감리원) 설계 검토 의견서

시　　설　　명 :
공　　사　　명 :
공 사 위 치 :
건 물 구 조 :
건 물 용 도 :
건 축 면 적 :
설 계 검 토 의 견 :

공사비 내역 적정 여부 :

건축 허가 가능 여부 :
기 타 검 토 의 견 :

20 .　　.　　.

작성자 소 속 :

직 급 :

성 명 :　　　　　**(인)**

귀하

[별지 제6호 서식] : 기관 및 법인 공통

장애인직업재활시설 기능보강 국고보조사업 수행계획서

(장 비 보 강)

1. 시설 현황

○ 시 설 명 : (대 표 자 :)

○ 시설소재지 : (전화번호 :)

○ 장애인현황 : 정원 명, 현원 명 (20 . . . 현재)

○ 기존 보유 장비내역

장 비 명	단 위	수 량	구입년도	사 용 용 도	비 고

2. 보조사업 수행계획

○ 사 업 목 적 :

○ 사업의 필요성 :

○ 사업의 효과 :

○ 사업 규모 및 장비 활용계획

장 비 명	규 격	수 량	단 가	금 액	사 용 용 도	비 고

○ 신청자의 자산과 부채에 관한 사항

○ 보조사업 수행경비 중 자체부담금 확보계획 (단위 : 천원)

총사업비	경비부담자	부담금액	부 담 방 법	비 고

* 부담자 명의의 기부승낙서, 인감증명 첨부

○ 보조사업 수행으로 인한 수입금에 관한 사항

○ 보조사업 수행으로 인한 **장애인 고용 확대** 및 **임금 향상**에 관한 사항

보조사업자 **대표자 또는 대표이사**

[별지 제7호 서식] : 기관 및 법인 공통

기 부 승 낙 서

기부금액 : 원정(₩ 원)

기부목적 :

20 . . .

기 부 자 주 소

주민등록번호

성 명 ㉿

첨부 : 인감증명서 1통

시장 · 군수 · 구청장 귀하

[별지 제8호 서식] : 기관 및 법인 공통

장애인직업재활시설 임차료 지원 국고보조사업 수행계획서

1. 시설 현황

○ 시 설 명 : (대 표 자 :)

○ 시설소재지 : (전화번호 :)

○ 건물현황 (기존건물)

용 도 별	건축년월일	건 물 구 조	연 면 적 (㎡)	임 차 비
계				

※ 임대차계약서와 일치토록 작성하고 임차비 명시

2. 보조사업 수행계획

○ 사 업 목 적 :

○ 사업의필요성 :

○ 사업의효과 :

○ 사업추진일정 :

○ 사 업 규 모 :

용 도 별	사업규모	사 업 비 (천원)				산출내역
		계	국 고	지방비	자부담	
계						

* 임차대상 면적을 용도별로 구분 기재(설계도면과 일치하여야 함)

○ 신청자의 자산과 부채에 관한 사항

○ 보조사업 수행경비 중 자체부담금 확보계획

(단위 : 천원)

총사업비	경비부담자	부담금액	부 담 방 법	비 고

* 경비부담 명의의 기부승락서, 인감증명서 첨부

○ 보조사업 수행으로 인한 수입금에 관한 사항

시 · 도지사(시 · 군 · 구청장, 법인대표)

[별지 제9호 서식] : 기관 및 법인 공통.

장애인직업재활시설 설치 타당성 조사결과

1. 장애인 직업재활시설 설치 개요
   가. 시 설 명 :
   나. 설 치 장 소(주소) :
   다. 설 치 자 :
   라. 작업종목 및 판매방법 :
   마. 설 치 규 모 :

2. 점검결과

점 검 사 항	점 검 결 과
가. 설치의 필요성 및 규모의 적정성 ○ 설치의 필요성(지역적 특수성) 및 운영 전망 ○ 지역 내 장애 종류별 장애인 현황과 지역적 특수성 ○ 종사대상 장애인의 종류, 인원 및 시설 규모의 적정성	
나. 직종 선택의 적정성 ○ 종사대상 장애인과 직종의 부합 여부 ○ 제품의 생산 및 판매의 전망(연간 예정 매출액 등)	
다. 연계 기업 ○ 연계기업명 및 대표자 ○ 종사자, 생산시설 등 기업규모 및 생산 품목 ○ 전년도 매출액등 운영실태 ○ 연계내용(협약 등 여부) ○ 기타 직업재활시설과 상호 보완성 등	
라. 생산 제품의 판로 확보 ○ 기업 납품 등 고정 판로 확보 실태 및 시장성 ○ 향후 수요 등 판매 전망	
마. 작업 현황 ○ 건물구조 등 작업환경 ○ 편의시설 및 기숙시설 등 필요 여부 ○ 지역 재가장애인 출·퇴근 여건 ○ 작업장 위험성 내재 여부 및 그 대책	
바. 기타 직업재활시설 설치 운영에 관한 의견	

20 . . .

점검자 : 소 속

직 급

성 명 ㊞

시장 · 군수 · 구청장 귀하

[별지 제10호 서식] : 기관 및 법인 공통

장애인직업재활시설 국조보조사업계획 변경 신청서

보건복지부장관(시·도지사, 시·군·구청장) 귀하

「보조금의 예산 및 관리에 관한 법률」 제23조의 규정에 의하여 다음과 같이 장애인복지시설 국고보조사업계획을 변경코자 하오니 승인하여 주시기 바랍니다.

20 . . .

시·도지사(시·군·구청장, 개인 또는 법인대표) ㊞

1. 보조사업자에 관한 사항

○ 사업자 종류 : 지방자치단체 □ 사회복지법인 □ 사단법인 □
기타 법인 □ 기타 □

○ 사업자 명칭 :

○ 사업자 대표 :

2. 시설에 관한 사항

○ 시설종류 :

○ 시 설 명 : (☏ - -)

○ 소 재 지 :

○ 시 설 장 : (☏ - -)

3. 당초·변경 대비표

변경대상	당 초	변 경	증(△)감	비 고

4. 변경사유

[별지 제11호 서식] : 기관 및 법인 공통

장애인직업재활시설 기능보강사업 실적 보고서

(시설 신·증축, 개보수, 임차료지원)

(단위 : 천원)

시설명	사업명	사업량		예산액				집행액				집행잔액(국고분)	비고
		계획	실적	계	국고	지방비	자부담	계	국고	지방비	자부담		

* 사업량에 장애인 고용확대 및 임금향상에 관한 내용 추가 기록
* 비고란에는 미집행사유 및 준공예정일 등 기재(임차료지원의 경우 입주예정일 기재)
* 공사 전, 중, 후 사진, 준공 및 기성고 확인필증, 시설물의 법인 소유 등기부등본 등 증빙자료 첨부(임차료 지원의 경우 임대차계약서 및 근저당설정이 된 등기부등본)

[별지 제12호 서식] : 기관 및 법인 공통

장애인직업재활시설 장비보강 사업 실적 보고

○ 시 설 명 :

○ 사 업 명 :

○ 예산집행 상황 :

(단위 : 천원)

구 분	계	국 비	지 방 비	자 부 담	기 타
예 산 액					
집 행 액					
잔 액					

○ 장애인 고용확대 및 임금향상 현황 :

(단위 : 명, 천원)

구 분	계 획	실 적	기 타
장애인 고용확대			
임금향상			

○ 구입 장비 세부목록

(단위 : 천원)

품 명	단 위	수 량	단 가	금 액	사용용도
계					

* 장비 설치 사진 1매 첨부

참고문헌

국내문헌

강상원(2004). **쉽게 알자! 마케팅.** 서울: 더난출판.

강영철, 이종한(2010). 정부지원사업에 대한 성과평가시스템 연구: 사회복지분야를 중심으로. 한국행정연구원.

강위영, 나운환, 박경순, 류정진, 정명현, 김동주, 정승원, 강윤주(2009). **직업재활개론.** 서울: 나눔의집.

강위영, 나운환(2001). **직업재활개론.** 서울: 나눔의 집.

고경운(2013). **사회복지법인 및 시설회계 · 세무실무교육.** 경상북도사회복지협의회.

곽태열(2007). 선진국의 장애인 고용정책과 시사점: 장애인 중심기업을 중심으로, 경남발전연구원.

권진숙(2010). **사례관리 이론과 실제**. 서울: 학지사

김민주(2006). **마케팅 상상력.** 경기도: 리더스북.

김성용(2008). **관광마케팅.** 서울: 기문사.

김승국, 최현숙(1993), 장애인 직업훈련 프로그램 개발에 관한 연구. 장애와 고용, 3(4).

김용득, 양숙미, 이승기, 김완호, 남세현, 안성준, 이복실, 김경미, 서해정, 최기상, 장은석, 이선우, 나운환, 이혜경, 유동철, 김인숙, 한석안, 최승철, 김정희, 박주영, 최성일(2013). **2013년 장애인백서**. 한국장애인개발원.

김용섭(2008). **소비자가 진화한다.** 경기도: 김영사.

김융일(1995). **사회사업실천론.** 서울: 나남출판사.

김종문(2009). **생산현장의 관리기술.** 서울: 무역경영사.

나운환(1999). 직업재활의 연구동향을 통해서 본 직업재활정책의 새로운 패러다임. **직업재활연구, 9**. 135-148.

나운환(2001). 장애인직업재활시설의 인증제 도입과 인증기준에 관한 연구. **한국직업재활학회, 17(1)**, 25-48.
나운환(2008). **장애학.** 서울: 나눔의 집
나운환, 강윤주, 조성재, 최영광, 김춘만(2007). **장애인직업재활시설 유형재편과 세부업무매뉴얼 개발 보고서**. 한국장애인복지진흥회.
나운환, 박경순, 류정진, 김동주, 강윤주(2014). **재활행정.** 서울: 집문당.
노원구청(2013). 장애인복지시설 지도 점검 계획.
박대환, 박봉규, 이준혁, 오흥철, 박진우(2012). **호텔경영론**, 서울: 백산출판사.
박상진(2008). **사회복지시설 노무 가이드북**, 서울시사회복지사협회.
박정주, 나영선(1992). 직업훈련과정 운영개선에 관한 연구, 한국직업훈련소.
박종팔(2010). **사회복지시설 운영론**, 경기: 양서원.
박찬수(2010). **마케팅원론 제4판**, 경기도: 법문사.
박혜전, 이창희, 이명진, 정찬동(2011). **직업재활실천론 직업적응훈련편**, 서울: 창지사.
박흥수, 하영원(1997). **신제품마케팅**, 경기도: 학현사.
박흥수, 하영원(2004). **신제품마케팅**, 경기도: 학현사.
변용찬, 김성희, 이정선, 나운환(2005). **2004년 장애인직업재활시설 평가 및 시설유형재편방안 연구**. 보건복지부 한국보건사회연구원.
변창진, 최진승, 문수백, 김진규, 권대훈(1996). **교육평가**, 학지사.
보건복지부(2013). 사회복지법인 관리안내.
보건복지부(2013). 장애인복지사업 안내 제III권.
서울복지재단(2008). **장애인직업재활시설 운영 매뉴얼**, 서울복지재단.
서울복지재단(2011). **장애인 직업재활 시설 운영 매뉴얼**. 서울복지재단.
신강현, 강인숙(2006). **호텔경영학 개론**, 서울: 기문사.
안광호, 하영원, 박흥수(2009). **마케팅원론, 제5판** 경기도: 학현사.
양옥경(2005). **사회복지실천론.** 서울: 나남출판사.
엄명용(2006). **사회복지실천의 이해.** 서울: 학지사.
영국 노동연금부(2011). Family Resource Survey(FRS).
오충순(2010). 사회복지시설 유형별 최소기준안 연구. **사회복지시설평가 개선방안 공청회 자료집, 7-37**, 한국사회복지협의회.
윤희중, 신호창(2000). **PR전략론**, 서울: 도서출판 책과 길,
이동휘, 김주호, 김성환, 정하경, 김세환, 문승제(2005). **마케팅산책, 개정판**, 서울:

도서출판 두남.
이상진, 나동준, 김동옥(2010). 직업재활프로그램사업 현황분석 및 수행기관 평가지표 개발 연구. 한국장애인개발원.
이유재(2011). **서비스마케팅, 제4판.** 경기도: 학현사.
이정학(2009a). **관광마케팅.** 서울: 기문사.
이정학(2009b). **서비스마케팅.** 서울: 대왕사.
이종복, 전남련, 김덕일(2009). 사회복지실천론. 경기도: 학현사.
이혜경(2012). 직업재활시설 유형개편에 따른 운영현황과 발전방안. **한국직업재활학회 연차 학술대회 및 총회.** 한국직업재활학회.
이혜경, 박은혜(2012). 직업재활시설 평가기준 개발에 관한 연구. 한국장애인개발원.
이혜경, 박지혜, 박은혜(2011). 직업재활시설 실태조사. 한국장애인개발원.
전재일(2004). **사회복지실천론**. 대구: 형설출판사.
정무성, 김형모, 이수연, 전미숙(2010). 사회복지시설평가개선 연구Ⅳ - 인증제 도입 및 평가체계 개선방안. 보건복지부 · 한국사회복지협의회.
정봉도, 이달엽, 나운환(2000). 직업재활시설 운영 평가기준에 관한연구. **초등특수교육연구.**
정익준(2004). **최신관광마케팅.** 경기도: 형설출판사.
정익준(2006). **환대마케팅.** 경기도: 학현사.
조성렬(2003). **삼할방문보고서.** 미간행보고서
주상윤(2011). **작업개선 및 관리**, 울산대학교 출판부.
최재성(1998). 사회복지기관 평가모델개발의 방향과 과제: 장애인복지관 운영평가 프로그램 개발사례를 중심으로. **연세사회복지연구. 5호**, 265-290.
한국사회복지사협회(2008). 사회복지 행정 · 회계 매뉴얼, 한국사회복지사협회.
한국사회복지협의회(1998). 사회복지시설 평가기준 및 평가체제 개발 연구.
한국장애인단체총연맹(2001). 직업재활사업운영매뉴얼, 직업재활시설의 사업과 운영.
Kerin, Roger A., Steven W. Hartley(2013). William Rudelius, Marketing: The Core, 김성영, 임채운, 이진용, 채명수, 최인혁 옮김, 경기도: 생능출판사,
Kotler, P., 안광호, Gary Armstrong.(2013). **마케팅 입문**, 서울: Pearson education Korea.
Kotler, P.(2010). **마켓 3.0.** 서울: 타임비즈.

Kotler, P.(2010). **CSR 마케팅.** 경기도: 리더스북,

Peter Druker.(2003). **비영리단체의 경영.** 서울: 한경비피.

Stone. B(1999). **데이터베이스마케팅.** 금강기획마케팅전략연구소 옮김, 서울: 한언.

외국문헌

厚生労働省社会・援護局障害保健福祉部企画課(2008). *平成１８年身体障害児・者実態調査結果.*

Abbey, James R. (2003). *Hospitality Sales and Marketing, 4th ed.*, Educational Institute: AHMA.

AbilityOne. (2014). AbilityOne Annual Report.

Anthony, W. A, & Liberman, R. P. (1986). The practice of psychiatric rehabilitation: Historical conceptual and research base. *Schizophrenia Bulletin, 12(4).*

Anthony, W. A. (1994). Characteristic of people with psychiatric disabilities that are predictive of entry into the rehabilitation process and successful employment. *Psychological Rehabilitation Journal, 17(3).*

Blakely, S. (1997). A sheltered workshop's search for contracts. *Nation's Business, 85(4)*, 83.

Blanck, P. D. (2000). *Employment, Disability, and the ADA*, Illinois: North-western University Press.

Bolton, B. F., & Bellini, J. L., & Brookings, J. B. (2000). Predicting Client Employment Outcomes from Personal History, Functional limitations, and Rehabilitation Services. *Rehabilitation Counseling Bulletin, 44.*

Botterbusch, K. F. (1995). Employment history and employment of persons with severe disabilities. *Vocational Evaluation and Work Adjustment Bulletin, 28(3),* 68-72.

Botterbusch, K. F. (1995). Short-term vocational evaluation. Menomonie, WI: Materials Development Center.

Cohen, Robert J. (1993). "Ad Gains Could Exceed 6% This Year," *Advertising Age, 64(19)*, May 3, p. 4.

Commission on Accreditation of Rehabilitation Facilities (2006). Employment and Community Services Standards Manual. CARF.

Cooper, J., & Vernoon, S. (1996). *Disability and the Law*. PA: Jessica Kingsley Publiishers.

Department of Labor. (1977). Sheltered Workshop Study.

Dick, N. & Shepherd, G. (1998). Work and mental health: A preliminary test of Warr's model in sheltered workshops for the mentally ill. *Journal of Mental Health, 3*.

Druke, R. F. (1999). *Understanding Disability Policies*. London: MACMILLAN Press Ltd.

Federal Ministry of Labour and Social Affairs. (2010). Rehabilitation and Participation of Disabled Persons.

Fielding, Peggy, & Gary Drummond. (1991). Telemarketing Fractionated, Prentice-Hall Inc.

GAO. (2013). Employing People with Blindness or Severe Disabilities : Enhanced Oversight of AbilityOne Program Needed. United state Government Accointability Office, p. 5.

Garvin, David A. (1984). "Product quality: An important strategic weapon," *Business Horizons, 27(3), May-June*, pp. 40-43.

Gary L. S., & Dan S. (1998). Worker and facilities, systems and values: A study of sheltered employment with options for the future. Institute of Applied Research ST. Louis, Missouri.

Gonroos, C. (1987). "Developing the Service Offering-A Source of Competitive Advantage," in Add Value to Your Service, C. Surprenant, Ed., Chicago: American Marketing Association.

Greenleigh associates. (1976). The Role of the Sheltered Workshops in the Rehabilitation of the Severely Handicapped.

Hagglund, K. J., & Heinemann, A. W. (2006). Applied Disability and Rehabilitation Research. New York: Springer Publishing Company.

Haveman R. H., Halberstadt, V., & Burkhauser, R. V. (1984). *Public Policy Toward Disabled Workers*. Cornell University Press.

Hepworth, D. H. (2006). Direct Social Work Practice: Theory and Skills, Wadsworth Publishing Co.

Hower, B. (2000). The federal procuring agency & JWOD,

Jenkins, W., & Strauser, D. (1999). Horizontal expansion of the role of the rehabilitation counselor. *Journal of Rehabilitation, 65(1)*.

Johnsen, D. A., Schik, T. L., Koehler, R. S., & Schalock, R. L. (1987).

Developing a customer-oriented employment service program. Hastings: Mid-Nebraska Mental Retardation Services.

Joseph, M. Juran., & Frank M. Gryna. (1993). Quality planning and analysis. McGraw-Hill.

JWOD. (2013). products and service list, www.JWOD.org.

Kierst-Ashman, K. & G. Hull. (1993). *Understanding generalist Practice*, Chicago: Nelson-Hull Publishers.

Koch, L. C., & Merz, M. A. (1995). Assessing client satisfaction in vocational rehabilitation program evaluation: A review of instrumentation. *Journal of Rehabilitation, 61(4),* 24-30.

Kokaska, C. & Brolin, D. E. (1985). Career education for handicapped individuals. Sec. Ed. Columbus: Charles E. Merrill.

Kotler, P. & Waldemar, P. (2010). *Ingredient branding: Making the invisible visible*. Springer Heidelberg Dordrecht London New York.

Kotler, P. (1997). *Marketing management: Analysis, planning, implementation, and control*. Prentice Hall. Upper Saddle River, NJ.

Lamb, Charles W., et al., (2004). *Marketing, 7th ed.,* Thomson.

Mank, D. (1998). Reaction to a plan for a demonstration project for a comprehensive integrated employment system. Prepared for Employment Services Steering Committee, Productive Living Board of St. Louis County.

Marshak, L. E., Bostick, D., & Turton, L. J. (1990). Closure outcomes for clients with psychiatric disabilities served by the vocational rehabilitation system. *Rehabilitation Counseling Bulletin, 33(3).*

MASWN. (2004). 2004-05 Directory. The Missouri Association of Sheltered Workshop Managers.

McCarthy, E. Jerome, and William D. Perreault, Jr. (1984). *Basic Marketing, 8th ed.,* Richard D. Irwin, Inc.

McIntosh, Robert, W, Charles R. Goeldner, and J. R. Brent Ritchie. (1995). *Tourism: Principles, Practices*, Philosophies, NY: John Wiley.

McLoughlin, C. S., Garner, J. B., & Callahan, M. J. (1987). Getting employed, staying employed. *Job Development and Training for Persons with Severe Handicaps*. Paul H. Brooks Publishing Co.

Miller, J. V., & Harrison, D. K. (1979). Status of program evaluation in the state-federal vocational rehabilitation program, *Journal of Rehabilitation*

Administration (3), 134-138.

Nadolsky, J. M. (1983). Professionalism, separatism, and the team approach. *Vocational Evaluation and Work Adjustment Bulletin, 7(4),* 4-7.

NIB. (2006). 2005 Annual Report.

NIB. (2013). NIB Annual Report.

NISH. (2003). NISH People with disabilities work: America benefits.

NISH. (2006). NISH 2005 Annual Report.

NISH. (2012). NISH annual Report.

Nykiel, Ronald A. (2003). Marketing in the Hospitality Industry, 4th ed., Educational Institute: American Hotel & Lodging Association.

OECD. (2010). *Sickness, Disability and Work: Breaking the Barriers-Canada: Opportunities for Collaboration.* OECD.

Papworth Trust. (2012). Disability in the United Kingdom 2012.

Parasuraman, A., &. Zeithaml, V., & Berry L., (1985). "SERVQUAL: A Multiple-Item Scale for Measuring Consumer Perception of Service Quality," *Journal of Retailing, 64(1),* pp. 12-40.

Parasuraman, A., &. Zeithaml, V., & Berry L., (1988). "A Conceptual Model of Service Quality and Its Implications for Future Research," *Journal of Marketing, Fall, 49,* pp. 41-50.

Parker & Symanski. (1998). *Rehabilitation Counseling: Basics and Beyond.* Pro Ed.

Paukert, L. (1996). Report on the seminar on the management of enterprises for disabled persons under market economy conditions. International Labour Office: Geneva.

Plumber, Joseph T. (1974). "The Concept and Application of Life-Style Segmentation," *Journal of Marketing, January,* p. 34.

Posaval, E. J., & Carey, R. G. (1980). Program Evaluation: Methods and case studies Englewood Cliffs: prentice Hall, Inc.

Remploy. (2006). Annual report & accounts 2005.

Riggar, T, F., & Lorenz, J, R. (1985). Readings in rehabilitation administration.

Rimmerman, A. (2013). *Social Inclusion of People with Disabilities*, Cambridge University Press.

Robbin, S. P. & D. A. DE Cenzo. (1988). *Fundamentals of Management, 2nd ed.,* Prentice-Hall.

Roessler, R. T., & Rubin, S. E. (2006). *Case Management and Rehabilitation*

Counseling(4rd ed). Austin, TX: PRO-ED.

Rubin, S. E., & Rossler, R. T. (2001). *Foundations of the vocational rehabilitation process(5th ed.),* Austin, TX: Pro-ed.

Russell, Frederick A., & Frank H. Beach, & Richard H. Bushkirt., (2002). *Selling Principles and Practices, 11th Ed.,* New York: McGraw-Hill.

Samhall. (2013). Samhall 2012 Annual and Sustainability Report.

Schneider, M. (1999). Achieving greater independence through assistive technology. Job Accommodation and Supported Employment. *Journal of Vocational Rehabilitation, 12(2).*

Schraeder, C. et al. (1996). Alzheimer's disease. *Journal of Case Management, 2(3).*

Schuster, J. W. (1990). *Sheltered workshops: Financial and philosophical liabilities. Mental Retardation, 28(4),* 233-239. State University of New York, Albany.

Szymanski, E. M., & Parker, R. M. (1996). *Work and disability: Issues and Strategies in Career Development and Job Placement.* Pro-ed.

Taylor, D. W., Bordieri, J. E., Crimando, W., & Janikowski, T. P. (1993). Job tasks and functions of vocational evaluations in three sectors of practice. *Vocational Evaluation and Work Adjustment Bulletin, 26(2).*

U. S. Bureau of Statistics. (2012). Labor force characteristics of person with disability in 2012.(www.bls.gov/opub/ted/2013/ted).

Vocational Rehabilitation Association. (2007). *Standards of Practice*, VRA, Glasgow, www.vocationalrehabilitation.org.

Waddell, G., & Burton, K & Kendall, N. A. S. (2008). *Vocational Rehabilitation: what works, for whom, and when?,* TSO, London.

Whitehead C. W. (1979). Training and employment services policy analysis: A look at community based services for handicapped individuals. Washington (DC): Office of the Assistant Secretary for Planning and Evaluation.

Whitehead, C. W. (1986). The sheltered workshop dilemma: Reform or replacement. *Remedial and Special Education, 7(6),* 18-24.

Wright, G. N. (1980). *Total rehabilitation.* Boston: Little Brown & Company, Inc.

Zastrow, C. H. (1995). *The Practice of Social Work(5th ed.),* California: Brooks/Cole Publishing Co.

인터넷 참고문헌

http://www.alio.go.kr
http://www.bmas.bund.de
http://www.bmwa.bund.de
http://www.carf.org
http://www.cswe.co.kr
http://www.JWOD.org
http://www.koddi.or.kr
http://www.moel.go.kr
http://www.mohw.go.kr
http://www.moleg.go.kr
http://www.moworkshops.org.
http://www.mw.go.kr
http://www.nib.org
http://www.nish.org
http://www.nish.org
http://www.remploy.co.uk
http://www.samhall.se/
http://www.welfare.seoul.kr
www.kavrd.or.kr
www.mhlw.go.jp

찾아보기

저자 소개

나운환(羅雲煥)

대구대학교 재활과학대학 직업재활학과 교수로 대구대학교와 단국대학교에서 사회복지를 전공하고 광운대학교에서 행정학으로 박사학위를 받았다. 주요 저서는 장애인복지개론(1997), 복지정보체계론(1998), 직업재활개론(2001), 장애학(2008), 재활상담과 사례관리(2008), 재활행정(2014) 등이 있으며 역서로는 장애인의 성과 결혼(1994)이 있다. 주요 활동으로는 한국직업재활사협회장, 한국직업재활학회 회장, 한국장애인재활협회 부회장과 보건복지부를 비롯한 정부 부처와 대구광역시, 경상북도 등의 지방자치단체 위원회, 직업재활시설, 장애인복지관 등의 자문위원으로 활동하고 있으며 주요 관심영역은 직업재활, 재활정책, 장애학, 정보격차 등이다.

이창희(李彰熙)

대구사이버대학교 재활학과 교수로 대구대학교에서 직업재활을 전공하였으며 부산대학교와 신라대학교에서 사회복지를 전공하여 박사학위를 받았다. 주요 저서로는 직업재활실천론(2010) 등이 있으며 주요 활동으로는 부산장애인직업재활시설원장을 역임하였고, 한국직업재활학회와 한국직업재활사협회 이사로 활동하고 있으며 주요 관심영역은 직업재활, 장애인복지 등이다.

김춘만(金春萬)

사회복지법인에서 운영하는 직업재활시설인 동천모자 사무국장으로 대구대학교 직업재활학과와 동 대학 재활과학대학원에서 직업재활을 전공하였으며 주요 활동으로 (사)한국장애인직업재활시설협회 사무국장, 한국직업재활사협회 상임이사, 한국직업재활학회 감사, 보건복지부 직업재활시설 평가위원, 한국장애인개발원 및 다수의 장애인 직업재활 관련 기관의 자문위원으로 활동하고 있다. 주요 관심영역은 직업재활, 직업재활시설, 우선구매제도 등이다.

김동주(金東柱)

우석대학교 재활학과 교수로 대구대학교와 가톨릭대학교에서 직업재활, 사회복지를 전공하고 대구대학교에서 이학박사학위를 받았다. 주요저서는 직업재활개론(2009), 중증장애인직업재활지원사업 운영매뉴얼(2010), 장애인의 자립생활지원방안(2013) 등이 있으며 주요 활동으로는 한국직업재활사협회, 한국직업재활학회 이사와 보건복지부 및 장애인 재활기관 자문위원, 16개시도지방자치단체합동평가위원, 직업재활시설평가분과위원장, 사회복지평가원의 사회복지품질관리위원으로 활동하고 있으며 주요 관심영역은 직업재활, 사회적기업, 직업재활시설 평가 등이다.

이운식(李雲植)

사회복지법인 성요셉복지재단 성요셉직업재활센터 원장으로 대구대학교와 가톨릭대학교에서 직업재활, 장애인복지를 전공하고 대구대학교에서 이학박사학위를 받았다. 주요 활동으로는 대구대학교 겸임교수, 우석대학교, 문경대학교 등에 시간강의를 하였고, 한국직업재활시설협회 이사, 교육분과위원으로 활동하고 있다. 주요 관심영역은 보호고용, 좋은 일자리, 장애학, 직업재활시설의 생산관리, 장애인과 농업 등이다.

이혜경(李惠卿)

한국장애인개발원 선임연구원으로 대구대학교에서 직업재활을 전공하고, 동 대학원에서 이학박사학위를 받았으며, 대구장애인종합복지관 직업평가사, 한국장애인복지시설협회 직업재활시설 담당의 직업재활사로 근무하였다. 주요 활동은 서울시복지재단, 장애인단체 등의 자문위원으로 활동하였으며, 주요 관심영역은 직업재활시설, 우선구매제도, 직업재활 평가 등이다.

직업재활시설론 값 25,000원

2014년 8월 20일 1판 1쇄
2015년 3월 30일 1판 2쇄

저 자 나운환 · 이창희 · 김춘만 · 김동주 · 이운식 · 이혜경
발행인 임 동 규
발행처 **집 문 당**
주 소 110-360 서울특별시 종로구 돈화문로 82
등 록 1971. 3. 23. 제300-2012-69호
영업부 (02)743-3192~3 팩스(02)742-4657
전자우편 sale@jipmoon.co.kr
편집부 (02)743-3096~7 팩스(02)743-0227
전자우편 edit@jipmoon.co.kr
홈페이지 www.jipmoon.co.kr

ISBN 978-89-303-1646-0

이 도서의 국립중앙도서관 출판시도서목록(CIP)은 e-CIP홈페이지(http://www.nl.go.kr/ecip)와 국가자료공동목록시스템(http://www.nl.go.kr/kolisnet)에서 이용하실 수 있습니다.
(CIP제어번호: CIP2014021764)